हिंदी नवजागरण

भारतेंदु और उनके बाद

हिंदी नवजागरण

भारतेंदु और उनके बाद

शंभुनाथ

वाणी प्रकाशन

वाणी प्रकाशन

4695, 21-ए, दरियागंज, नयी दिल्ली 110 002

फ़ोन : +91 11 23273167 फ़ैक्स : +91 11 23275710

शाखाएँ

अशोक राजपथ, पटना 800 004, बिहार

कॉफ़ी हाउस कैम्पस, महात्मा गांधी मार्ग, इलाहाबाद 211 001, उत्तर प्रदेश

महात्मा गांधी अन्तरराष्ट्रीय हिन्दी विश्वविद्यालय, वर्धा 442 001, महाराष्ट्र

सुल्तानिया रोड, मोतिया पार्क, भोपाल 462 001, मध्य प्रदेश

www.vaniprakashan.com
marketing@vaniprakashan.in
sales@vaniprakashan.in

Hindi Navjagaran : Bhartendu Aur Unke Baad
by Shambhunath

ISBN : 978-93-5518-132-9
Criticism

प्रथम संस्करण 2022

मूल्य : ₹ 595

आर. टेक ऑफ़सेट प्रिंटर्स, दिल्ली-110032 में मुद्रित

वाणी प्रकाशन का लोगो मक़बूल फ़िदा हुसेन की कूची से

भूमिका

1857, राष्ट्रीय सुधारवाद और हिंदी नवजागरण की आवाजें एक-दूसरे से जुड़े मामले हैं। 19वीं सदी के भारतीय नवजागरण को दिशा देने में हिंदी क्षेत्र की इन घटनाओं का एक बड़ा योगदान है। लेकिन खुद हिंदी क्षेत्र के लोग इनसे कम परिचित हैं, इन्हें महत्व देने की बात दूर है।

देखा गया है कि यूरोपकेंद्रिक सोच से प्रभावित बुद्धिजीवी हिंदी क्षेत्र में घटित 1857 को धार्मिक अस्मिता से जोड़ते हैं और हिंदी नवजागरण को हिंदू पुनरुत्थानवाद समझते हैं। वे हिंदी समाज में धार्मिक रूढ़ियों, पाखंडों और कट्टरता के विरुद्ध चले नवजागरणकालीन बौद्धिक संघर्षों की उपेक्षा करते हैं। घुमा-फिराकर कहा जाता है कि हिंदी क्षेत्र का भारतीय नवजागरण में कोई योगदान नहीं है या 19वीं सदी एक भटकी हुई सदी है। यहां तक कहा गया कि हिंदी भाषा एक सांप्रदायिक निर्माण है, जबकि भारतेंदु हरिश्चंद्र, महावीर प्रसाद द्विवेदी, प्रेमचंद, रामचंद्र शुक्ल और रामविलास शर्मा ने हिंदी को एक 'सिंथीसिस' के रूप में देखा है। कहना न होगा कि विडंबनाओं से भरे वर्तमान युग में हिंदी नवजागरण की परंपराओं और समस्याओं को एक विस्तृत भूमि पर समझने की जरूरत है।

हिंदी नवजागरण को यूरोपीय रिनेसां या बांग्ला नवजागरण के नजरिये से नहीं देखा जा सकता, क्योंकि विशाल हिंदी क्षेत्र लंबे समय से न सिर्फ निरंकुश शासन, सामंतवाद और सामाजिक भेदभाव का सबसे मजबूत दुर्ग रहा है, बल्कि औपनिवेशिक चालाकियों और दमन का भी सबसे ज्यादा शिकार हुआ है। सबसे अधिक गरीबी और पिछड़ापन हिंदी क्षेत्रों में रहा है। ऐसी स्थितियों के बीच 1857 ने धार्मिक तत्वों से प्रेरित होने के बावजूद धर्मनिरपेक्ष राष्ट्रीय जागरण का संदेश दिया था। यह हिंदी प्रदेश के लिए गौरव की बात है।

यह भी उल्लेखनीय है कि उस काल में भारतेंदु हरिश्चंद्र से बढ़कर उपनिवेशवाद का आलोचक देश में दूसरा नहीं था। वे आधुनिक हिंदी गद्य के प्रवर्तक ही नहीं थे, उन्होंने हिंदी की उदार जातीय संस्कृति की नींव भी रखी थी। इस पर भी जरूर विचार किया जाना चाहिए कि उस काल के 'उदारवाद' को कैसे-कैसे अवरोधों का सामना करना पड़ा और हिंदी क्षेत्र में कलाओं का सांस्कृतिक उत्थान क्यों नहीं हुआ।

भारतेंदु हरिश्चंद्र और उनके समय पर चर्चा इसलिए जरूरी है कि उनके युग का नवजागरण आज पुनःसुषुप्ति है। वह अंग्रेजी राज को लेकर एक दुविधा का समय था, जिस तरह अब कुछ दशकों से भूमंडलीकरण को लेकर है। हिंदी जनमानस आज उपनिवेशवाद और अपने सामंती अतीत दोनों का कचरा एक साथ ढो रहा है। इसलिए यह देखना रोचक होगा कि भारतेंदु हरिश्चंद्र अपनी ऐतिहासिक सीमा में दोनों को कैसी टक्कर दे रहे थे, उनके युग के हिंदी संसार में कैसी बहसें थीं और भारतेंदु मंडल की साहित्यिक गतिविधियां क्या थीं। आज जब धार्मिक विद्वेष, कट्टरता और रूढ़ियों का पुनरुत्थान हुआ है तथा हर तरफ बर्बरता बढ़ी है, भारतेंदु युग के देशप्रेम, बौद्धिक साहस और उपनिवेशवाद-सामंतवाद के विनोदपूर्ण मखौल की तरफ ध्यान जाना स्वाभाविक है।

इसकी जांच-पड़ताल जरूरी है कि १९वीं सदी के हिंदी क्षेत्र में सामाजिक सुधार की परियोजनाएं क्यों आगे नहीं बढ़ सकीं। यह भी देखा जाना चाहिए कि राष्ट्रीय जागरण को आकार देते हुए हिंदी भाषा, धर्म, जाति, स्त्री और किसान —ये पांच प्रश्न किस तरह उभरे। निःसंदेह अंतर्विरोध थे, फिर भी 'वह नूतन-पुरातन का संघर्ष काल था'। उस दौर में नए तर्कों, विचारों और पत्र-पत्रिकाओं में छिड़ी बहसों से भारत आंदोलित था। हिंदी नवजागरण में उनकी प्रतिध्वनियां सुनी जा सकती हैं। हिंदी प्रांतों में शिक्षा, वैज्ञानिक चेतना और उद्योगीकरण के प्रति उत्सुकता लक्षित की जा सकती है। सकारात्मक विरासत को यहां भी नकारात्मक विरासत से अलग करके देखने की प्रवृत्ति विकसित हो रही थी। खास बात थी, औपनिवेशिक यथार्थों की आलोचनात्मक समझ और उनसे टकराहट। वस्तुतः 'आलोचनात्मक दृष्टि' 19वीं सदी के नवजागरण की महान देन है।

हिंदी नवजागरण में 'भारत-भारत की धुन' एक अनोखा मामला है। इसने हिंदी क्षेत्र के लोगों में अंध-प्रादेशिकता या अंध-जातीयता पनपने नहीं दी। बंगाली हो, मराठी हो, तमिल हो, जो हो किसी को 'बाहरी' न समझना साधारण बात नहीं है। आज के 'हम-वे' और 'बाहरी-भीतरी' के बढ़ चले भेदभाव के संदर्भ में 'भारतीय' के महत्व को समझना चाहिए। जिस जमाने में धार्मिक कट्टरवादी संगठन जहर फैला रहे थे, सांप्रदायिक सौहार्द की भावना जड़ें पकड़ रही थीं। भारतेंदु हिंदू और मुसलमान के बीच 'जिठानी-देवरानी' का रिश्ता बना रहे थे।

औपनिवेशिक स्थितियों में अतीत को लेकर गर्वबोध स्वाभाविक है। यह भी समझना जरूरी है कि किस तरह 19वीं सदी का हिंदी संसार स्त्री को श्रृंगारिक वस्तु समझने की दृष्टि से टकरा रहा था और रीतिकालीन साहित्य की जगह क्लासिकल साहित्य से लगाव स्थापित हो रहा था। एक स्वतंत्र इतिहासबोध पनप रहा था, भले वह विकासशील दशा में हो। भारत के किसी प्रदेश का नवजागरण धार्मिक भावना से मुक्त नहीं था, हिंदी प्रदेश में भी मुक्त नहीं था। देखने की जरूरत है कि उसमें धार्मिक झुकाव के साथ किस तरह धार्मिक रूढ़ियों और पाखंडों का मखौल है। हिंदी प्रांतों में धार्मिक सुधार की प्रवृत्तियां जन्म ले रही थीं। कुछ बुद्धिजीवियों को हिंदी की हर बात पर शर्म आती रही है, जबकि हिंदी साहित्य में गर्व करने के लिए बहुत कुछ है।

यह जो छायावाद आया, प्रेमचंद का साहित्य आया, प्रगतिशील साहित्य के आंदोलन चले, राष्ट्रीय आंदोलन तीव्र हुए या वामपंथी आंदोलन अस्तित्व में आए —इन सबकी नींव नवजागरण ने ही तैयार की थी। निःसंदेह इसके समानांतर प्रति-नवजागरण के लिए संरक्षणवादी संगठन बने थे और सांप्रदायिक संगठन भी बने थे जिनकी भूमिका का अध्ययन होना चाहिए।

छायावाद (रोमांटिसिज्म) और प्रेमचंद के साहित्य (रियलिज्म) का भारतेंदु-द्विवेदी युग के नवजागरण से सीधा संबंध है। सवाल है, सांस्कृतिक सुधार के जो आंदोलन 19वीं सदी में चले, खासकर 1947 के बाद देश की राष्ट्रीय और लोकतांत्रिक ताकतों ने उन आंदोलनों को कितना आगे बढ़ाया, उन्हें आधी राह में क्यों छोड़ दिया और सारा कुछ आर्थिक विकास के भरोसे क्यों टाल दिया गया। इस तरह रूढ़िपोषक धार्मिक संरक्षणवादी संगठनों के उभरने के लिए जमीन बना दी गई। ऊपर से कई अंग्रेजी-दां बुद्धिजीवियों ने

भारतीय परंपराओं के प्रति सांस्कृतिक उच्छेदवाद का रास्ता पकड़ लिया। कट्टरवाद हो या उच्छेदवाद —ये एक ही सिक्के के दो पहलू हैं।

हिंदी नवजागरण में संरक्षणशील सुधारवाद की प्रधानता है। उसे धार्मिक पुनरुत्थानवाद नहीं कहा जा सकता। वह विभिन्न औपनिवेशिक-सामंती अवरोधों के बीच विकासशील अवस्था में रहा है, क्योंकि उसे न उद्योगीकरण का बल मिला और न उच्च शिक्षा का और न संगीत, नृत्य, पेंटिंग और फिल्म जैसी कलाओं का। बंबइया मनोरंजन उद्योग और मीडिया ने हिंदी जनमानस का बौद्धिक विध्वंस ज्यादा किया। उदारवादियों और वामपंथियों की तुलना में धार्मिक कट्टरवादियों ने अपने प्रभाव विस्तार के लिए ज्यादा जमीनी काम किए। वे ज्यादा संगठित होते गए। भारत की पुरानी सामाजिक बुराइयों को नई राजनीतिक ताकत हासिल होती गई। आगे चलकर भूमंडलीकरण ने हिंदी लोगों को उपभोक्ता संस्कृति का गुलाम बनाया। मध्यवर्ग के लोगों में स्वार्थपरता बढ़ती गई, कलह बढ़ता गया। लालच बढ़ा तो असुरक्षा भी बढ़ी, भय बढ़ा। हम आज ऐसे जीवन-विरोधी समय में हैं, जब 'सत्य' पर 'वस्तुएं' भारी हैं।

न आज का प्राचीनताबोध नवजागरण काल जैसा तर्क-आधारित है और न आधुनिकताबोध उस काल जैसा मूल्य-आधारित। हर संकट में मनुष्य जड़ों को टटोलता है, जड़ हो जाने के लिए नहीं बल्कि नई स्थितियों में एक भिन्न सांस्कृतिक उड़ान के लिए जो बुद्धिपरक, आलोचनात्मक और समावेशी हो। इसके लिए सांस्कृतिक सुधार के बंद कपाट तोड़ डालने होते हैं ताकि फिर आत्मनिरीक्षण शुरू हो, फिर संवाद शुरू हो और ध्वंसावशेषों पर राष्ट्रीय पुनर्निर्माण संभव हो।

इन दिनों अज्ञानता का निर्माण करने वाले अति-विकसित सूचना तंत्र हैं। ऐसे जमाने में भविष्य की राह खोजने के लिए देखना जरूरी है कि हमारे सैकड़ों साल के भेदभाव, निर्बुद्धिपरकताएं और छिपे सामाजिक घाव क्या हैं। नवजागरणकालीन अग्रदूतों के कौन-से सपने कुचले गए और अधूरे रह गए? इन सबका ज्ञान, इन सब पर बहस मनुष्य को बौद्धिक आत्मसंकुचन और आत्मविसर्जन से बचा सकती है।

हिंदी नवजागरण पर मेरी इस पुस्तक को 'भारतीय नवजागरण : एक असमाप्त सफर' के ही हिस्से के रूप में देखना चाहिए। लगभग 30 साल पहले 19वीं सदी के हिंदी पत्र-पत्रिकाओं के जर्जरित पन्नों से गुजरा था। उस युग की दुविधाओं, आलोड़नों और साहसिक कोशिशों के प्रति तभी से आकर्षण पैदा हो गया। नवजागरण के अध्ययन में आगे भी रुचि बनी रही। इस पर मेरे पहले जो काम सामने आए थे, उन्हें पाठकों ने पसंद किया था। उन सब कामों का विस्तृत और विकसित रूप उपर्युक्त पुस्तक के अलावा 'हिंदी नवजागरण : भारतेंदु और उनके बाद' में है। हो सकता है, 21वीं सदी के नए सवालों से टकराते हुए यह हिंदी नवजागरण के उस असमाप्त सफर से हमें फिर जोड़े।

—शंभुनाथ

अनुक्रम

खंड-1

1857 और नवजागरणकालीन बुद्धिजीवी 15

भारतेंदु हरिश्चंद्र और यह दौर 30

हिंदी प्रदेश : भारतेंदु मंडल की अंतर्धाराएं 64

भारतेंदु का पुनःपाठ : बौद्धिक विडंबनाएं 106

अंधेर नगरी : उत्तर-उपनिवेशवादी विमर्श 125

खंड-2

हिंदी मीडिया : नवजागरण का आलोकस्तंभ 145

नवजागरण और हिंदी उपन्यास 186

खड़ी बोली आंदोलन और अयोध्या प्रसाद खत्री 201

नवजागरण में किसान और आदिवासी प्रश्न 211

खंड-3

हिंदी नवजागरण और महावीर प्रसाद द्विवेदी 241

द्विवेदी युग : बुद्धिवाद की राष्ट्रीय दिशाएं 267

खंड-1

- 1857 और नवजागरणकालीन बुद्धिजीवी
- भारतेंदु हरिश्चंद्र और यह दौर
- हिंदी प्रदेश : भारतेंदु मंडल की अंतर्धाराएं
- भारतेंदु का पुनःपाठ : बौद्धिक विडंबनाएं
- अंधेर नगरी : उत्तर-उपनिवेशवादी विमर्श

1857 और नवजागरणकालीन बुद्धिजीवी

अठारह सौ सत्तावन पर अनुसंधान और चर्चा का एक लंबा इतिहास है। भारतीय स्वाधीनता संग्राम की इस महत्वपूर्ण घटना को कई कोणों से समझने की कोशिश हुई है। फिर भी सवाल हमेशा बना रहा है कि इसे नवजागरण में कहां रखा जाए। इसे 'सिपाही विद्रोह', 'राष्ट्रीय विद्रोह', 'न्याय तथा व्यवस्था-प्रिय सरकार के विरुद्ध अराजकतावादियों का युद्ध', 'तालिबानी अभियान', फ्रांस की राज्य क्रांति से तुलनीय' आदि, और इसी तरह बहुत कुछ कहा गया है। 1857 को गदर और इसमें भाग लेनेवालों को गद्दार भी कहा जाता रहा है। विद्रोहियों को 'बलवाई' और 'अपराधी' समझा गया। विलियम डेलेरेंपिल ने मुख्यतः प्रशासनिक विवरणों के आधार पर इसे महज ईसाइयों के खिलाफ धार्मिक लड़ाई के रूप में देखा। (द लास्ट मुगल)। इतने तरह के मतों के बावजूद आम भारतीय मानस में 1857 की छवि मुख्यतः धर्मनिरपेक्ष राष्ट्रीय स्वाधीनता संग्राम की है।

1857 सिपाही विद्रोह था या राष्ट्रीय विद्रोह, यह सामंतों-रजवाड़ों और ब्राह्मणों का आंदोलन था या एक अधपकी धर्मनिरपेक्ष जनक्रांति थी जो असफल हो गई, ऐसे प्रश्न अभी भी ताजा हैं। यदि 1857 के संग्राम में सफलता मिलती तो क्या भारत के लिए यह दुर्भाग्यपूर्ण होता? 1857 को केंद्र में रखकर कई प्रश्न उठाए जा सकते हैं—उठाए जाने चाहिए। लेकिन अधिक जरूरी है कि उसे नवजागरण के भीतर रखकर देखा जाए। समझने की कोशिश हो कि इसने लोक जीवन को इतना प्रभावित क्यों किया। इसकी अनुगूंज हिंदी क्षेत्र के शिष्ट साहित्य की तुलना में लोक साहित्य में ज्यादा है।

इसे अंग्रेजी-शिक्षित बुद्धिजीवियों का समर्थन न मिला हो, लेकिन आम लोगों ने मौन समर्थन दिया। व्यापक दमन के बाद भी भूमिगत रूप से 1857 बौद्धिक रूपांतरण का कार्य करता रहा है। इस पर भी सोचा जा सकता है कि नवजागरण के असर से भारतीय भाषाओं में जो आधुनिकता आ रही थी, उसका संबंध 1857 के बाद भारतीय जनता की आत्मपहचान और स्वतंत्रता के लिए संघर्ष से कैसे स्थापित हुआ। इस महान घटना को उसके सारे अंतर्विरोधों और विकासों के साथ पढ़ा जाना चाहिए।

1857 का संग्राम मुख्यतः सिपाहियों और किसानों द्वारा लड़ा गया था। महत्वपूर्ण बात यह है कि इसे आकस्मिक घटना के रूप में नहीं देखा जा सकता। इरफान हबीब ने लिखा है, 'सिपाहियों के सीने में अन्य प्रकार से भी काफी ईंधन एकत्र हो चुका था, जिसमें चर्बीवाले कारतूस ने चिंगारी का काम किया।' (1857, नवजागरण और भारतीय भाषाएं, केंद्रीय हिंदी संस्थान, संपादक : शंभुनाथ)।

29 मार्च 1857 को बैरकपुर (बंगाल) में विद्रोह की शुरुआत शहीद मंगल पांडे के आह्वान से हुई थी, जो एक सैनिक छावनी से दूसरी सैनिक छावनी तक फैलता गया। यह आह्वान इस अर्थ में निष्फल नहीं गया कि इसकी परिणति मेरठ छावनी के विद्रोहियों द्वारा 11 मई को दिल्ली पर कब्जे से हुई। इरफान हबीब ने बताया है, 'जिन सिपाहियों ने विद्रोह किया था और ब्रिटिश शासन के विरुद्ध हथियार उठाया था, उनकी संख्या 1 लाख के करीब थी। ...अगर कहा जाए कि सिपाहियों का विद्रोह 1857 के विद्रोह का मुख्य आधार था तो उतने ही निश्चयपूर्वक यह भी कहा जा सकता है कि इसका रूप इतना बड़ा नहीं हो पाता अगर इसको हरियाणा से लेकर बिहार तक के आम नागरिकों की हार्दिक सहानुभूति न मिली होती। इन्हीं क्षेत्रों के गांवों से इन सिपाहियों की भर्ती की गई थी। इस विशाल क्षेत्र में इस विद्रोह ने किसान विद्रोह की रंगत अख्तियार कर ली थी।' इसी से मिलती-जुलती धारणा रामविलास शर्मा की है, जब वे सिपाहियों को 'वर्दीधारी किसान' कहते हैं (सन् सत्तावन की राज्य क्रांति और मार्क्सवाद)। उन्होंने 1857 में फ्रांसीसी क्रांति के नारों—बंधुत्व, स्वतंत्रता और समानता की झलक पाई और कई तथ्यों से इसे स्पष्ट किया।

1857 को भारतीय असंतोष की व्यापक पृष्ठभूमि में देखने के लिए बहादुरशाह जफर के पोता, विद्रोही राजकुमार फिरोज शाह का अगस्त 1857 का घोषणापत्र प्रस्तुत किया गया है, 'भारत में अंग्रेजी वस्तुओं को लाकर यूरोप के लोगों ने जुलाहों, दर्जियों, बढ़ई, लुहारों और जूता बनानेवालों को रोजगार से बाहर कर दिया है और उनके पेशों को हड़प लिया है।' इसकी तुलना वर्तमान युग में बहुराष्ट्रीय कंपनियों द्वारा पैदा की गई कुछ ऐसी ही स्थितियों से की जा सकती है जिनके कारण छोटे उद्योग-धंधों और दुकानदारों की हालत खराब है। कोरोना महामारी (2021) के साथ तो रोजी-रोजगार के महाविनाश के दृश्य हैं। तुलसी की प्रसिद्ध पंक्ति याद आती है, 'जीविकाविहीन लोग सीद्यमान सोच बस, कहैं एक एकन सौं कहाँ जाई का करी'! 1857 के काल में विदेशी वस्तुओं के बाजार में आने से हिंदू-मुसलमान दोनों इसी तरह तबाह थे। इसका नतीजा है कि असंतोष ने धर्म की दीवारें तोड़ दी थीं।

1857 से पहले भारतीय असंतोष की एक झलक कलकत्ते से छपे हिंदी पत्र 'समाचार सुधावर्षण' (18 मई 1855) में मिलती है, 'ब्रिटिश गवर्नमेंट ने भारतवर्ष निवासी राजों पर अन्याय-अत्याचार ओ जोरावरी करने को जो आरंभ किया है, सो अब उसका हद हो चुका। काहे से कि धन, गहना ओ कपड़ा लूट के, फेर बैठने का झोपड़ा भी छीनने का अब इरादा किया, इससे अधिक जोरावरी क्या करनी होती है?' इसमें 'नागपुर के रमणियों पर अत्याचार' का उल्लेख है। हिंदी पत्रकारिता में अंग्रेजी राज का यह पहला स्पष्ट विरोध है, जो 1857 से पहले व्यक्त हुआ।

उल्लेखनीय है कि 1857 से संबंधित जो आह्वान प्रचारित हुए, उनमें धर्म और जाति की जगह 'हिंदुस्तान' के भाव की प्रधानता है। यह राष्ट्रीय जागरण का चिह्न है। इतिहासकार सव्यसाची भट्टाचार्य ने लिखा है, 'ध्यान देने की बात यह है कि 1857 के विद्रोह में धर्म प्रमुख कारण नहीं था, बल्कि इसे तात्कालिक कारण कहा जा सकता है। इस विद्रोह का मुख्य कारण विदेशियों के खिलाफ भारतीय जनमानस में अंग्रेजी राज के विरुद्ध पल रही असंतोष भावना, भूमि कर की नीति, ब्रिटिश दत्तक प्रथा और प्रशासन का बुरी तरह खराब होना था। इसलिए जब एक बार विद्रोह शुरू हो गया तो विद्रोही सिपाहियों

ने चर्बी वाले कारतूस का ही जमकर प्रयोग शुरू कर दिया।' (वही)। 1857 को प्रतिगामी ठहराने के लिए यह भी प्रचारित किया गया था कि हिंदुओं में विधवा पुनर्विवाह कानून (1856) से गुस्सा था, जबकि यह विदेशों से आकर शासन करनेवालों के खिलाफ गुस्सा था। 1857 का मामला सिपाही विद्रोह से बहुत ज्यादा था।

1857 के समय मुहम्मद हुसैन आजाद के 'देहली उर्दू अखबार' ने लिखा था, 'सब हिंदू-मुसलमान संगठित तथा एक दिल होकर परस्पर अपने को एक-दूसरे की भुजाएं समझो।' इस संग्राम में दलितों ने भी हिस्सा लिया था। इस तरह विभिन्न धर्मों और जातियों के बीच भाईचारे की भावना पनप रही थी। आम लोग हिंदू-मुसलमान की एकता महसूस कर पा रहे थे।

अंग्रेजों ने भारत के लोगों में सभ्यताओं की टकराहट का बीज बोना 1857 के बाद शुरू किया था। यूरोपीय विद्वानों ने भारतीय भाषाओं, साहित्य, संस्कृति और इतिहास पर शोध करते हुए भेद के तत्वों को उकसाया। उन्होंने भाषा और धर्म के बीच रिश्ता जोड़ा। हम जानते हैं कि गिलक्राइस्ट और गार्सां-द-तासी ने हिंदी को हिंदुओं की भाषा और उर्दू-फारसी को मुसलमानों की भाषा कहा, जबकि एक जमाने में हिंदू और मुसलमान, दोनों धर्मों के शिक्षित एलीट, वे सभी के सभी फारसी का प्रयोग करते थे। हिंदू राजा फारसी सीखते थे। यह सत्ता की भाषा थी। फारसी की दुनिया में शिक्षित हिंदुओं और मुसलमानों के बीच 1857 के पहले से एकता थी। 1857 ने यह किया कि हिंदुओं और मुसलमानों के बीच जो एकता शिक्षित एलीट वर्ग तक सीमित थी, उसे जमीनी स्तर पर राष्ट्रीय हकीकत में बदल दिया। यहाँ तक कि इस घटना ने विश्व के जनदरदी पश्चिमी बुद्धिजीवियों की आँखें भी खोल दीं। उन्होंने ईस्ट इंडिया कंपनी के अत्याचारों की आलोचना की, जबकि उसी समय अंग्रेजी-शिक्षित भारतीय एलीट 1857 की विफलता पर जश्न मना रहे थे।

नामवर सिंह ने प्रश्न उठाया है, '1857 और जिसे हम नवजागरण कह रहे हैं, वे पर्याय नहीं हैं। इनमें कुछ संबंध बनता है, लेकिन वह संबंध क्या है? किस प्रकार का है? यह मेरे मन में 20 साल पहले भी साफ नहीं था और बहुत कुछ पढ़ने के बाद आज भी मेरे मन में साफ नहीं है।' (वही)।

नामवर सिंह की इस दुविधा का बौद्धिक असर कई हिंदी लेखकों पर पड़ा। भारतीय नवजागरण के औपनिवेशिक संदर्भ को ध्यान में रखने से कुछ भी अस्पष्ट नहीं रह जाता। 19वीं सदी के बुद्धिजीवियों के समक्ष 'औपनिवेशिक आधुनिकता' की आधुनिकता जितनी स्पष्ट थी, औपनिवेशिकता उतनी स्पष्ट नहीं थी। वे बुद्धिजीवी वस्तुतः उपनिवेशवाद से विद्रोह की जगह उसमें अपनी सम्मानजनक जगह को लेकर चिंतित थे, जबकि 1857 के विद्रोहियों की राष्ट्रीय भावना में आधुनिकता का द्वार अधखुला था।

भारत से पश्चिम अक्सर पूछता था, 'स्वाधीनता चाहिए या आधुनिकता?' पश्चिमी शिक्षा पाए उच्चवर्गीय समाज सुधारकों का जवाब होता था —आधुनिकता। नवजागरण के अंतर्द्वंद्वों की दीर्घ ऐतिहासिक प्रक्रिया में घटित यह हुआ कि 'स्वाधीनता या आधुनिकता', खासकर 1857 के बाद 'स्वाधीनता और आधुनिकता' के बोध में रूपांतरित हो गई। भारत की विभिन्न भाषाओं में स्वाधीनता और आधुनिकता का सामंजस्य कैसे स्थापित हुआ, इस पर विमर्श वैश्वीकरण के वर्तमान युग की भी कई जटिलताओं, समस्याओं और गुत्थियों को सुलझा सकता है। क्योंकि अब भी हमारे सामने प्रश्न है, क्या चाहिए —जनतंत्र या विकास? क्या चाहिए —राष्ट्रवाद या लोकतंत्र? हम कहेंगे, हमें दोनों चाहिए!

1857 प्रथम स्वाधीनता संग्राम के रूप में मशहूर है। यह धर्मनिरपेक्ष राष्ट्रीय जागरण का प्रतीक है। यह हिंदू-मुसलमान एकता का संकेतक है। 1857 का साल एक अन्य वजह से भी महत्वपूर्ण है। इस साल कोलकाता, बंबई और मद्रास में एक साथ तीन विश्वविद्यालयों की स्थापना हुई, जिसकी वजह से उच्च शिक्षा के प्रसार की राहें खुलीं। इस तरह 1857 को राष्ट्रीय एकता के साथ आधुनिक शिक्षा के प्रसार के संदर्भ में भी याद किया जा सकता है।

1857 का स्वाधीनता संग्राम मुख्यतः हिंदी प्रदेश की घटना है, हालांकि इससे कमोबेश पूरा देश प्रभावित हुआ था। यह आंदोलन नहीं, सशस्त्र संग्राम था। इसके प्रति बंगाल के मध्यवर्गीय अंग्रेजी शिक्षित व्यक्तियों और महाराष्ट्र के सुधारकों तथा दलित बुद्धिजीवियों का रुख समान रूप से कठोर आलोचना का था। उनकी धारणा थी कि इसके सफल होने से भारत पिछड़ जाएगा। ग़ालिब दुविधा में थे, 'काबः मेरे पीछे है कलीसा (गिरजा) मेरे आगे/पहचानता नहीं हूँ

अभी राहबर को मैं।' गौर करने की चीज है, उस दौर में ग्वालियर के राजा सिंधिया, इंदौर के होल्कर, हैदराबाद के निजाम, जोधपुर के राजा, भोपाल के नवाब, पटियाला, जिंद, कश्मीर, नेपाल आदि के जमींदार और राजा —सभी अंग्रेजी राज के समर्थन में थे। इन्हें भी 1857 के विद्रोह से खतरा महसूस हुआ था। जाहिर है, बुद्धिजीवी अपनी प्रार्थना में अकेले नहीं थे!

कैनिंग ने बाद में टिप्पणी की कि देशी राजाओं-शासकों ने 1857 की इस अंधी बरसात को रोकने में एक बड़ी भूमिका निभाई, अन्यथा इसमें अंग्रेज बह जाते। विद्रोही किसानों ने गांव के सूदखोर महाजनों को भी निशाना बनाया था, इसलिए वे भी 1857 के विरोधी थे। शहरी भामाशाह मिट्टी के नीचे अपना धन छिपाने में लगे थे। वे विदेशी मालों का व्यापार करते थे, इसलिए अंग्रेजों को नाराज नहीं करना चाहते थे। बुद्धिजीवी अकेले नहीं थे!

राजा राममोहन राय, यंग बंगाल और ब्रह्म समाज के युग के सुधार आंदोलनों का समाज के निचले वर्गों से रिश्ता नहीं बन पाया था। बांग्ला नवजागरण तब मुख्यतः बंगाल तक सीमित था। इसलिए शिक्षित एलीट के विकासशील बुद्धिवाद और किसानों-सिपाहियों की विकासशील राष्ट्रीय भावना के बीच खाई स्वाभाविक है। दोनों के बीच इंटरैक्शन नहीं हो पा रहा था। शिक्षित बंगाली नौजवान देशप्रेम के बावजूद राजभक्ति नहीं छोड़ पा रहे थे। उन्हें लग रहा था कि अंग्रेजी राज के हटते ही वे आधुनिकता के मजे और प्रगति खो देंगे। इसके कारण अंधविश्वासों और रूढ़ियों से लदी सामंती-धार्मिक व्यवस्था को राजनीतिक शक्ति मिल जाएगी। अंग्रेजी राज उनकी रुचि, बौद्धिकता और निजी समृद्धि के लक्ष्यों के अनुकूल था। उन्हें अंग्रेजी राज शांतिपूर्ण लगता था। 1857 से दूर रहने के सबके अपने-अपने तर्क थे।

गौर करने की बात है कि सिधो-कान्हो के संथाल विद्रोह (1855-56) और कृषकों-भूस्वामियों के नील विद्रोह (1859) के प्रति बंगाल के बौद्धिक जगत में सहानुभूति थी। कलकत्ता से प्रकाशित 'हिंदू पैट्रियाट' आमतौर पर अंग्रेजी राज की चापलूसी करनेवाला पत्र था जो 'प्रगति के लिए वफादारी' के सिद्धांत में विश्वास रखता था। उस दौर में इसके संपादक एक बड़े जमींदार हरिश्चंद्र मुखर्जी (1823-63) थे। इस समाचार-पत्र के 19 जुलाई 1855 के

अंक में कहा गया है कि संथाल लोग दमन के कारण विद्रोह के लिए बाध्य हुए हैं और उनमें स्वतंत्रता की एक अमूर्त भावना आकार ले रही है। इसी तरह नील विद्रोहियों के अंग्रेजी दमन का भी उपर्युक्त पत्र ने विरोध किया। दीनबंधु मित्र ने तो विरोध में 'नीलदर्पण' (1860) नाटक लिखा, जिसका बंगाल की शिक्षित जनता के बीच बड़ा स्वागत हुआ। बंगाल के बुद्धिजीवी 1857 के दमन पर मौन थे, जबकि सिधो-कान्हो के संथाल विद्रोह या नील विद्रोह की तुलना में 1857 का राष्ट्रीय विद्रोह न सिर्फ आकार में, बल्कि अपने राजनीतिक सारतत्व में भी व्यापक था। वह साम्राज्यवाद के अस्तित्व और 'प्रगति' के मिथ को चुनौती था।

'हिंदू पैट्रियाट' नाम से ही एक खास धार्मिक झुकाव और बांग्ला नवजागरण की एक खास हिंदू अंतर्धारा का बोध होता है। 19वीं सदी के अधिकांश बंगाली बुद्धिजीवियों की धारणा थी कि ब्रिटिश साम्राज्य से संपर्क रखकर और वफादार होकर ही भारत का पुनरुद्धार हो सकता है और उनके निजी हित सध सकते हैं। 'हिंदू पैट्रियाट' ने 1857 के विद्रोहियों को 'गुंडों का दल' कहा था, जो देश को पीछे की ओर ले जाना चाहता है। एशियाटिक सोसाइटी के राजेंद्रलाल मित्र ने इस परिघटना को 'स्थायी सरकार के विरुद्ध अराजकतावादियों के युद्ध' के रूप में देखा। इसके अलावा, उन्होंने नाना साहब और उनके मंत्री अजीमुल्ला खां को 'राक्षस' कहा। अजीमुल्ला खां का लिखा कौमी तराना है —'तोड़ो गुलामी की जंजीर, बरसाओ अंगारा।/ हिंदू-मुसलमान सिख, हमारा भाई-भाई प्यारा।'

सुरेंद्रनाथ बैनर्जी ने जमींदारों के संगठन 'इंडियन एसोसिएशन' (1876) की स्थापना की थी। उन्होंने 1857 पर टिप्पणी की, 'यह बिल्कुल सैनिक विद्रोह था जिसके साथ लोगों की कोई सहानुभूति न थी। उससे लोगों ने अपने को अलग रखा।' सुरेंद्रनाथ बैनर्जी अपने समय के राष्ट्रवादी प्रवक्ता थे और उन्हें सरेंडर नॉट बनर्जी कहा जाता था। लेकिन वे डरकर अंततः अंग्रेजी राज का विरोध करने से पीछे हट गए थे।

अधिकांश बांग्ला बुद्धिजीवी अंग्रेजी राज की चाकरी में थे। उन्हें अंग्रेज अच्छे लगते थे। ईश्वरचंद्र गुप्त, काली प्रसन्न सिन्हा, अमृतलाल बसु जैसे

बुद्धिजीवियों ने 1857 के संदर्भ में अंग्रेजों का पक्ष लिया था। अंग्रेज भी ऐसे बांग्ला बुद्धिजीवियों को 'बाबू' कहते थे जो हिंदी इलाके में 'साहेब' से जुड़कर खास जातियों के संदर्भ में 'बाबूसाहेब' बन गया! बंगालियों को अपने नाम के साथ 'बाबू' और हिंदी क्षेत्र के कुछ खास लोगों को 'बाबूसाहेब' सुनना आज भी अच्छा लगता है और सम्मान का बोध कराता है!

हिंदी क्षेत्र के 1857 के राजनीतिक विस्फोट से एक तरफ कलकत्ते के शिक्षित बुद्धिजीवियों के बीच आतंक पैदा हो गया। दूसरी तरफ, अंग्रेज बहुतों को संदेह से देखने लगे। पश्चिमी शिक्षा पाए भारतीयों को बार-बार अपनी वफादारी का सबूत देते रहना पड़ता था। 'हिंदू पैट्रियाट' के हिंदू देशभक्त कहते रहते थे कि अंग्रेजों द्वारा विद्रोहियों पर अत्याचार तथा क्रूर प्रतिशोध की खबरें 'विकृत कल्पनाएं' हैं। उन दिनों देशभक्ति दिखानेवाले हिंदू बुद्धिजीवी विलायत-भक्ति दिखाने में आगे थे, जिस तरह नए युग में अमेरिका-भक्ति दिखाई जाती है।

दरअसल जिन शिक्षित बांग्ला बुद्धिजीवियों को लगता था कि उनकी आधुनिक अभिरुचियों के सर्वाधिक अनुकूल ब्रिटिश शासन है, उन्हें 1857 का गंवारू, फूहड़ और प्रतिगामी दिखना स्वाभाविक था। वे अंग्रेजों की जीवन शैली में अपने को ढाल कर गुलाम जाति का अंग होने की अपनी हीनता-ग्रंथि से उबर जाते थे। उन्हें लगता था कि ब्रिटिश प्रशासन में शिक्षित भारतीय वर्गों की भागीदारी बढ़ा कर अंग्रेज सद्बुद्धि और न्याय का परिचय देंगे और अंततः उपनिवेश के भीतर रहते हुए ही भारत अपना राष्ट्रीय स्वाभिमान पा लेगा। एक खास काल के उदारवादियों की देशभक्ति यही थी, उनका राष्ट्रवाद यही था। वे इस बात पर संतोष की सांस लेते थे कि बंगाल 1857 तथा अंग्रेजों के दमन से बच गया। इसका अर्थ है, सामाजिक आधुनिकीकरण के मामले में आगे रहने तथा राजनीतिक आधुनिकीकरण, अर्थात—लोकतंत्र के मामले में पीछे रहने में ही वे अपनी भलाई समझते थे।

ज्योतिबा फुले (1827-90) ने शिक्षा और दलित आत्मसम्मान के लिए आजीवन संघर्ष किया। वे 1857 की व्यापक हकीकतों से परिचित नहीं थे और न 'ड्रेन ऑफ वेल्थ' तथा अंग्रेजों की अंधी दमनपूर्ण कार्रवाइयों से अच्छी तरह वाकिफ थे। उन्होंने 1857 की अपनी दृष्टि से आलोचना करते

हुए कहा, 'अंग्रेजी राज्य का उन्मूलन हो गया होता तो इतिहास की पुनरावृत्ति होती। ब्राह्मण पेशवा राज फिर वापस आ जाता। श्रुति-स्मृति-पुराण की हिंदू संस्कृति का पुनः बोलबाला हो जाता और शूद्र तथा अति शूद्रों की मुक्ति की उम्मीद ध्वस्त हो जाती।' ब्राह्मणवाद के प्रति गुस्से ने फुले को दूसरे भारतीय अंतर्विरोधों तथा प्रभुत्वों को समझने नहीं दिया। दरअसल इस जमाने के शिक्षित मध्यवर्ग और दलित आंदोलनकारी अंग्रेजी राज में ही अपनी प्रगति और मुक्ति देख रहे थे जो वस्तुतः संभव नहीं थी। हालांकि फुले 'किसान का कोड़ा' पुस्तिका लिखते हैं और इसमें कहते हैं, 'खेतिहर किसानों के पास इतना धन नहीं है कि वे अपने बच्चों को स्कूल भेज सकें। दूसरी ओर, अंग्रेज अपना पूरा समय ऐय्याशी में बरबाद करते हैं और सारा धन अधिकारियों की तनख्वाह पर खर्च कर देते हैं। गरीब किसानों के कल्याण के लिए कोई कोष नहीं है।' फुले 'किसान' की एक अपेक्षाकृत बड़ी कैटेगरी उठाते हैं और इस मोर्चे पर अंग्रेजी राज की आलोचना करते हैं।

1882 के हंटर कमीशन को भेजे गए अपने वक्तव्य में फुले ने कहा था, 'सरकार लगान वसूलती है, लेकिन इसे केवल उच्च जातियों की शिक्षा पर खर्च करती है। गरीब किसानों के कल्याण के लिए कोई धन नहीं है।' अंग्रेजी राज की आलोचना के बावजूद फुले के पास अंग्रेजी राज के विरोध और उससे संघर्ष की कोई योजना नहीं थी। उनकी चेतना ब्राह्मणवाद के विरोध से ज्यादा आगे नहीं बढ़ पा रही थी, जिस तरह 19वीं सदी के उदारवादी बंगाली बुद्धिजीवियों की चेतना हिंदुओं के हित में औपनिवेशिक सुधारवाद से आगे नहीं बढ़ पा रही थी।

मुस्लिम समाज में शिक्षा के प्रचार और कुरीतियों में सुधार के लिए प्रसिद्ध, और इंग्लैंड में पढ़कर लौटे सैयद अहमद खां (1817-1898) को भी देखा जा सकता है। उन्होंने 1857 के समय कई अंग्रेजों की जान बचाई थी और वफादारी का परिचय दिया था। वे इस पर एक खास कोण से बड़ी दिलचस्प टिप्पणी करते हैं। उनका कहना है कि इसके लिए सीधे तौर पर अंग्रेज जिम्मेदार हैं। उन्होंने मुसलमानों को सत्ता में हिस्सा नहीं दिया और रियासतों को हड़प लिया। अंग्रेजों को चाहिए कि वे मुसलमानों को राजकाज

में शामिल करें, ताकि फिर ऐसे उपद्रव न हों। उन्होंने 1857 पर लिखी अपनी किताब 'असबाब-ए बगावत-ए-हिंद' ब्रिटिश सरकार के पास भेजी थी। उनके विचारों से स्पष्ट है कि उनका मकसद अपनी वफादारी दिखाते हुए अंग्रेजों से मुसलमानों को अधिक फायदा दिलाना था।

ब्रज क्षेत्र के राधाचरण गोस्वामी (1859-1925) को भारतेंदु मंडल के एक सदस्य के रूप में देखा जाता है। उन्होंने 21 वर्ष की उम्र में एक रचना लिखी 'यमलोक की यात्रा'। इसमें 1857 के दौरान अंग्रेजी राज से द्रोह करनेवालों की निंदा करते हुए उनका स्थान नरक में निर्धारित किया। वे धार्मिक झुकावोंवाले लेखक थे। उनकी राष्ट्रीय भावना में धीरे-धीरे विकास आता गया, हालांकि वे खड़ी बोली में कविता लेखन के इसलिए विरोधी थे कि इससे कविता उर्दू-मुखी हो जाएगी। उस जमाने के सांप्रदायिक विवाद से बाहर न निकल पाने के बावजूद उनमें उदारवाद के तत्व पनप रहे थे, यह उनकी 'आत्मकथा' के इस कथन से स्पष्ट है, 'देशोन्नति, नेशनल कांग्रेस, समाज संशोधन, स्त्री स्वतंत्रता यह सब मेरी प्राणप्रिय वस्तुएं हैं।' उन्होंने यह भी लिखा, 'मैं एक कट्टर वैष्णव हिंदू हूँ। अन्य धर्म अथवा समाज के लोगों से विरोध करना उचित नहीं समझता। बहुत से आर्य समाजी, ब्रह्म समाजी, मुसलमान, ईसाई मेरे सच्चे मित्र हैं और बहुधा इनके समाजों में जाता हूँ।' वे विधवा पुनर्विवाह के समर्थक थे। इस विषय पर उनके उपन्यास हैं। यह जरूर है कि राधाचरण गोस्वामी ने 1857 के बारे में फिर कोई दूसरी उल्टी-सीधी टिप्पणी नहीं की।

बदरीनारायण चौधरी 'प्रेमघन' के नाटक 'भारत सौभाग्य' (1888) में 1857 की निंदा, नाना साहब और तांत्या टोपे के बारे में विषोद्गार और अंग्रेजी राज को भारत सौभाग्य के रूप में देखने की पराधीन दृष्टि है।

1857 की लड़ाई में कुछ राजाओं और सामंतों की एक बड़ी भूमिका थी। फिर भी दूर बैठे कार्ल मार्क्स ने 1857 को राष्ट्रीय विद्रोह मानते हुए भारत-संबंधी अपनी 'टिप्पणियों' में लिखा था, 'फ्रांसीसी राजतंत्र को पहला धक्का वहां के आभिजात्यवादी तबकों ने दिया था, किसानों ने नहीं। भारतीय विद्रोह किसानों ने नहीं शुरू किया जो अंग्रेजों द्वारा कुचले जा रहे थे, अपमानित

और नंगे किए जा रहे थे, बल्कि उन सिपाहियों द्वारा शुरू किया गया जिन्हें अंग्रेजों ने खाना और कपड़ा दिया तथा जिनका वे भरण-पोषण करते थे।' (मार्क्स ऑन इंडिया)। निश्चय ही 1857 में सिर्फ सिपाहियों की भूमिका नहीं थी, किसानों की भी एक बड़ी भूमिका थी।

1861 में चार्ल्स वुड ने इंग्लैंड के 'हाउस ऑफ कामंस' में बयान दिया, 'हम सोच रहे थे कि अवध में महलवारी व्यवस्था लागू कर हम आम लोगों को फायदा पहुंचा रहे हैं और उन्हें ताल्लुकेदारों के उत्पीड़न से बचा रहे हैं, लेकिन अवध के इलाकों में आम किसान हमारे खिलाफ लड़े और उन्होंने ताल्लुकेदारों से हाथ मिला लिया।' किसानों में हिंदू-मुसलमान दोनों थे। इस प्रकार 1857 के किसानों-सिपाहियों की चेतना में आकार पा रहा देशप्रेम, राष्ट्रवाद और 'हिंदुस्तान' की धारणा निश्चय ही अंग्रेजी-शिक्षित नौकरीपेशा मध्यवर्गों के देशप्रेम, राष्ट्रवाद और 'हिंदुस्तान' की धारणा से भिन्न थी।

1857 में धार्मिक नारे गूँजे थे और धर्म तथा अतीत के गौरवबोध ने संग्रामियों को उत्प्रेरित किया था। लेकिन यह 'उत्पीड़कों की धार्मिकता' की जगह 'उत्पीड़ितों की धार्मिकता' थी। यह देखना रोचक है कि आगे चलकर हिंदुत्ववादियों को 1857 का मामला इस्लाम से जुड़ा लगने लगा। सावरकर द्वारा 1857 को 'प्रथम स्वाधीनता संग्राम' कहने के बावजूद वे बाद में इसका नाम लेने तक से हिचकने लगे। जिस तरह अंग्रेजी राजभक्त बुद्धिजीवियों को लगता था कि 1857 के सफल होने पर भारत पिछड़ जाता तथा ज्योतिबा फुले को लगता था कि 1857 के सफल होने पर ब्राह्मणवाद का राज कायम हो जाता, उसी तरह हिंदुत्ववादियों को अंततः यह लगने लगा कि 1857 के सफल होने पर भारत फिर इस्लामी शासन के अंतर्गत आ जाता। देशप्रेम यदि धर्म तथा सीमित राजनीतिक स्वार्थों का अतिक्रमण करते हुए एक बड़ी जमीन से उपजा न हो, तो ऐसे निष्कर्ष स्वाभाविक हैं।

इस पर चिंता की जा सकती है कि 1857 पर सहमति-असहमति जो हो, इस घटना के बाद विद्रोहियों समेत निर्दोष भारतीयों का अंग्रेजों द्वारा जो नृशंस साम्राज्यवादी दमन हुआ, उसकी भी हिंदू शिक्षित एलीट और शहरी देशप्रेमियों ने व्यापक उपेक्षा की। उन्होंने साम्राज्यवादी दमन के शिकार निर्दोष भारतीयों

के प्रति सहानुभूति नहीं दिखाई। कहा गया है, अंग्रेजों द्वारा देश भर में एक लाख से ज्यादा भारतीयों का कत्लेआम हुआ था। कई को मार कर नृशंस ढंग से पेड़ों पर टांग दिया गया था। दरअसल लंबे समय तक एलीट एकेडेमिक हलके में इस पर ध्यान ही नहीं गया कि 1857 के असंतोष और विद्रोह की मूल वजहें क्या थीं और कैसे यह पूर्ववर्ती कृषक विद्रोहों का विकास था। असगर अली इंजीनियर ने कहा है, 'राजनीतिक रूप से पीछे ले जाने वाला काम वे करते हैं जो उपनिवेशवाद की मदद करते हैं।' (1857, नवजागरण और भारतीय भाषाएं)। 19वीं सदी के जो उदारवादी बुद्धिजीवी 1857 का विरोध कर रहे थे, वे वस्तुतः उपनिवेशवाद की मदद भी कर रहे थे, भले वे समाज को प्रगति की दिशा में ले जाने के लिए सुधार आंदोलनों से जुड़े थे।

क्या राष्ट्रवाद और सुधारवाद का मिलन 20वीं सदी के गांधी युग की देन है? इसके बीज निश्चय ही 19वीं सदी में थे। उस युग की एक घटना यह है कि जिनमें राष्ट्रीय भावना थी, वे सुधारों की ओर भी बढ़ने लगे थे तथा जो सुधारवादी थे उन्हें अन्याय और अपमान देखकर ब्रिटिश उपनिवेशवाद अब असह्य होता जा रहा था। इसके दो बड़े साहित्यिक उदाहरण हैं —हिंदी के भारतेंदु हरिश्चंद्र (1850-1885) और गुजराती के गोवर्द्धन राम त्रिपाठी (1858-1907)। इन दोनों ने कहीं भी अपने लेखन में 1857 की निंदा नहीं की और न विद्रोहियों के बर्बर औपनिवेशिक दमन का समर्थन किया। स्वाधीनता पाने के बाद जब आपातकाल जैसे दौर (1975-76) में भय से अनगिनत बुद्धिजीवियों की जुबान बंद थी, 1857 के तत्काल बाद भारतीय साहित्यकारों से आखिरकार कितनी मुखरता की उम्मीद करनी चाहिए?

1857 के बाद साम्राज्यवादी लूट और अन्याय का बोध अपनी राष्ट्रीय जड़ें पकड़ने लगा था। न्याय व्यवस्था, नौकरशाही और शिक्षा के क्षेत्रों में भेदभाव के विरुद्ध भारतीयों की आवाजें उठने लगी थीं। विफल होने के बावजूद 1857 के संग्राम ने भारत में अंग्रेजी 'सुशासन' से अंततः मोहभंग पैदा कर दिया था और 'उपनिवेश' की जगह 'राष्ट्र' की भावना जगा दी थी। भारतेंदु हरिश्चंद्र ने 'भारत दुर्दशा' में सवाल खड़ा किया —'क्या अब भी ईश्वर और राज राजेश्वरी का भरोसा है?' दुविधा उस जमाने का अंतिम सत्य नहीं है।

1857 से अंग्रेजी राज की हकीकतें सामने आईं, जो एक बड़ा मामला है। उस दौर की राष्ट्रीय भावना विकसित न हो, पर उसमें समावेशी राष्ट्रवाद के बीज थे। कहना चाहिए, भारत में राष्ट्रवाद पश्चिमी प्रत्यारोपण नहीं है, यह भारतीय खोज है। निःसंदेह भारत में नवजागरण को राष्ट्रीय जागरण के बिना अधूरा कहा जाना चाहिए।

भारतेंदु हरिश्चंद्र 1857 पर केवल दो काव्यात्मक पंक्तियों में टिप्पणी करते हैं। अर्थ है, 'सिपाही विद्रोह एक बड़ा कठिन मामला था। इसकी फैली आग का नतीजा यह हुआ कि अंग्रेजों के दमन से जन बल का व्यापक नाश हुआ। इससे भय इतना ज्यादा फैला कि अब भारतवासी कहीं भी सिर उठाकर कुछ कह नहीं पा रहे हैं।' उन्होंने 1857 की कहीं खुलकर निंदा नहीं की, बल्कि अपने नाटक 'अंधेर नगरी' में अंग्रेजी शासन व्यवस्था की जमकर आलोचना की, जो उस दौर की किसी अन्य भारतीय कृति में इतने मुखर रूप में नहीं है। इसका अर्थ है भारतेंदु ने देशोन्नति का ही नहीं, देशमुक्ति का सवाल भी उठाया।

अब नव-शिक्षित मध्यवर्ग का एक ऐसा हिस्सा उभर रहा था, जो अंग्रेजी राज का आलोचक था और स्वतंत्रता के लिए अपनी बौद्धिक मुखरता बढ़ा रहा था। गुजराती लेखक गोवर्द्धनराम त्रिपाठी के चार खंडों का 'सरस्वतीचंद्र' एक सामाजिक उपन्यास है। इसमें अंग्रेजी राज से सुसंपर्क झलकता है, पर एक छिपा द्वंद्व भी है। इसमें पराधीनता की पीड़ा के अलावा 1857 के विफल होने का दुख है। उपन्यास में कहा गया है कि 1857 के कुचले जाने से मानो 'रजपूती' विधवा हो गई! जाहिर है, 'रजपूती' का आशय किसी खास जाति की वीरता से न होकर राष्ट्रीय शौर्य से है। उपर्युक्त उपन्यास में अंग्रेजी राज की आधुनिकता को औजार बनाकर देश को महानता की ओर ले जाने की आशा है।

19वीं सदी के पूर्वार्ध के नवजागरण ने समाज सुधारों के भीतर से बुद्धिवादी संघर्ष शुरू किया था। 1857 ने उसमें राष्ट्रीय जागरण का तत्व जोड़ा और आधुनिकीकरण के साथ राष्ट्रीय आत्मपहचान की जरूरत प्रतिपादित की। इसका असर जातीय भाषाओं की उन्नति पर पड़ा। पहले राजा राममोहन राय और मैकाले के प्रभाव से अंग्रेजी पढ़कर उन्नति करने का विचार प्रबल था।

1857 के बाद हिंदी, बांग्ला, मराठी, तमिल आदि राष्ट्रीय भाषाएं पढ़कर उन्नति करने का विचार अधिक प्रबल हो गया। राष्ट्रीय भाषाओं के बीच आदान-प्रदान और अनुवाद बढ़ा। 1857 ने लेखकों को क्लिष्ट भाषा की जगह सहज जनोन्मुख भाषा में साहित्यिक कृतियां रचने की प्रेरणा दी। राष्ट्रीय भाषाओं में विकास आया और जातीय आत्मविश्वास बढ़ा। देश की भाषाओं को ज्ञान-विज्ञान से भरने की बात कही जाने लगी। यह सब हम भारतेंदु के कथन 'निज भाषा उन्नति अहे सब उन्नति को मूल' से समझ सकते हैं।

1857 के बाद माइकेल मधुसूदन दत्त ने अंग्रेजी की जगह बांग्ला में लिखना शुरू किया। उस समय आज से एक भिन्न हवा थी, अपनी जातीय भाषा से प्रेम बढ़ा-चढ़ा था। इस तरह 1857 के संग्राम की एक शिक्षा यह है कि हम 'सारे जहां से अच्छा हिंदुस्तां हमारा' गाते हैं या 'मेरा भारत महान है' बोलते हैं, लेकिन हमारा हिंदुस्तान 'अच्छा' और भारत 'महान' नहीं रह जाएगा, यदि भारतीय भाषाएं कोने में ठेल दी जाएंगी!

1857 के चार बड़े संदेश हैं —(1) भारतीय समाज में लंबे-लंबे समय तक अन्याय, अंधकार या सन्नाटा छाया दिखता हो, पर इसमें प्रतिरोध की अनंत क्षमता है। यह समाज प्रतिरोध के बिंदुओं पर प्रतिरोध और रूपांतरण के बिंदुओं पर रूपांतरण करता है।

(2) तीव्र औपनिवेशिक आकर्षण की वजह से भारतीय समाज का शिक्षित बुद्धिजीवी भले भटकाव, दुविधा या असमंजस में पड़ जाए, पर किसान या आम नागरिक अपनी मुक्ति की लड़ाइयां छेड़ देता है —वह प्रतीक्षा नहीं करता। इन लड़ाइयों में एक समय बिखराव के बाद अखंडता भी स्थापित हो जाती है। अपरिपक्वता की जगह परिपक्वता और एकायामिता की जगह बहुआयामिता आ जाती है। 1857 के राष्ट्रीय जागरण ने अंततः अनपढ़ और शिक्षित का विभाजन तोड़ दिया।

(3) 1857 ने स्पष्ट किया कि 'अस्मिता' और 'संवाद' में अंतर्विरोध नहीं है। राष्ट्रीय समस्याओं के संदर्भ में अस्मिता के साथ संवाद और वैश्वीकरण की चुनौतियों के संदर्भ में 'संवाद के साथ अस्मिता' के बिना काम नहीं चल सकता।

(4) साम्राज्यवाद हो, नव-उपनिवेशन या नव-सामंतवाद हो, यदि सार्थक टक्कर देनी है तो मिलजुल कर संघर्ष करना जरूरी है। राष्ट्रीय भावना के लिए केवल सांप्रदायिक विभाजन को ही नहीं, सभी किस्म के कृत्रिम सामुदायिक या सामाजिक विभाजनों को मिटाना होगा। वर्चस्वों से टकराते हुए दलित-स्त्री-किसान–आदिवासी और शहरी मध्यवर्गों की एकता हर बड़े संघर्ष के लिए जरूरी है। मुक्ति कभी अकेले में नहीं मिलती!

सवाल है, 1857 के राष्ट्रीय विद्रोह के मामले पर अंग्रेजी शिक्षित वर्गों की उदासीनता और क्रूर ब्रिटिश दमन की वजह से क्या यह विद्रोह नवजागरण के वृत्त से बाहर चला गया? हम जानते हैं, ऐसा नहीं हुआ। ब्रिटिश साम्राज्यवाद से टकराने की रणनीति में परिवर्तन आया। मुख्य बात है, 1857 ने धर्मनिरपेक्ष राष्ट्रवाद को भारतीय नियति बनाने में सफलता पा ली। 20वीं सदी के स्वाधीनता संग्राम ने 1857 से प्रेरणा ली, हालांकि विफलताओं से सीखकर गांधी ने व्यापक जन-भागीदारी के लिए हिंसा की जगह अहिंसा को सत्याग्रह का साधन बनाया।

भारतेंदु हरिश्चंद्र और यह दौर

हमारे लिए भारतेंदु हरिश्चंद्र का समय फिर से महत्वपूर्ण हो उठा है। बहुराष्ट्रीय कंपनियों को आज जितनी आशा-भरी नजरों से देखा जाता है, 19वीं सदी में भारतेंदु जैसे नई शिक्षा हासिल किए नौजवान भी अंग्रेजी राज और रेल-तार-सड़क का जाल बिछानेवाली विदेशी कंपनियों को आशा भरी नजरों से देख रहे थे। एक अद्‌भुत आकर्षण और भय से भरी दुनिया जैसे हमारे जीवन-संसार में पिछले करीब तीन दशकों से घुसती आई है, भारतेंदु युग में भी एक नई दुनिया ने चढ़ाई की थी। दुविधा की जैसी घड़ी आज है, तब भी थी। आज भी कोई प्रभावशाली प्रतिरोध नहीं है, तब भी नहीं था—'बज्यो बृटिश डंका धुनि छाई चहुँ ओर'!

भारतेंदु के उस दौर में क्या हिंदू कट्टरवादी, क्या नव-शिक्षित पश्चिमवादी, क्या राजा-महाराजा, क्या मध्यवर्ग सभी लोग राजराजेश्वरी विक्टोरिया की जय-जयकार में लगे थे। आज के गुणीजन भी पश्चिमी व्यापारियों और शख्सियतों के आगे उसी तरह लाल गलीचे की तरह बिछ जाते हैं। बड़ी संख्या में नौजवान लोग आज जिस तरह वैश्वीकरण की लहरों में क्रीड़ा कर रहे हैं, देश का नया भविष्य नजर आ सकता है।

जिंदगी के कुल जमा पैंतीस साल पाए भारतेंदु क्या ऐसे ही व्यक्ति थे, जैसे प्राचीन अतीत के दंभ के साथ पश्चिमी सभ्यता के स्वागत में खड़े आज के अनगिनत स्वकेंद्रित लोग हैं? भारतेंदु के समय से आज तक काफी राजनीतिक उथल-पुथल हुई है, देश का चेहरा बदला है। इस ग्रीक कथन में सार है कि हम एक ही नदी में दो बार स्नान नहीं करते। निस्संदेह समय स्थिर नहीं है। फिर भी हम भारतेंदु के जीवन और कर्म से औपनिवेशिक भारत के

कुछ विराट अंतर्द्वंद्वों को ही नहीं, भारतीय उदारवाद की एक महान परंपरा को भी समझ सकते हैं। उस समय के बौद्धिक असंतोष, आकर्षण, उलझन और पल रही विद्रोह भावना उनके साहित्य में व्यक्त हुई है। कहना न होगा कि उपनिवेशवाद तब आर्थिक लूट के अलावा अपने बौद्धिक अभियान पर था। उसका लक्ष्य भारतवासियों में पनप रही 'राष्ट्र' की विकासशील भावधारा को रोककर उन्हें अपनी औपनिवेशिक परियोजना का हिस्सा बनाना था। भारतेंदु के जीवन-कर्म को देखकर समझ में आ सकता है कि औपनिवेशिक दबाव के बावजूद नव-शिक्षित मध्यवर्ग के कुछ गुणीजनों में स्वतंत्रता के लिए छटपटाहट पैदा होने लगी थी, वे परंपरागत कट्टरता से बाहर निकल रहे थे। उनके मन में गरीबी की मार झेल रहे देशवासियों के प्रति गहरी संवेदना पैदा हो रही थी।

प्रेम के उदार विस्तार

भारतेंदु में कम स्फूर्ति नहीं थी। वे मन में उमंग से भरे और बड़े जिंदादिल थे। अंग्रेजी चाल में ढलने पर पैदा होनेवाला गर्वबोध, पश्चिमी सभ्यता में होने का सुख उस समय कम आकर्षक नहीं था। भारतेंदु को क्वींस कॉलेज से संबद्ध अंग्रेजी माध्यम के एक बड़े स्कूल में शिक्षा दिलाई गई थी। फिर भी वे दिन भर बनारसी पान चबाते रहते थे। उनका हिंदी प्रेमियों के साथ उठना-बैठना था। इसी माहौल में उन्होंने प्रेम का अर्थ जाना था। प्रेम प्रकृति से, प्रेम देश और देश के दुखी लोगों से। उनके दिल में एक फक्कड़ आधुनिक प्रेम था, जहाँ क्रूर औपनिवेशिक तंत्र पहुँच नहीं सकता था।

भारतेंदु लौकिक प्रेम के बखान में ईश्वरीय जगत को मिथ्या कहने से नहीं हिचके, 'प्रेम सत्य तुमरो जग मिथ्या यामैं कछु न सन्देह' (प्रेममालिका, 1871)। उनकी तिजोरी से पैसा घटता जा रहा था, पर हृदय में प्रेम बढ़ता जा रहा था। भारतेंदु के प्रेम के बहुत से विस्तार दरअसल भारत की उदारवादी गहराइयां हैं। वे अपने समय की पश्चिम-प्रेरित गतिशीलता से जुड़ना चाहते थे, पर भारतीय गहराइयों को खोना नहीं चाहते थे।

कहा जाता है कि एक बार भारतेंदु शांत भाव से मोमबत्ती में सौ का एक नोट जला रहे थे। नौकर ने चकित होकर पूछा, 'बबुआ, यह क्या?'

भारतेंदु बोले, 'मैं देख रहा हूँ कि लक्ष्मी में कितनी दुर्गंध है!' जिस जमाने में सभी डालर के पीछे दौड़ रहे हों, डालर के विराट खजाने के लालच में भारतीय से एनआरआई होते जा रहे हों, भारतेंदु की बात मूर्खता प्रतीत होगी। फिर भी अंग्रेजों के जमाने की धूर्तताओं के विपरीत यह मूर्खता बड़ी निश्छल थी।

भारतेंदु का आत्मचरित्र मानी जानेवाली एक अधूरी रचना में उनके व्यक्तित्व का एक पक्ष इस प्रकार झाँकता है, 'मैं भी जवानी की उमंगों में चूर, जमाने के ऊँच-नीच से बेखबर, अपनी रसिकाई के नशे में मस्त, दुनिया के मुफ्तखोर सिफारशियों से घिरा हुआ अपनी तारीफ सुन रहा था, पर इस छोटी अवस्था में भी प्रेम को भली-भांति पहचानता था।' (एक कहानी : कुछ आपबीती, कुछ जगबीती)। उस समय उनकी उम्र छब्बीस साल थी। भारतेंदु के अनमोल प्रेम का एक उदाहरण यह है कि उन्होंने सर्दी से ठिठुरते फकीर को अपना कीमती दुशाला दे दिया था। मेरी कारपेंटर के स्त्री-शिक्षा के काम में सहायता की थी। कलकत्ता के बेथुन कॉलेज की सफल छात्राओं को पुरस्कार स्वरूप देने के लिए बनारसी साड़ियां भेजी थीं। लड़कियों के लिए खुद एक छोटा-सा चौखंभा स्कूल खोला था। इन कार्यों के अलावा भारी घाटे में साहित्यिक पत्रिकाएं निकालीं, गुणियों के आदर में खर्च किए और कई सामाजिक कार्य किए। वे लेखक ही नहीं, लिटरेरी एक्टिविस्ट भी थे।

भारतेंदु ने मरने से पहले अपने मित्र रामशंकर शर्मा को चार अंतिम इच्छाएं बताई थीं। उनमें तीन हैं—(1) इंग्लैंड, फ्रांस और अमेरिका की यात्रा, (2) हिंदी क्षेत्र में तकनीकी शिक्षा के लिए कॉलेज खोलना और (3) एक हिंदी विश्वविद्यालय की स्थापना करना। उनकी ये इच्छाएं पैसे के अभाव में अधूरी रह गईं। फिर भी इन चीजों से उनके विश्व से प्रेम, विज्ञान से प्रेम और हिंदी से प्रेम का पता चलता है। उनकी चौथी इच्छा थी —श्री ठाकुर जी के बगीचे में एक बड़ा धार्मिक उत्सव करना। उनकी भक्ति का लक्ष्य भी संसार में प्रेम का प्रसार ही था।

भारतेंदु ने 15 अगस्त 1867 से 'कविवचन सुधा' का प्रकाशन बनारस से शुरू किया, अपनी अठारह साल की उम्र में। पहले अंक में 16 पृष्ठों की सामग्री थी। 8 पृष्ठों में पिता गिरधरदास की रचना 'भारती भूषण' के आरंभिक

अंश थे और बाकी पृष्ठों में देव की रचना 'अष्टयाम' के आरंभिक अंश। अंतिम कवर पर विज्ञापन था, '...हर महीने में एक बार प्राचीन कवियों के रचित काव्य के सोलह पृष्ठ छापे जाएंगे।' उन्होंने कुछ अन्य सामग्री के साथ भक्त कवियों की रचनाएं अगले अंकों में छापीं। इससे भक्ति आंदोलन और नवजागरण के संबंध की एक झलक मिलती है। अंततः 'कविवचनसुधा' समाज सुधार, ज्ञान-विज्ञान के प्रचार और अंग्रेजी शासन व्यवस्था की आलोचना की पत्रिका बन गई। भारतेंदु इसमें नियमित लिखते थे।

इससे जुड़ी बात यह है कि वे हिंदी गद्य के आधुनिक स्वरूप का विकास करते हुए यथासंभव भाषा की शुद्धता को ध्यान में रखते थे। 'रत्नावली' का संस्कृत से हिंदी में अनुवाद करके उन्होंने भूमिका में विनम्रतापूर्वक कहा, 'आप लोगों से आशा है कि इसकी भूल-चूक को सुधारेंगे।' इसके बावजूद, भूलों की परवाह न करते हुए वे हिंदी गद्य का नया स्वरूप गढ़ने के लिए बेचैन थे, क्योंकि नए युग में गद्य की शक्ति ही तर्क की शक्ति बनती।

उल्लेखनीय है कि भारतेंदु अपने समय में हिंदी से जुड़ी सामाजिक गतिविधियों का केंद्र बनते गए। उनके पत्राचार का दायरा विस्तृत होता गया। उनका सबसे उल्लेखनीय संबंध बना ईश्वरचंद्र विद्यासागर से। विद्यासागर भारतेंदु के घर भी आए थे। (प्यारे हरिश्चंद जू, प्रतिभा अग्रवाल)।

बौद्धिक उपनिवेशवाद की चुनौती

भारतेंदु युग की एक प्रमुख चुनौती बौद्धिक उपनिवेशवाद है। पश्चिमी साम्राज्यवाद के सैनिक, आर्थिक और राजनीतिक अनुप्रवेश से कम खतरनाक नहीं था बौद्धिक अनुप्रवेश। इसके लिए उन्होंने टारगेट बनाया था शिक्षित मध्य वर्ग को जो उदारवादी माना जाता था। कहना न होगा कि बौद्धिक उपनिवेशन भारतीय गहराइयों को मिटाकर वहीं उथलापन ला सकता है जहाँ पढ़े-लिखे होने के बावजूद न व्यापक प्रेम हो, न राष्ट्रीय अखंडता का बोध हो, न मानवतावाद हो और न वैज्ञानिक अंतर्दृष्टि हो।

सुंदरलाल ने अपने इतिहास 'भारत में अंग्रेजी राज' (1929) में भारतीय शिक्षा की दुर्दशा के बारे में लिखते हुए अंग्रेजों की औपनिवेशिक परियोजना का खुलासा किया है। आमतौर पर अंग्रेजीदाँ इतिहासकार सुंदरलाल के इतिहास

ग्रंथ को, जिसे अंग्रेजों ने जब्त कर लिया था, ज्यादा महत्व नहीं देते क्योंकि यह ग्रंथ शिक्षा के औपनिवेशिक भटकावों की पोल खोलता है। आज के भारत में राष्ट्रवाद इतना सिकुड़ा, मानवतावाद इतना पिलपिला और बुद्धिवादी-वैज्ञानिक अंतर्दृष्टि एक सूखी नदी क्यों है, इसका कुछ बोध सुंदरलाल द्वारा शिक्षा की दूरदर्शी औपनिवेशिक परियोजना के उद्घाटन से हो जाता है। इस ग्रंथ से पता चलता है कि नवजागरणकालीन शिक्षित व्यक्तित्वों के औपनिवेशिक संस्कार कैसे बने और देशोन्नति की चिंता के बावजूद वे इन संस्कारों से पूरी तरह क्यों मुक्त न हो सके।

ईस्ट इंडिया कंपनी ने भारतीय उद्योग-धंधों के विनाश और आर्थिक लूट के साथ-साथ परंपरागत शिक्षा का भी नाश कर दिया था। दरिद्रता के साथ अशिक्षा बढ़ चली थी। अंग्रेज शासक शुरू में भारतवासियों की शिक्षा के प्रति उत्साहित नहीं थे। मेजर जनरल लिओनेल स्मिथ ने 1831 की जाँच कमीशन के सामने कहा था, 'शिक्षा का नतीजा यह होगा कि वे सब सांप्रदायिक और धार्मिक पक्षपात जिनके द्वारा हमने अभी तक मुल्क को वश में रखा है और हिंदुओं-मुसलमानों को लड़ाए रखा है, दूर हो जाएंगे। शिक्षा का नतीजा होगा कि इन लोगों के दिमाग खुल जाएंगे।' (भारत में अंग्रेजी राज)। 19वीं सदी की भाषा, शिक्षा और संस्कृति-संबंधी परिघटनाओं को उपर्युक्त औपनिवेशिक संदर्भ में रखकर देखना उचित होगा। अंग्रेजी राज में कट्टरता-पोषित सामाजिक भेदभाव और पश्चिमीकरण की दुहरी नीति थी। संक्षेप में वह नीति थी—'फूट डालो-पश्चिमी बनाओ'।

अंग्रेजों ने नई शिक्षा की व्यवस्था प्रशासनिक कर्मचारियों का अभाव दूर करने तथा कुछ कूट उद्देश्यों से की थी। मैकाले ने रुचि, भाषा, भावों और विचारों की दृष्टि से काले अंग्रेज तैयार करने की योजना बनाई थी। उनके सामने रोमनों के उदाहरण थे। रोमन लोग जिस देश को जीतते थे, उस देश के भाषा, साहित्य और आचार-विचार को कठोरतापूर्वक दबा देते थे तथा वहाँ के एलीट वर्गों में रोमन भाषा, साहित्य और आचार-विचार का प्रचार कर देते थे। अंग्रेज शासक सोचते थे कि अशिक्षित भारतवासी शिक्षित भारतवासियों से ज्यादा खतरनाक हो सकते हैं!

सुंदरलाल ने अपने ग्रंथ में 1853 की संसदीय कमेटी के सामने पेश किया गया सर चार्ल्स ट्रेवेलियन का एक वक्तव्य रखा है। इसके इस खास हिस्से से हम अंग्रेजी माध्यम से शिक्षा पानेवाले नौजवानों की बदलती मनोदशा को समझ सकते हैं, 'अंग्रेजी साहित्य का प्रभाव अंग्रेजी राज के लिए हितकर हुए बिना नहीं रह सकता। जो भारतीय युवक हमारे साहित्य द्वारा हमसे भली-भांति परिचित हो जाते हैं, वे हमें विदेशी समझना प्रायः बंद कर देते हैं। ...फिर वे हमें अपने देश से बाहर निकालने के प्रचंड उपाय सोचना बंद कर देते हैं। ...भारतीय राष्ट्र के विचारों को दूसरी ओर मोड़ने का केवल एक ही उपाय है, उनके अंदर पश्चिमी विचार पैदा किए जाएं। ...हम भारतवासियों को यूरोपियन ढंग की उन्नति में लगा दें। ... (इससे) भारत पर अपना साम्राज्य कायम रखना बहुत काल के लिए असंदिग्ध हो जाएगा। शिक्षित भारतवासी...स्वभावतः हमसे चिपटे रहेंगे। ...मैं कुछ साल बंगाल में रहा। वहाँ मैंने शिक्षित भारतवासियों में बिल्कुल दूसरी तरह के विचार देखे। अंग्रेजों के गले काटने का विचार करने के स्थान पर वे लोग अंग्रेजों के साथ जूरी बनकर अदालतों में बैठने या बेंच मजिस्ट्रेट बनने की आकांक्षाएं व्यक्त कर रहे थे। ...पाश्चात्य शिक्षा पाए हुए युवक स्वाधीनता के प्रयत्न करना बंद कर देते हैं। ...भारतवासियों को शिक्षा देने का ...अंतिम परिणाम यह होगा कि भारत और इंग्लिस्तान का पृथक हो सकना दीर्घ और अनिश्चित काल के लिए टल जाएगा।' दरअसल इसी सोच के साथ 1857 में कलकत्ता, बंबई और मद्रास में विश्वविद्यालय खुले थे। इन विश्वविद्यालयों की उच्च शिक्षा नौजवानों को उदारवादी बनाती थी, पर औपनिवेशिक लाइन पर।

भारतीय नवजागरण की एक समस्या पश्चिम से भारत की 'पृथकता' के अहसास की थी। यह राष्ट्रवादी विचारों ने संभव किया। अंग्रेजी शिक्षा की औपनिवेशिक परियोजना पूरी तरह सफल नहीं हुई, क्योंकि औपनिवेशिक शिक्षा के साथ पश्चिम से नए ज्ञान की आंधी आ रही थी। इसके अलावा उदारवादी भारतीय परंपराओं की प्रेरणाएं भी थीं।

फिर भी भारत का बौद्धिक उपनिवेशन हो रहा था। उसके कारण आज भी बौद्धिक गुलामी की जंजीरें टूट नहीं पाई हैं और पश्चिम के अंधानुकरण

के साथ-साथ कट्टरवाद पहले की तरह मजबूत है। इनकी जंजीरें आश्चर्यजनक रूप से इतनी सुखदायक हैं कि स्वाधीनता की आकांक्षा ही धीरे-धीरे मिटती गई। बंकिम चंद्र ने अतिरंजना के साथ निराशा में कभी कहा था, 'भारतवासी स्वभाव से ही स्वाधीनता की आकांक्षा से रहित होते हैं।' स्वाधीनता से अधिक बड़ी चीज होती गई सुख की गुलामी और अपने जातीय-धार्मिक घोंघे में रहना।

भारतेंदु के राजभक्ति के प्रसंगों के बावजूद हम पाते हैं कि उन्हें अंग्रेजों की गुलामी का अहसास था, 'कब लौ दुख सहिहौ सबै रहिहौ बने गुलाम'। यह सही है कि उन्होंने 1857 के सिपाहियों और शिक्षित किसानों की तरह आजादी की जंग छेड़ने की बात कभी नहीं की। उन्हें उस हिंसात्मक संग्राम के नतीजे का ज्ञान था। लेकिन उन्होंने यंग बंगाल के बुद्धिजीवियों, ब्रह्म समाजियों या अंग्रेजी अखबार 'हिंदू पैट्रियाट' की तरह यह नहीं कहा कि यह विद्रोह सफल हो जाता तो भारत पिछड़ जाता। वे जानते थे कि राजनीतिक संघर्ष के पहले उदारवादी सांस्कृतिक सुधार और जनजागरण जरूरी है।

हिंदी में भारतेंदु के उच्छेदवादी तथा महिमामंडनपरक दोनों तरह के मूल्यांकनों ने काफी क्षति पहुँचाई है। उन पर पहले राजभक्ति का आरोप लगाया जाता था। इधर उन्हें हिंदू पुनरुत्थानवादी ठहराने की कोशिशें हुई हैं, हिंदू राष्ट्रवादी सिद्ध करने की, हालांकि कोई हिंदू राष्ट्रवादी उनका नाम नहीं लेता।

कई बुद्धिजीवी भारतीय नवजागरण में पुनरुत्थानवादी तत्व ढूंढ़ कर वर्तमान विडंबनाओं का दोष अपने ऊपर से उतार देना चाहते हैं। वे वर्तमान का पूरा दोष अतीत पर फेंकते हैं। वे अपनी जवाबदेही से बचना चाहते हैं। दूसरी तरफ, भारतेंदु की राजभक्ति को सिर्फ एक आड़ कहा जाता है जो उदारवादी राष्ट्रीय जागरण को उसके विकास में देखना नहीं है। यदि आज अमेरिका और विदेशी पूंजी के प्रति भक्ति हो सकती है, तो उस समय ब्रिटिश राजभक्ति कैसे असंभव थी?

भारतेंदु परंपरागत राजभक्त परिवार के थे, हालांकि उनके पिता ने राजभक्ति में कभी कुछ नहीं लिखा। प्राचीन भारतीय परंपरा से आए दयानंद सरस्वती, रामकृष्ण परमहंस और विवेकानंद ने राजभक्ति में कभी कुछ नहीं लिखा। यह भारतेंदु की क्वींस कॉलेज में अंग्रेजी शिक्षा का असर था कि उन्होंने

ग्यारह साल की अवस्था में राजभक्ति शुरू कर दी थी। यह उस समय कोई आड़ नहीं थी, अंग्रेजों की औपनिवेशिक शिक्षा नीति की सफलता थी। गौर करने की बात यह है कि भारतेंदु के देशप्रेम ने उन्हें देश के राजा-महाराजाओं की तरह सिर्फ राजभक्ति तक सीमित नहीं रखा। वे देशोन्नति, समाज सुधार और राष्ट्रीय जागरण की मंजिलों तक बढ़े।

नई शिक्षा ने भारतेंदु के मन में अंग्रेजी राज के प्रति मोह पैदा कर दिया था। लेकिन उनका मोहभंग हुआ, 'कुछ काल पहले अंग्रेज लोग जब हिंदुस्तान के विषय में व्याख्यान देते थे तब यही प्रकट करते थे कि हम केवल इस देश के लाभ के अर्थ राज्य करते हैं कि हम सिर्फ हिंदुस्तान की वृद्धि के निमित्त विचार करते हैं कि हम लोग इस देश की वृद्धि करेंगे और यहाँ के लोगों को विद्यामृत पिलाएँगे। राज्य का प्रबंध किस भांति करना, यह ज्ञान जब प्रजा को स्वतः हो जाएगा तब हम लोग हिंदुस्तान का सब राज्य प्रबंध यहाँ के निवासियों के अधीन कर देंगे और अंत को सब राम-राम कह कर जहाज पर पैर रख कर स्वदेश गमन करेंगे।' (कविवचन सुधा, 1874)। यह भोला विश्वास वास्तविक औपनिवेशिक इरादों को देखकर अंततः टूटा। भारतेंदु ने भारत पर राज करनेवाले नौकरशाह अंग्रेजों पर विश्वास करना छोड़ कर ब्रिटेन के राजपरिवार को अपने विश्वास का केंद्र बनाया और अंग्रेजी राज के दुखों का वर्णन करते हुए राजकुमार तथा रानी से अपील शुरू की। उन्हें लगा कि वे उदार होंगे। यह उनकी सोच में एक मोड़ था।

भारतेंदु की चेतना में एक दूसरा मोड़ तब आया, जब उन्हें गुलामी का स्पष्ट अहसास हुआ और उनका अंग्रेजी राज से प्रायः मोहभंग हो गया। उन्होंने कौशल से काम लिया। भारतेंदु के अंग्रेजी राज से बौद्धिक संपर्क को नव-शिक्षित मध्यवर्ग की विकासशील उदारवादी मनोदशा के संदर्भ में समझना चाहिए। लेकिन भारतेंदु काफी हद तक बौद्धिक उपनिवेशवाद से बाहर निकल गए थे।

भारतेंदु द्वारा प्रवर्तित राष्ट्रीय जागरण का एक महत्वपूर्ण पहलू है—पश्चिम के औद्योगिक विकास से सीख कर भारत में उद्योगीकरण की कामना, क्योंकि औद्योगिक विकास वस्तुतः सामाजिक उदारता और स्वतंत्रता का जनक है।

हालाँकि वह दौर उपनिवेशों में अन-उद्योगीकरण का था। भारतेंदु भारत के उद्योगीकरण की बात करनेवाले एक प्रमुख व्यक्ति थे। उन्हें जानकरी थी, 'इंग्लैंड में एक लक्ष बइलर हैं, भाप के यंत्र हैं और एक-एक की शक्ति 40 घोड़ों की है। ...परदेशी की कला-कौशल ने इस देश पर चढ़ाई किया, ऐसा पहले कभी नहीं हुआ था।' (कविवचन सुधा, 1874)। वे चाहते थे कि भारत के लोग अब औद्योगिक कला-कौशल की ओर ध्यान दें, 'अंग्रेजी वस्तुओं की रुचि लगी है तो अंग्रेजों के समान सब पदार्थों के कारखाने यहाँ नियत किए जाएँ।' (वही)। भारत के संपन्न लोग विदेशी वस्तुओं के उपभोग तक सीमित थे। भारतेंदु नई शिक्षा को अंग्रेजी राज का वरदान मानते थे और विलायत की इसलिए प्रशंसा करते थे कि वहाँ 'विद्या का प्राबल्य है।' वे पश्चिम से तकनीक या कारीगरी चाहते थे, पर अंग्रेज उन्हें प्रशासनिक चाकर से अधिक कुछ भी बनने देना नहीं चाहते थे।

भारतेंदु से पहले राजा राममोहन राय यूरोपीय नवजागरण के प्रति अपनी दीवानगी व्यक्त कर चुके थे। उन्हें आधुनिक भारत का निर्माता कहा जाता है, पर शिक्षा और समाज सुधार के अपने महत्वपूर्ण अभियानों के बावजूद भारत का उद्योगीकरण उनके एजेंडे में नहीं था। वे इस तरह सोचते थे कि यूरोप में स्वेच्छाचारिता के खिलाफ स्वतंत्रता तथा न्याय का संघर्ष सफल हो जाए तो एशिया का कल्याण हो जाएगा। वे कहने लगे थे, 'संपूर्ण मनुष्य जाति एक महापरिवार है, जिसकी शाखाएँ भर हैं विभिन्न राष्ट्र और पिछड़ी जातियाँ।' वे चाहते थे कि उत्थानशील यूरोपवासियों के साहचर्य और सहयोग से भारतवासियों की उन्नति हो। वे राजनीतिक चेतना ही नहीं, कला और विज्ञान के क्षेत्र में उन्नति के लिए भी यूरोपवासियों से लगातार संपर्क जरूरी मानते थे। वे उन यूरोपीय देशों को, जो अपने राष्ट्र-राज्य को मजबूत कर रहे थे और भारत में राष्ट्र-राज्य की संभावनाओं को साम्राज्यवादी कुचक्र से मिटाने में लगे हुए थे, 'वसुधैव कुटुम्बकम्' की दुहाई देकर उनसे भारत के कल्याण की आशा रखते थे।

19वीं सदी के कई राजभक्त सुधारक समझ नहीं पा रहे थे कि उपनिवेशीकरण का बहुआयामी विस्तार भारत में नवजागरण की अंतर्धाराओं

को विकृत कर रहा है। उपनिवेशवाद उदारवाद के मार्ग में वस्तुतः बाधक है। वह नवजागरण के स्थानीय रूप-भेदों को स्वस्थ ढंग से पनपने का अवसर नहीं दे रहा है। औपनिवेशिक सुधारवादी अनुभव नहीं कर पा रहे थे कि नवजागरण की सार्वभौमतावादी यूरोपीय धारणा राष्ट्रवादी चेतना से जुड़े बिना सिर्फ औपनिवेशिक हितों को तुष्ट करेगी। इसका अर्थ है, 19वीं सदी के भारतीय नवजागरण को 'वसुधैव कुटुम्बकम्' से पहले राष्ट्रीय जागरण होना होगा। नवजागरण हो या भूमंडलीकरण, वह मानवतावादी राष्ट्रीय अवधारणा के बिना बौद्धिक उपनिवेशवाद, आर्थिक शोषण और सांस्कृतिक विकृतीकरण लाएगा। भारत उपनिवेशवाद के बौद्धिक-आर्थिक संजाल से निकल कर क्या आज भी सामाजिक रूप से एक परिपूर्ण राष्ट्र-राज्य बन पाया है?

ऐसा नहीं है कि अंग्रेज ही भारतवासियों को पश्चिम के रंग में डुबोना चाहते थे। भारत के शिक्षित लोग खुद भी यूरोपीय जीवन शैली की तरफ बढ़ने को गौरव की बात समझने लगे थे। उनके उदारवाद का अर्थ था पश्चिमी सभ्यता से आत्मीयता का बोध। वे जब भारतीय रुचियाँ, आदतें और आत्मगौरव का बोध छोड़ते थे, यूरोपीय गोरे बहुत खुश होते थे। उन्हें पूर्व में सभ्यता के मिशन पर आना सार्थक लगता था। भारतेंदु अंग्रेजी मेम से पढ़ी एक ललाइन की लाला से फरमाइश के माध्यम से पश्चिमीकरण के प्रति बढ़े आकर्षण पर व्यंग्य करते हैं:

लिखाय नाहीं देत्यौ पढ़ाए नाहीं देत्यौ
सैयाँ फिरंगिन बनाय नाहीं देत्यौ।
लहँगा दुपट्टा नीको न लागै
मेमन का गाउन मँगाय नहीं देत्यौ।

अंग्रेजी राज में उपनिवेशवाद पश्चिमी चीजों का एक नया संसार लेकर आया था। वे चीजें जिंदगी की गतिशीलता, आराम और सुख के लिए जरूरी थीं, महज दिखावा नहीं थीं। कौन कहेगा कि सरसों के उबटन की जगह साबुन, डोली-पालकी की जगह घोड़ागाड़ी, दीवारों पर गोबर की जगह चूनाकली, घर की जिस चारपाई पर जन्म ले उसी पर दम तोड़ने की जगह विदेश यात्रा, आरामदायक कपड़े आदि खुद में औपनिवेशिक चिह्न थे।

मुख्य बात आधुनिकीकरण से पैदा हुई यह सांस्कृतिक खलबली है कि क्या अब हमारी परंपराएँ, पारिवारिक रिश्ते-नातों की गरमाहट और साहित्य, पुराने रोजगार और शौक आधुनिकीकरण की प्रक्रिया में उजड़ जाएँगे? भारतीय जनमानस सामान्यतः उदारवादी और सर्वसंग्रहशील रहा है, लेकिन वह अपनी पुरानी चीजों के प्रति मोह रखता है और उन चीजों में बहुत-सी ऐसी हैं जो बहुमूल्य हैं।

भारतेंदु आधुनिकीकरण के पक्ष में खड़े होते हुए भी न अपनी उदार सांस्कृतिक विरासत को खोने के पक्ष में थे और न राष्ट्रीय आत्मपहचान को। वे नहीं मानते थे कि भारत को आधुनिकीकरण की राह पर ले जाने के लिए उपनिवेशवाद जरूरी है, बल्कि अंग्रेजी राज के बारे में ऐसी बातें कहते थे—'कर दुःख बढ़ै', 'पै धन विदेश चलि जात यहै अति ख्वारी', 'भीतर-भीतर सब रस चूसै/बाहर से तनमन धन मूसै/जाहिर बातन में अति तेज,/ क्यों सखि सज्जन नहिं अँग्ररेज', 'जो भारत जग में रह्यो सबसे उत्तम देस/ ताही भारत में रह्यो अब नहिं सुख को लेस'। ऐसी बातें कहकर वे देश की आधुनिक उन्नति और जनता के सुख के मार्ग में अंग्रजी राज को बाधक मानते थे। ऐसा वे महारानी विक्टोरिया की तारीफ करते हुए भी मानते थे। वे देख रहे थे कि बाजार अंग्रेजी मालों से पटा है, पर समाज बेरोजगारों से भरा है, 'तीन बुलावें तेरह आवें' की हालत है। वे ब्रिटिश राजकुमारों को भारत की दीन-हीन अवस्था के लिए खरी-खोटी सुनाते हैं। 'जीवौ सदा विक्टोरिया रानी' वाली समस्या-पूर्ति में वे खुल कर कहते हैं :

दीन भये बलहीन भये धन छीन भये सब बुद्धि हिरानी।
ऐसो न चाहिए आपुके राज प्रजागन यौं मछरी बिन पानी।।

अंग्रेजी राज की इससे अधिक निर्मम आलोचना नहीं हो सकती। उपर्युक्त कथन पिछड़े डेढ़ सौ साल में उपनिवेशवाद पर किए गए सबसे तीखे बौद्धिक प्रहारों में एक है।

1857 के विद्रोह से 1885 में राष्ट्रीय कांग्रेस की स्थापना तक का समय साम्राज्यवादी आतंक से भरा समय ही न था, असह्य अपमान और जन-आक्रोश का समय भी था। वह एक अनोखे ढाँचे के भारतीय राष्ट्रवाद

के निर्माण का दौर था। आज की तरह वह एक बेहद उलझा समय था, पर वह संध्या नहीं सूर्योदय की वेला थी।

नवजागरण-चिंतकों के सामने आमतौर पर आधुनिकीकरण और स्वाधीनता में कोई एक चुनने की समस्या थी। अंग्रेजी राज का कोई सशक्त राष्ट्रीय-जनतांत्रिक विकल्प सामने नहीं था। उन चिंतकों में से कइयों ने अपनी स्वाधीनता-भावना को दबा कर आधुनिकीकरण को चुना, जबकि देश में भारी पिछड़ापन और अशिक्षा थी। इसका अहसास होता जा रहा था कि अंग्रेजी राज से देश के औद्योगिक-वैज्ञानिक विकास की उम्मीद झूठी है। अंग्रेजी शासन, व्यापार और लूट पर्यायवाची थे। अवसरखोजी लोगों में यूरोपीय विद्या और तकनीक की लालसा थी, जबकि आम लोगों में अशिक्षा के कारण राजनीतिक निस्पृहता थी। भारतेंदु दुख के साथ कहते हैं, 'अंग्रेजों के राज्य में सब प्रकार का सामान पाकर, अवसर पाकर भी हम लोग जो इस समय पर उन्नति न करें तो हमारा केवल अभाग्य और परमेश्वर का कोप ही है। ...इंग्लैंड में गाड़ी का कोचवान भी अखबार पढ़ता है। यहाँ कोचवान हुक्का पीयेगा या गप्प करेगा।' भारतेंदु देश की स्थितियों को बदलना चाहते थे।

अंग्रेजी राज में शिवप्रसाद सितारेहिंद भीतर के आदमी थे। उस समय एक होड़ थी कि अंग्रेजी राज का अधिकाधिक कृपापात्र बनने के लिए उसकी नीतियों के अनुसार अपने को ढालो और प्रजा को समझाओ-बुझाओ। राजनीतिक रूप से अपरिपक्व समय में भारतेंदु अंग्रेजी राज के खुले विरोधी नहीं हो सकते थे, पर वे ऊंचे पद की होड़ में भी नहीं थे। उनका शासक वर्ग से 'कोलेबोरेशन' का रिश्ता नहीं था। उन्होंने औपनिवेशिक नीतियों से कभी समझौता नहीं किया। बलिया वाली सभा में कलेक्टर डी.टी. राबर्ट्स मौजूद थे, पर भारतेंदु हरिश्चंद्र ने निडर होकर अपना भाषण दिया। पशु मेला था तो सभा में रईस के साथ आम जन भी थे। भारतेंदु ने कलेक्टर और रईसों की परवाह न कर जनता की बात जनता की जुबान में कही।

शिवप्रसाद सितारेहिंद से भारतेंदु की टकराहट व्यक्तिगत नहीं, औपनिवेशिक नीतियों के संदर्भ में थी। शिवप्रसाद को सरकारी कृपा का लोभ था। 'वैदिकी हिंसा हिंसा न भवति' में नाटक से संबंधित मामला न होते हुए

भी भारतेंदु ने उन पर हमला कर दिया, 'अंग्रेज सरकार के राज्य में जो उन लोगों के चित्तानुसार उदारता करता है, उसको 'स्टार ऑफ इंडिया' की पदवी मिलती है।' नाटक के अंत में भारतेंदु ने जो कामनाएं व्यक्त कीं, उनमें ये भी हैं, 'छुटै राजकर मेघ समय पै जल बरसावै'। भारतेंदु को बादलों की चिंता है, उन्हें किसानों की चिंता है।

भारतेंदु के औपनिवेशिक संपर्कों को जाँचते समय उनके विद्रोही कथनों की उपेक्षा नहीं की जानी चाहिए। उनके नगर बनारस के कई नव्य-शिक्षित ऐसे कथनों को दिखाकर उन पर 'डिसलायल्टी' का आरोप लगाते थे, जबकि हितैषी उन्हें परम राजभक्त साबित करते रहते थे। कठोर प्रेस कानून की छाया में भारतेंदु की पत्रिका 'कविवचनसुधा' में प्रकाशित अनगिनत कथन कितने साहस-भरे थे, यह स्वतंत्र भारत के आपातकाल में हिंदी के कई बड़े लेखकों की भूमिका को याद करके समझा जा सकता है।

यूरोपीय रिनेसां ने कुछ उच्च गुणों के बावजूद अपना सर्वसत्तावाद विकसित किया था। उसका एक तत्व यूरोपीय श्रेष्ठता का दंभ है। 19वीं सदी में दुनिया के काफी बड़े हिस्से पर यूरोपीय कब्जा हो गया था, हालांकि 18वीं सदी में उसका अमेरिका पर कब्जा खत्म हुआ था। दरअसल अमेरिका के नए बसे लोग, जिन्होंने आजादी के लिए संघर्ष किया, यूरोप से ही गए थे और इंग्लैंड के अधीन थे। उस जमाने का उपनिवेशवाद शिक्षित, संपन्न और क्षमतावान लोगों का ही राजनीतिक-आर्थिक चक्रव्यूह था।

'कविवचनसुधा' के 31 अगस्त, 1874 के अंक में एक टिप्पणी है, 'सच मत बोल'। इसमें भारतेंदु ने लिखा, 'बीस करोड़ के भारतवर्ष को पचास हजार अंग्रेज शासन करते हैं, ये लोग प्रायः शिक्षित और सभ्य हैं। परंतु इन्हीं लोगों के अत्याचार से भारतवर्षीगण दुखी रहे हैं।' भारतेंदु ने यूरोपीय शिक्षा और उदार मानी जानेवाली सभ्यता के असली रूपों को पहचाना। उनके कथन से जाहिर हो जाता है कि आधुनिकीकरण की भूल-भुलैया के बावजूद स्वाधीनता की उनकी इच्छा मरी नहीं थी। औपनिवेशिक जकड़बंदी में भारतीय जातियां दुखी थीं, मृत नहीं।

ब्रिटिश साम्राज्यवाद की एक ही चिंता थी कि जिस तरह अमेरिका का स्वतंत्रता और एकता का संघर्ष सफल हुआ और अमरीकी राष्ट्र-राज्य

कायम हो गया, ऐसा भारत में किसी प्रकार न हो। यदि राष्ट्रवाद की धारणा साम्राज्यवाद को अपना मुख्य शत्रु समझती है, साम्राज्यवाद भी राष्ट्रवाद को अपना मुख्य शत्रु मानता है। वह राष्ट्रीय भावना को विभिन्न उपाय कर रूढ़िवाद और कलहवाद से जर्जरित बना देने में अपना हित देखता है।

भारत में काम कर रहे यूरोपीय पुरातत्वविदों और प्राच्यविदों (ओरियंटलिस्ट) ने भारत के गौरव के उद्‌घाटन से अधिक यहाँ पृथकतावाद के बीज बोए। उन्होंने भारत की संस्कृति, इतिहास और मिथकों की पौर्वात्यवादी व्याख्या दी। वे भारत के इतिहास में स्थिरता और सभ्यता में पिछड़ापन देखते थे। उन्होंने अपनी व्याख्याओं में उत्तर-दक्षिण और हिंदू-मुसलमान के बीच कठोर विभाजन कर रखा था। अंग्रेज अपनी राजनीतिक शासन-पद्धति में धर्म, जाति और भाषा की भिन्नताओं का भरपूर इस्तेमाल कर रहे थे। यूरोपीय ज्ञान के एशियाई प्रयोग इतने विध्वंसक थे कि आज तक बहुसांस्कृतिक और बहुभाषिक भारत उनकी राजनीतिक और बौद्धिक मार झेल रहा है।

फिर भी देखा जा सकता है कि 19वीं सदी में बहुत क्षीण पूंजीवादी आधारवाला देश भारत एक स्वतंत्र उदारवादी राष्ट्र की आधुनिक आकांक्षाओं से किस तरह ओत-प्रोत हो रहा था। उसके चित्र भारतेंदु के साहित्य में हैं। पश्चिम के राष्ट्र-राज्य औद्योगिक पूंजीवाद के जोर से बने, लेकिन एशियाई राष्ट्रों के निर्माण के पीछे यह जोर नहीं था, यह भूलना नहीं चाहिए। पश्चिमी देश हमेशा अपने राष्ट्र-राज्यों को मजबूत बनाने और एशिया के राष्ट्र-राज्यों की विभिन्न तरीकों से तोड़फोड़ में लगे रहे हैं, यह भी भूलना नहीं चाहिए। भारतीय राष्ट्र-राज्य के निर्माण के लिए 19वीं सदी में तमाम बाधाओं के बावजूद जो मिलीजुली सांस्कृतिक चेतना और राजनीतिक इच्छाशक्ति पैदा हो रही थी, इसे भी न केवल भूलना नहीं होगा, बल्कि बार-बार याद करना होगा।

उर्दू, मुसलमान और भारतेंदु हरिश्चंद्र

भारत के जिन समाजों में प्राचीन और औपनिवेशिक भेदभावों से ऊपर उठकर राष्ट्रवाद का विकास हुआ, वे निश्चय ही धार्मिक समाज थे। उस युग की स्थितियों को देखते हुए हम नहीं कह सकते कि 19वीं सदी का नवजागरण

धर्मों का उच्छेद करते हुए घटित होना चाहिए था। जब 21वीं सदी में इतनी शिक्षा के बावजूद धर्म अपनी सारी क्षमताओं के साथ मौजूद हैं, उस समय कैसे मिट जाते। यह लक्षित किया जा सकता है कि उस समय धार्मिक कूपमंडूकता के खिलाफ आवाजें थीं, जो आज कमजोर होती जा रही हैं। उस जमाने के समाज में धर्म को उदार, मानवीय और बुद्धिसम्मत बनाने के व्यापक आंदोलन थे। इस समय नहीं हैं। आज अतीत का जर्जरित और पराजित हिस्सा प्रेत बनकर मानव भविष्य पर नए सिरे से सवार है। वह पीछा नहीं छोड़ रहा है तो इसकी एक वजह यह है कि सभ्यता के शिखर पर भारतीय नवजागरण के उच्च मूल्यों को हम बचा कर नहीं रख पाए हैं।

दरअसल नवजागरण को कुछ एलीट बुद्धिजीवियों ने हिंदुत्ववाद में सीमित करके अपनी उच्च विरासत से हाथ धोने का काम किया। निश्चय ही उस दौर के सामाजिक सुधार और समावेशी राष्ट्रवाद की परियोजनाओं में धार्मिक तत्व थे, क्योंकि सभी सुधारक ऐसे लोगों के बीच काम कर रहे थे जिन्हें धर्म से अलग नहीं किया जा सकता था। इस सामाजिक दबाव को न समझ कर नवजागरण को कुछ अंग्रेजी दां बुद्धिजीवियों ने सांप्रदायिक उभार घोषित कर दिया, खासकर हिंदी नवजागरण को हिंदू नवजागरण कहकर कलंकित किया। यह भी देखा जा सकता है कि हिंदू राष्ट्रवादियों ने भी हिंदी नवजागरण और सुधार आंदोलनों को अच्छी नजर से नहीं देखा। वे इन सबके बाहर संगठित हुए।

हिंदी नवजागरण के दौर में हिंदी और उर्दू के बीच सांप्रदायिक उत्तेजना थी। हिंदी को कहीं-कहीं हिंदू से जोड़ा जा रहा था। हिंदी को तत्सम शब्दों से लादकर इसके शुद्धीकरण की कोशिश हुई। क्या ऐसी कट्टर धारणाओं को हिंदी संसार में कभी स्वीकृति मिली? आम बुद्धिजीवी वर्गों ने ऐसी धारणा कभी व्यक्त नहीं की कि हिंदी के विकास का संबंध हिंदू धर्म से है। आत्मालोचना होनी चाहिए, पर इसे आत्मधिक्कार की हद तक नहीं पहुँचा देना चाहिए, हिंदी के लिए साहब अभी शर्म में डूबे हुए हैं!

उस जमाने के शिक्षित हिंदू सिर्फ धार्मिक नहीं थे, उनमें मानवीयता और जातीय चेतना भी थी। शुरू में जातीय चेतना कमजोर थी। यही वजह है कि

वृंदावन के राधाचरण गोस्वामी ने धर्म और जातीयता को गड्डमड्ड कर दिया था, 'एक हिंदू दूसरे हिंदू के लिए प्राण विसर्जन नहीं करता, जैसे एक अंग्रेज या मुसलमान अपनी जाति के लिए करते हैं।' 1857 में सिर्फ मुसलमानों ने ही मुसलमानों के लिए नहीं, हिंदुओं ने भी मुसलमानों के लिए प्राण विसर्जन किए थे। उनके सामने एक राष्ट्रीय लक्ष्य था। राधाचरण गोस्वामी ही नहीं, उस जमाने के सभी लेखकों की चेतना विकासशील अवस्था में थी। उपनिवेशवाद के खेल की वजह से उस युग में धार्मिकता और जातीयता कई बार मिश्रित हो जाती थी। यह हिंदुओं और मुसलमानों दोनों के साथ घटित हुआ, जो भारतीय नवजागरण की राह में एक बड़ा अवरोध बना। लोग राजनीतिक स्पर्धा में धार्मिक ज्यादा होने लगे। फिर भी भारतेंदु हरिश्चंद्र वैष्णव होकर भी धार्मिक मतवाद से ऊपर उठ रहे थे।

भारतेंदु के मन में मुस्लिम आक्रमणकारियों, सुल्तानों और बादशाहों द्वारा हिंदुओं के ऊपर हुए अत्याचारों की सामाजिक स्मृति बरकरार थी। उनके जमाने में गार्सां-द-तासी जैसे यूरोपीय विद्वान 'हिंदी में हिंदू धर्म का आभास' और 'उर्दू में इस्लामी संस्कृति और आचार-व्यवहार का संचय' देखते थे। शिवप्रसाद सितारेहिंद नागरी लिपि में आमफ़हम उर्दू का पक्ष लेते थे। वे सत्ता की भाषा से जुड़े थे। ऐसी बातों का असर भारतेंदु पर पड़ता होगा। उन्होंने 'उर्दू का स्यापा' लिखा था। वे हिंदी को उर्दू-फारसी शब्दों से बोझिल नहीं बनाना चाहते थे, बल्कि उसे लोकभाषाओं के संपर्क में रखना चाहते थे। राजा शिवप्रसाद सितारेहिंद ने हिंदी भाषा के संबंध में व्याकरण तैयार करके छपवाया था। उसमें फारसी के शब्दरूप ज्यादा दिए हुए थे और वे कठिन थे। भारतेंदु ने फजीहत राय के छद्मनाम से इस पर लिखा और इस प्रवृत्ति की आलोचना की। उनकी एक टिप्पणी का शीर्षक है —'भला यह व्याकरण पढ़ाएगा कौन?

निश्चय ही भारतेंदु ने कई टिप्पणियाँ हिंदुओं को संबोधित करते हुए लिखी हैं। उन्हें हिंदुओं की उन्नति की चिंता खासतौर पर थी। उस दौर में यह अस्वाभाविक न था। फिर भी भारतेंदु हैं, जिन्होंने कई जगहों पर हिंदुओं की जमकर आलोचना की। उन्होंने हिंदू धर्माचार्यों को भंडाचार्य कहा, उनकी ख़िल्ली उड़ाई। चारों तरफ फैले धार्मिक पाखंड पर अपना दर्द व्यक्त किया,

'देखी तुमरी काशी लोगो, देखी तुमरी काशी!' वे धार्मिक मन के थे, लेकिन काशी के पाखंडपूर्ण धार्मिक परिदृश्य के आलोचक थे। उन्होंने 'अंधेर नगरी' में अपने समय की एक बड़ी शिनाख्त की, 'हिंदू चूरन इसका नाम विलायत पूरन इसका काम'। उन्होंने हिंदुत्ववाद-साम्राज्यवाद के अनोखे गठजोड़ को पहचाना। वे निस्संदेह अपने को हिंदू समझते थे, लेकिन दुनिया के अनगिनत लोगों की तरह भारतेंदु में धार्मिक विद्वेष न था, हिंसा भावना न थी। वे अपने साहित्य में हिंदुओं और मुसलमानों के रिश्ते को उदार राष्ट्रीय आकांक्षा की रोशनी में देखते हैं।

भारतेंदु ने मुसलमानों और अंग्रेजों में फर्क करते हुए लिखा है, 'मुसलमानों के काल में शत सहस्त्र बड़े-बड़े दोष थे, किंतु दो गुण थे। प्रथम तो इन सबों ने अपना घर यहीं बनाया था। इससे यहाँ की लक्ष्मी यहीं रहती थी। ...किसी ने सच कहा कि मुसलमानी राज हैजे का रोग है और अंग्रेजी क्षय का। इनकी शासन प्रणाली में हम लोगों का धन और वीरता निःशेष होती जाती है।' (बादशाह दर्पण)। भारतेंदु का मुसलमानों के काल से आशय सुल्तानों और बादशाहों के शासन काल से है। इसी रचना में उन्होंने यह भी दिखाया कि अकबर ने कश्मीर के एक हिंदू मंदिर का जीर्णोद्धार करा उस पर अपनी आज्ञा खुदवाई थी। अपनी 'इतिहास संबंधी बात' में उन्होंने अकबर के बारे में उदारतापूर्वक लिखा, 'अकबर ने उस बड़े राज्य को 52 बरस तक ऐसी सावधानी और उत्तमता से चलाया कि सब जाति के लोगों ने उससे सुख और आनंद उठाया।' ये चीजें इतिहास लिखने की कोशिशें थीं। यह एक नई प्रवृत्ति थी। भारतेंदु मुसलमानों को भारतीय इतिहास के अभिन्न अंग के रूप में देख रहे थे।

इसमें संदेह नहीं कि मुसलमानों के समाज में नवजागरण की प्रक्रिया अंग्रेजी शिक्षा तक सीमित थी। इस समाज में सुधार नहीं हो पा रहे थे, कूपमंडूकता हावी थी। अंग्रेजी राज में वे अपने पुराने मिजाज में थे। इस पर भारतेंदु ने टिप्पणी की, 'मुसलमानों ने अभी तक अपनी दशा नहीं सुधारी।' वे रईस मुसलमानों से मुखातिब होकर कहते हैं, 'अपने लड़कों को...अच्छी से अच्छी तालीम दो। पिनशिन और वजीफा या नौकरी का भरोसा छोड़ो।

लड़कों को रोजगार सिखाओ। विलायत भेजो। छोटेपन से मिहनत करने की आदत दिलाओ। सौ-सौ महलों के लाड़-प्यार, दुनिया से बेखबर रहने की राह मत दिखाओ।' इसका अर्थ है कि उन्होंने हिंदुओं के अलावा मुसलमानों को भी संबोधित किया, उनसे संवाद बनाने की कोशिश की। उन्होंने मुसलमानों की तारीफ करते हुए लिखा, 'जो बात हिंदुओं को नहीं मयस्सर है, वह धर्म के प्रभाव से मुलसमानों को सहज प्राप्त है। उनमें जाति नहीं, खाने-पीने में चौका-चूल्हा का भेद नहीं, विलायत जाने में रोक-टोक नहीं।' इन बातों से सिर्फ यही बोध नहीं होता कि भारतेंदु मुसलमानों से देश की प्रगति में योगदान के लिए आह्वान करते हैं, यह भी स्पष्ट होता है कि वे हिंदुओं को जातिवाद, सामाजिक भेदभाव और कूपमंडूकता से मुक्त देखना चाहते हैं।

एक बार भोपाल की बेगम साहिबा ने अपनी कुछ कविताएं भारतेंदु के पास भेजीं। इन्होंने कविताएं यह सवाल खड़ा करके कोलकाता से छप रहे 'भारतमित्र' के संपादक के पास छपने के लिए भेजीं, 'क्या हमारी लक्ष्मीगण भी कुछ बनावेंगी?' अर्थात हिंदू स्त्रियों को भी लेखन के क्षेत्र में आना चाहिए। भारतेंदु 'नर-नारि सम होंहि' की बात करते थे और चाहते थे कि स्त्रियां साहित्य के क्षेत्र में आगे आएं।

भारतेंदु ने 'कविवचनसुधा' में उर्दू में निकाले जानेवाले साप्ताहिक पत्र 'कासिद' का विज्ञापन छापा था —'कासिद! सातएँ दिन आवेगा!! नये हितकारी और विचित्र समाचार कहेगा!!!' ऐसी घटनाओं से उनका उर्दू प्रेम झलकता है। उन्होंने उर्दू गजलों का एक संग्रह प्रकाशित कराया था —'गुलजारे पुर बहार'। अपने 'उत्तरार्द्ध भक्तमाल' में उन्होंने कबीर, रसखान आदि का नामोल्लेख करते हुए लिखा, 'इन मुसलमान हरिजनन पै कोटिन हिंदू वारियै।' ये सभी भारतेंदु के बड़े और समावेशी मन के चिह्न हैं। इससे लक्षित होता है कि उस समय का हिंदी मध्यवर्ग राष्ट्रीय जागरण और बुद्धिवाद दोनों से प्रेरित होकर उदारवाद की ओर बढ़ रहा था। हिंदी नवजागरण हिंदू नवजागरण न था, भले समाज पर संरक्षणवादियों का दबाव हो।

भारतेंदु भाषा को धर्म से नहीं जोड़ते। वे हिंदी कविता को उर्दू की खड़ी बोली परंपरा से समृद्ध और विकसित करना चाहते हैं, हालांकि उनकी

अधिकांश कविताएं लोकभाषा में हैं। वे उर्दू में भी लिखते थे। जब भारतेंदु की खड़ी बोली में लिखी कविताओं पर चर्चा होती है, तो इन पर उर्दू के असर को सकारात्मक नजर से देखा जाता है। यह भारतेंदु के संवादप्रिय और सामंजस्यवादी व्यक्तित्व का असर था कि उनके समय में हिंदी जिस नई चाल में ढल रही थी, वह न दरबारी मिजाज की थी और न कठमुल्ले मिजाज की। भारतेंदु ने 1881 में खड़ीबोली में भी कुछ कविताएं लिखनी शुरू की थीं जिनमें कहीं आधुनिकता के तत्व हैं तो कहीं प्रकृति-प्रेम है और कहीं ईश्वर प्रेम देखा जा सकता है। नमूने इस प्रकार हैं:

खोल खोल छाता चलैं, लोग सड़क के बीच।
कीचड़ में जूते फँसे, जैसे अघ (पाप कर्म) में नीच।।

... ...

गरमी के आगम दिखलाये, रात लगी घटने।
कुहू कुहू कोयल पेड़ों पर, बैठ लगी रटने।
ठंडा पानी लगा सुहाने, आलस फिर आई।
सरस सुगंधी सिरिस फूल की, कोसों तक छाई।।

... ...

दुनिया में हाथ-पैर हिलाना नहीं अच्छा।
मर जाना पै उठ के कहीं जाना नहीं अच्छा।।
मिल जाए हिंद खाक में हम काहिलों को क्या।
ऐ मीरे फर्श रंज उठाना नहीं अच्छा।।

... ...

चूरन साहेब लोग जो खाता। सारा हिंदी हजम कर जाता।
चूरन पुलिस वाले खाते। सब कानून हजम कर जाते।

भारतेंदु हरिश्चंद्र की खड़ी बोली में कई कविताएं हैं। उनमें से कुछ में ब्रजभाषा का पुट है। वह संक्रमण काल था, इसलिए स्वाभाविक है। उनकी ऐसी कविताओं में यथार्थ वर्णन, प्रकृति प्रेम, भारतवासियों के आलस्य पर व्यंग्य और अंग्रेजों की साम्राज्यवादी धूर्त्तता के चित्र हैं। उनमें कठमुल्लेपन और अंधानुकरण से बाहर निकलने की जद्दोजहद है।

भारतेंदु में सूफी अंदाज भी है, 'कोई मस्जिद कोई बुतखाने में नित है जाता, पै हमने तो सीधा ताका उस साकी का मैखाना।' वे कहते हैं, 'झूठी है सब शायरी अगर कहीं दिल नहीं फिदा।' उनके काव्य में भक्ति भावना ही नहीं है, आधुनिक आयाम भी हैं।

भारतेंदु की खड़ी बोली की कविताओं में हिंदी-उर्दू का मिश्रण शुद्धतावाद के प्रति उनकी निष्पृहता का चिह्न है। उन्होंने हिंदी की उन्नति के लिए उर्दू-झुकाव व्यक्त नहीं किया तो तत्समपरक शुद्धतावाद का रास्ता भी नहीं चुना। मुख्य बात है, भारतेंदु मुस्लिम शासकों के हिंसात्मक दमन और अत्याचारों की स्मृति से बाहर निकलते हैं। ब्रिटिश साम्राज्यवाद के प्रति उनका आलोचनात्मक रुख उनके राष्ट्रीय चित्त को समावेशी बनाता है। इस देश में उदारवादी होने का एक लक्षण है समावेशी होना।

बलिया के अपने भाषण में भारतेंदु अंग्रेजी राज को घर में आग लगने जैसा संकट मानते हैं। हिंदू-मुसलमान के रिश्ते को जेठानी-देवरानी के रिश्ते की तरह देखते हुए वे कहते हैं, 'घर में आग लगै तब जिठानी-द्यौरानी को आपस की डाह छोड़कर एक साथ वह आग बुझानी चाहिए।' इस आग को बुझाने का अर्थ है अंग्रेजी राज से छुटकारा पाना। 'उर्दू का स्यापा' लिखने के बावजूद भारतेंदु पूरे मामले को अंततः आपस की डाह से ज्यादा महत्व नहीं देते। वे साम्राज्यवाद-विरोध को मुख्य मुद्दा बनाना चाहते हैं। उपर्युक्त घटनाओं से यह साफ होता है कि उनकी दृष्टि में विकास आया था। वे हिंदू-मुसलमान एकता की बात करने लगे थे। भारतेंदु पर हिंदुत्ववाद का आरोप लगानेवालों की नजर उपर्युक्त बातों की ओर जानी चाहिए। उन्हें भारतेंदु को ठीक से पढ़ना चाहिए।

भारतीय राष्ट्रीयता का उद्घोष

भारतेंदु का बलिया भाषण 'भारतवर्ष की उन्नति कैसे हो सकती है' (1884) 19वीं सदी के भारत की राष्ट्रीय आकांक्षाओं का प्रतिबिंब है। उसमें महान भारतीय राष्ट्र के वैचारिक भ्रूण हैं। लगभग एक ही समय में भारतेंदु का उपर्युक्त भाषण (1884) और ह्यूम के नेतृत्व में राष्ट्रीय कांग्रेस का जन्म (1885) मानो दो भिन्न मिजाज की घटनाएं हैं। दूसरी घटना 19वीं सदी के

भारतीय राष्ट्र-राज्य की राजनीतिक आकांक्षाओं पर बौद्धिक लीपापोती है। भारतेंदु लक्षित कर रहे थे कि ब्रिटिश उपनिवेश से भारतीय राष्ट्र-राज्य के निर्माण की ओर उन्मुख होना होगा। उनकी भविष्य-कल्पना वस्तुपरक है। यह राष्ट्रीय जागरण का ही आह्वान है, 'बंगाली, मराठा, पंजाबी, मद्रासी, वैदिक, जैन, ब्राह्मो, मुसलमान सब एक का हाथ पकड़ो।' यह एक ऐसी विराट मानव-शृंखला बनाने की अपील है, जिसमें जातीय-धार्मिक बंधन टूट जाते हैं या ढीले पड़ जाते हैं।

अंग्रेज कलक्टर के सामने ही राष्ट्र के लिए संग्राम की सांस्कृतिक, आर्थिक और जातीय बुनियाद रखते हुए भारतेंदु कहते हैं, 'जिसमें तुम्हारी भलाई हो वैसी ही किताब पढ़ो, वैसे ही खेल खेलो, वैसी ही बातचीत करो। परदेसी वस्तु और परदेसी भाषा का भरोसा मत रखो। अपने देश में अपनी भाषा चलाओ।' स्त्री-शिक्षा, छुआछूत-विरोध, विदेशी मालों के बहिष्कार और राष्ट्रीय भाषाओं के विकास की बात कहकर भारतेंदु राष्ट्रीय जागरण के बोध को बहु-विस्तारात्मक बना देते हैं।

1857 की विद्रोही चेतना ने हिंदू और मुसलमान समुदायों को एक-दूसरे से जोड़ दिया था। वस्तुतः गांवों-कस्बों में न धर्म को लेकर झगड़ा था और न भाषा को लेकर। सारा झगड़ा शहरों में था और सत्ता की छीन-झपट में लगे शिक्षित एलीट लोगों की असीम राजनीतिक महत्वाकांक्षाओं का नतीजा था। भूदेव मुखोपाध्याय ने एक लेख में अपना संस्मरण लिखा है, 'छपरा शहर के रहनेवाले ब्राह्मणों ने वहाँ के एक नामी मौलवी के विषय में मुझसे कहा था, महाशय, मुसलमान होने से क्या होता है। मौलवी साब का मन और आचार ऐसा पवित्र है कि हम ब्राह्मण लोग भी यदि उनका जूठा खा लें तो ऐसा सोच नहीं सकते कि हम अपवित्र हो गए।' (देश की बात, देउस्कर)। हमारे देश के साधारण हिंदुओं और मुसलमानों के बीच गहरा सामाजिक संबंध रहा है। आम लोग सांप्रदायिक नहीं रहे हैं।

भारतेंदु हरिश्चंद्र के व्यक्तित्व के विस्तृत आयामों की उपेक्षा करके उनमें हिंदू राष्ट्रवाद ढूंढ़ना अपनी जड़ें काटना है, यह धर्मनिरपेक्षता की अपनी बुनियाद खोदना है।

क्या भारतेंदु कट्टर हिंदू थे?

हिंदी नवजागरण में कई रंग हैं, कई शेड्स हैं और इसकी कई लहरें हैं। नवजागरण के हर ख्यातिलब्ध व्यक्तित्व की अपनी-अपनी खूबियां हैं, क्योंकि वे एक विविधतापूर्ण भारतीय समाज में सामने आए। उनमें से प्रायः सभी ही जीवन के शुरू से आखिर तक सामाजिक चेतना के एक ही धरातल पर नहीं थे। उनके विचारों में परिवर्तन होता है, विकास आता है। सभी अपनी सीमा में सामाजिक सुधार का, जागरण का प्रयत्न करते हैं। वे राष्ट्रवाद की धारणा बनाते हैं। कोई उग्र सोच रखता है, कोई थोड़ा ही आधुनिक है, कोई यू-टर्न ले लेता है। कुछ ऐसे जरूर हैं जो पीछे लौट जाते हैं। 19वीं सदी के मानस को समझने के लिए उनके भीतर के द्वंद्वों और उलझनों को नजर से ओझल करने पर सही तस्वीर नहीं बनेगी।

हिंदी नवजागरण का इतिहास बड़ा पेचीदा है। उसे सामंतों और बड़े किसानों का जागरण या अग्रवालों, क्षत्रियों, कायस्थों और ब्राह्मणों का जागरण या हिंदुओं का जागरण समझ लेने पर उल्टे-सीधे निष्कर्ष निकलेंगे। यह उन पश्चिमी अनुसंधानकर्ताओं का असर माना जाएगा जो बाल से खाल निकालते हैं। वे जब भारत का समाजशास्त्रीय अध्ययन करने आते हैं तो सबसे पहले गांवों में साँप या मुर्गियां और गायें गिनते हैं। दरअसल नवजागरण का संबंध कुरीतियों और अंधानुकरण से मुक्ति, कट्टरवाद-पोषित सामाजिक भेदभाव की विदाई और गुलामी के विरुद्ध लड़ाई से है। हम उसे खंडित करके नहीं समझ सकते।

हिंदी क्षेत्र के नवजागरण को सांप्रदायिक ठहराने के लिए गोरक्षा का मुद्दा उठाया गया है। हिंदी नवजागरण बस गोरक्षा और नागरी आंदोलन है। आमतौर पर समूचे भारत के हिंदू गोमांस-भक्षण के प्रति संवेदनशील हैं। इसे सिर्फ हिंदी का मामला नहीं समझना चाहिए। गोरक्षा की आवाज सर्वप्रथम बंगाल में उठी थी। यह आर्य समाज का मुद्दा था, पर आर्य समाज का इससे बड़ा मुद्दा था मूर्ति पूजा-विरोध। गोरक्षा के मामले में भारतेंदु की जो पन्ने-भर की अपील है, उसमें स्वर सांप्रदायिक टकराहट का नहीं है, 'मुसलमानों के हाथ जोड़िए, समझाइए...। सर्कार से भी चाहे सुने चाहे न सुने, हल्ला करते

जाइए ...कालनीति के प्रभाव से भारतवर्ष के और विषयमात्र में आप लोगों का धमनी का रक्त शीतल और स्थगित है। केवल इसी नाम से कुछ उत्तप्त और प्रभावित होता है। ...कुछ नहीं हो सकता तो प्रकाश वध निवारण हो जाए, तो भी हम कृतार्थ होंगे। इति।' भारतेंदु के कथन में गोहत्या-विरोध के मुद्दे पर टकराहट का कोई आह्वान नहीं है, इसलिए यह अपील संप्रदायवादी नहीं है। इसमें जोर समझाने-बुझाने पर है।

भारतेंदु बस इतने भर से मान जाने के लिए तैयार हैं कि प्रकाश रूप से खुल्लमखुल्ला गोहत्या न हो। इससे हमें दुख होता है, आड़ में कीजिए। एक वैष्णव और जीव-हत्या का विरोधी आदमी कितना लचीला है, उसके मन में कितनी जगह है, यह लक्षित किया जा सकता है। अब सार्वजनिक रूप से गाय की हत्या या किसी जीव की हत्या सांप्रदायिक ही नहीं पर्यावरण और कानून का मसला भी है, हालांकि आज भी भारत दुनिया का एक बड़ा गोमांस-निर्यातक देश बना हुआ है!

कबीर को क्या इसलिए खारिज किया जा सकता है कि उन्होंने गोहत्या का विरोध किया था? उन्होंने कहा था, 'दिन को रोजा रहत हैं, राति हनत हैं गाय'। आधुनिक जमाने में जूते, बैग, पर्स, बेल्ट आदि सामान शेर के चमड़े से नहीं बनते। हिंदू-मुसलमान सभी इन चीजों का इस्तेमाल करते हैं। गोरक्षा या हत्या मुख्य मुद्दा नहीं है। सिर्फ गोहत्या का विरोधी हो जाने से कोई सांप्रदायिक नहीं हो जाता। उसके नवजागरण के कामों पर पानी नहीं फिर जाता। उग्र बुद्धिवादी और प्रगतिवादी दौर में कुछ हिंदू सिर्फ गोमांस खा लेने को बुद्धिवाद और प्रगतिशीलता का चिह्न समझते थे!

भारतेंदु की उपर्युक्त अपील में एक अन्य बात महत्वपूर्ण है। वे कहना चाहते हैं कि भारतीय जागरण के बुनियादी मामलों में हिंदी-भाषी लोगों का खून ठंडा है। सिर्फ गोहत्या के मुद्दे पर वह खौलता है, भले अन्य अधर्म सह जाएं।

पहली बात है, हिंदी क्षेत्र में नवजागरण की किरणें देर से फूटीं। यह एक विलंबित नवजागरण है। दूसरे, औपनिवेशिक दमन से जर्जरित होने की वजह से हिंदी समाज में बंगाल या बंबई-सी गतिशीलता नहीं आ पाई। यहां आर्य समाज के अलावा, अन्य कोई संगठित सुधार आंदोलन नहीं चला।

स्त्री और दलित के मुद्दे देर से उठे। शिक्षित व्यक्ति बाहर से आधुनिक थे, भीतर से दकियानूस। उनमें सामाजिकता की कमी थी। धार्मिक मुद्दे पर लोग तत्काल इकट्ठे हो जाते थे, पर कूपमंडूकता-विरोधी सामाजिक मुद्दे या राष्ट्रीय जागरण के मुद्दे पर लोगों को इकट्ठा करने में मुश्किल होती थी।

भारतेंदु हरिश्चंद्र सिर्फ गोहत्या के नहीं, जीवहत्या मात्र के विरोधी थे। वैष्णव होने की वजह से यह स्वाभाविक था। 'वैदिकी हिंसा हिंसा न भवति' का मुख्य विषय मांसाहार और नशे का विरोध है। इन मुद्दों को केंद्र में रखकर लिखे हुए उपर्युक्त नाटक में हिंदू धर्म, पुरोहित वर्ग, नशे की पश्चिमी हवा और अंग्रेजी राज के प्रशंसकों की जमकर आलोचना जिस तरह की गई है, उससे नहीं लगता कि भारतेंदु सिर्फ हिंदू थे, वे हिदू परंपरा से ही अपनी सारी बौद्धिक खुराक ले रहे थे और पवित्र काशी के धार्मिक प्रवक्ता थे।

भारतेंदु के सामने एक बड़ा पाठक वर्ग था, जिसमें हिंदू और मुसलमान दोनों थे। उस युग में नवजागरण के असर से एक नागरिक-वृत्त उभर रहा था। शिक्षा के प्रसार, सामाजिक संगठनों के अस्तित्व में आने और खुली बहसों से हिंदी का नागरिक-वृत्त विस्तार पा रहा था। इस शिक्षित नागरिक वृत्त के प्रति भारतेंदु जवाबदेही महसूस करते थे। उन्होंने अपने नाटक का शीर्षक 'हिंदू दुर्दशा' न रखकर 'भारत दुर्दशा' रखा। 'भारत दुर्दशा' की तुलना में 'वैदिकी हिंसा हिंसा न भवति' एक साधारण नाटक है। फिर भी इससे स्पष्ट हो जाता है कि कोई विषय हो, भारतेंदु किस तरह हिंदू धार्मिक पाखंड, पुरोहितवाद और उपनिवेशवाद की आलोचना का मौका नहीं गँवाते। उन्होंने धन और धर्म के बढ़ते संबंध को सबसे पहले पहचाना था। प्रेमचंद ने बाद में अधिक विस्तृत जमीन पर इस संबंध को अनावृत्त किया।

उपर्युक्त नाटक में चित्रगुप्त दरबार में पुरोहित, राजा, गंडकीचार्य सभी के कच्चे चिट्ठे खोले जाते हैं। पुरोहित के बारे में भारतेंदु का नजरिया है, 'टके-टके पर धर्म छोड़कर इसने मनमानी व्यवस्था दी, दखिणा मात्र दे दीजिए फिर जो कहिए उसी में पंडितजी की सम्मति है। केवल इधर-उधर कमंडलाचार करते इनका जन्म बीता। ...केवल दंभार्थ इनका तिलक, मुद्रा और ठगने के अर्थ इनकी पूजा। कभी भक्ति से मूर्ति को दंडवत नहीं किया होगा, पर मंदिर

में जो स्त्रियां आईं उनको सदैव तकते रहे। इन्होंने अनेकों को कृतार्थ किया। और समय तो श्रीरामचंद्रजी के, श्रीकृष्ण के दास हैं, पर जब स्त्री सामने आवे तो उससे कहेंगे—मैं राम तुम जानकी, मैं कृष्ण तुम गोपी।' (वैदिकी हिंसा हिंसा न भवति)। धर्म के एक अन्य ठेकेदार गंडकीचार्य का परिचय देते हुए भारतेंदु कहते हैं, 'यह आनंद से संसार का सुख भोग करते हैं।' उनके मत से पुरोहित सुखवादी हैं।

21वीं सदी में धर्माचार्यों और सुखवादियों का युग लौट आया है। हर जगह अधर्म पर धार्मिक चमचमाहट है। भारतेंदु ने जिस तरह 'अंधेर नगरी' में राजा को सूली पर देखा था, उन्होंने धार्मिक पाखंडियों के अंत की भी कल्पना की थी। गंडकीचार्य कहते हैं, 'अरे कंठी-टीका कुछ काम नहीं आया। कोई नहीं है, जो इस समय बचावै।' यह नवजागरण के तूफान का दबाव था। धार्मिक कट्टरवाद, अंधविश्वास, पाखंड और कई दूसरे सामंती तत्व तब तक बने रहेंगे, जब तक विविध रूप में बौद्धिक उपनिवेशवाद बचा रहेगा।

भारतेंदु हरिश्चंद्र के मदिरा और मांस-विरोधी मानस में एकांगी सज्जनता या कोई शुद्धतावादी भाव नहीं है। वे खासकर इससे चिंतित हैं कि पश्चिमी नकल में भारत नशे की चपेट में न आ जाए, वह सुखवादी न हो जाए —'ब्रांडी को अरू ब्राह्म को पहिलो अक्षर एक'! उन्हें शक्ति की पूजा के नाम पर पशुओं की बलि और मांस-भक्षण वीभत्स लगता था। भारतेंदु की सोच में स्पेस था। वे कह सके थे, 'मांस-मदिरा खाना-पीना है तो यों ही खाने से किसने रोका है। धर्म को बीच में क्यों डालता है?' हिंदी नवजागरण आदमी की चेतना से धार्मिक पाखंड ही नहीं, सोच की एकरेखीयता भी मिटा रहा था।

देश को धर्म, जाति, संस्कृति और भाषा के मुद्दों को अतीत के प्रेतों के हवाले करने का राजनीतिक खेल पुराना है। फिर भी जनता की राष्ट्रीय आकांक्षाओं की अभिव्यक्ति धर्म की उदारवादी धारणा, जाति-शिथिलता, सांस्कृतिक अंतर्मिश्रण और जातीय भाषाओं के उत्थान के संदर्भ में होती रही है। उस जमाने में नवजागरण धर्म को फिल्टर कर रहा था और भारतीय संस्कृति को पुनर्गठित। वह समाज के कृत्रिम भेदों को मिटाकर, भारत के विच्छिन्न टुकड़ों को जोड़कर एक बड़े देश का अनोखा बिंब रच रहा था।

भारतेंदु की एक उल्लेखनीय आधुनिक परियोजना थी —हिंदू धर्म की रूढ़ियों पर चोट करना और आम लोगों को आपसी कलह से सचेत करना, क्योंकि इन चीजों से मुक्त हुए बिना सामाजिक उदारवाद बीरबल की खिचड़ी है। निःसंदेह वे भारतीय राष्ट्र की भित्ति मजबूत करने में लगे थे। वे कबीर की तरह निर्गुण भक्त या दयानंद की तरह मूर्तिपूजा-विरोधी न थे। वे हिंदुओं की एक खास धार्मिक परंपरा से बड़ी निष्ठापूर्वक जुड़े थे। वे वैष्णव थे और जिंदगी-भर थे। क्या भारतेंदु में कट्टर वैष्णवता थी और हिंदुत्ववादी शुद्धतावाद था? राधा-कृष्ण की युगल मूर्ति की उपासना करते हुए क्या कभी उन्होंने धन, मान और स्वर्ग की कामना की? क्या वे प्रचलित ढंग के हिंदू थे?

भारतीय नवजागरण का एक भी व्यक्तित्व नास्तिक नहीं था। यह भी नहीं है कि कोई अतीत का सिर्फ कचरा ढो रहा था। भारतेंदु के धार्मिक संपर्क को पुनरुत्थानवाद और सांप्रदायिकता से परिभाषित नहीं किया जा सकता। उनकी वैष्णवता नवजागरण की ऊष्मा से भरी थी। उसमें प्रेममय विश्व की कोमल संकल्पना थी और धार्मिक रूढ़िवाद की ईंट-से-ईंट बजा देने की कठोर ताकत भी थी। धर्म ने भारत की कैसी दुर्दशा की, इस पर भारतेंदु ने धर्म की नगरी काशी में रहते हुए खुलकर कहा था:

रचि बहुविधि के वाक्य पुरानन मांहि घुसाये।
शैव शाक्त वैष्णव अनेक मत प्रगटि चलाये।।
जाति अनेकन करी नीच अरु ऊँच बनायो।
खान पान संबंध सबन सों बरजि छुड़ायो।।

भारतेंदु तदीय नामांकित वैष्णव होते हुए भी कट्टर हिंदू नहीं थे। वे 'जैन-कुतूहल' लिखते हैं। वे साफ कहते हैं, 'नहिं इन झगड़न में कछु सार'। 'लगाओ चसमा सबै सफेद/तब सब ज्यों-का-त्यों सूझौंगो जैसो जाको भेद'। 'पियारे पैये केवल प्रेम में, नाहिं ज्ञान में, नाहिं करम-कुल-नेम में'। एक रईसजादा होने के बावजूद भारतेंदु ने रीतिकालीन श्रृंगारिक मानसिकता के सामंती-दरबारी तत्वों को जरा भी पास फटकने नहीं दिया, प्रेममय विश्व का भक्ति-गान किया और धार्मिक सहिष्णुता का परिचय दिया।

'भारत-दुर्दशा' में धार्मिक कूपमंडूकता और भेदभाव का खुलकर अनावरण है। धर्म का आश्रय लेकर बहुदेवोपासना और भूतप्रेत की पूजा का प्रचार किया जा रहा था और छुआछूत फैलाकर प्रेमपूर्वक एक साथ बैठकर भोजन करना तक निषिद्ध कर दिया गया था। ये बातें भारतेंदु को तकलीफ देती थीं। उन्होंने 'वैष्णवता और भारतवर्ष' में लिखा, 'इस काल में तभी उन्नति होगी जब बाह्य (धार्मिक) व्यवहार और आडंबर में न्यूनता होगी।' वे धार्मिक मामलों को बुद्धिवाद की रोशनी में जाँचते हैं, 'दिवाली इसी हेतु है कि इसी बहाने साल-भर में एक बेर तो सफाई हो जाए। यही तिहवार ही तुम्हारी म्युनिसिपालिटी है।' (बलिया भाषण)। उनकी आस्था तर्क के विरोध में नहीं जाती। आज भौतिक विकास के चरम बिंदु पर लक्षित किया जा सकता है कि आस्था बाह्याडंबरों से भरी हुई है और तर्क-विमुख है। धर्म 'रीजन' के मैदान से भाग कर राजनीतिक अनुचर बन गया है। इसके चलते अमानवीयताओं का सार्वजनिक विस्तार हुआ है। आज वह एक अति-संवेदनशील मुद्दा है। यह वह जमाना है, जिसमें बुद्ध जैसा व्यक्तित्व भी पोखरन और बामियान के बीच लहू की नदी बन चुका है। उसका नाम अद्भुत रूप से कहीं 'मुस्कुराहट' और कहीं 'फतह' है। ऐसे जमाने में यदि कोई डेढ़ सौ साल पहले के भारतेंदु में पुनरुत्थानवादी तत्व ढूँढ़ता है तो यह बैठे-ठाले की आलोचना कही जाएगी।

भारतेंदु हिंदू शास्त्र की जगह हिंदू लोकमानस के उदात्त गुणों का पक्ष लेते हैं। वे 'जातीय-संगीत' पर टिप्पणी करते हुए लोक संस्कृति की ताकत का जिक्र करते हैं। वे शास्त्र पर व्यंग्य करते हैं, 'हिंदुओं का शास्त्र पंसारी की दुकान है'। लोक संस्कृति हमेशा मानवीय एकता और आत्मपहचान पर जोर देती है, जबकि शास्त्र भेद पैदा करता है। 'तदीय समाज' के शपथ पत्र में भारतेंदु जातिवाद का विरोध करते हैं, 'वैष्णव में हम जाति बुद्धि न करेंगे।'

हिंदी क्षेत्र के नवजागरण में महाराष्ट्र, तमिलनाडु तथा केरल के नवजागरण की तरह दलित आयाम नहीं है। उसका भारतीय राष्ट्र की आकांक्षा का आयाम ही प्रमुख है। यह आयाम धार्मिक कट्टरता की तरह जातिवाद पर चोट किए बिना विकसित नहीं हो सकता था। सवाल पैदा होता है कि हिंदी क्षेत्र में नवजागरण के दौर में भक्ति आंदोलन की तरह दलित साहित्यकार क्यों नहीं हुए।

फिर भी भारतेंदु इस हद तक बढ़े, 'जाति में कोई चाहे ऊँचा हो चाहे नीचा हो, सबका आदर कीजिए। जो जिस योग्य हो उसको वैसा मानिए। छोटी जाति के लोगों को तिरस्कार करके उसका जी मत तोड़िए। सब लोक आपस में मिलिए।'

भारतेंदु हिंदू होते हुए भी अपने सड़े-गले संस्कारों से लगातार जूझकर आधुनिकता, बुद्धिवाद और उदार राष्ट्रीयता की ओर बढ़ रहे थे। उनके भीतर स्वाभाविक वजहो से कई जड़, पुराने संस्कार बचे हो सकते हैं, किंतु देखना यह चाहिए कि उन्होंने एक उल्लेखनीय सीमा तक उन संस्कारों का अतिक्रमण किया या नहीं। आज का हिंदू क्यों नहीं कर पाता?

हिंदी की उन्नति का अर्थ

भारतेंदु अंग्रेजी त्यागने को नहीं कहते, क्योंकि दुनिया के ज्यादातर देश और ज्ञान-विज्ञान अंग्रेजी के अधीन थे। भारत की औपनिवेशिक स्थितियों में अंग्रेजी का आकर्षण बढ़ता जा रहा था। ऐसा नहीं लगता था कि वह भारतीय भाषाओं के लिए उस तरह कभी जगह छोड़ेगी जिस तरह संस्कृत, अरबी-फारसी ने छोड़ दिया था। इसलिए भारतेंदु ने 'हिंदी की उन्नति पर व्याख्यान' (1877) शीर्षक लंबी कविता लिखते हुए कहना चाहा, 'अंग्रेजी पढ़ि के जदपि सब गुन होत प्रवीन। पै निज भाषा ज्ञान बिन रहत हीन के हीन।' उन्हें लगा कि अंग्रेजी पढ़कर ही बोध होता है, 'होय मनुष्यहि क्यों भये हम गुलाम ये भूप'।

पश्चिमी शिक्षा ने निःसंदेह भारतवासियों के स्वातंत्र्यबोध का विस्तार किया था। भारतेंदु उपर्युक्त कविता में आगे कहते हैं —'शिक्षा के बिना अब कोई काम चलने वाला नहीं है। हम दिन-प्रतिदिन छीजते जा रहे हैं, हमारा दुख बढ़ रहा है। इंग्लैंड से आए मारकीन-मलमल के बिना हमारा काम नहीं चलता, मानो हम विदेशी जुलाहों के गुलाम हो गए हैं। कपड़ा, काँच, कागज, कलम, चित्र, खिलौने सब विदेशों से जहाज पर लादकर हमारे देश आ रहा है। हम दिन-दिन निर्धन होते जा रहे हैं। इसलिए अपनी बुद्धि, बल और कांति बचा नहीं पा रहे हैं। अब हमें ऐसा करना चाहिए कि हम विविध कलाओं का ज्ञान हासिल करें। इसके लिए अपनी भाषा में ग्रंथों का अनुवाद करें। धर्म और शिष्टाचार जानें। दूसरे के अधीन न रहें। विवेक हासिल करें।

सभी इकट्ठा होकर अपनी भाषा का परिशोधन करें और इसकी उन्नति करें। कुछ पत्र छपवाएं। इन्हें पढ़ें-पढ़वाएं। आपसी वैर-विरोध छोड़ें। हम सभी भाई एक जीव हो जाएं और किसी तरह अपने देश का उद्धार करें। आखिरकार अब और कब तक हम मूढ़ और गुलाम बने रहेंगे। तुम अब और मत सोओ। समय की गति देखो, दुनिया की सभी जातियां आगे बढ़ना चाहती हैं, तुम अभी अंधेरे में ही हो। मुझे नहीं पता, हम लोगों में ही इतनी फूट क्यों है। अब तक वैर-फूट से ही भारत का विनाश हुआ है। इसके बावजूद, पता नहीं हम किस मोह से उबर नहीं पा रहे हैं। दुख की रात बीत गई है, देखो अब सुबह हो गई है। हाथ-मुँह धोकर उठो। इस दुख से तो मरना ही भला है। धिक्कार है उस जिंदगी का, जिसमें सम्मान न हो। अब जल्दी ज्ञान हासिल करो, कोरी लफ्फाजी से कुछ नहीं होगा। जल्दी आपस में प्रेम बढ़ाओ। पूरब में भारत का सूर्य उदय हो चुका है, उठो।' ये बातें उसी लंबी कविता की हैं, जिससे सिर्फ एक लाइन बार-बार उद्धृत की जाती है —'निज भाषा उन्नति अहै सब उन्नति को मूल।'

भारतेंदु की निज भाषा की उन्नति निज जाति की सर्वांगीण उन्नति और स्वाधीनता से अलग चीज नहीं है। इसके लिए अंग्रेजी सिर्फ साधन है, जबकि आगे चलकर वह साध्य ही नहीं, प्रगति और स्वाधीनता की पहचान बन गई।

हिंदी की उन्नति से भारतेंदु का तात्पर्य केवल हिंदी भाषा की उन्नति नहीं, सिर्फ साहित्य की उन्नति भी नहीं है। इस मामले में वे संकीर्ण नहीं थे। कविता में उन्होंने हिंदी समाज के लोगों को तकनीकी ज्ञान अर्जित करने को कहा। रेल, तार, वस्त्र, तोप, कागज, बाँध आदि के संबंध में जानकारी होनी चाहिए। अन्यत्र उनकी एक मुख्य चिंता है, 'हम लोगों को अंग्रेजी भाषा प्राप्त हुई है, परंतु कला, कौशल के विषय में हम लोग अज्ञान सागर में निमग्न हैं।' वे यह भी कहते हैं, 'अफसोस तुम ऐसे हो गए हो कि अपने निज काम की वस्तु नहीं बना पाते।' भारतेंदु राज़नीतिक जागरूकता चाहते थे, 'राजनीति समझैं सकल पावहिं तत्व विचार'। वे निश्चय ही हिंदी भाषा को परिमार्जित करने समाचार-पत्रों की उन्नति और विविध विषयों की पुस्तकें छपवाने की बात करते हैं। वे 'वैर विरोधहिं छाड़ कै' चाहते हैं कि हिंदी प्रदेश ज्ञान-विज्ञान में उन्नति करें। वे

एक जगह यह भी स्पष्ट कर देते हैं कि हिंदी बुद्धिजीवियों को अंग्रेजी-परजीवी होकर नहीं रह जाना है। वे चेतावनी देते हैं, 'परदेसी की बुद्धि अरु वस्तुन की करी आस, परबस ह्वै कब लौं कहो रहिहौ तुम ह्वै दास।' कब तक गुलाम बने रहोगे! यह उस युग का एक बड़ा प्रश्न है जो अन्यत्र प्रांतों में बहुत कम उठाया गया। भारतेंदु के हिंदी चिंतन के इन अ-प्रचारित आयामों को समझने की जरूरत है। उनकी नजर में हिंदी नवजागरण सिर्फ हिंदी भाषा और साहित्य का नवजागरण नहीं है, यह हिंदी समाज का नवजागरण है।

भारतेंदु तहे-दिल से सिर्फ हिंदी नहीं, पूरे हिंदी समाज की उन्नति चाहते थे, क्योंकि इसके बिना हिंदी की उन्नति नहीं हो सकती थी। हिंदी की शक्ति हिंदी बोलनेवालों की शक्ति पर निर्भर करती है, उनकी आर्थिक, सांस्कृतिक और बौद्धिक शक्ति पर। विडंबना यह है कि हिंदी बोलनेवालों की आर्थिक शक्ति बढ़ती विषमता और बेरोजगारी की वजह से घटती गई। हिंदी बोलनेवाले अपनी उच्च सांस्कृतिक परंपराओं से विच्छिन्न होकर कूपमंडूकता में फँसते गए। वे धार्मिक रूढ़ियों और बंधनों में फँसे रह गए। इलेक्ट्रॉनिक मीडिया और सोशल मीडिया ने उनकी सोचने की बौद्धिक क्षमता कम कर दी। यही वजह है कि हिंदीवालों को अपनी भाषा से प्रेम नहीं है जो अन्य राज्यों में दिखाई देता है।

हिंदी बोलने वाले यदि शक्तिहीन हैं, तो हिंदी में शक्ति कैसे आएगी? भारतेंदु को हिंदी क्षेत्र के लोगों के कलहवाद और आलस्य का भान था, 'कब इनको परमेश्वर वह सभ्यता देगा जो हिंदुस्तान के और खंडवासियों ने पाई है। ...सब संसार का आलस्य पश्चिमोत्तर देशवासियों में घुसा है और अपने को भूल रहे हैं, क्षुद्रपना नहीं छूटता।' भारतेंदु हिंदी समाज के जातीय उत्थान की चिंता से भरे थे। इसके अलावा, वह पूरे भारत की राष्ट्रीय चिंता से जुड़े थे। वे अंध-जातीयतावादी न थे।

नक्कारखाने में तूती बोली तो!

यह सही है कि भारतेंदु के स्वप्न यथार्थ में नहीं बदल सके। फिर भी भारतीय नवजागरण एक अधूरा घटा मामला हो, विफल परियोजना नहीं है। कुल पैंतीस साल की उम्र मिली इस नवजागरण-व्यक्तित्व को। भारतेंदु इससे ज्यादा

क्या दे सकते थे कि उन्होंने गुलाम भारतीय जनता की आँखों में मचल उठी राष्ट्रीय आकांक्षाओं को अपने साहित्य में मूर्त किया। इसके लिए धर्म, जातीयता और भाषा के बंधनों को दूर या शिथिल करना चाहा। उन्होंने अपने बौद्धिक मानस पर पड़े औपनिवेशिक शिक्षा के प्रभाव को अंततः काट कर अलग कर दिया। भारतेंदु को टुकड़ों में तोड़कर नहीं, उनके समग्र बौद्धिक-साहित्यिक विकास में देखने की जरूरत है। चयनित तथ्यों के आधार पर मनमानेपन से भरा विश्लेषण मूल्यांकन को सही दिशा में नहीं ले जा सकता।

भारतेंदु के 'हिंदी की उन्नति पर व्याख्यान', 'अंधेर नगरी' और 'भारतवर्ष की उन्नति कैसे हो सकती है' (बलिया भाषण) —ये तीन कृतियां उनके नवजागरण बोध के उत्कर्ष के चिह्न हैं। भारतीय नवजागरण के विकासशील परिप्रेक्ष्य में समाज सुधार, आत्मपहचान का संघर्ष और भारतीय राष्ट्रीयता तीनों तत्व महत्वपूर्ण हैं, यह भारतेंदु के साहित्य से स्पष्ट हो जाता है। बीसवीं सदी के उत्तरार्ध में समाज सुधार का काम ठहर गया है। जातीय आत्मपहचान का संघर्ष क्षेत्रीयतावाद या भूमंडलीकरण में विसर्जित होता गया। भारतीय राष्ट्रवाद धार्मिक राष्ट्रवाद में सिकुड़ने लगा है। यह नवजागरण का विपर्यय है। यह मानवता के सामने फिर उपस्थित हो गई एक बड़ी चुनौती का चिह्न है।

भारतेंदु ने कुछ संगठनात्मक काम शुरू किए थे। उन्होंने हिंदी क्षेत्र में नवजागरण की व्यावहारिक सफलता के लिए प्रयास किए थे। लेकिन उनके विचार राजा राममोहन राय, ईश्वरचंद्र विद्यासागर, फुले आदि की तरह जनाधार प्राप्त नहीं कर सके। मामला साहित्यिक होकर रह गया, सामाजिक विस्तार न पा सका। सर्वविदित है कि आज भी हिंदी समाज में रूढ़िवाद और कलहवाद की जड़ें सबसे ज्यादा गहरी हैं। भारतेंदु कहते थे, 'यह उसी का विलक्षणपना है कि हम लोग समाचार-पत्र लिखते हैं और यह अभिमान करते हैं कि हमारे इन लेखों से हमारे भाइयों का कुछ उपकार हो, भला नक्कारखाने में तूती की आवाज कौन सुनता है।' फिर भी हिंदी के नक्कारखाने में तूती बोली तो!

भारतेंदु जैसा बड़े मन का बुद्धिवादी साहित्यकर्मी उनके मंडल में दूसरा न हुआ। उन्हें हिंदी के जातीय विकास, स्त्री और जाति (कास्ट) के प्रश्न उद्वेलित कर रहे थे। वे हिंदू और मुसलमान के बीच एकता चाहते थे। वे घूम-घूमकर

नाटक करते थे, भाषण देते थे और साहित्यिक पत्र निकालकर नवजागरण का प्रचार करते थे। वे हिंदी क्षेत्र की संस्कृतियों का पानी बदलना चाहते थे। क्या भारत में नवजागरण धार्मिक और सांस्कृतिक सुधार के मुद्दों पर लोगों को जगाए बिना आ जाता?

11 सितंबर, 2001 को वर्ल्ड ट्रेड सेंटर पर हमले के बाद मॉड अमेरिका अचानक ईसाई हो उठा, चर्च में सरमन के लिए भीड़ें बढ़ गईं। 21वीं सदी में भी धर्माचार्य जब कोई नया धार्मिक चिंतन देने की जगह अतीत के प्रेत जगा रहे हैं, कोई यह मांग कैसे कर सकता है कि 19वीं सदी के पिछड़े और उत्पीड़ित हिंदी समाज में नवजागरण धार्मिक पहचानों को त्याग कर क्यों नहीं आया। बंगाल और देश के कई दूसरे हिस्सों में यह घटित हुआ था कि पुरानी धार्मिक पहचानों के समानांतर कुछ नई उदार धार्मिक पहचानें अस्तित्व में आ गई थीं। 19वीं सदी के विश्व में कहीं धर्म का मूलोच्छेद नहीं हो पाया था। राजा राममोहन राय के नवजागरण को 'ब्राह्म नवजागरण' नहीं कहा गया, जबकि भारतेंदु के काम को 'हिंदू नवजागरण' कहकर ढकने की चेष्टा हुई!

हिंदी क्षेत्र के हिंदुओं को सामाजिक सुधार की दिशा में जगाना, उन्हें भौतिक दुनिया का महत्व बताना, वैज्ञानिक ज्ञान अर्जित करने की प्रेरणा देना, समाज सुधार, स्त्री-अधिकार, दलितों के सम्मान और नई जीवन शैली की चर्चा करना हिंदुत्ववाद नहीं है।

हिंदी नवजागरण में मुसलमानों से मुठभेड़ की परियोजना नहीं है। एक बृह समाज में यदि चार-पांच धर्मों के लोग हों, उनमें बौद्धिक झड़पें और रस्साकशी तब तक चलती रहेगी, जब तक धर्म हैं और समाज में पूंजीवाद का अस्तित्व है। इसलिए भारतेंदु युग या बाद के लेखकों में यदि हिंदू होने की चेतना बनी रह गई, तो सामाजिक जांच का विषय यह होना चाहिए कि वे बुद्धिवाद, भारतीय राष्ट्रवाद, मानवतावाद और लोकतंत्र की आधुनिक परियोजनाओं को पूरा करने के मार्ग में कितना आगे बढ़े और कितना पीछे रह गए। यह देखने की जरूरत है कि वे अपने समाज को नई शक्ल देने के लिए अतीत की कूपमंडूकता से कितना बाहर निकले। हम खुद यदि 21वीं सदी में इन परियोजनाओं को पूरा करने के रास्ते पर आगे नहीं बढ़ पा रहे हैं

तो इसका बदला इस तरह नहीं लिया जा सकता कि 19वीं सदी की हिंदी चेतना पर हिंदू चेतना का लेबल लगा दिया जाए, उसके अंतर्विरोधों के साथ उपलब्धियों को न देखा जाए।

21वीं सदी में उपनिवेशवाद का प्रतिफल धार्मिक कट्टरवाद भले मुखर हो या उसका राजनीतिक महत्व बढ़ा हो, 19वीं सदी में नवजागरण के ताप से कट्टरवाद किनारे होते जा रहा था। हिंदुओं का धार्मिक केंद्र बनना दूर की बात है, धर्माचार्यों की अपनी कोई आवाज नहीं रह गई थी। वे रक्षात्मक थे।

यह भी गौर करने की बात है कि सनातन धर्म की रक्षा के लिए पहला संगठन काशी में नहीं, 'धर्म सभा' (1831) के नाम से कलकत्ता में बना था। उसकी स्थापना सती प्रथा बंद होने की प्रतिक्रिया में हुई थी। महाराष्ट्र में हिंदू धर्म की इकहरी तत्ववादी धारणाओं पर आधारित ग्रंथ छपे थे। फुले के आंदोलन की प्रतिक्रिया में वहाँ कठमुल्लों का एक समुदाय उठ खड़ा हुआ था। हिंदी क्षेत्र में काशी के पंडितों से दयानंद सरस्वती ने 1869 में साहसपूर्वक वैचारिक बहस की थी। इस मामले को कम महत्व देना उचित न होगा, भले भारतेंदु हरिश्चंद्र और 19वीं सदी के हिंदी लेखकों-पत्रकारों का सामान्यतः आर्य समाज से संबंध नहीं था।

निश्चय ही भारतेंदु का दयानंद सरस्वती से संबंध नहीं हो सकता था, क्योंकि उनकी नजर में भारतीय परंपरा उस तरह एकरेखीय नहीं हो सकती थी, जिस तरह दयानंद बताते थे। यह भी संभव नहीं था कि 19वीं सदी की हिंदी संस्कृति का अतीत से पूरी तरह संबंध-विच्छेद हो जाए।

आखिरकार उस दौर को भारतेंदु युग क्यों कहा जाता है, जबकि बालकृष्ण भट्ट (1844-1914) उनसे काफी बड़े थे, अधिक समय तक जिंदा थे और जाति से ब्राह्मण थे। उसे सितारेहिंद युग, प्रतापनारायण मिश्र युग, श्रद्धाराम फिल्लौरी युग भी नहीं कहा जाता। दरअसल किसी व्यक्तित्व की जातीय स्वीकृति उसकी प्रवृत्तियों की तरफ जनता के व्यापक आकर्षण का चिह्न है। भारतेंदु के जमाने में अभिव्यक्ति पर बंधन थे, सामाजिक सीमाएं थीं। फिर भी भारतेंदु लगातार मुखर और सक्रिय थे और उनके विचार दिखावा नहीं थे।

राजा राममोहन राय पश्चिम की तरफ आकर्षित थे, फिर भी वे जाति प्रथा का कभी विरोध न कर सके थे, क्योंकि समाज से विच्छिन्न हो जाने का खतरा था। अंग्रेजी राज और जाति प्रथा का विरोध न कर पाने के बावजूद जो बुद्धिजीवी राममोहन राय को ऐतिहासिक महत्व देते हैं और उन पर गोली नहीं दागते, वे ठीक करते हैं। फिर भारतेंदु की सीमाओं को रेखांकित करके उनकी उपलब्धियों को सकारात्मक दृष्टिकोण से क्यों नहीं देखा गया?

इतिहास घटित का ही नहीं होता, जो घटित नहीं हो सका उसका भी होता है। भारतेंदु को 35 साल की छोटी-सी जिंदगी में जो घटा वह महान है और जो घटित न होकर दबा रह गया, वह भी हिंदी समाज के महान उद्देश्य का हिस्सा है। क्या हम इतिहास से 19वीं सदी के महान उद्देश्यों को भारतीय जीवन से कभी बहिष्कृत कर सकेंगे?

हिंदी प्रदेश : भारतेंदु मंडल की अंतर्धाराएं

भारतेंदु मंडल का साहित्य 19वीं सदी के हिंदी क्षेत्र की सांस्कृतिक गतिविधियों के अलावा भारत के बनने का भी एक महत्वपूर्ण गवाह है। हालांकि भारतेंदु और उनके युग के लेखकों पर जब भी चर्चा होती है, वह हिंदू-हिंदी या हिंदी-उर्दू विवाद में फँस जाती है। 19वीं सदी में अंग्रेजी राज के अधीन हिंदी क्षेत्र की शैक्षिक-सामाजिक दशा क्या थी, आर्थिक गतिविधियां क्या थीं, कृषक-कारीगर और व्यापारी किस दशा में थे, औपनिवेशिक विध्वंस-लीला कितनी विस्तृत थी और आधुनिकताओं का किस-किस तरह से निर्माण हो रहा था, इन चीजों को आमतौर पर उद्घाटित नहीं किया जाता।

हिंदी क्षेत्र आज के बिहार, झारखंड, उत्तर प्रदेश, उत्तरांचल, मध्य प्रदेश, छत्तीसगढ़, राजस्थान, हरियाणा, हिमाचल प्रदेश और दिल्ली तक फैला हुआ है। 19वीं सदी में कलकत्ता भी ऐतिहासिक वजह से हिंदी पत्रकारिता की जन्मभूमि और हिंदी लोगों की व्यापारिक-सांस्कृतिक गतिविधियों का एक प्रमुख केंद्र था। अंग्रेजी राज में यह विशाल भू-सांस्कृतिक क्षेत्र धार्मिक रूढ़िवाद से तो पिस ही रहा था, औपनिवेशिक दमन का किसी भी अन्य प्रांत से ज्यादा शिकार था।

भारतेंदु मंडल ने 19वीं सदी के नवजागरण में एक महत्वपूर्ण भूमिका निभाई थी। इसके केंद्र में भारतेंदु हरिश्चंद्र (1850-85) थे। रामचंद्र शुक्ल ने 'भारतेंदु मंडल' की धारणा का प्रवर्तन करते हुए सबसे पहले बताया था, 'भारतेंदु के प्रभाव से उनके अल्प जीवन काल के बीच ही लेखकों का एक खासा मंडल तैयार हो गया जिसके भीतर पं. प्रतापनारायण मिश्र, उपाध्याय बद्रीनारायण चौधरी, ठाकुर जगमोहन सिंह, पंडित बालकृष्ण भट्ट मुख्य रूप से गिने जा सकते हैं। ...भारतेंदु के समय में ही देश के कोने-कोने में हिंदी लेखक तैयार हुए जो उनके निधन के

उपरांत भी बराबर साहित्य सेवा में लगे रहे।' (हिंदी साहित्य का इतिहास)। गौर करने की बात है कि रामचंद्र शुक्ल ने इस सूची से शिवप्रसाद सितारेहिंद और लक्ष्मण सिंह को बाहर रखा है। उन्होंने भाषा के आधार पर इन दोनों के बीच कुछ फर्क की ओर जरूर संकेत किया, लेकिन अंग्रेजी राज और देश के हालात के संबंध में इनकी धारणाओं पर कोई टिप्पणी नहीं की।

इसमें संदेह नहीं कि 19वीं सदी के जिन लेखकों की भाषा रीतिवाद से प्रभावित और संस्कृतनिष्ठ थी, वे 'समय के प्रतिकूल पुराने बद्धमूल विचारों' के ज्यादा करीब थे। जिन लेखकों की भाषा में 'सजीवता', 'जिंदादिली', 'स्वच्छंदता', 'विनोदशीलता' और 'तीखापन' ज्यादा था, वे जनजीवन के यथार्थों के ज्यादा करीब थे। रामचंद्र शुक्ल ने इस काल के बारे में कहा, 'नूतन-पुरातन का वह संघर्ष काल था'। प्राचीनता और आधुनिकता के बीच संधि के उस दौर में ऐसा बहुत कुछ घटा था, जिसे जानना अभी बाकी है।

रामचंद्र शुक्ल ने 19वीं सदी के हिंदी संसार की विविधता के बारे में एक और इशारा किया है, 'राजा शिवप्रसाद सितारेहिंद या राजा लक्ष्मण सिंह भाषा पर अधिकार रखनेवाले, पर झंझटों से दबे हुए स्थिर प्रकृति के लेखक थे। उनमें वह चपलता, स्वच्छंदता और उमंग नहीं पाई जाती जो हरिश्चंद्र मंडल के लेखकों में दिखाई पड़ती है। शिक्षित समाज में संचरित भावों को भारतेंदु के सहयोगियों ने बड़े अनुरंजनकारी रूप में ग्रहण किया। ...विदेशी अंधड़ों ने उनकी आंखों में इतनी धूल नहीं झोंकी थी कि अपने देश का रूप-रंग उन्हें सुझाई ही नहीं पड़ता। काल की गति वे देखते थे, सुधार के मार्ग भी उन्हें सूझते थे, पर पश्चिम की एक-एक बात के अभिनय को ही वे उन्नति का पर्याय नहीं समझते थे। प्राचीन और नवीन के संधिस्थल पर खड़े होकर वे दोनों का जोड़ इस प्रकार मिलाना चाहते थे कि नवीन प्राचीन का प्रवर्धित रूप प्रतीत हो, न कि ऊपर से लपेटी हुई वस्तु।' (वही)। रामचंद्र शुक्ल हिंदी नवजागरण का संबंध शिक्षित समाज, देश के राष्ट्रीय रूप-रंग, सुधारवाद तथा प्राचीनता और नवीनता के सामंजस्य से जोड़ते हैं। वे भारतेंदु मंडल के लेखकों के साहित्य में पश्चिमीकरण, खासकर अंग्रेजों के अंधानुकरण का विरोध लक्षित कर रहे थे।

रामचंद्र शुक्ल भारतेंदु मंडल के मूल्यांकन में नवीनता और आधुनिकता को ग्रहण करते हुए साम्राज्यवाद-विरोध को अपनी आलोचना दृष्टि का एक मुख्य तत्व बनाते हैं। इसके साथ, वे अतीत के रूढ़िवाद के संरक्षण के विरोध में हैं। उनमें अपने देश की परंपरा को लेकर गर्व है, पर वे रूढ़िपोषक संरक्षणवादी न थे। उन्होंने औपनिवेशिक आधुनिकता और रूढ़िपोषक संरक्षणवाद, दोनों का विरोध करते हुए लिखा है, 'हमें इस आंदोलन (नवजागरण की धारा) में ऐसे व्यक्ति मिल जाएंगे जो यूरोप के किसी नवीनतम उन्माद को मानव प्रगति का चरमबिंदु समझकर स्वीकार कर लेते हैं और उस प्रत्येक वस्तु का सफाया कर देना चाहते हैं जो अतीत से उपलब्ध हुई है। साथ ही ऐसे व्यक्ति भी इसमें सम्मिलित हैं जो प्राचीन भारत के स्वप्न चिंतन में निरत हैं और पुरातन अवशेषों की प्रत्येक वस्तु के पुनरुत्थान का विचार कर रहे हैं।' (असहयोग और व्यापारिक श्रेणियां)। वे 1920 के असहयोग आंदोलन में बुद्धिपरक राष्ट्रीयता के चिह्न देखते हैं, 'इस आंदोलन में लगे हुए ऐसे व्यक्ति भी हैं, जो अपनी जन्मभूमि और देश के प्रति भक्ति के आधुनिकबोध से ओतप्रोत हैं — वे ऐसे व्यक्ति हैं जो जाति, धर्म या मत के आधार पर एकता के विचारों को दृढ़ता से पकड़े हुए हैं।' (वही)। आचार्य शुक्ल राष्ट्रीय जागरण का समर्थन करते हैं और आधुनिकीकरण से आलोचनात्मक आत्मीयता रखते हैं।

रामचंद्र शुक्ल के उपर्युक्त विचार पहले असहयोग आंदोलन के संदर्भ में हैं जब नवजागरण के उच्च आदर्शों और राष्ट्रीय स्वाधीनता आंदोलन का मिलन घटित हो रहा था। लेकिन उनके विचार 19वीं सदी पर भी लागू होते हैं। राष्ट्रीय जागरण की बुनियाद है परंपरागत सोच में सुधार और राष्ट्रीय एकता। आचार्य शुक्ल इसके लिए नकारात्मक और सकारात्मक विरासत की समझ, विचारपूर्वक मीमांसा और आलोचनात्मक विवेक विकसित करने की बात कई तरह से करते हैं। कहना न होगा कि भारतेंदु हरिश्चंद्र ने व्यंग्य की साहित्यिक भूमि पर आलोचनात्मक विवेक की नींव रख दी थी।

भारतेंदु का अंग्रेजी राज में आधुनिक कला-कौशल से परिचय हुआ। वे आधुनिकीकरण का समर्थन करते हैं। रामचंद्र शुक्ल ने भारतेंदु हरिश्चंद्र में यह चीज भी देखी कि उनके अंदर हिंदू-हिंदू की नहीं 'भारत-भारत की धुन' है।

उन्होंने लिखा, 'सबसे बड़ा काम तो इस महान को यह करना था कि वह स्वदेशाभिमान, स्वजाति प्रेम, समाज सुधार आदि के आधुनिक उद्गारों के प्रवाह के लिए हिंदी को चुने तथा इतिहास, विज्ञान, पुरावृत्त आदि समस्त समयापेक्षित विषयों की ओर हिंदी को दौड़ा दे। ...इनके जीवन में भारत-भारत की जो धुन बंधी, वह बराबर बंधी रही।' (भारतेंदु हरिश्चंद्र और हिंदी, लेख)। निश्चय ही आधुनिकीकरण को भारतीय राष्ट्रीयता और स्थानीय जातीय चेतना से लगाव पैदा करनेवाला होना चाहिए, जड़विहीन करनेवाला नहीं। हम जानते हैं कि अंततः जिस ढंग का आधुनिकीकरण आया, वह जड़विहीन करनेवाला था और पश्चिमीकरण का पर्याय बन गया था। इसके अलावा, आम लोगों में आवश्यक वैज्ञानिक मानसिकता पैदा न हो सकी।

आचार्य शुक्ल ने भारतेंदु के संदर्भ में एक और महत्वपूर्ण बात कही है, 'इन्होंने समाज की कुरीतियों को दिखला कर बराबर सुधार पर जोर दिया, पर अपने विचारों को परंपरागत विचारों से अलग करते हुए नहीं वरन उनसे लगाव रखते हुए। उस समय एक ऐसे सामंजस्यपटु, साहसी और प्रतिभा-संपन्न पुरुष की आवश्यकता थी जो कौशल से बढ़ते हुए विचारों का मेल देश के परंपरागत विचारों से करा देता। ऐसे ही पुरुष के रूप में बाबू हरिश्चंद्र साहित्य क्षेत्र में उतरे। उन्होंने हमारे जीवन के साथ हमारे साहित्य को फिर लगा दिया। बड़े भारी विच्छेद से उन्होंने हमें बचाया।' (भारतेंदु हरिश्चंद्र, लेख)।

भारतेंदु भारतीय परंपराओं और आधुनिकीकरण से संवाद करते हुए साम्राज्यवाद का विरोध करते हैं। उसी तरह धार्मिक कूपमंडूकता का भी मखौल उड़ाते हैं। नाटकों के अलावा उपन्यास, पत्रकारिता और आलोचना में उनकी रुचि के कारण उन्हें आधुनिक गद्य का निर्माता कहा जाता है, लेकिन वे इससे एक अधिक व्यापक भूमि पर थे। इतनी विधाओं की ओर उनका आकर्षण निश्चय ही एक अनोखी घटना है। यह भी महत्वपूर्ण है कि भारतेंदु ने अपने युग के आधुनिकताबोध को सांस्कृतिक विच्छेद से बचाना चाहा। वे सामाजिक सुधार की धारणा देते हुए भी औपनिवेशिक बौद्धिकता की बाढ़ में बहने से अपने को काफी रोक सके और धार्मिक भावना से जुड़े होने के बावजूद रूढ़िपोषक संरक्षणवाद और कट्टरता से अपने को दूर रख पाए।

साथ ही, अंग्रेजों की साम्राज्यवादी लूट- 'ड्रेन ऑफ वेल्थ' और देश के अकाल-महामारी की तरफ भी उनका ध्यान था।

ब्रिटिश साम्राज्यवाद की ध्वंसलीला

19वीं सदी में हिंदी क्षेत्र 1857 की घटना के बाद साम्राज्यवादी प्रतिशोध का सबसे ज्यादा शिकार हुआ। हिंदी क्षेत्र का एक बड़ा हिस्सा बंगाल से शासित था और औपनिवेशिक भेदभाव का फल पा रहा था। यह भी विलक्षण है कि इस सदी में, हिंदी क्षेत्र में स्त्री और दलित आवाजों की उपस्थिति नहीं है। 20वीं सदी के पहले दशक में 'बंग महिला' (राजेंद्रबाला घोष) और दूसरे दशक में हीरा डोम (सरस्वती, 1914) की धूमिल झलक है। वस्तुतः हिंदी क्षेत्र के शहरों में कलकत्ता, बंबई और मद्रास की तरह न व्यापारिक गतिविधियों तथा धार्मिक-सामाजिक सुधार आंदोलनों की बड़ी उपस्थिति थी और न तीव्र बहसें थीं। बंबई में स्थापित आर्य समाज की गतिविधियां पंजाब के बाहर थोड़ी-बहुत सिर्फ पश्चिमी उत्तर प्रदेश में सीमित थीं।

निःसंदेह भारतेंदु मंडल मुख्यतः एक साहित्यिक मामला था। इसका बौद्धिक जनाधार मुख्यतः बनारस, इलाहाबाद और इनके आसपास तक सीमित था। ये शहर ही आगे चलकर शिक्षा और साहित्य के बड़े केंद्र बने। लेकिन आधुनिक कलाओं और विज्ञान की ओर आकर्षण की दृष्टि से हिंदी क्षेत्र प्रायः बंजर थे।

हिंदी क्षेत्र के व्यापारिक-सांस्कृतिक पिछड़ेपन और साम्राज्यवादी दुर्दशा के बारे में वसुधा डालमिया ने संकेत दिया है, 'हिंदी क्षेत्र में (1857 के बाद) जो परिवर्तन हुए उसे इस तरह समझा जा सकता है : पहला, जान-माल का काफी नुकसान हुआ। अंग्रेजी राज में इतना विध्वंस किसी दूसरी प्रेसिडेंसी के शहरों में नहीं हुआ था। दूसरा, शहरों का जनजीवन जिस नए प्रशासनिक फ्रेम के अधीन था, वह नगरपालिकाओं और अदालतों से बना था। तीसरा, घनी आबादीवाले शहरों में सड़कें बनीं और (अंग्रेजी) संस्कृति का प्रचार किया गया। चौथा, उच्च शिक्षा सिर्फ निजी कालेजों में सुलभ थी और बड़े शहरों में सीमित थी। ये सभी घटनाएं आधुनिकीकरण को सीमित करती थीं। यह एक तरह से (1857 के विद्रोह की) कीमत वसूलने की तरह था।'

(फिक्शन ऐज हिस्ट्री)। अंग्रेजी राज में हिंदी क्षेत्र की तस्वीर को समझने के लिए छोटे उद्योग-धंधों के विनाश, जमींदारों द्वारा कृषकों पर अत्याचार और प्रायः चुनौतीविहीन धार्मिक कूपमंडूकता को भी ध्यान में रखना होगा।

हिंदी क्षेत्र में अंग्रेजी राज ने शिक्षा और सुधारों को जरा भी प्रोत्साहन नहीं दिया। इसके विपरीत, इसने सामान्य औपनिवेशिक गतिविधियों के अलावा किस तरह 1871 में शुरू किए गए जनसर्वेक्षणों के जरिए जाति भेदभाव को बढ़ावा दिया और हिंदी-उर्दू का मुद्दा सुलगा कर हिंदू-मुस्लिम भेदभाव की जमीन तैयार की, इसका विस्तृत अध्ययन होना अभी बाकी है।

देखा गया है कि हिंदी क्षेत्र में निरंतर फैलते गए सांप्रदायिक विद्वेष के लिए सारा दोष 'हिंदू पुनरुत्थानवाद' पर थोपा जाता है और ब्रिटिश साम्राज्यवाद की भूमिका सामने नहीं लाई जाती। भारतीय नवजागरण के बारे में कोई धारणा अधूरी होगी, यदि अंग्रेजी राज के चरित्र और भूमिका को नहीं परखा जाता। यह तब तक अधूरी रहेगी, जब तक प्राचीन परंपराओं से रचनात्मक रिश्तों और सुधारवादी दृष्टिकोण की विविधता को नहीं समझा जाता।

उपनिवेशवाद के स्वरूप को पहचानने में भारतेंदु 19वीं सदी में अद्वितीय थे। उन्होंने 'कविवचनसुधा' के 9 मार्च 1874 के अंक में लिखा, 'सरकारी पक्ष का कहना है कि हिंदुस्तान में पहले सब लोग लड़ते-भिड़ते थे और आपस में गमनागमन नहीं हो सकता था, यह सब सरकार की कृपा से हुआ। हिंदुस्तानियों का कहना है—उद्योग और व्यापार बाकी न रहा। रेल आदि से भी द्रव्य (धन) के बढ़ने की आशा नहीं है। रेलवे कंपनी वालों ने जो द्रव्य व्यय किया है, उसका ब्याज सरकार को देना पड़ता है और उसे लेने वाले बहुधा बिलायत के लोग हैं। कुल मिलाकर 26 करोड़ रुपया बाहर जाता है।' (रामविलास शर्मा की 'भारतेंदु युग और हिंदी भाषा की विकास-परंपरा' में उद्धृत)। इस समय तक सूरत, ढाका सहित सभी व्यापारिक क्षेत्र और देशी उद्योग-धंधे उजाड़े जा चुके थे। अंग्रेजी राज में 'कपड़ा बनाने वाले, सूत निकालने वाले, खेती करने वाले आदि सब भीख मांगते हैं—खेती करने वालों की यह दशा है कि लंगोटी लगा कर हाथ में तूंबा ले भीख मांगते हैं और जो निरुद्यम हैं, उनको तो अन्न की भ्रांति है।' (वही)। भारतेंदु ने 19वीं सदी के व्यापारियों

और कृषकों की जिस आम दशा का वर्णन किया है, वह औपनिवेशिक दमन की व्यापकता को उजागर करता है।

उपर्युक्त तथ्यों की रोशनी में भारतेंदु हरिश्चंद्र दुख व्यक्त करते हैं, 'अब तो प्रति वर्ष में कहीं न कहीं दुष्काल पड़ा रहता है। मुख्य करके अंग्रेजी राज में इसका घर है और बहुधा ऐसा सुनने में आया है कि विसूचिका (कोलेरा) का रोग जो अब संपूर्ण भारतखंड में छा रहा है, अंग्रेजों के राज के आरंभ से इसका आरंभ हुआ है।' (वही)। स्पष्ट हो जाता है कि भारत में महामारी मुख्यतः औपनिवेशिक देन है।

रामविलास शर्मा ने भारतेंदु मंडल पर टिप्पणी करते हुए कहा है, 'भारतेंदु और उनके साथियों की नीति अंग्रेज शासकों की नीति से बिल्कुल उल्टी थी। अंग्रेज हिंदुओं और मुसलमानों में फूट डालकर अपना राज कायम रखना चाहते थे, भारतेंदु ने इनके एक होने की अपील की थी। अंग्रेज भारत को खेतिहर देश बनाकर रखना चाहते थे, भारतेंदु ने इस लूट का पर्दाफाश किया था और देश में कौशल और मशीन-संबंधी शिक्षा की मांग की थी।' (वही)। भारतेंदु ने 'कविवचनसुधा' के 8 फरवरी 1874 के अंक में लिखा था, 'परंतु अब अंग्रेजी माया, छल और घात दृष्टि में आने लगा, क्योंकि हम लोगों को केवल अंग्रेजी भाषा प्राप्त हुई, परंतु कला-कौशल के विषय में हम लोग भली भांति अज्ञान सागर में निमग्न हुए हैं।' (वही)। इन विचारों से साफ है कि भारतेंदु उपनिवेशवाद की सोलहों कलाओं (भारत दुर्दशा के दूतों-दूतियों) की अच्छी समझ रखते थे जो उस जमाने के लिए अनोखी बात है।

भारतीय नवजागरण की एक अंतर्धारा भारत के शिक्षित लोगों के अंग्रेजी राज के प्रति आकर्षण की है तो दूसरी अंतर्धारा साम्राज्यवाद से टकराहट की है। दूसरी धारा अनिवार्यतः अतीतवादी और आधुनिकता-विरोधी नहीं है।

अंग्रेजी राज : भारत दुर्दशा या भारत सौभाग्य?

यह नहीं कहा जा सकता कि भारतेंदु मंडल के सभी सदस्य औपनिवेशिकता और आधुनिकता को अलग करके देखते थे या वे परंपरा तथा आधुनिकता से भारतेंदु जैसा ही आलोचनात्मक संबंध रखते थे। भारतेंदु यदि अंग्रेजी राज

को 'भारत दुर्दशा' (1875) कहते थे तो बदरीनारायण चौधरी प्रेमघन 'भारत सौभाग्य' (1888) कह कर उसकी तारीफ करते थे। भारतेंदु सांप्रदायिक भावनाओं से मुक्त हो चले थे और अपनी भाषा की उन्नति को एक बड़े परिप्रेक्ष्य में देखते थे जबकि प्रतापनारायण मिश्र कहते थे, 'जपो निरंतर एक जबान, हिंदी-हिंदू-हिंदुस्तान'। उनमें हिंदू पुनरुत्थानवाद के तत्व थे। भारतेंदु हरिश्चंद्र और बालकृष्ण भट्ट निश्चय ही साम्राज्यवाद-सामंतवाद-विरोधी विचारभूमि पर खड़े थे, बल्कि बालकृष्ण भट्ट स्त्री-स्वतंत्रता के प्रश्न पर भारतेंदु से आगे बढ़कर सोचते थे। भारतेंदु मंडल में कई वैचारिक अंतर्धाराएं काम कर रही थीं जिन्हें समझने की जरूरत है।

भारतेंदु से काफी बड़े, बल्कि उनके गुरु माने जानेवाले शिवप्रसाद सितारेहिंद (1823-95) और लक्ष्मण सिंह (1826-96) दोनों को ही राजा की उपाधि मिली थी। जाहिर है, यह उपाधि उनकी साम्राज्यपरस्ती के लिए मिली थी। उनमें एक हिंदी को उर्दू-फारसी की ओर उन्मुख करना चाहते थे तो दूसरा संस्कृत की ओर। दोनों के द्वारा प्रस्तावित हिंदी बोलचाल की भाषा और व्यापक लोकचिंता से दूर थी। दोनों ब्रिटिश प्रशासन में कार्यरत थे जिसका असर उनकी बौद्धिक चेतना पर था। दोनों ब्रिटिश उपनिवेशवाद द्वारा की गई भारत दुर्दशा को समझने में असमर्थ थे। वे भारतवासियों के जीवन और रोजगार पर आए विभिन्न तरह के संकट, लूट और जीविकाविहीनता से बेखबर थे।

'इतिहास तिमिरनासक' (1864) शिवप्रसाद सितारेहिंद की भारत के इतिहास पर लिखी किताब है। इससे पता चल सकता है कि अंग्रेज मुस्लिम शासकों और 1857 के स्वाधीनता संग्राम की कैसी छवि लोगों के दिमाग में उतारना चाहते थे। ऐसे इतिहासकार बौद्धिक उपनिवेशवाद के शिकार थे। उपर्युक्त किताब के दूसरे खंड में एक अध्याय है '1857 का बलवा'। इसमें सितारेहिंद ने लिखा है, 'गरीबी और पठान, मुगल, मराठों की अधीनता का फल है कि मानो भगवान ने हम लोगों पर तर्स खाकर जैसे कोई भेड़ों को कसाई से छुड़ाता है, जाति-जाति के निष्ठुर राजाओं से पिंड छुड़ाके अंग्रेज बहादुर -से न्यायी और दयावान के शरण में ला डाला। सच जानो, यह केवल भगवान की कृपा है।'

अंग्रेजों की चापलूसी करने के बाद उपर्युक्त पुस्तक में 1857 के बारे में शिवप्रसाद कहते हैं, 'यहां के बदमआशों ने अपनी बदमआशी में कोई कसर बाकी नहीं रखी, इनकी स्त्रियों और बच्चों पर हथियार चलाया। ...शहर छावनी के सारे कुकर्मी कसाई डोम और मिहतर साईस, घसियारे खिदमतगार खनसामां जहां तक नीच ओर रजील थे, चाहे वह चपरास बांध कर वर्कन्दाजी करते थे और चाहे बड़ा-बड़ा छापा-तिलक लगा घंटों घंटा हिलाया करते थे, उनमें शामिल हो गए। ...हिंदुस्तान को जो यह कलंक लगा, उसके दूर होने की अब कोई शकल नजर नहीं आती है।' हिंदू-मुस्लिम एकता और निम्न जातियों का मखौल दरअसल शिवप्रसाद नहीं सितारेहिंद उड़ा रहे थे। वे अपनी जातिवादी मानसिकता का भरपूर परिचय दे रहे थे। ऊपर उनकी फारसी-उर्दू की तरफ झुकी हिंदी और उच्चारण का नमूना भी मिल जाता है।

हिंदी की औपनिवेशिक घेरेबंदी

शिवप्रसाद सितारेहिंद अंग्रेजी प्रशासन में शिक्षा के प्रसार के लिए काम कर रहे थे। वे इंस्पेक्टर ऑफ स्कूल्स थे। इसलिए सामान्य पाठ्यक्रम के साथ हिंदी के स्वरूप को लेकर सचेत थे। वे देवनागरी के समर्थक थे, लेकिन उनकी हिंदी की समझ 'देवनागरी लिपि में आसान उर्दू' के आसपास थी। यह जन जीवन की जगह उपनिवेशित एलीट वर्ग की बौद्धिकता से प्रभावित थी।

भारत में शिक्षा की जरूरत दार्शनिक चिंतन, वैज्ञानिक खोज और व्यापारिक ज्ञान के संदर्भ में भी थी। औपनिवेशिक शिक्षा के लक्ष्य ब्रिटिश प्रशासन में चाकरी और अदालती गतिविधियों, इन दो मामलों तक सीमित थे। हिंदुस्तानी लोग अन्य किसी मामले में प्रवीण हों या न हों, आपसी कलह और मुकदमे लड़ने में आगे बढ़ते जा रहे थे। अदालत जाना शान की बात समझी जाने लगी थी। ब्रिटिश प्रशासन में अंग्रेजों के बाद मुसलमान सबसे ज्यादा नियुक्त थे। अदालत में फारसी की सत्ता कायम थी। उस जमाने में फारसी की दुदुंभी बजती थी। यह सिर्फ मुसलमान एलीट की ही नहीं हिंदू एलीट की भी भाषा थी। यह सत्ता की भाषा थी और प्रशासनिक स्तर पर सत्ता-लोभी हिंदुओं और मुसलमानों में औपनिवेशिक एकता बना कर रखती थी।

यूरोपीय भाषाविदों में फ्रेडरिक पिन्काट को छोड़ दें, तो आमतौर पर अन्य सभी विद्वान उर्दू-फारसी की क्षमता पर आश्वस्त थे।

शिवप्रसाद सितारेहिंद देवनागरी के एक बड़े समर्थक थे। ब्रिटिश प्रशासनिक ढांचे में रहते हुए उनका फारसी लिपि की जगह देवनागरी का समर्थन करना किसी विद्रोह से कम नहीं था। निश्चय ही उन्हें खलनायक के रूप में नहीं देखा जाना चाहिए। लेकिन वे लिपि के स्तर पर भले देवनागरी के समर्थक हों, भाषा के स्तर पर शिष्ट उर्दू ढांचे के हिमायती थे। 1867 में हिंदी की पहली साहित्यिक पत्रिका 'कविवचनसुधा' का प्रकाशन शुरू हुआ, 1868 में उन्होंने ब्रिटिश प्रशासन को एक मेमोरेंडम दिया, जिसमें अदालत में फारसी लिपि की जगह नागरी लिपि की मांग की गई थी। यह मांग उस समय सुनी नहीं गई। हिंदुओं और मुसलमानों को लड़ाने के लिए यह आदेश दरअसल दोनों के बीच तनाव के एक खास मौके पर 1900 में निकला। शिवप्रसाद सितारेहिंद की देवनागरी की मांग को पश्चिमोत्तर प्रांत के एलीट वर्ग के अंतर्विरोध के रूप में देखा जाना चाहिए। हिंदू एलीट ब्रिटिश प्रशासन और अदालत में मुसलमानों के बढ़ते वर्चस्व से चिंतित थे। उस समय सर सैयद अहमद खां उच्च प्रशासन में वफादारी का वास्ता देकर मुसलमानों के लिए अधिक हिस्सेदारी की मांग कर रहे थे। उपनिवेशकों की नजर में यह भेदभाव बढ़ाने का एक अच्छा मौका था। निश्चय ही पश्चिमोत्तर प्रांत में मुसलमानों की उच्च प्रशासन में ही नहीं आभिजात्यवादी सामाजिक वर्ग में भी भागीदारी ज्यादा थी। उनकी तुलना में हिंदू भद्रवर्ग बहुसंख्यक हिंदू आबादी के बावजूद न सिर्फ छोटा था, बल्कि निर्वाक भी था। निःसंदेह शिवप्रसाद सितारेहिंद का आवाज उठाना सराहनीय है, हालांकि सिर्फ देवनागरी की बात करना हिंदी की सांस्कृतिक जरूरत पूरी करने का एक सीमित प्रयत्न कहा जाएगा।

शिवप्रसाद सितारेहिंद देवनागरी-प्रेमी होने के साथ ब्रिटिश नीतियों के एक बड़े समर्थक थे। इसके अलावा, उनका भाषिक संस्कार उर्दू-फारसी का था। वे देवनागरी लिपि में कैसी हिंदी चाहते हैं, यह हिंदी शिक्षा की एक पुस्तक 'हिंदी सेलेक्शंस यानी गुटका' की भूमिका से स्पष्ट है। इसमें वे एक अंग्रेज वैज्ञानिक और भाषाविद् सर चार्ल्स लिएल को बार-बार उद्धृत करके

उनके विचारों के अनुसार अपनी बातें रखते हैं। उनमें एक मुख्य बात है, 'विजितों ने अपनी बोलचाल और भाषा में विजेताओं के शब्दों को बहुत सहजता से अपना लिया'। सितारेहिंद इस तर्क से हिंदी वाक्य संरचना को उर्दू-फारसी शब्दों से भरने और संस्कृत मूल के कठिन शब्दों से दूर रखने की नीति प्रस्तावित करते हैं। उर्दू-फारसी लंबे समय तक सत्ता की भाषा थी जिसे अंग्रेजों ने स्वीकृति दी थी। 'आसान' और 'कठिन' शब्द भी बड़े सापेक्ष हैं, क्योंकि सितारेहिंद को उर्दू-फारसी के जो शब्द आसान लगते होंगे, हिंदी के लिए आज काफी कठिन लग सकते हैं। कहना न होगा कि अंग्रेजी निगाहों में उर्दू-फारसी के शब्द और उनके उच्चारण आभिजात्य को ध्वनित करने वाले थे। 18वीं सदी में कई अंग्रेज मुगलों-सा जीवन पसंद करते थे और फारसी को स्पृहा से देखते थे। यह मानने में किसी को आपत्ति नहीं होगी कि शिवप्रसाद सितारेहिंद भारतेंदु की तरह बड़ी सोच के लोकपक्षधर लेखक न होकर आभिजात्यवादी बुद्धिजीवी थे।

भाषा का निर्माण प्रयोगशाला में नहीं होता, लोगों के अंतःसक्रिय जीवन के बीच से होता है। इस निर्माण को सत्ता के रुझान, एलीट वर्गों की दिलचस्पी, महापुरुषों की प्रेरणा और स्थानीयता के दबाव प्रभावित करते हैं। सितारेहिंद ने हिंदी को 'आम फहम खास पसंद' भाषा के रूप में विकसित करना चाहा। उनकी 'खास पसंद' के खास का आशय 19वीं सदी के बौद्धिक एलीट को पसंद आनेवाली भाषा से है जो फारसी-उर्दू रुझान वाली थी। उनके 'आम फहम' का 'आम' उत्तर प्रांतों, अर्थात दिल्ली-आगरा-मेरठ के साधारण लोगों से बना था। (देखें 'गुटका' की भूमिका)। 'आम फहम' का आशय था आसान उर्दू। जाहिर है, हिंदी के मामले में सितारेहिंद के दृष्टि पथ से उत्तर प्रदेश, बिहार, मध्य प्रदेश, राजस्थान, हिमाचल प्रदेश आदि प्रांतों के लोग बिल्कुल नदारद थे और हिंदी क्षेत्र की लोकभाषाएं नदारद थीं।

19वीं सदी में जो हिंदी 'नई चाल' में ढल रही थी और विकसित हो रही थी, उसमें मुख्य रुझान सहजता, जिंदादिली और समावेशिकता का था, निश्चय ही हिंदू शुद्धतावाद का नहीं। सितारेहिंद को हिंदी शिक्षा के लिए बनी एक किताब में 'पूरा' के लिए 'समाप्त', 'पेड़' के लिए 'वृक्ष', 'पैदा' के लिए

'उत्पन्न', 'साफ' के लिए 'स्पष्ट', 'तेज' के लिए 'तीक्ष्ण' जैसे शब्दों के प्रयोग पर आपत्ति थी। वे हिंदी की स्वच्छंद और विकासशील जातीय गति को साम्राज्यवादी आदर्शों से बांध देना चाहते थे। उल्लेखनीय है कि वे हिंदी पर उर्दू आभिजात्य की पालिश उसी तरह लगाना चाहते थे, जिस तरह हिंदू धार्मिक सोच पर वे 'मनुस्मृति' ('मानव धर्मसार' शीर्षक से उनका एक संकलन) थोपना चाहते थे। उन्होंने अंग्रेजी राज की आलोचना छोड़ दीजिए, धार्मिक-सामाजिक सुधारों की भी चर्चा कभी नहीं की, क्योंकि उर्दू-फारसी की तरफ सांस्कृतिक रुझान के बावजूद वे सेकुलर नहीं थे। वे 'हिंदू कट्टरवादी' थे।

राजा लक्ष्मण सिंह ने अंग्रेजी शिक्षा नहीं पाई थी। उन्होंने घर पर रहकर संस्कृत, उर्दू भाषाएं सीखी थीं। 1857 के विद्रोह के समय उन्होंने अंग्रेजों का सहयोग किया था जिसके इनाम के रूप में उन्हें डिप्टी कलक्टर बना दिया गया। 1870 में उन्हें राजा की उपाधि मिली। वे कलकत्ता विश्वविद्यालय के फेलो और इसी शहर में स्थापित 'रायल एशियाटिक सोसाइटी' के सदस्य भी थे। कालिदास के नाटक 'अभिज्ञान शाकुंतलम्' और महाकाव्य 'रघुवंश' का उन्होंने हिंदी में अनुवाद किया था। इससे इनकी ख्याति बढ़ी थी। 'रघुवंश' के अनुवाद की भूमिका में उन्होंने लिखा है, 'हमारे मत में हिंदी और उर्दू दो न्यारी-न्यारी हैं। हिंदी इस देश के हिंदू बोलते हैं और उर्दू यहाँ के मुसलमानों और फारसी पढ़े हुए हिंदुओं की बोलचाल है। हिंदी में संस्कृत के पद बहुत आते हैं, उर्दू में अरबी-फारसी के। परंतु कुछ आवश्यक नहीं है कि अरबी-फारसी के बिना हिंदी न बोली जाए और न हम उस भाषा को हिंदी कहते हैं जिसमें अरबी-फारसी के शब्द भरे हों।' राजा शिवप्रसाद सिंह और राजा लक्ष्मण सिंह दो विपरीत ध्रुव पर खड़े लग सकते हैं, जबकि दोनों भिन्न रास्तों पर चलते हुए भी समान रूप से औपनिवेशिक असर में थे। वे आम जनता से विच्छिन्न थे। उनकी भाषा-दृष्टि का साम्राज्य-भक्ति से सीधा संबंध है, क्योंकि कोई जन पक्षधर होकर सोचेगा तो उसका साहित्यिक रिश्ता जनता की बोलचाल की भाषा से होगा।

राजा शिवप्रसाद सितारेहिंद हों या राजा लक्ष्मण सिंह, दोनों की मुख्य चिंता हिंदी को 'वर्नाकुलर' के रूप में विकसित करने की थी। यह हिंदी की औपनिवेशिक घेरेबंदी थी। अंग्रेज भारत की हर जातीय भाषा के लिए

'इंडेजेनस' (ग्राम्य, देशी) या 'वर्नाकुलर' शब्द का प्रयोग करते थे जो शिक्षण संस्थानों में हाल तक बहुत-सी जगहों पर चला आ रहा था। लैटिन में 'वर्नो' का अर्थ है 'गुलाम'। अंग्रेजों की निगाह में भारतीय भाषाएं 'वर्नाकुलर' थीं, गुलामों की भाषाएं थीं। उपर्युक्त दोनों राजा-पदवीधारी शुभचिंतकों ने हिंदी को आजादी की भाषा के रूप में नहीं देखा। इसलिए ब्रज, अवधी, भोजपुरी, राजस्थानी, मैथिली, छत्तीसगढ़ी आदि की जगह उनमें से एक उर्दू-फारसी की तरफ झुका हुआ था तो दूसरा संस्कृत की तरफ। इसे एक ही सिक्के के दो पहलुओं के रूप में देखा जाना चाहिए।

भारतेंदु की हिंदी-दृष्टि का धार्मिक बुनियादवाद से कोई संबंध नहीं है। उन्होंने हंटर कमीशन के समक्ष बयान में कहा था, 'मैं संस्कृत, हिंदी और उर्दू का कवि हूँ।' उनकी भाषा न सिर्फ तद्भवपरक है, बल्कि उसमें जिंदादिली के अलावा जनजीवन का सहज सांस्कृतिक प्रवाह है। उस जमाने की उर्दू की अपेक्षा भारतेंदु की हिंदी हिंदुओं और मुसलमानों के अपेक्षाकृत अधिक सांस्कृतिक मेल से बनी भाषा है। रामविलास शर्मा ने उनकी हिंदी की समावेशिकता और जातीय प्रभाव क्षमता को पहचानते हुए लिखा है, 'उन्होंने अपने प्रदेश की सांस्कृतिक आवश्यकताओं को पहचाना। उन्होंने हिंदी के लिए संघर्ष किया, सामाजिक-सांस्कृतिक जीवन में उसका व्यवहार सुदृढ़ किया। मतरुकात (शुद्धतावाद के लिए दूसरी भाषा के शब्दों को छांटने) का सिलसिला खत्म करके उन्होंने शिष्ट हिंदी को उसी मार्ग पर बढ़ने की प्रेरणा दी जिस पर बांग्ला-मराठी आदि भाषाएं पहले से बढ़ रही थीं। ...भारतेंदु के गद्य की एक विशेषता है कि उसमें जनपदीय शब्द का धड़ल्ले से व्यवहार होता है। ...भारतेंदु के समय से अब तक हिंदी ने इतनी शक्ति से और इतने वेग से प्रगति की, इसका बहुत बड़ा कारण जनपदीय बोलियों तथा पुराने हिंदी साहित्य से उसका संबंध है।' (भारतेंदु हरिश्चंद्र और हिंदी नवजागरण की समस्याएं)। हिंदी के ऐसे समावेशी, गतिशील और व्यापक प्रभाव क्षमतावाले रूप को कुछ एलीट बुद्धिजीवी हिंदुत्ववाद के विकास से जोड़कर देखते हैं, मानो ऐसी हिंदी को पीछे छोड़कर यदि उर्दू अपना ली जाती तो हिंदी प्रदेशों का सांस्कृतिक विकास हो जाता और देश विभाजन नहीं होता!

कहना न होगा कि हमारे देश के एलीट बुद्धिवादी लंबे समय तक ऐसी जमीन से वैचारिक संघर्ष करते रहे जो आगे चलकर एक छोटे द्वीप में बदल गई।

हिंदी क्षेत्र के बुद्धिजीवी

नवजागरण और बुद्धिजीवी वर्ग के बीच गहरा संबंध है, बल्कि नवजागरण को बुद्धिजीवियों का आंदोलन माना जाता है। देखा जाए तो 19वीं सदी में बौद्धिक गतिविधियों के बड़े केंद्र कलकत्ता, बंबई और मद्रास शहर थे। उनकी तुलना में हिंदी शहरों में शैक्षिक, व्यापारिक, औद्योगिक और सुधारवादी गतिविधियां बहुत कम थीं। हिंदी शहरों में हिंदू या इस्लाम धर्म के भीतर से रूढ़ियों की आलोचना करनेवाले आध्यात्मिक प्रचारक नहीं जन्मे, जिस तरह बंगाल में रामकृष्ण, विवेकानंद आदि थे। महाराष्ट्र में परमहंस मंडली थी। दक्षिण भारत के प्रदेशों में भी सुधार की चेतना लेकर कई आध्यात्मिक व्यक्तित्व थे। हिंदी नवजागरण के पुरोधा माने जानेवाले साहित्यकारों की औपचारिक शिक्षा आमतौर पर कम थी। भारतेंदु हरिश्चंद्र का इंग्लैंड, फ्रांस आदि देशों की यात्रा एक स्वप्न बनकर रह गई थी, जबकि बांग्ला नवजागरण के कई बुद्धिजीवी और बंबई प्रेसिडेंसी के कई व्यापारी और बुद्धिजीवी इंग्लैंड गए। उन्होंने पश्चिमी सभ्यता का आंखों देखा अनुभव हासिल किया। पश्चिमोत्तर प्रांत से सैयद अहमद खां ही ऐसे सुपरिचित बुद्धिजीवी थे जो इंग्लैंड (1869) गए थे और जब लौटे तो बंदूक में गरम कारतूस की तरह रेशनलिज्म से भरे हुए थे।

उल्लेखनीय है कि सैयद अहमद खां को एक अतिवाद से दूसरे अतिवाद तक पहुँचने में ज्यादा वक्त नहीं लगा। आधुनिक शिक्षा के पक्ष में होने के बावजूद वे बुद्धिवादी से कट्टरवादी बनते गए। वस्तुतः जिन्ना तक यह परंपरा चलती गई। उर्दू क्षेत्रों में, खासकर मुसलमानों के बीच इस्लामी सुधार आंदोलन पनप नहीं सका। हम जानते हैं कि बांग्ला नवजागरण में एक भी बड़ा मुस्लिम सुधारक नहीं हुआ। यदि गरीब मुसलमान धार्मिक कुरीतियों से हिंदुओं की तरह ही जकड़े रह गए तो इसकी औपनिवेशिक पृष्ठभूमि का अध्ययन जरूरी है। अंग्रेजों ने आधुनिकीकरण के मार्ग पर चलते हुए भी रूढ़िपोषक संरक्षणवाद को हवा दी।

आमतौर पर बुद्धिजीवी उसे कहा जाता है जो बुद्धि से ही धर्म और नैतिकता तय करता है और बुद्धि से ही राजनीति तय करता है। वह बुद्धि का इस्तेमाल न्याय, स्वतंत्रता और बराबरी के लिए करता है। नवजागरण काल में मध्यवर्गीय शिक्षित व्यक्तियों का बुद्धिजीवी कहा जाना सम्मान का चिह्न था। बुद्धिजीवी विचार और तार्किक विश्लेषण किए बगैर कुछ भी स्वीकार नहीं करते थे। किसी धारणा के पीछे चाहे जितनी बड़ी राजनीतिक ताकत या जनसमर्थन हो, वे साधारणतः नहीं झुकते थे। वे विद्रोही और स्वाधीन चिंतन के समर्थक थे। इसके लिए दुनिया के देशों में, निश्चय ही भारत में भी उन्होंने बड़े कष्ट सहे। सबसे महत्वपूर्ण बात है कि बुद्धिजीवियों के पास जिज्ञासाएं होती हैं, प्रश्न होते हैं और वे निर्भीक होते हैं। ऐसा नहीं है कि इतिहास में पहली बार नवजागरण काल में ऐसे व्यक्ति हुए थे। यह जरूर है कि भारत की औपनिवेशिक स्थितियों में किसी भी जमाने से अधिक दमनमूलक और चालाक व्यवस्था थी जिससे उन्हें टकराना पड़ा।

रिनेसांकालीन पश्चिमी बुद्धिजीवियों में दोहरापन नहीं था, यह बात नहीं है। औपनिवेशिक और पिछड़ी सामाजिक स्थितियों में भारतीय बुद्धिजीवियों में दोहरापन स्वाभाविक है। इस दौर में जिन बुद्धिजीवी वर्गों का उदय हुआ, उनमें पत्रकारों, साहित्यकारों, न्यायविदों, शिक्षाविदों और प्रशासनिक दायित्व से जुड़े लेखकों-चिंतकों की प्रधानता थी। उनकी सुधारवादी सोच में औपनिवेशिक तत्वों और धार्मिक चिंतन में संरक्षणशीलता स्वाभाविक है। इस पर आश्चर्य करने की जरूरत नहीं है, यदि उनके विचार और कर्म में दूरी हो। वे जो बोलते थे, कई कर्म उसके विपरीत करते थे। उदाहरण के तौर पर बाल विवाह का विरोध करते हुए भी छोटी उम्र की अपनी कन्या का विवाह कर देना या खुद छोटी उम्र की कन्या से विवाह करना आम परिघटना थी। सत्ता से संपर्क या सुख-सुविधाओं की चाह विचारों को ढीला करती है। इस तरह से भी कई बुद्धिजीवी पीछे की तरफ घूम गए।

हिंदी क्षेत्र के बुद्धिजीवियों का एक चित्र भारतेंदु हरिश्चंद्र की 'भारत दुर्दशा' में है, 'कुछ पढ़े-लिखे लोग देश सुधारा चाहते थे। हहा-हहा! एक चने से भाड़ फोड़ेंगे। ऐसे लोगों को दमन करने का मैं जिले के हाकिम को न

हुक्म दूंगा कि इनको डिसलायल्टी में पकड़ो और ऐसे लोगों को खारिज करके जितना बड़ा मेरा मित्र हो उसको उतना बड़ा मेडेल और खिताब दो। हैं! हमारी पालिसी के विरुद्ध उद्योग करते हैं, मूर्ख! यह क्यों? मैं अपनी फौज ही भेज कर सब चौपट करता हूँ।' ब्रिटिश आतंक और बुद्धिजीवियों की सामाजिक नगण्यता का यह चित्र हिंदी क्षेत्र की दशा के बारे में बहुत कुछ खुलासा कर देता है। यदि 'खिताब' के उपर्युक्त उल्लेख से शिवप्रसाद सितारेहिंद चिढ़ें तो क्या आश्चर्य!

असली राजभक्त शिवप्रसाद सिंह को 'राजा' और 'सितारेहिंद' के खिताब अंग्रेजों द्वारा उनकी वफादारी के बदले दिए गए थे, जबकि हरिश्चंद्र को भारतेंदु आम लोगों की तरफ से कहा गया था। कोलकाता से प्रकाशित पत्र 'सारसुधानिधि' द्वारा उनकी विद्रोही राष्ट्रीय भावना के कारण उन्हें 'भारतेंदु' का सम्मान मिला। अंग्रेजों ने शिवप्रसाद को 'स्टार' कहा तो आम लोगों ने हरिश्चंद्र को 'भारत का इंदु' कहकर उनकी राष्ट्रीय ज्योत्स्ना का स्वागत किया। इस तरह भी हिंदी क्षेत्र के दो बुद्धिजीवियों का फर्क समझा जा सकता है।

नवजागरण काल में संगठन बनाना, सभा बनाना, नाटक मंचित करना और पत्र-पत्रिकाएं निकालना बुद्धिजीवियों के प्रमुख काम थे। इनसे नई बौद्धिक परंपराएं बन रही थीं। वे सभी लेखक सामाजिक सक्रियता से प्रतिबद्ध थे। बुद्धिजीवियों के बीच कलह स्वाभाविक है, उस युग में भी था।

देखा जा सकता है कि भारतेंदु गुरिल्ला तरीके से सांस्कृतिक काम करते थे। इसलिए कुछ अंग्रेजों की नजर में वे संदेहास्पद वफादार थे। अपने कौशल के अनुरूप भारतेंदु ने 1884 में विक्टोरिया के चतुर्थ पुत्र के मरने पर बनारस के टाउन हॉल में एक शोकसभा का आयोजन किया। ब्रजरत्न दास के अनुसार, 'राजा शिवप्रसाद सिंह सी.एस.आई. ने ही इस सभा को राजद्रोहात्मक बता कर रोकना चाहा।' विक्टोरिया के पुत्र की मृत्यु पर शोकसभा और राजद्रोहात्मक! गुरु-शिष्य के इस मतभेद को दो तरह की बौद्धिकताओं और दो भिन्न लक्ष्यों के तौर पर पहचानने की जरूरत है। यह भी देखना चाहिए कि भारतेंदु सिर्फ दूसरों का मखौल नहीं उड़ाते थे। उन्हें 'आनरेरी मजिस्ट्रेट' का पद मिला था। इसे वे 'अंधेरी मजिस्ट्रेट' कह कर अपना भी मखौल उड़ाते थे।

ऐसा आत्मविश्वास, हँसमुखपन और साहस बहुत कम बुद्धिजीवियों में होता है। ऐसे बुद्धिजीवी कम होते हैं जो कभी-कभी अपने पर भी हँसें।

हिंदी नवजागरण में कई तरह की गतिविधियां थीं। आमतौर पर ऐसे लेखकों और बुद्धिजीवियों में एक जुनून होता था। एक पंडित गौरीदत्त (1836-1906) थे जिन्होंने नागरी लिपि का प्रचार करने के लिए मेले-ठेले और जहां भी जनता इकट्ठी मिलती थी, वहां बेहिचक पहुंच जाते थे। 1894 में उन्होंने नागरी लिपि की मान्यता के लिए सरकार को एक ज्ञापन दिया। वे भाषण देते और ज्ञापनों पर हस्ताक्षर कराते। इन्होंने 'देवरानी जिठानी की कहानी' (1870) की रचना की थी, जिसे हिंदी के आरंभिक उपन्यासों में गिना जाता है। हिंदी के कई लेखकों का आर्य समाज से संपर्क था, क्योंकि यह उन्हें पुरोहितों के हिंदू धर्म की तुलना में प्रगतिशील लगता था। गौरीनाथ आर्य समाजी थे। उन्हें आर्य समाज से अपने संपर्क और राष्ट्रीय भावनाओं के चलते मेरठ के मिशन स्कूल की नौकरी छोड़नी पड़ी थी। यह भी उल्लेखनीय है कि उन्होंने अपनी कमाई से अर्जित 35 हजार रुपए की राशि, जो उस जमाने में एक बड़ी राशि थी, नागरी और हिंदी के प्रचार के लिए बेहिचक खर्च कर डाली थी। आज का बुद्धिजीवी आमतौर पर अपनी गांठ से फूटी कौड़ी न निकाले, उल्टे उसे बहुत कुछ चाहिए!

देशप्रेम और हिंदी-हिंदू-हिंदुस्तान

हिंदी क्षेत्र का देशप्रेम सांप्रदायिकता और जाति-श्रेष्ठताबोध से बहुत कम ऊपर उठ पाया। देश की सामंती व्यवस्था के औपनिवेशिक-पूंजीवादी रूपांतरण के साथ क्षमता के विभिन्न पायदान पर खड़े लोगों के मन में धर्म और जाति-आधार पर श्रेष्ठताबोध बना रह गया। नवजागरण काल में श्रेष्ठताबोध के कुछ नए आधार भी बने, जैसे —अंग्रेजी शिक्षा, आधुनिक ज्ञान या औपनिवेशिक सत्ता में प्रशासनिक हिस्सेदारी से जन्मा श्रेष्ठताबोध। ये सभी मिलकर देशप्रेम को इकहरा और कम समावेशी बना देते थे। इसके अलावा, एक तत्व 'व्यक्तिवाद' था।

देशप्रेम बुरी चीज नहीं है, क्योंकि एक बहुजातीय-बहुधार्मिक देश में देशप्रेम के बिना राष्ट्र या रिपब्लिक बनना मुश्किल है। लेकिन भारत में देशप्रेम

धर्म-जाति-पद के आधार पर श्रेष्ठता-अहं और पूंजीवादी के नव-विकसित तत्व व्यक्तिवाद से कभी मुक्त नहीं हो सका। यह आज तक मुक्त नहीं हो पाया। इसलिए कोई आश्चर्य नहीं है यदि ये सभी सांस्कृतिक वायरस राष्ट्रीय भावना, राष्ट्रीयता या राष्ट्रवाद में भी घुसपैठ कर गए हों — देशप्रेम शिकारियों का जाल बन गया हो।

18वीं सदी के यूरोप में देशप्रेम चर्च के प्रति वफादारी की जगह अपने राज्य के प्रति वफादारी की शक्ल में पैदा हुआ था। इसलिए वह धार्मिक कूपमंडूकता और कट्टरता से विद्रोह के रूप में सामने आया था। भारत में देशप्रेम धर्मसत्ता की जगह ब्रिटिश साम्राज्यवादी शासन की आलोचना और देशोन्नति की भावना के रूप में पैदा होना शुरू हुआ। इसलिए धार्मिक कूपमंडूकता और कट्टरता कभी मुख्य निशाना नहीं बन पाईं, बल्कि सभी धार्मिक सुधार अनजाने एक न एक स्तर पर निर्बुद्धिपरकता का पोषण करते थे। उपनिवेशवाद से आक्रांत एक धार्मिक देश में निर्बुद्धिपरकता से हर स्तर पर संघर्ष संभव नहीं है, खासकर जब सभी धर्मों के लोग ईश्वर या देवी-देवताओं और पर्व-त्योहारों के प्रति आस्था से भरे हों और उनके लिए धर्म ही रोज की पीड़ा में शरणस्थल हों।

नवजागरण के दौर में यह भी देखने को मिला कि जब-जब देशप्रेम धर्म और जाति-श्रेष्ठता के अहं से बाहर निकला और व्यक्तिवाद से थोड़ा-बहुत मुक्त हुआ, उसने राष्ट्रीय भावना को ऊर्ध्वमुखी बनाया। ऐसी घड़ियों में देशप्रेम, राष्ट्रीयता और मानवताबोध का अंतर्विरोध कम हुआ। निश्चय ही एक ऐसा समय आया था, जब देशप्रेमी धर्मनिरपेक्ष होते थे, वे ऊंच-नीच की धारणा से मुक्त होते थे। लेकिन जब-जब देशप्रेम तर्क-विच्छिन्न होकर धर्म, जाति या स्थानीय जातीयता के आधार पर श्रेष्ठताबोध से ग्रस्त हुआ, वह अंध-राष्ट्रवाद में रूपांतरित हो गया। इस तरह मानवीय देशप्रेम और अमानवीय देशप्रेम की दो श्रेणियां स्पष्ट हैं।

हिंदी क्षेत्र की नवजागरणकालीन बौद्धिकता की एक विलक्षणता यह है कि धार्मिक संरक्षणवादियों के 'हिंदू प्रकाश' (1871), 'धर्मप्रकाश' (1875), 'सनातन धर्म पताका' (1897) जैसे पत्र निकलते ही थे, कई जाति-आधारित

पत्रों के भी प्रकाशन हुए थे जैसे—'कायस्थ समाचार' (1878), 'क्षत्रिय पत्रिका' (1881), 'खत्री हितकारी' (1888), 'जाट समाचार' (1889), 'चतुर्वेदी पत्रिका' (1896), 'गजट मारवाड़ी' (1897), 'भूमिहार ब्राह्मण' (1899), 'माथुर वैश्य सुखदायक' (1899), 'मारवाड़ी सुधार' (1921) आदि। प्रतापनारायण मिश्र ने 'ब्राह्मण' (1883) पत्र निकाला था। इस तथ्य की ओर नजर जानी चाहिए कि ऐसे सभी पत्र 1871 के बाद निकलने शुरू हुए, जब अंग्रेजों ने भारतीय विभेदों को उभारने के उद्देश्य से जन-सर्वेक्षण का काम शुरू कराया। भारत की जातियों की संख्या 1871 के जन-सर्वेक्षण के अनुसार 3,208 थी जो 1881 में 19,044 हो गई। निकोलस डी डिर्क्स ने स्पष्ट किया है, 'यह वृद्धि जातियों के बढ़ जाने की जगह सर्वेक्षण की पद्धति को बदलने का नतीजा थी।' (कास्ट्स ऑफ माइंड)। दरअसल अंग्रेजों ने प्रशासकीय चालाकी से भारत में जाति का औपनिवेशिक आधुनिकीकरण कर दिया। हर्बर्ट रिस्ले ने 1891 में इसमें नस्लीय दृष्टिकोण भी शामिल कर दिया, ताकि भारतीय भिन्नताओं को उकसाया जाए। इन्हीं सबका सांस्कृतिक प्रभाव है कि खासकर हिंदी क्षेत्रों में जाति-आधारित पत्र-पत्रिकाओं की बाढ़ आ गई। उल्लेखनीय है कि ये सभी पत्रिकाएं ऊंची जातियों की हैं। यह अनोखा दृश्य न बंगाल में था और न बंबई प्रांत में।

हिंदी की जाति-आधारित पत्रिकाओं का अध्ययन नहीं हो पाया है। फिर भी समझ में आ सकता है कि इस तरह के कामों ने हिंदी क्षेत्र के नवजागरण में सामाजिक विभाजन की नींव रख दी और जाति-अहंकार बढ़ाया। इनसे सामाजिक गतिशीलता और अंतर्मिश्रण प्रभावित हुआ। बुद्धि कई पुरानी धारणाओं से जकड़ी रह गई। हिंदी पहचान के साथ जातिवादी स्वाभिमान बना रह गया। संरक्षणवाद को प्रश्रय मिला। इसका यह अर्थ नहीं है कि जाति-पत्रिकाएं सुधारों की विरोधी थीं, कई सुधारों के लिए ही निकलती थीं।

प्रतापनारायण मिश्र की 'ब्राह्मण' पत्रिका के बारे में रामविलास शर्मा की टिप्पणी है, 'पत्र का नाम ही 'ब्राह्मण' था। जहां-तहां ब्राह्मण-सुलभ कट्टरता भी मिलती है। विदेशी शिक्षा, विलायत यात्रा आदि के बारे में प्रतापनारायण उतने उदार नहीं हैं जितने भारतेंदु या राधाचरण गोस्वामी।' (भारतेंदु युग और हिंदी भाषा की विकास परंपरा)। प्रतापनारायण अपने ब्राह्मण-संस्कारों से ज्यादा न लड़ पाए थे।

उनमें एक सीमा तक ही आत्म-आलोचनात्मकता थी। वे ब्राह्मणों के बारे में विनोदपूर्वक लिखते हैं, 'इनकी पैदाइश विराट भगवान के मुख से है और मुख ऐसा स्थान है जहां थूक भरा रहता है। फिर जो थूक के ठोर से जन्मेगा, वह कहां तक थूकलापन न करेगा।'

इसमें संदेह नहीं कि बुद्धिजीवियों के देशप्रेम के साथ जातिवाद का जारी रहना गेहूं में घुन लगा होना है। यह हिंदी प्रेम, देशप्रेम और मानवताबोध के कच्चे होने का सबूत है। इसलिए ऐसे हिंदी बुद्धिजीवियों के देशप्रेम या मानवताबोध को बढ़ा-चढ़ा कर देखने की जगह उनकी सीमाओं को भी समझना होगा।

प्रतापनारायण मिश्र आर्यसमाजी दयानंद सरस्वती के विरोधी थे और उनकी निंदा करते थे। उन्हें 'भारत धर्म महामंडल' ज्यादा प्रिय था। इसी शीर्षक से अपने एक निबंध में उन्होंने लिखा है, 'हिंदुस्तान हमारा है क्योंकि हम हिंदू हैं। यद्यपि मुसलमान, ईसाई, फारसी सब यहां रहते हैं पर कहलाते हिंदुस्तानी ही हैं पर नाम हमारे योग से बना है। हमारा राजा कोई हो, कहीं का हो, पर जब वह स्वयं अथवा उसके कुटुंबी या सजाती यहां कुछ दिन के लिए भी निवास स्वीकार करेंगे तो हमारे ही नाम के साथ परिचित होने लगेंगे क्योंकि हम आर्य हैं और यह देश हमारा आर्यावर्त है। हम हिंदू हैं और यह देश हमारा स्थान है। यह भारत है और हम यहां के मुख्य निवासी हैं। दूसरे लोग केवल गौण रीति से भारतीय कहलावें पर मुख्य भारतीय हमीं हैं...।' (प्रतापनारायण ग्रंथावली) ऐसे विचारों से उस युग के नवजागरण की एक खास अंतर्धारा का बोध होता है जिसका संबंध भारतेंदु की परंपरा से नहीं है, कट्टर हिंदुत्ववाद से है। दरअसल भारतीय इतिहास की अनैतिहासिक समझ दक्षिण के द्रविड़ क्षेत्र, उत्तर-पूर्व के जनजातीय क्षेत्र तथा अन्य भाषाई और राष्ट्रीय विविधताओं की उपेक्षा करती है। यह देश को 'हिंदी' और 'आर्यावर्त' की उत्तर भारतीय अहमन्यता में सीमित कर देती है।

धार्मिक कट्टरता और साम्राज्यवाद के बीच गहरा संबंध है। यही वजह है कि प्रतापनारायण मिश्र भारतेंदु की तरह कहीं भी अंग्रेजी राज की आलोचना करते या साम्राज्यवाद पर प्रश्न उठाते नहीं दिखते। वे भारतीय इतिहास की

औपनिवेशिक व्याख्याओं से आक्रांत है। भारतेंदु मंडल के लेखकों में सबसे कमजोर राष्ट्रीय भावना प्रतापनारायण मिश्र की है, भले वे 'नेशनल कांग्रेस' की स्थापना करनेवाले ह्यूम के अनुगामी थे।

उन दिनों 'कांग्रेस' के सम्मेलन के बाद उसके मंडप में अंतिम दिन 'समाज संशोधनी सभा' होती थी, क्योंकि राष्ट्रीय कांग्रेस के नेताओं ने राजनीति और समाज सुधार को दो बिल्कुल अलग विषय बना दिया था। राजनीतिक मंच पर समाज सुधार पर चर्चा की मनाही थी, क्योंकि इससे धार्मिक कट्टरवादी और सुधारवादी लोगों के बीच विभाजन हो जाता। प्रतापनारायण मिश्र का कट्टरवाद इससे भी स्पष्ट होता है कि वे 'समाज संशोधनी सभा' के विरोधी थे। उन्होंने अपने 'ब्राह्मण' पत्र में इस पर 'सोशल कान्फरेंस' शीर्षक से एक लेख लिखा था। वे कान्फ्रेंस में विधवा विवाह पर रखे गए प्रस्ताव का विरोध करते हैं, 'यह विधवा विवाह के संबंध में तीसरा प्रस्ताव निरा व्यर्थ था। अच्छे हिंदू-मुसलमान अभी विधवा विवाह के समर्थक ही नहीं हैं। जो इने-गिने हैं भी, वे समाज में सम्मानित नहीं हैं।' वे लेख में इस सुधार का डट कर सामना करने के लिए 'भारत धर्म महामंडल' और 'विप्रवंश महोत्सव' के पंडितों से अपील करते हैं। यह वैचारिक स्थिति भारतेंदु के दृष्टिकोण के एकदम विपरीत है। स्पष्ट है कि प्रतापनारायण मिश्र का हिंदी की उन्नति की धारणा का कोई संबंध समाज सुधार से नहीं है। उनके हिंदी-हिंदू राष्ट्रवाद को हिंदी नवजागरण का पर्याय बना देना अधपढ़ता का चिह्न है।

'जपो निरंतर एक जबान, हिंदू-हिंदी-हिंदुस्तान' अमानवीय देशप्रेम का एक अच्छा उदाहरण है। यह बहुप्रचारित उक्ति कुशल निबंधकार प्रतापनारायण मिश्र की सोच और उनके व्यक्तित्व को स्पष्ट कर देती है। कई बार इसकी रोशनी में 19वीं सदी के पूरे हिंदी नवजागरण को देखने की कोशिश हुई है जो गलत है। हम प्रतापनारायण मिश्र के लेखन के कुछ उदाहरणों से समझ सकते हैं कि इस धारणा का जन्म श्रेष्ठता-अहंकार के किन तत्वों से और क्यों हुआ। उल्लेखनीय यह भी है कि प्रतापनारायण मिश्र को कई बार 'आधा भारतेंदु' माना गया है, जबकि भारतेंदु से अच्छे संबंध के बावजूद प्रतापनारायण मिश्र एक अलग धातु के बुद्धिजीवी थे।

प्रतापनारायण मिश्र व्यंग्य-प्रधान और मुहावरेदार भाषा में लिखते हैं। वे भारतेंदु की तरह सारी बातों में सुधार के समर्थक नहीं हैं। बाल विवाह तक के मामले में, जो हर बौद्धिक तबके की ओर से निंदित था और इस संबंध में कानून भी बन चुका था, निष्कर्ष देते हुए प्रताप नारायण कहते हैं, 'बाल्य विवाह में किसी तरह का दोष नहीं।' (बाल्य विवाह)। वे इस निबंध में यह भी बताते हैं कि विवाह में अधिक खर्च में क्या दोष है, रुपया कोई विदेश में तो जाता नहीं है। इसके अलावा, वे विदेश यात्रा का विरोध करते हैं क्योंकि वहां से व्यक्ति पश्चिमी रंग-ढंग अपना कर लौटते हैं। इस बिंदु पर भारतेंदु और प्रतापनारायण मिश्र का फर्क समझा जा सकता है।

राष्ट्रीय कांग्रेस के अधिवेशन के बाद समाज सुधार आंदोलन को आगे बढ़ाने के लिए उसी के मंडप में महादेव बाल गोविंद रानाडे आदि के प्रयत्न से सोशल कान्फ्रेंस की सभा होती थी। इलाहाबाद में कांग्रेस अधिवेशन 1888 में हुआ था। सोशल कान्फ्रेंस के सुधारवादी प्रस्तावों का विरोध करते हुए प्रतापनारायण मिश्र ने लिखा, 'समाज का सुधारना राजकाज के संशोधन से भिन्न विषय है, और सब बातों की पूर्ण योग्यता प्रत्येक पुरुष में नहीं होती। अतः सोशल कान्फ्रेंस की कृतकार्यता के लिए वर्तमान प्रणाली हमारी समझ में ठीक नहीं है। इसी कारण दूसरे मार्ग का अवलंबन अत्यावश्यक है। समाज में किसी नवीन बात का प्रचार करना उन सज्जनों को अधिक सुख साध्य होता है जिनके चरित्र समाज की रीति-नीति के विरुद्ध न हों। तस्मात जो लोग विलायत हो आए हैं, अथवा यहीं रह के खानपानादि में विलायत वालों का अनुसरण करते हैं व सामाजिक धर्म छोड़ के विदेशी धर्म ग्रहण कर लिया है, वे अपनी विद्या, बुद्धि एवं लोकहितैषी के लिए चाहे जैसे समझे जाएं, पर समाज की दृष्टि में आदर नहीं पा सकते। अथच उनके बड़े-बड़े विचार पढ़े-लिखे लोगों के चित्त को चाहे जैसे जंचैं पर समाज में प्रचलित होना निरा असंभव चाहे न हो किंतु महाकठिन अवश्य है।' (सोशल कान्फ्रेंस)। प्रतापनारायण मिश्र जमीनी हकीकत बता रहे हों, लेकिन ऐसे कथनों में वे कूपमंडूकता के ही प्रवक्ता बनकर उपस्थित होते हैं।

हिंदी नवजागरण का अर्थ सिर्फ हिंदी भाषा की विकास परंपरा का उन्नयन नहीं है। हिंदी नवजागरण समाज सुधारों से समन्वित एक व्यापक राष्ट्रीय जागरण है। हिंदी क्षेत्र में सुधारवादी चेतना का स्तर चाहे निम्न हो, लेकिन हिंदी नवजागरण ने उसके बीज डाल दिए थे। उल्लेखनीय है कि 1857 के बाद सामाजिक सुधारों के लिए अंग्रेजी कानून बनने बंद हो गए। इसके बावजूद विभिन्न प्रदेशों के सुधार आंदोलनों तथा 20वीं सदी के स्वाधीनता आंदोलन के दौर की सामाजिक अभेद की भावनाओं ने एक अजेय राष्ट्रीय दुर्ग बना दिया जिसका नाम भारतीय संविधान है।

बांग्ला नवजागरण से कई सामाजिक-सांस्कृतिक मुद्दे जुड़े थे। हिंदी नवजागरण के अध्ययन के दौरान उन मुद्दों को भी ध्यान में रखना चाहिए। देखने की जरूरत है कि हिंदी नवजागरण कितना कच्चा और कितना ठोस था, किस मुद्दे पर आगे बढ़ा हुआ था और किस मुद्दे पर पिछड़ा था।

भारतेंदु हरिश्चंद्र विधवा विवाह का खुल कर समर्थन करते हैं। वे ईश्वरचंद्र विद्यासागर की प्रशंसा करते हैं। प्रतापनारायण मिश्र लिखते हैं, सोशल कान्फ्रेंस का 'चौथा प्रस्ताव अति ही विचित्र था, अर्थात —विधवा होने पर जब तक स्त्री पंचों और मजिस्ट्रेट के सामने अपने केश कटवाने की सम्मति न दे दे, तब तक उसके बाल न काटे जाएं। यदि कोई उसकी इच्छा के बिना ऐसा करे तो राजनियम का अपराधी हो। बाह री नई सभ्यता! भारतीय विधवा न ठहरी वीरांगना ठहरी! इसमें उसे कष्ट क्या होता है? हानि क्या होती है? सड़ी-सड़ी बातों के लिए कानून बनवाने से देश का क्या हित होगा?' प्रतापनारायण मिश्र अपनी प्रतिगामिता और स्त्री-विरोधी दृष्टि को आगे और अधिक अनावृत करते हैं, 'सच तो यह है कि मरे हुए पति की संपत्ति अन्यगामिनी विधवा को दिलाने के लिए सर्कार का आश्रय लेना देश में दुराचार के आधिक्य में सहायता देना है। इसमें समाज का क्या भला होगा?' विधवा विवाह के बारे में इतना संवेदनहीन और शर्मनाक वक्तव्य संभवतः देश के किसी अन्य लेखक का न होगा। दरअसल यह ब्राह्मणवाद का प्रेत है जो हमेशा हिंदू कट्टरवाद को बढ़ावा देता रहा है। हिंदू कट्टरवाद स्त्री को त्याग की मूर्ति और देवी बनाकर उसे वस्तुतः कठोरताओं से जकड़े रखना चाहता है।

19वीं सदी में, देखा जाए तो हिंदी में प्रति-आंदोलन कम मजबूत न था। प्रतापनारायण मिश्र विनोदप्रिय ही नहीं थे, कठोर संरक्षणवादी भी थे। वे कहते हैं कि ऐसे सुधारों के विरोध में समाचार/पत्रों में लेख लिखे जाएं, व्याख्यान दिए जाएं, चंदा एकत्र किए जाएं, पुस्तकें थोड़े मूल्य पर वितरित हों, नगर-नगर प्रतिनिधि भेजे जाएं, 'तब कुछ हो सकेगा।' वे प्रति-आंदोलनात्मक गतिविधियों के लिए उत्तेजित करते हुए कहते हैं, 'स्मरण रहे कि समाज का जितना संबंध ब्राह्मणों और मौलवियों से है, उतना गवर्नमेंट से कदापि नहीं है। ...जो लोग विप्र वंश का आश्रय न लेकर अन्यान्य रीतियों से समाज के सुधार का यत्न करते हैं, वे भूलते नहीं तो करते क्या हैं?' (वही)। वे अपने आह्वान में पंडित मदनमोहन मालवीय, भारत धर्म महामंडल, विप्रवंश महोत्सव आदि कई व्यक्तियों-संस्थाओं से आगे आने के लिए कहते हैं। वे यह भी बताते हैं, 'इसमें कांग्रेस का भी बहुत भारी उपकार संभावित है।' वे राष्ट्रीय जागरण में धार्मिक-जातिवादी वर्चस्व चाहते हैं।

नवजागरण के प्रसार में धार्मिक कट्टरवाद बाधक रहा है। देखा गया है कि धार्मिक कट्टरवाद सामंतवाद का प्रसार करता है और इसे धार्मिक संबंधों के अलावा शिक्षा, स्त्री-पुरुष संबंध, जाति-संबंध, बाजार और तमाम बड़ी-छोटी जगहों तक पहुँचा देता है। लघु फासिज्म के अनगिनत रूप बन जाते हैं। वे मध्यवर्ग के आम व्यक्तियों के भीतर घर बना लेते हैं।

19वीं सदी में अच्छी बात यह थी कि नवजागरण के तेज के सामने धार्मिक कट्टरवाद सहमा हुआ था, हालांकि कुछ स्थितियां उसके अनुकूल थीं। उस सदी के उत्तरार्ध में इस्लामी कट्टरवाद गनगना शुरू कर चुका था, देवबंद जैसे संगठन बने थे जो सुधारों के खिलाफ थे। अगर किसी देश में निर्णायक हैसियतवाले एक धार्मिक समुदाय का कट्टरवादी झुकाव बढ़ता है तो स्वाभाविक है कि यह दूसरे धार्मिक समुदाय में भी संरक्षणवाद को मजबूत करता है। इससे इंकार नहीं किया जा सकता कि हिंदू संरक्षणवाद की शक्ति बढ़ानेवाले कई तत्वों में एक इस्लामी कट्टरवाद का नवोदय भी है।

प्रतापनारायण मिश्र में धार्मिक कट्टरवादी रुझानों के साथ नए युग के प्रति भी आकर्षण था। इलाहाबाद के कांग्रेस अधिवेशन का अभिनंदन करते

हुए वे प्रयाग के कुंभ की कूपमंडूकता का जिक्र करते हैं, 'कुंभादि के मेलों में हजारों की भीड़ होती है, पर कुपढ़ उजड्ड वैरागियों का जमघट और कहां अयोध्यानाथ, श्री मदनमोहन ...सरीखों का देव समाज! अहा! इस अवसर पर जिसने प्रयाग की शोभा नहीं देखी उसने कुछ न किया। लूथर साहब के हाते का नाम हमने प्रेमनगर रखा था क्योंकि लड़के, बूढ़े, हिंदू, मुसलमान, जैन, क्रिस्तान, पश्चिमोत्तर देशी, बंगाली, गुजराती, सिंधी, मद्रासी, फारसी, इंग्लिस्तानी सब के सब प्रेम से भरे हुए दृष्टि आते थे।' (कांग्रेस की जय)। प्रतापनारायण मिश्र में 'हिंदी-हिंदू-हिंदुस्तान' के समानांतर कांग्रेस के राजनीतिक अभियान के प्रति भी आकर्षण था। इस अभियान में हिंदुस्तान सिर्फ हिंदुओं का नहीं था। इसके अलावा, उन्हें अंग्रेजों का राज, 'न्यायशील ब्रिटिश सिंह का राज्य' लगता था। उन्हें अंग्रेजों के अत्याचार नजर नहीं आते थे और पुलिस की निंदा बुरी लगती थी।

प्रतापनारायण मिश्र ने यह भी लिखा, 'पूरी अमी की कटोरिया-सी चिरंजीवी रहौ विक्टोरिया रानी'। उन्होंने कभी भी भारतेंदु की तरह गुलामी की पीड़ा और बेचैनी महसूस नहीं की। उन्होंने 'ब्रैडला स्वागत' जैसी कविता की रचना की। इसमें राजभक्ति प्रदर्शन के साथ नून, तेल, लकड़ी और घास पर भी टैक्स लगाने की बात व्यंग्यात्मक ढंग से कहकर यह संकेत भी दिया गया है कि देश में कृषि, शिल्प और वाणिज्य में से किसी की उन्नति नहीं हो पा रही है।

इंग्लैंड के पार्लियामेंट में भारतीय को भेजने के मुद्दे पर प्रतापनारायण मिश्र उदारवादी हो जाते हैं। उनका ब्राह्मणवाद थोड़ा नरम पड़ता है, 'मत-मतांतर का झगड़ा जो बखेड़ें की जड़ है, उसका तो नाम न लें। मनुष्य मात्र को अपनी सभा का मेंबर समझे। दस वर्ष के बच्चे से लेकर बुड्ढे तक और ब्राह्मण से लेकर चर्मकार तक को सभा में सदस्य करने का अधिकार दें।' (आलम तसवीर)। उनकी राष्ट्रीय भावना में इस तरह का स्पेस हिंदू-मुसलमान के मुद्दे पर भी बनता है, 'परमेश्वर की दया से कानपुर में न हिंदू झगड़ालू हैं और न मुसलमान। विचारशील हिंदू-मुसलमान इस बात से अवश्य प्रसन्न होंगे कि अब वे भी दिन आ चले कि मुसलमानों का एक समाज हिंदुओं को प्रसन्न करने

को अपना धन और समय लगा देता है तथा हिंदुओं का एक समाज गदगद स्वर से मुसलमानों को धन्यवाद-आशीर्वाद देता है। ...हिंदू-मुसलमान दोनों भारतमाता के हाथ हैं। न इनका उनके बिना निबाह है और न उनका इनके बिना। अतः सामाजिक नियमों में एक-दूसरे के सहायक हैं। इसमें दोनों का कल्याण है। (वही)। उस युग का एक ब्राह्मण यह भी कह सकता था। इसका अर्थ है, पितृसत्तात्मक और सांप्रदायिक मानस पर नवजागरण का दबाव पैदा हो रहा था। 'विचारशीलता' की प्रवृत्ति पनप रही थी, भले अविकसित दशा में हो। संक्रमण के उस युग में कहीं कम और कहीं ज्यादा कूपमंडूकता के तत्व मौजूद रह सकते हैं। क्या सभ्यता के वर्तमान शिखर पर कूपमंडूकता कम मौजूद है?

हिंदी क्षेत्र के गृह कलह पर उनकी काव्यात्मक उक्ति है, 'छके परस्पर बैर बारुणी, सबको ज्ञान गयो री। घरन-घरन भाइन-भाइन में जूता उछरि रह्यो री।' वे कहते हैं कि देश के लोग कितने बुद्धिहीन हुए जा रहे हैं, घर-घर में कलह है।

हिंदी क्षेत्र में हिंदी भाषा और साहित्य के प्रति आकर्षण सदा कम रहा है। प्रतापनारायण कहते हैं, 'जानते हैं कि हिंदी के कदरदान इतने भी नहीं हैं कि जिनकी गिनती में एक दिन की भी देर लगे। इसी से जो कोई उत्तम से उत्तम पुस्तक व पत्र प्रकाशित करता है, वह अंत में निराश ही होता है।' वे अपने स्थान-काल की दशा का अधिक विस्तृत संदर्भ में बयान करते हैं, 'हमारे हिंदू भाइयों को आलस्य की ऐसी लत है कि लाख समझाओ, पर वे सोना नहीं छोड़ते। चौबे लोगों को भांग की लत है, गोसाइयों को मरहबे की लत है। धनियों को टेंटंई (वेश्या) की लत है। बाबुओं को अंगरेज बनने की लत है। कहाँ तक कहें, एक-एक लत सबको पड़ी है पर हाय, देश सुधार की लत सांची-सांची कहीं नहीं दिखती। जमाना जिस दिन तन, मन, धन, कर्म, लज्जा, प्रतिष्ठा सबसे ऊपर भारत को मानेगा, माता जिस दिन देशहित की लत पैदा करेगी, उसी दिन सभी संकट दूर होंगे।' प्रतापनारायण मिश्र की देशभक्ति में अभी जाति-धर्म से ऊपर उठने और सामाजिक बराबरी की भावना शामिल नहीं हो पाई थी। इसके अलावा, यह भी देखा जाना चाहिए कि दयानंद सरस्वती का विरोध तथा मूर्ति पूजा का समर्थन करते हुए वे प्रेम रस में डूबे रहते थे।

गुजरात के बाद यदि स्वदेशी की आवाज कहीं गूंजी तो वह हिंदी प्रदेश है। भारतेंदु ने विदेशी कपड़ों का बहिष्कार करके स्वदेशी वस्त्र पहनने की प्रतिज्ञा की थी। इस बिंदु पर प्रतापनारायण मिश्र उनके दृष्टिकोण के अनुसार चलते हैं, 'हम और हमारे सहयोगी-गण लिखते-लिखते हार गए कि देशोन्नति करो, पर यहां वालों का सिद्धांत है कि अपना भला हो, देश चाहे चूल्हे में जाए। यद्यपि जब देश चूल्हे में जाएगा तो हम बच न रहेंगे। पर समझना तो मुश्किल काम है ना। सो भाइयो यह तो तुम्हारे ही मतलब की बात है। आखिर कपड़ा पहनोगे ही, एक बेर हमारे कहने से एक-एक जोड़ा देशी कपड़ा बनवा डालो। यदि कुछ सुभीता देख पड़े तो मानना। दाम कुछ दूने न लगेंगे, चलेगा तिगुने से अधिक समय। देशी लक्ष्मी और देशी शिल्प का उद्धार का फल सेंतमेंत।' (देशी कपड़ा)।

स्वदेशी का अलख जगाना विदेशी कंपनियों की लूट को रोकना और भारत को 'ड्रेन ऑफ वेल्थ' बनने से रोकना था। सोचने की बात यह है कि दादाभाई नौरोजी आदि ने यूरोपीय मुनाफे के रूप में भारत का धन विदेश जाने पर बार-बार चिंता व्यक्त की, लेकिन 1907 में 'स्वशासन' की बात कहते हुए उन्होंने विदेशी वस्तुओं के बहिष्कार और स्वदेशी के मुद्दे नहीं उठाए। यह भी सच है कि 'ड्रेन ऑफ वेल्थ' कभी नहीं मिटा, सिर्फ रूप बदलता रहा है। भारत में 'आत्मनिर्भरता' का लक्ष्य मुख्यतः आलस्य, ज्ञान के अभाव और कलह के कारण हमेशा दूर रहा है। हां, भारत को ज्ञानियों की भूमि कहकर गर्व जरूर किया जाता है।

दयानंद सरस्वती मूर्ति पूजा के विरोधी थे। आर्य समाज के इस मुद्दे ने हिंदी क्षेत्र में बड़ा आलोड़न पैदा किया। भारतेंदु हरिश्चंद्र भी इससे विचलित हुए थे, लेकिन दयानंद की मृत्यु के बाद उन्होंने नरक की जगह इनके स्वर्ग पहुंचने की कल्पना की और इन्हें लिबरलों की श्रेणी में रखा। प्रतापनारायण मिश्र अपने संकीर्ण हिंदुत्व-प्रेम में इन्हें नरक भेजने पर तुले हुए थे। उन्होंने इस मामले में ज्यादा कठोरता प्रदर्शित की, 'सरकार ने हमें स्वतंत्रता क्या इसलिए दी है कि हम ढिठाई सहित अपनी मूर्खता का पक्ष करके देशभाइयों की बुद्धि को भ्रष्ट करें? ...हमारे संस्कृत और भाषा के प्रसिद्ध विद्वानों को

उचित है कि वे अपने-अपने नगर में ... (उन्हें) लेक्चर न देने दिया करें और ऐसों के पत्र-पुस्तकादि का प्रचार रोकने के लिए अपने हेती व्यवहारियों को समय-समय पर समझाते रहा करें। यदि संभव हो तो जाति के मुखियों को इन्हें जातीय दंड देने में भी उत्तेजित करते रहें।' (पुराण समझने को समझ चाहिए)। ऐसे कथन से प्रतापनारायण मिश्र जैसे शिक्षित हिंदू बुद्धिजीवियों के कठोर बौद्धिक मानस का बोध हो सकता है। उसमें सामंती दबंगई, कूपमंडूकता और कट्टरता पूरी तरह सुरक्षित थी।

प्रतापनारायण मिश्र पुराणों का गूढ़ार्थ समझाते हुए कहते हैं, 'पुराण यदि सचमुच दूषित हैं तो भी हमारे आदरणीय पूर्वजों द्वारा बताए हुए हैं, अतः माननीय हैं।' नवजागरण के दौर में बुद्धिपरकता और अभिव्यक्ति की स्वतंत्रता को एक प्रधान मूल्य माना जाता रहा है, जबकि ऊपर के विचारों से स्पष्ट है कि प्रतापनारायण मिश्र विचारों को अवरुद्ध करने के लिए भौतिक बल प्रदर्शन की बात करते हैं और वस्तुतः हिंदी क्षेत्र की एक वास्तविक सामाजिक तस्वीर सामने लाते हैं। इससे समझा जा सकता है कि जब एक पढ़ा-लिखा आदमी इस स्तर का है तो हिंदी क्षेत्र में नवजागरण का काम कितना कठिन था।

भारतेंदु मंडल के लेखकों में प्रतापनारायण मिश्र बुद्धिवादी धारणाओं के सबसे अधिक विरोधी और एक बड़े रूढ़िपोषक संरक्षणवादी थे। वे पश्चिमी ज्ञान को विदेशी ज्ञान कहते थे, पूर्व-पश्चिम संवाद की ओर उनका झुकाव न था। वे सुधारवादियों और बुद्धिवादियों को 'नई खेप के हिंदुस्तानी साहब' कहते थे। वे अपने समय के कैसे बुद्धिजीवी हैं, इसका उदाहरण उनके इस कथन में है, 'इन देशोद्धारकों को पूर्ण प्रयत्न के साथ (उन्हें) रोकना चाहिए जो पढ़-लिखकर भी इतना नहीं समझते कि सहस्रों ऋषियों की सहस्रों वर्ष के परिश्रमोपरांत स्थिर की हुई पुस्तकें तथा मर्यादा ...वह केवल थोड़े से विदेशियों तथा विदेशीय ढर्रे पर चलने वाले स्वदेशियों के समझ में न आने से क्योंकर दूषणीय और त्याज्य हो सकती है। ...यदि ये लोग रोके नहीं जाएंगे तो एक दिन बड़ा ही अनर्थ करेंगे, जातित्व का नाश कर देंगे ओर देश का सत्यानाश। क्योंकि हमारे देश की राजनीतिक, सामाजिक, शारीरिक, लौकिक, पारलौकिक भलाई का मूल हमारा धर्म है।' (प्रतापनारायण ग्रंथावली)।

वे धर्मोन्मादी की तरह आगे कहते हैं, 'विरोधियों का मान-मर्दन करते रहना अपने मुख्य कर्तव्यों में से समझें। तभी कल्याण होगा, नहीं तो जमाने की हवा बिगड़ ही रही है। इसके द्वारा महा भयंकर रोगों की उत्पत्ति क्या आश्चर्य है।' वैदिक दर्शन के गुणों की उपेक्षा करके पुराणों का गौरव गान और विरोधियों के दमन का आह्वान इस ओर संकेत करता है कि हिंदी क्षेत्र में स्वस्थ और तर्कपूर्ण बहस पर भौतिक बल प्रदर्शन पहले भी एक मुख्य प्रवृत्ति रही है।

प्रतापनारायण मिश्र पता नहीं भारतेंदु हरिश्चंद्र की विचारधारा को कितना समझते थे, जबकि वे भारतेंदु का समर्थन करते थे। इतना स्पष्ट है कि उनके कथन में वैदिक साहित्य और हिंदू धर्म की अधकचरी समझ, हिंदू धर्म की बहुलता का निरादर और हिंदुत्व का मिथ्या दंभ दिखता है। यह उस युग के हिंदी क्षेत्र की कठोर धार्मिक कूपमंडूकता की नंगी तस्वीर है। यह नग्नता 'हिंदी-हिंदू-हिंदुस्तान' के नारे के साथ है, जो भारतीयता का अपमान है।

धर्म की भीतर से आलोचना : राधाचरण गोस्वामी

भारतीय नवजागरण के आंदोलनों का धार्मिक निर्बुद्धिपरकताओं से पूरी तरह मुक्त होना असंभव था। भारत यदि धर्मबहुल देश न होकर एक धर्म वाला देश होता, कट्टरवाद और बुद्धिवाद के बीच संघर्ष अधिक स्पष्ट और तीव्र होता। हकीकत यह है कि 19वीं सदी में एक तरफ ईसाई धर्म का आक्रामक प्रचार चल रहा था और समुदाय के समुदाय ईसाई हो रहे थे। दूसरी तरफ, कट्टर इस्लामपंथियों के भीतर अपने खोए राजनीतिक गौरव को हासिल करने की बेचैनी थी। 19वीं सदी के हिंदू पुनरुत्थान पर उपर्युक्त दोनों धर्मों की घट नाओं से तटस्थ रह कर चर्चा करना सही निष्कर्ष तक नहीं पहुंचा सकता। हिंदी नवजागरण का मूल्यांकन करते समय इसके भीतर सक्रिय संरक्षणवाद को, चाहे वह सुधारवाद की जमीन पर सक्रिय हो या राष्ट्रीय जागरण के भीतर, वस्तुतः दक्षिण एशिया की समग्र औपनिवेशिक-धार्मिक गतिविधियों के बीच रखकर समझना होगा।

हम यह कल्पना नहीं कर सकते कि एक तरफ कई किस्म के लालच देकर ईसाई प्रचार चल रहा हो और दूसरी तरफ इस्लामी कट्टरवाद मुखर हो तो इन गतिविधियों के बीच हिंदू सुधारक और लेखक पूरी तरह बुद्धिवादी हो जाएंगे और हिंदू जनता की आस्था का परिपूर्ण 'रैशनलाइजेशन' घटित होगा। आखिरकार भारत में ईसाई और मुसलमान लोगों के बीच कितना धार्मिक सुधार हो पा रहा था और वे कितने 'रैशनल' बन पा रहे थे? इस प्रश्न से टकराते हुए ही समझना संभव होगा कि जब अंग्रेजों द्वारा भारत में धर्म के स्तर पर 'फूट डालो —राज करो' की औपनिवेशिक नीति चल रही थी, भारतेंदु युग के बुद्धिजीवी धर्म के बारे में कैसी नई दृष्टि ला रहे थे, कैसा समावेशी राष्ट्रवाद गढ़ रहे थे और वे कितना पुरानी धार्मिक व्यवस्था से चिपके हुए थे।

भारतेंदु मंडल के सभी लेखक धार्मिक दृष्टिकोण के स्तर पर समान जमीन पर नहीं खड़े थे। राधाचरण गोस्वामी (1859-1925) को संस्कृत की शिक्षा दी गई थी। उनके पिता वृंदावन के श्रीराधारमण के मंदिर के गोस्वामी वैष्णव संप्रदाय के प्रतिष्ठित आचार्य थे। राधाचरण को अंग्रेजी और उर्दू-फारसी पढ़ने की सख्त मनाही थी। रामविलास शर्मा ने इनके बारे में लिखा है, 'पिता ऐसे उदार थे कि बेटे पर प्रतिबंध लगा रखा था कि वह भारतेंदु से न मिल सके, क्योंकि भारतेंदु नास्तिक थे। ...इन्होंने छिपकर अंग्रेजी पढ़ना आरंभ किया। कुछ दिन इस तरह पढ़ने पर इन्होंने स्कूल में नाम लिखा लिया, परंतु शीघ्र ही इनका नाम कटवा दिया गया।' (भारतेंदु युग और हिंदी भाषा की विकास परंपरा)। राधाचरण गोस्वामी के उदाहरण से देखा जा सकता है कि एक संपन्न मध्यवर्गीय परिवार का धार्मिक नौजवान ऐसी स्थिति में आखिकार परंपरागत संस्कारों से कितना मुक्त हो सकता था और कितना उसे दबना पड़ता था। उन्होंने दयानंद सरस्वती से मिलकर कई बार बातचीत की, लेकिन वे उनका व्याख्यान नहीं सुन सकते थे, क्योंकि वे ब्राह्मण होने के कारण किसी वक्ता के सामने नीचे आसन पर नहीं बैठ सकते थे!

राधाचरण ने 1882 में शिक्षा कमीशन को हिंदी के प्रश्न पर जो मेमोरेंडम भेजा, उस पर उन्होंने लगभग 25 हजार लोगों के हस्ताक्षर कराए थे। उस जमाने में यह कोई साधारण संख्या नहीं है। यह एक आंदोलन है।

यह एक लेखक की सामाजिक सक्रियता का नमूना है। राधाचरण ने साहित्यिक चर्चाओं के लिए 'कवि कुल कौमुदी सभा' की स्थापना की। उन्होंने अपने दो महत्वपूर्ण प्रहसनों 'तन मन धन श्रीगोसाईं जी को अर्पण' तथा 'बूढ़े मुँह मुहासे' में मथुरा-वृंदावन के गोसाइंयों के धार्मिक पाखंड पर व्यंग्यात्मक प्रहार किया और समाज में बढ़ रही जागरूकता का चित्र खींचा। उनके फंतासी शैली के निबंध 'यमलोक की यात्रा' में धर्म, राजनीति और सामाजिक पाखंडों का अनावरण है। उन्होंने यदि भारतेंदु हरिश्चंद्र के विचारों के समर्थन में 'भारतेंदु' पत्रिका (1883) निकाली तो 1910-20 के बीच धार्मिक मासिक पत्र 'श्रीकृष्ण चैतन्य चंद्रिका' का भी संपादन किया। उन्होंने विधवा पुनर्विवाह का समर्थन किया, लेकिन खड़ी बोली के पद्य के पक्ष में अयोध्या प्रसाद खत्री द्वारा चलाए जा रहे अभियान का विरोध किया। वे ब्रजभाषा में कविता लिखने के पक्षधर थे। वे खड़ी बोली में कविता लिखने को 'मुहम्मदी झंडा लेकर खड़ा होना' कहते थे। इस तरह राधाचरण गोस्वामी की सामाजिक चेतना में ऐतिहासिक संक्रमण से गुजर रहे हिंदी क्षेत्र के दो विपरीत रुझान देखे जा सकते हैं। वे किसी मुद्दे पर आगे थे तो किसी मुद्दे पर पीछे।

'तन मन धन श्री गुसाईंजी को अर्पण' में गुसाईंजी की पूजा करने के लिए सुंदर स्त्रियां आती हैं। इस सेवा के लिए स्वीकृत धार्मिक विधि है 'समर्पण'। सेठ रूपचंद को अपनी मनोकामना पूरी करने के लिए अपनी बहू को गुसाईं जी के पास भेजना पड़ता है, लेकिन नई शिक्षा पाए उनके बेटे की कुशलता से गुसाईंजी को हवालात की हवा खानी पड़ती है। धर्म की आड़ में सेक्स महाराष्ट्र-गुजरात प्रांत और दक्षिणी प्रदेशों के अलावा हिंदी क्षेत्र में भी मौजूद था। इसी तरह, 'बूढ़े मुँह मुहासे' नाटक में भगवद्भक्त जमींदार लाला नारायण दास हैं जो अपने एक असामी की स्त्री की ओर आकर्षित हैं, पर उसके मुसलमान होने की वजह से धर्मसंकट में हैं। उनका नौकर टिप्पणी करता है, 'मुसलमान की रोटी खाने से तो जात जाय, बाकी लुगाई रखने से कछू नाय!' लाला सोचते हैं कि पहले उसकी स्त्री आ तो जाए फिर भगवान से निपट लिया जा जाएगा। वह एक हिंदू की बेटी पर भी रीझते हैं। उनके धार्मिक दिखावे के भीतर छिपे उनके यौन इरादों को राधाचरण अनावृत करते हैं।

जवाब में पीड़ित मुसलमान पति और हिंदू किसान पिता मिलकर जमींदार नारायण दास को किस तरह सबक सिखाते हैं, राधाचरण गोस्वामी इसका रोचक दृश्य उपस्थित करते हैं। इससे स्पष्ट होता है कि उनकी संवेदना उनके युग के समृद्ध धार्मिक पाखंडियों की जगह साधारण लोगों से है।

रामविलास शर्मा ने राधाचरण गोस्वामी के बारे में लिखा है, 'ये विचारों में भारतेंदु से अधिक उग्र थे।' उन्होंने इनके बारे में आगे यह टिप्पणी की है, 'राधाचरण गोस्वामी का नाम उन महान साहित्यकारों में लिया जाएगा जो साहित्य में सामाजिक और राजनीतिक आंदोलनों को प्रतिबिंबित करके ही बस नहीं करते, वरन साहित्य में वह प्रेरणा भर देते हैं जो ऐसे आंदोलनों का सूत्रपात करती है...।' (वही)। राधाचरण गोस्वामी धर्म के भीतर रहकर कई बिंदुओं पर इसके जड़ बंधनों को तोड़ते हैं और कई बिंदुओं पर संरक्षण करते हैं।

'यमलोक की यात्रा' एक फैंटसी है। इसमें उनके समय के हिंदी क्षेत्र की कई सामाजिक दशाओं और घटनाओं पर व्यंग्यात्मक प्रहार है। राधाचरण लिखते हैं, 'न विलायत जाने की रोक उठी। न जाति-पांति का झगड़ा मिटा। ...न हमारे जीते जी प्रेस एक्ट उठा। न लाइसेंस टैक्स का मुंह काला हुआ।' स्वप्नद्रष्टा जब मरने के बाद वैतरणी पहुंचता है, यमराज के प्रतिनिधि ने पूछा —गोदान किया है? स्वप्नद्रष्टा ने जवाब दिया, 'प्रथम प्रश्न सुन लीजिए, गोदान का कारण क्या है? यदि गौ की पूंछ पकड़ कर पार उतर जाते हैं तो क्या बैल से नहीं उतर सकते। जब बैल से उतर सकते हैं तो कुत्ते ने क्या चोरी की?' दरअसल स्वप्नद्रष्टा ने एक मेम को उपहार में कुत्ता दिया था। वह कहना चाहता था कि यदि वैतरणी पार कराने के लिए गाय आ सकती है तो कुत्ता क्या नहीं आएगा। कुत्ता आ भी गया। यमराज ने उसे वैतरणी में ढकेल देने का आदेश दिया। वह यह कहकर कुत्ते की पूंछ पकड़ कर वैतरणी में कूद पड़ा, 'यहां अंधेर नगरी और हिंदुस्तानी घिसघिस है, विवेक-विचार कुछ नहीं।' राधाचरण गोस्वामी हिंदू धर्म में विवेक-विचार की महत्ता बढ़ाना चाहते थे, लेकिन वे हिंदुस्तानियों (हिंदी भाषियों) के रुख से निराश थे।

'यमलोक की यात्रा' में ब्रिटिश राज के संदर्भ में नरक का चित्र है, 'यहां बहुत-से राजों, बादशाहों, नवाबों, काजियों, पंडितों की, मय कोतवालों,

तहसीलदारों और दूसरे हुक्कामों की कैफियत देखने लायक थी। नीची नार किये बैठे थे और पछताते थे कि हाय, हमने क्यों प्रजा पर जुल्म किया!' यह व्यंग्यात्मक प्रहार हिंदी समाज के गतिशील हिस्से की इच्छापूर्ति सोच है। यह फैंटेसी उसकी पूरी नहीं हो पाई आकांक्षा की अभिव्यक्ति है।

बालकृष्ण भट्ट का राष्ट्रीय बुद्धिवाद

बालकृष्ण भट्ट (1844-1914) संस्कृत के विद्वान थे, लेकिन कूपमंडूक न होकर राष्ट्रीय बुद्धिवाद से भरे थे। उन्होंने 1877 में प्रयाग से 'हिंदी प्रदीप' का प्रकाशन शुरू किया। वे संस्कृत में पड़े रहने की जगह हिंदी के प्रति अपने कर्तव्यों को समझने लगे थे। 'हिंदी प्रदीप' के हर अंक के मुखपृष्ठ पर भारतेंदु की लिखी चार पंक्तियों की नीति-उक्ति रहती थी। आखिरी दो पंक्तियां नवजागरण के सार को व्यक्त कर देती हैं :

सूझे विवेक विचार उन्नति, कुमति सब या में जरै,
'हिंदी प्रदीप' प्रकाशि मूरखतादि भारत-तम हरै।

बालकृष्ण भट्ट तर्क को प्रधानता देते थे और प्रतापनारायण मिश्र से बिल्कुल भिन्न तथा राधाचरण गोस्वामी से सोच में बहुत आगे और स्पष्ट थे। उन्होंने कहा था, 'साहित्य जनसमूह के हृदय का विकास है।' वे भारतेंदु से पहले जन्मे थे और उनके बाद भी लंबे काल तक सक्रिय थे। उन्होंने इलाहाबाद में लड़कियों के लिए गौरी पाठशाला खोली थी। उनसे एक दिन किसी ने पूछा, 'आपका मत क्या है?' उन्होंने जवाब दिया—'बुद्धि'। वे किसी भी मत के अंध अनुयायी नहीं थे।

एक बार कलकत्ता के 'भारतमित्र' अखबार के प्रबंधक ने उनसे कहा—'आप मेरे पत्र का संपादन करें। मैं आपको 75 रुपए मासिक दूंगा, पुत्रों की शिक्षा का भार वहन करूंगा, पर संपादन आर्य समाज के सिद्धांतों के अनुसार करना होगा।' बालकृष्ण भट्ट आर्य समाज के प्रशंसक थे, पर कहा, 'इसका क्या मतलब? स्वामी दयानंद की जो-जो बातें अच्छी हैं उनका अनुमोदन हम डंके की चोट पर करते हैं और उन सिद्धांतों के हम कायल हैं। आत्महनन करके गुलामी की बेड़ी पहिने तो सभी आर्य-सिद्धांत स्वीकार करें।

यह हमसे नहीं हो सकता।' यह 19वीं सदी का बौद्धिक तेवर है, जब पसंद का अर्थ पिछलग्गूपन या आत्मविसर्जन नहीं था। क्या भारत कभी बहुमुखी प्रगति कर सकता है, यदि इसके लोग आत्मविवेक गिरवी रख कर क्षुद्र लाभ के लिए एक न एक के पिछलग्गू बने रहें?

भारतेंदु की परंपरा को काफी हद तक बालकृष्ण भट्ट ने आगे बढ़ाया। उनकी सामाजिक बेचैनी ने भारतेंदु की कुछ चीजों को सुलगाए रखा। बालकृष्ण भट्ट में 'उपनिवेश' को 'राष्ट्र' में बदलने की जबर्दस्त बेचैनी थी। 'हिंदी प्रदीप' के 1 अगस्त 1881 के अंक में एक निबंध में कहा गया है, 'विदेशियों की हुकूमत के तहत रहकर देशी लोगों की तरक्की की आशा रखना समझ की भूल है।' इसका अर्थ है भारतेंदु मंडल के इस लेखक में वह चेतना गहराई से मौजूद है जो अंग्रेजी राज को आशा से नहीं देखती।

बालकृष्ण भट्ट ने 'हिंदी प्रदीप' में एक लेख लिखा—'इंग्लैंड और भारत' (1887)। इसमें औपनिवेशिक गुलामी की चेतना काफी गरम है, 'आज वही क्षुद्र ब्रिटेनिया राजराजेश्वरी है और विपुल भारतभूमि उसकी दासी बन रही है। ब्रिटिश जाति के लोगों के साथ भारत निवासी इस असंगत दशा में भला क्या सामना कर सकते हैं। ...उनका मूल मंत्र अतृप्ति और असंतोष और हमारा मूल मंत्र संतोष, वैराग्य और निरुत्साह। वे निरालस्य, उत्साही, निद्राहीन। हम आलसी, निरुद्यमी, निद्रादेवी के परम उपासक। उनके सब कामों में ऐक्य, भीतर-भीतर चाहे कैसा ही विरोध हो, काम पड़ने पर सब एक हो जाएं। निदान एका ही उनका बल है। एकता ही से उनकी वृद्धि और वैभव है। हमारे सब कामों में फूट। कितना ही यत्न कर कोई मिला दे, फिर भी ये अपना डेढ़ चावल जुदा ही पकाते रहेंगे।' भारतेंदु मंडल के लोगों में बदरीनारायण चौधरी 'प्रेमघन' और प्रतापनारायण मिश्र के चिंतन की एक लाइन है, बालकृष्ण भट्ट की एक दूसरी लाइन।

बालकृष्ण भट्ट 1892 में स्पष्ट कहते हैं, 'कांग्रेस इत्यादि के द्वारा केवल अपने गवर्नमेंट से अपने दुखों को दूर करने की प्रार्थना को जो पेट्रियाटिज्म का सार समझे हुए है, यह तुम्हारी निपट भूल है। तुम्हारी बहुत-सी आभ्यांतरिक व्याधि और भीतरी पीड़ा को गवर्नमेंट नहीं समझ सकती।' यह औपनिवेशिक उदारवाद की मामूली आलोचना नहीं है।

कोलकत्ता से प्रकाशित 'सारसुधानिधि' में 12 जुलाई 1880 के अंक में कहा गया था, 'अब यहां (भारत में) प्रतिनिधि शासन प्रणाली संस्थापन का समय आ गया है। अब बहुत ही आवश्यकता है कि हमारी उदार गवर्नमेंट हम लोगों को यह अधिकार दे कि हम अपने प्रति जिलों की ओर से एक-एक उपयुक्त राजनीति-कुशल, कार्यदक्ष, उदार स्वभाव, स्वाधीनचेता देश हितैषी को अपना प्रतिनिधि चुनके अपनी उदार गवर्नमेंट की व्यवस्थापक सभा में नियुक्त करें।' देखा जा सकता है कि औपनिवेशिक ढांचे में लोकतांत्रिक चेतना का उदय हो चला था।

भारत को गुलाम बनाने और इसका आर्थिक दोहन करने के साथ अंग्रेज इस देश के लोगों की मानसिकता में गुलामी भर रहे थे। आधुनिकीकरण की ओर बढ़ने का अर्थ आत्मपहचान और आत्मनिर्भरता खो देना नहीं हो सकता, पर औपनिवेशिक भारत में इसका यही अर्थ हो गया। शिक्षित लोगों का लक्ष्य हो गया अंग्रेजों-सा दिखना।

अंग्रेजी पढ़ने और अंग्रेजी तौर-तरीके अपना लेने के बाद गुलामी का अहसास घट जाता था। इस अजीबोगरीब हालत पर व्यंग्य करते हुए बालकृष्ण भट्ट ने लिखा, 'गुलामी से छूटना चाहो तो उनकी नकल के लिए कोशिश करो। सब बातों की नकल मुश्किल है, तब कुछ तो अपने में लाओ। लो सुनो, चुरुट मुंह में दाब घूमा करो। किसी हिंदुस्तानी दोस्त की देशी वेशभूषा को देख घिनाया करो। मोटर कार पर चढ़ना सीखो। हमेशा हाथ में छड़ी रखो। होटल का पवित्र भोजन किया करो। अलफ्रेड फैशन का बाल कतराए रहो। ...बेप्रयास ही दासता से मुक्त हो जाओगे!' (हमारा दास्यभाव)। कूपमंडूक व्यक्ति जब पश्चिमी आधुनिकता की भद्दी नकल करता है, वह जोकर दिखता है।

हिंदी क्षेत्र के सामंती-धार्मिक जीवन का आधुनिक रूपांतरण ऊपरी ज्यादा रहा है। लोगों का मन कभी नहीं बदल पाया। सब कुछ एक खंडहर पर चटख रंग चढ़ा देने जैसा था। इसकी एक बड़ी वजह यह है कि भारत में एक तो नवजागरण देर से आया। दूसरे, औपनिवेशिक दमन के वातावरण में प्रायः ऊपर ही ऊपर तक रहा। वह खासकर हिंदी क्षेत्र की सामाजिक चेतना को जरा भी झकझोर न सका।

हिंदी क्षेत्र की कमजोर आर्थिक पृष्ठभूमि, शिक्षा के अभाव और गरीबी के कारण नवजागरण गहरी सामाजिक जड़ें नहीं पकड़ सका था। हिंदी लोग रूढ़ियों और वर्जनाओं से ज्यादा जर्जरित रहे हैं। इसलिए उच्च संस्कृति की नींव डालने का काम बड़ा कठिन रहा है। कई लेखक मनोवृत्ति से समाज सुधारक थे, पर वे कठोर समाज में ज्यादा सक्रिय होकर काम न कर सके। वे पत्रकार, कवि या लेखक होकर रह गए। फिर भी वे सभी लोग बौद्धिक स्तर पर जूझे थे। उन्होंने देश-दुनिया के नवजागरण के सार से अपने को जोड़कर बुद्धिवाद, धर्मनिरपेक्षता और राष्ट्रीय चेतना का प्रचार किया था। वे धर्मोन्माद के आलोचक थे। 'सारसुधानिधि' के 17 फरवरी, 1879 के अंक में कहा गया है, 'पाठक, ये एक भारतवर्ष है, जहां के आदमी रेवड़ी के लिए मस्जिद गिराते हैं।' यह भी हिंदी चेतना का एक रूप है।

प्रतापनारायण मिश्र और प्रेमघन के विचारों पर 1885 में गठित राष्ट्रीय कांग्रेस की विचारधारा का प्रभाव है, जो भारतेंदु हरिश्चंद्र की उपनिवेशवाद-विरोधी राष्ट्रीय चेतना का विपर्यय है। बालकृष्ण भट्ट में साम्राज्यवाद का सामना न कर पा सकने की हताशा है, फिर भी वे बौद्धिक स्तर पर यथार्थ से लगातार टकराते हैं। धार्मिक कट्टरवाद की आलोचना के बगैर स्त्री स्वाधीनता की कल्पना नहीं की जा सकती थी। इसलिए उन्होंने हर मामले में वेद और संस्कृत की तरफ रुख करने का विरोध किया। उन्होंने रूढ़ियों से भरे धर्म को विकास की राह में बाधक माना, 'सच पूछो तो हिंदुस्तान की अधोगति का एक हेतु हमारा धर्म और मजहब भी हो रहा है, जिससे हम ऐसे जकड़ दिए गए हैं कि आगे पैर फैला ही नहीं सकते। हमारे पंडित लोग निरे भोंदू दास बने रहते हैं, देशकाल को कुछ नहीं समझते। उसका कारण भी यही है कि जन्म-भर सिवाय संस्कृत के कुछ उन्होंने पढ़ा ही नहीं। अटल विश्वास जमा है कि जो कुछ है सब हमारे वेद और संस्कृत में है।' (संस्कृत की संकुचित दशा, 1909)।

नवजागरण का दौर संक्रमण का दौर था, जब पुराने विचार पूरे समाप्त नहीं हुए थे और नए विचार पूरी तरह आरूढ़ नहीं हुए थे। बालकृष्ण भट्ट भारतेंदु की तरह हिंदू-मुसलमान एकता की बात नहीं करते, उल्टे कहीं-कहीं ब्राह्मण-चेतना व्यक्त करते हैं। वे सभी औपनिवेशिक-सामंती प्रभेद-रेखाओं

का अतिक्रमण नहीं कर पा रहे थे। अतः भारतेंदु हरिश्चंद्र से उम्र में बड़े होकर और एक लंबी जिंदगी पाकर भी वे भारतेंदु से कई मामलों में पीछे थे।

फिर भी बालकृष्ण भट्ट ने जाति-पांति का विचार छोड़ कर सह-भोजन की बात की। पूछा, 'जिसमें एक जाति वाले का छुआ भोजन कर लेने पर पतित हो जाए, वह सनातन धर्म क्या विचारवान लोगों के लिए पोषण योग्य है? यह प्राचीन ऋषियों का नाम डुबोने वाला षड्यंत्र है।' (हिंदी प्रदीप, 1881)। उनके कथन में 'विचारवान' शब्द महत्वपूर्ण है। उस युग में लोगों से विचारवान होने के लिए कहा जा रहा था। इसका अर्थ है बुद्धि और न्याय की दृष्टि से सोचना। बुद्धि और न्याय की विकासशील दृष्टि नवजागरण की धुरी है।

बालकृष्ण भट्ट को अपने पुराने संस्कारों से जूझते देखा जा सकता है। वे राष्ट्रीयता को धर्म, जाति, भाषा और व्यक्तिगत मत से ऊपर बताते हैं, 'सहानुभूति और विश्वास —जातीयता-नदी के ये ही दो किनारे हैं। एक भाषा, एक मत व एक धर्म, एक ही कुल-गोत्र या वंश में जन्म आदि से भी सहानुभूति और विश्वास-वृक्ष की जड़ पुष्ट पकड़ती जाती है। प्रयोजन की सिद्धि इस जातीयता का फल है। लेकिन जातीयता बिना सहानुभूति के अकेली भाषा, अकेला धर्म या मत से कभी नहीं होती। वरन अलग-अलग ये तीनों जातीयता के विरोधी हैं।' उस जमाने में 'राष्ट्र' की पश्चिमी धारणा का प्रचार था। पश्चिम में राष्ट्र एक भाषा, एक धर्म, एक मत और एक सामूहिक प्रयोजन से बनता था। बालकृष्ण भट्ट भारतीय विविधता से परिचित होने के कारण सिर्फ एक भाषा, सिर्फ एक धर्म या एक मत को भारतीय राष्ट्रीयता का आधार मानने से इन्कार कर देते हैं।

बालकृष्ण भट्ट धर्मनिष्ठ वैष्णव ब्राह्मण थे। लेकिन जो बात बुद्धि की कसौटी पर खरी नहीं उतरती थी, उसको त्याग देते थे। कोई धार्मिक मत यदि किसी जाति (नेशन), समाज या देश के उत्थान में बाधक है, व्यक्ति को मानवता की राह से हटाता है तो वे उसका खुल कर विरोध करते थे। निश्चय ही उपनिवेशवाद का विरोध करके स्वदेशी के समर्थन का अर्थ कूपमंडूकता से चिपके रहना नहीं होता। बालकृष्ण भट्ट अंग्रेजी राज के एक समर्थक पत्र 'बिहार बंधु' के 13 फरवरी, 1878 के अंक में लिखते हैं, 'कभी हम सभ्य,

स्वाधीन और महान होंगे! उद्देश्य तो हमारा यही सब है, किंतु इनके लिए हम चेष्टा कुछ नहीं करते। हमारे समाज में जो दोष हैं और जो वास्तव में दोष रूप होकर भी गुण समझे जाते हैं, वे पृथ्वी और सभ्य जाति के लोगों में भी क्या वैसे ही समझे गए हैं? स्त्रियों को न पढ़ाना, बाल्य विवाह, सह-भोजन का न होना इत्यादि जिन्हें हम अपनी जाति में एक बड़ी श्रेष्ठता की बात मान बैठे हैं, वे किस सभ्य जाति में समादरित हैं?' ब्राह्मण जाति में ही इतनी तरह का ऊंच-नीच रहा है कि सभी तरह के ब्राह्मणों का साथ बैठकर भोजन करना अपवित्रता समझा जाता रहा है। एक ही देश के लोग सभी के साथ बैठकर सहजता से भोजन नहीं कर सकते हैं और देशप्रेम की बात करते हैं!

19वीं सदी के विचारवान लोगों को हिंदी समाज की विडंबनाएं परेशान करती थीं। बालकृष्ण भट्ट ने 'हमारा दास्य भाव' (1908) में लिखा, 'उनके सर्वांग में बल है, तुम्हारा आधा अंग (स्त्री) लकवा का मारा है। वे सब एक साथ खाने वाले, तुम चूल्हा-चौका (की पवित्रता) के पीछे हैरान हो। वे धर्म के पुरजे-पुरजे उड़ा लेने वाले हैं, तुम्हें धर्म पीसे डालता है। वे कपड़े और फैशन के नए तराश-खरास में लगे हैं, तुम भद्दे सोने-चांदी के जेवरों से लद जाने को ही खूबसूरती मान बैठे हो।' साफ हो जाता है कि अंग्रेजी साम्राज्य का विरोध करने का अर्थ कूपमंडूकता नहीं है। पश्चिम से आलोचनात्मक संपर्क हिंदी क्षेत्र के नवजागरण का अंग है।

हिंदी क्षेत्र की हालत कुछ विचित्र रही है, 'हमारी खमीर ही इस किस्म की नहीं है कि अपने आप कुछ करने का हौसला हो और बुझे मन में कौमी तरक्की का जोश हो।' (कौमी तरक्की, 1891)। हिंदी लोग गीली लकड़ी की तरह हैं जो जल्दी सुलगती नहीं, लेकिन सुलग जाने पर जल्दी बुझती भी नहीं!

स्त्री के संबंध में बालकृष्ण भट्ट का दृष्टिकोण भारतेंदु हरिश्चंद्र की स्त्री-दृष्टि का विकास है। उन्होंने बाल विवाह का विरोध किया और स्त्री-शिक्षा के लिए अधिक जोरदार आवाज उठाई। स्त्रियों के संदर्भ में 'मनुस्मृति' का विरोध करते हुए उन्होंने साहस से लिखा, 'बिना स्त्रियों के काम चलता न देख कर मनु महाराज ने यह लिख दिया कि मर्द इनको अपने ताने में रख कर इनसे अपना काम निकाला करें। हमारे यहां के ग्रंथकारों और धर्मशास्त्र के गढ़ने

वालों की कुंठित बुद्धि में न जाने क्यों यही समाया हुआ था कि स्त्रियां सिर्फ दोष की खान हैं, गुण इनमें नहीं। अतः हमारा प्रयास यह था कि स्त्रियां पुरुषों से सब तरह बढ़ी-चढ़ी हों।' (हिंदी प्रदीप, 1891)।

बालकृष्ण भट्ट ने स्त्री शिक्षा के लिए इलाहाबाद में 'गौरी पाठशाला' खोली थी, जिसमें शुरू-शुरू में पढ़ने के लिए न छात्राएं मिल पाती थीं, न पढ़ाने के लिए शिक्षिकाएं। औसतन आठ सौ लड़कियों में एक लड़की स्कूल जा पाती थी, यह हालत थी। अंततः उपर्युक्त पाठशाला में पढ़ाने के लिए बालकृष्ण भट्ट की पुत्रवधू और पुरुषोत्तम दास टंडन की पत्नी तैयार हुईं।

हिंदी राष्ट्रीय जागरण हिंदी भाषा की उन्नति तक सीमित मामला नहीं है। इसमें भारतीय राष्ट्र के निर्माण के साथ स्त्री-प्रश्न भी जुड़ा रहा है। निश्चय ही भारतेंदु की 'नारि नर सम होंहि' की धारणा कुछ देर से पकनी शुरू हुई। उस समय स्त्री को केवल घरेलू या धार्मिक शिक्षा दी जाती थी। भारतेंदु ने हंटर कमीशन के सामने बयान में कहा था, 'लड़कियों की शिक्षा बहुधा धार्मिक चरित्र की होती है और इसका पश्चिमी ज्ञानोदय से कुछ भी लेना-देना नहीं होता। अभी नैतिकता के सिद्धांतों से संबंधित धार्मिक पाठ और घरेलू कामकाज ही सिखाए जाते हैं। मुसलमान अपनी लड़कियों को कुरान के पाठ पढ़ाते हैं।' निश्चय ही बालकृष्ण भट्ट की दृष्टि मुसलमानों की लड़कियों की तरफ नहीं गई। लेकिन वे मर्दवादी संस्कारों का अतिक्रमण करके हिंदू ललनाओं को धार्मिक व्यवस्था की जकड़न से बाहर निकालने के लिए जरूर तत्पर थे।

जबकि हिंदी क्षेत्र में स्त्री की पराधीनता को दीर्घजीवी रखने में धार्मिक व्यवस्था और जाति प्रथा दोनों ने बड़ी भूमिका निभाई है। दोनों को एक साथ चुनौती देनेवाला कोई बड़ा व्यक्तित्व पूरे हिंदी नवजागरण के दौर में नहीं हुआ। कबीर ऊपर ही ऊपर से गुजर गए थे। दयानंद गढ़ तोड़ न सके। बाकी भी असहाय थे। यही वजह है कि स्त्री-स्वाधीनता का वैचारिक तत्व उभरने के बावजूद आज तक समाज में स्त्री को पर्याप्त स्वाधीनता और ताकत हासिल नहीं हो सकी। टीवी स्क्रीन पर कुछ स्त्रियां भले मुक्त होकर नाचती-गाती दिखें या दो-चार स्त्रियां मुख्यमंत्री के पद तक पहुंच जाएं, आमतौर पर स्त्रियां अभी भी काफी हद तक पुरुष की उपनिवेश हैं।

बीसवीं सदी में हिंदी नवजागरण की प्रक्रिया धार्मिक सुधार, मुसलमान, दलित और स्त्री के मुद्दों पर थोड़ी विस्तृत हुई। फिलहाल स्त्री के मुद्दे पर एक स्त्री लेखिका सावित्री देवी के विचार प्रस्तुत हैं। 'हिंदी प्रदीप' के सितंबर 1909 के अंक में उन्होंने लिखा है, 'जिस देश में वीर जाया, वीर प्रसू व देशभक्त ललनाएं हो चुकी हैं, उसी देश में आजकल ऐसी मूर्खा स्त्रियां भरी पड़ी हैं। इसका दोष हम पुरुषों को देंगी जो कि हम लोगों को हर तरह निर्बल किए हैं।' यहां यूरोपियनों की तरह बग्गी में पुरुष के ही साए में घूमने की जगह, भारतीय स्त्री में अपनी स्वतंत्र जातीय अस्मिता की भूख है। उपर्युक्त लेख में सावित्री देवी आगे कहती हैं, 'बहिनो! आओ, हम सब मिल अविद्या के अधंकार को विद्या रूपी दीपक से दूर करें और सुशिक्षिता बनकर पूर्ववत अहिल्या, सीता, गार्गी, द्रौपदी, तारा, बिहुला, महारानी लक्ष्मीबाई आदि का अनुकरण कर एक बार इस गिरे भारत को फिर उठाने का यत्न करें।' 20वीं सदी के शुरू के सालों का एक लेख पुष्प कुमारी का है —'कुरीति प्रकाश'। यह कलकत्ता से प्रकाशित 'कमला' मासिक पत्रिका में दिसंबर 1907 में छपा था। इसमें दीठ लगने, मनौती, ब्रह्म की चौरी, पीर दरगाह, ओझाई, भूतग्रस्त स्त्रियों की दुर्गति, जिन आदि की कड़ी आलोचना है। स्त्रियों के अंधविश्वास की स्त्री द्वारा यह आलोचना महत्व रखती है।

'हिंदी प्रदीप' के मार्च 1907 के अंक में 'एक अबला' के नाम से एक टिप्पणी छपी है, 'पुरुषों में स्वदेशी आंदोलन का बड़ा जोर है, पर स्त्रियां इसे बिल्कुल नहीं जानतीं कि स्वदेशी किस चिड़िया का नाम है। जब तक इसके गुण हमारी ललनाएं न जानेंगी, तब तक स्वदेशी में मजबूती न आएगी।' गौर करने की बात है कि स्त्रियों के दिलोदिमाग में भी बातें थीं। लेकिन वे रूढ़ियों-बंधनों में इतनी जकड़ी हुई थीं कि अपने नाम से लेख तक नहीं लिख सकती थीं। हिंदी की पहली कहानी की लेखिका राजेंद्र बाला घोष को अपनी कहानी 'दुलाईवाली' बंग महिला के नाम से छपानी पड़ी थी। ऐसे समाज में यदि स्त्री शिक्षा का प्रसार काफी हो जाए तब भी धार्मिक कठमुल्लापन, जाति प्रथा और इन्हीं के एक नतीजे पुरुष-वर्चस्व से आखिरकार स्त्रियों की कितनी दूर तक मुक्ति संभव है?

स्त्री को गृहलक्ष्मी समझने की प्रथा थी। बंगाल में शक्ति कल्ट की देवियों—दुर्गा और काली की पूजा ने नवजागरण की परंपरा से जुड़कर स्त्री की अवधारणा में एक परिवर्तन ला दिया था। स्त्री गृहलक्ष्मी की जगह 'मां' समझी जाने लगी थी। एक छोटी बच्ची भी 'मां' समझी गई। मां का अर्थ गर्भ धारण करने की मशीन नहीं, एक गरिमामय सत्ता। हिंदी नवजागरण यह काम नहीं कर सका। आमतौर पर स्त्री की सुरक्षा घर के भीतर देखी जाती है, जबकि स्त्री पर हिंसा के लिए यह सबसे सुरक्षित स्थान है।

दरअसल हिंदी समाज में स्त्री सास बनने के बाद ही थोड़ी-बहुत जाग्रत होती है! वह कई बार पुरुष-समाज का विलंबित बदला बहू से लेती है। समग्रतः नवजागरण ने ऐसा वातावरण बनाया कि पुरुष के दृष्टिकोण में सुधार आए, स्त्री-पुरुष संबंध में तनाव कम हो और स्त्री को अपने स्वतंत्र जीवन का बोध हो। पुरुष वर्चस्व मिट न पाया हो, पर स्त्री के लिए स्पेस बन रहा था। इतिहास में अपनी जगह के लिए स्त्री लड़ाई शुरू कर चुकी थी। उल्लेखनीय है कि हिंदी क्षेत्र में 19वीं सदी में महाराष्ट्र के सावित्री बाई फुले या रमाबाई की तरह कोई स्त्री सुधारक नहीं हुई, जिस तरह ज्योतिबा फुले और आंबेडकर की तरह कोई दलित समाज सुधारक भी नहीं हुआ। कुछ लेखिकाएं जरूर हुईं, पर वे गृहजाल से बाहर निकलकर सामाजिक आंदोलन शुरू नहीं कर सकीं।

भारत में नवजागरण की परियोजनाओं की सफलता के लिए दोनों चीजें जरूरी थीं—उपनिवेशवाद से मुक्ति और सामाजिक क्रांति—ये अन्योन्याश्रित हैं। सामाजिक क्रांति के बिना राष्ट्रीय जागरण का स्तर ऊंचा नहीं उठ सकता और उपनिवेशवाद से व्यापक मुक्ति संभव नहीं है। इसमें क्या संदेह है कि 'भारतीय राष्ट्र' एक बेहद पिछड़ चुके, बहुपरतदार और भेदभाव से जर्जरित ऐसे बृहत्तर समाज में आकार ले रहा था जिसके भीतर रूढ़ियों से दबी-कुचली अनगिनत जातीयताएं-पुराजातीयताएं थीं, उच्च मूल्यों से दूर और सारहीन होते जा रहे प्रतिस्पर्धी धर्म थे, जातिवाद की मार से घायल पिछड़ी-दलित जातियां थीं, बार-बार के अकाल से कराहते गरीब किसान थे और पुरुष की कैद में दर्द की प्रतिमूर्ति स्त्री थी।

नवजागरण के महान व्यक्तित्व भारत का अंधकार मिटाने के लिए अपनी-अपनी भाषा में साहित्य सृजन करके और पत्रकारिता द्वारा भरपूर कोशिश कर रहे थे। उस युग का मीडिया अंधविश्वास, कट्टरता और हिंसा का प्रचारक न था। 'हिंदी प्रदीप' ने 33 वर्षों तक बुद्धि का प्रकाश बिखेरा। बालकृष्ण भट्ट मानते थे, 'साहित्य सभ्यता का प्रधान अंग है। यह कभी संभव नहीं है कि कोई देश सभ्यता में आगे बढ़ जाए और साहित्य उस देश की भाषा से हटा रहे। ...सब ओर से नैराश्य और अनुत्साह का तिमिर छाया हुआ है। जो लोग अपने तन का लहू सुखा कर प्राणपण की बाजी लगाए हुए भाग्यहीन हिंदी साहित्य की वृद्धि में लगे हुए हैं, ऐसे सफल जन्मा क्या कम धन्यवाद के योग्य हैं? ...जब तक हमारी भाषा के साहित्य की उन्नति नहीं होती, तब तक इस सभ्यता को भी बिजली की चमक के समान क्षणिक मानना चाहिए। चाहे हमारे नव-शिक्षित (लोग) नाम फुलाय सभ्यता-सभ्यता पुकार कितना ही गाल बजाया करें, पर पूर्ण सभ्यता बिना देश भाषा की उन्नति सर्वथा असंभव है।' (हिंदी प्रदीप, 1887)। आज ग्लोबल विकास के हल्ले के बीच देखा जा सकता है कि लोगों की सभ्यता, सौंदर्यबोध और नैतिकता में सचमुच कितना विकास आया है।

भारतेंदु मंडल के उन जागरूक लेखकों की ही तरह जो आज हिंदी के सेवन की जगह हिंदी भाषा की सच्ची सेवा कर रहे हैं और साहित्यिक पत्रिकाएं, पुस्तकें, ई-पत्रिकाएं आदि प्रकाशित करते हैं, तरह-तरह से आवाजें उठाते हैं और जो साहित्य के सजग पाठक हैं, वे सभी वस्तुतः सभ्यता को बचाने का ही काम कर रहे हैं। आज सभ्यता ऐसी जगह पहुंच गई है, जहां लोग बहुत कुछ भूल गए हैं!

भारतेंदु का पुनःपाठ : बौद्धिक विडंबनाएं

हमारे समय की एक विडंबना यह है कि हम 19वीं सदी से बाहर नहीं निकल पा रहे हैं। यह हालत सिर्फ अंध-राष्ट्रवाद के हमलों की वजह से नहीं है, सभी उत्तर-आधुनिक प्रवृत्तियों की वजह से है जो धार्मिक-सांस्कृतिक बहुलतावाले इस देश को समझने से रोकती हैं। ये प्रवृत्तियां राष्ट्रीयता ही नहीं लोकतंत्र को भी मुश्किल बना देती हैं। इसका नतीजा है कि 19वीं सदी के हिंदी नवजागरण को न अंध-राष्ट्रवादी अच्छी निगाह से देख पाते हैं, न सबाल्टर्नवादी विमर्शकार और न सार्वभौमवादी आधुनिक बुद्धिजीवी। लक्षित किया जा सकता है कि अंग्रेजी और हिंदी के प्रगतिशील समझे जानेवाले कई चिंतक लंबे समय से उत्तर-आधुनिकता की यूरोपीय अवधारणाओं की कैद में रहे हैं और अपने अध्ययनों से इस देश में कट्टरवाद का मार्ग प्रशस्त करते रहे हैं।

इसमें संदेह नहीं कि हिंदी नवजागरण को कुछ बढ़ा-चढ़ाकर देखने की प्रवृत्ति रही है। लेकिन इससे अधिक खतरनाक है उसे बिल्कुल घटाकर देखना या खारिज कर देना। हालत यह है कि अंध-राष्ट्रवादियों, सबाल्टर्नवादी विमर्शकारों और सार्वभौमवादी आधुनिक बुद्धिजीवियों तीनों को समान रूप से उसमें मौजूद समावेशी राष्ट्रवाद, परंपरा तथा आधुनिकता के संवाद और लोकजागरण के तत्वों से परेशानी होती है। कई चिंतक सबकुछ 'विशुद्ध', 'असली' या 'भिन्न' चाहते हैं और ऐसी चीजों के लिए उकसाते हैं। वे कहते हैं—इतिहास दुबारा लिखो। जो कभी इतिहास बना नहीं सकते, वे ही कह सकते हैं—इतिहास दुबारा लिखो। इसका मतलब है कि अब तक जो भी श्रेष्ठ और सुंदर रहा है, उसे मिटा दो। देखा जा सकता है कि 19वीं सदी के

नवजागरणकालीन व्यक्तित्वों को खलनायक बनाने की कोशिशें कई तरफ से हुई हैं। उनमें इतिहास के पुनर्लेखन की हड़बड़ी दिखती है।

कहने की जरूरत है कि जब-जब भारत का राष्ट्रीय इतिहास स्वातंत्र्य-प्रेमी लिख रहे थे, वह सत्ता विमर्श न होकर लोक विमर्श था। इतिहास बनानेवाले ही इतिहास लिख रहे थे, वे चीजों को जोड़ रहे थे। इतिहास जब लोक विमर्श से सत्ता विमर्श में रूपांतरित होता है, जुड़ी चीजों को अलग-अलग किया जाने लगता है, विखंडता घटित होती है। इतिहास तब संकुचित होकर जंग के घोड़ों का अस्तबल बन जाता है।

इतिहास दुबारा पढ़ो

अंग्रेजी राज में कुछ समय तक इतिहास लेखन महज सत्ता विमर्श था। इतिहास लेखन की आधुनिक पद्धति का उपयोग करते हुए ऐसे इतिहास में भारत को एक पिछड़ा, अपरिवर्तनशील और असभ्य देश कहा जाता था, खासकर सुल्तानों और मुगलों के राज को 'अंधकार और बर्बरता के युग' के नाम से पहचाना जाता था। पूरा मामला यहाँ लाकर खड़ा कर दिया जाता था कि अंग्रेजों ने भारत में न्याय और स्वतंत्रता कायम की, उसे सभ्यता से परिचित कराया।

शिवप्रसाद सितारेहिंद (1824-1895) शिक्षा विभाग में अधिकारी थे। उनके तीन खंडों में छपे ग्रंथ 'इतिहासतिमिरनाशक' में ऐसी ही स्थापनाएं हैं। भारतेंदु हरिश्चंद्र ने इस ग्रंथ के तीसरे खंड की समीक्षा 'हरिश्चंद्र मैगजीन' (1873) में लिखी थी। वीरभारत तलवार ने 'रस्साकशी' में उनकी अंग्रेजी में लिखी समीक्षा से जो वक्तव्य उद्धृत किया है, उससे यही उजागर होता है कि भारतेंदु किस तरह इतिहास को सत्ता विमर्श से लोक विमर्श में रूपांतरित करना चाहते थे। उन्होंने मुस्लिम शासकों के अन्याय और अत्याचारवाले पहलू को मानते हुए भी कहना चाहा, 'लेखक (शिवप्रसाद सितारेहिंद) सिक्के का सिर्फ एक पहलू दिखाता है। दूसरे पहलू को छुपाकर ईमानदारी नहीं बरतता। उसने मुस्लिम शासन का वर्णन करते हुए अकबर, जहांगीर, और शाहजहां में सिर्फ बुराइयां ही दिखाईं, जबकि उन्होंने अपने समय में अच्छे काम भी किए थे।

धार्मिक मामलों में उन्होंने सहिष्णुता का प्रचार किया था, जो उस समय तक सभ्य यूरोप में नहीं थी। लेखक ने मुसलमान शासकों के अत्याचारों का जो वर्णन किया है, वह अच्छा है, फिर भी स्कूली पाठ्यक्रम की किताब में इसे नहीं रखना चाहिए था। इससे दो समुदायों के बीच नफरत बढ़ेगी, जबकि उपकारी ब्रिटिश शासन के तहत हम सबको मिलकर उन्नति करनी चाहिए।' ('रस्साकशी' में उद्धृत)। भारतेंदु हरिश्चंद्र की उपर्युक्त टिप्पणी से लगता है, मानो यह सिर्फ शिवप्रसाद पर नहीं इतिहास दुबारा लिखनेवाले वर्तमान अंध-राष्ट्रवादियों और शिक्षा के संप्रदायीकरण पर भी है। निःसंदेह इतिहास लिखा भले जाता हो अतीत के बारे में, पर वह होता भविष्य के लिए है। भारतेंदु मुगल शासन के अत्याचारों के बावजूद कई अवसरों पर उसे सहिष्णुता के संदर्भ में तथाकथित सभ्य यूरोप से श्रेष्ठ बतलाते हैं। यह इतिहास दृष्टि के अन-उपनिवेशन का चिह्न है। यह यूरोप-केंद्रिकता से प्रस्थान है, भले बीजावस्था में हो।

भारतेंदु हरिश्चंद्र अपनी उपर्युक्त समीक्षा में अंग्रेजी राज की आलोचना करते हैं, 'बाबू शिवप्रसाद ने सल्तनत काल में लागू बाईस किस्म के टैक्सों की फेहरिस्त देकर मुसलमानों के दमन-शोषण का वर्णन किया है। लेखक भूल जाता है कि मध्यकालीन दमन और शोषण की मिसाल लगने वाले वे टैक्स ब्रिटिश शासन में आज भी बदले हुए नामों से जारी हैं। ऊपर से कई ऐसे नए टैक्स भी लग गए, जिनकी पहले के अर्ध-सभ्य शासन कल्पना भी नहीं कर सकते थे।' शिवप्रसाद और भारतेंदु दोनों ने राजभक्ति प्रदर्शित की। 19वीं सदी की ऐतिहासिक स्थितियों में यह न केवल स्वाभाविक था, बल्कि सार्वभौम मामला था। फिर भी दोनों लेखकों के बीच बुनियादी फर्क है। शिवप्रसाद ने कभी भारत की औपनिवेशिक आर्थिक लूट, अंग्रेजी राज की स्वेच्छाचारिता और भ्रष्टाचार की आलोचना नहीं की, जबकि भारतेंदु ने की।

हिंदू-मुस्लिम प्रश्न पर भारतेंदु की सहिष्णुता और उनकी विकासशील धर्मनिरपेक्ष दृष्टि को समझने के लिए 'इतिहासतिमिरनाशक' की समीक्षा इकलौता मामला नहीं है। उन्होंने इस्लाम के पैगंबर मुहम्मद, उनकी बेटी फातिमा, अली, हसन और हुसैन की जीवनी 'पंच पवित्रात्मा' (1884)

शीर्षक से लिखी। इसकी शुरुआत उन्होंने इस प्रकार की, 'जिस समय अरब देशवाले बहुदेवोपासना के घोर अंधकार में फँस रहे थे, उस समय महात्मा मुहम्मद ने जन्म लेकर उनको एकेश्वरवाद का सदुपदेश दिया। अरब के पश्चिमी ईसामसीह का भक्तिपथ प्रकाश पा चुका था, किंतु वह मत अरब, फारस इत्यादि देशों में प्रबल नहीं था और न अरब ऐसे कट्टर देश में महात्मा मुहम्मद के अतिरिक्त और किसी का काम था कि वहां कोई नया मत प्रकाशन करता। ...इसी घोर समय में मुहम्मद चंद्र-उदय हुआ और एक ईश्वर का पथ परिष्कार रूप सबको दिखाई देने लगा।' राममोहन राय भी इस्लाम के कुछ गुणों की तरफ आकर्षित थे।

भारतेंदु ईसाइयत और इस्लाम के बारे में जैसी सोच बना रहे थे, शिवप्रसाद सितारेहिंद में वह चीज नहीं थी। भारतेंदु ने 'पंच पवित्रात्मा' शीर्षक से जो जीवनी लिखी, उससे राधाकृष्ण की युगल मूर्ति के एक उपासक के दूसरे धर्म के प्रति आदर-भाव का बोध होता है। इसकी भूमिका में उन्होंने लिखा, 'यह किताब पढ़ने वालों के दिल पर उन लोगों की सच्ची बुजुर्गी का असर पैदा करने वाली है।' जाहिर है, उन्होंने यह किताब हिंदुओं के पढ़ने के लिए लिखी थी, ताकि वे इस्लाम को जानें और अन्य धर्मों को आदर दें। उन्होंने 'कुरान शरीफ' का अनुवाद शुरू किया था। इस तथ्य की ओर भी ध्यान जाना चाहिए कि भारतेंदु ने 15 फरवरी, 1874 की 'हरिश्चद्र मैगजीन' में 'अनेक कोटि देवी-देवताओं के माहात्म्य', 'छोटी-छोटी बात में ब्रह्महत्या के पाप', 'बड़े-बड़े यज्ञ' और मूल धर्म छोड़कर 'उपधर्मों' के आग्रह की आलोचना की थी। क्या किसी हिंदुत्ववादी में ऐसा साहस हो सकता है?

भारतेंदु हरिश्चंद्र वैष्णव थे। वे रोज गंगा नहाते होंगे, पलत्थी मारकर पूजा-उपासना करते होंगे। उन्होंने ब्राह्मण न होते हुए भी एक धर्मानुष्ठानपरक पुस्तक 'कार्तिक नैमित्तिक कृत्य' लिखी। इसकी भूमिका में कहा, 'कई पंडित रुष्ट होंगे, पर यह तो समझें कि पंडितों के हेतु तो संस्कृत पुस्तकें बनी ही हैं। यह तो केवल उन्हीं के आनंदार्थ हैं, जो श्रद्धावान हैं पर संस्कृत ग्रंथों को नहीं देखते।' यहाँ भारतेंदु का जो एक खास उद्देश्य है, वह साफ है। वे भारत की करोड़ों धर्मप्राण हिंदू जनता के अंग थे, यह मान लेने के बाद ही उनका

यह महत्व समझ में आ सकता है कि उनकी धर्मपरायणता धर्मोन्माद नहीं थी। उनके धर्म में इतना 'स्पेस' था कि वे मुगल राज को एक अलग नजरिए से देख सकें, पैगंबर मुहम्मद की जीवनी लिख सकें और कुरान शरीफ का अनुवाद करने के बारे में सोच सकें।

भारतेंदु की भक्ति रस की कविताओं को कोई परंपरावादी या प्रति-आधुनिक कहकर टाल दे, लेकिन देखना उचित होगा कि राधाकृष्ण का भक्त होकर कैसे उन्होंने 'जैन कुतूहल' में लिखा, 'जय-जय जयति ऋषभ भगवान। हरीचंद्र कोउ भेद न पायो कियो यथारुचि गान।' इसी में उन्होंने 'नाहिं ईश्वरता अँटकी वेद में' कहा। यह भी लिखा, 'नहिं इन झगड़न में कछु सार। क्यों लरिलरि कै मरौ बावरे बादन फोरि कपार।' शिवप्रसाद सितारेहिंद में इतने आयाम नहीं थे। इन्हीं आयामों की वजह से अपने बलिया वाले भाषण में भारतेंदु ने हिंदू और मुसलमान को 'जिठानी-द्यौरानी' कहते हुए ललकारा, 'हिंदू-मुसलमान, जैन सब आपस में मिलिए।' भारतेंदु कहते हैं, 'जहाँ का धर्म परिष्कृत नहीं, वहाँ के समाज उन्नत नहीं।' 19वीं सदी के नवजागरण का यह एक बड़ा संदर्भ है। भारतेंदु के धर्म में कट्टरता की जगह जो उदारता है, स्पेस और आलोचनात्मकता है वह आधुनिकता की देन है।

वीरभारत तलवार की पुस्तक 'रस्साकशी' (2002) में 19वीं सदी के हिंदी नवजागरण का मूल्यांकन है। इसमें बड़ी मेहनत से इकट्ठा की गई नई सामग्री का इस्तेमाल है। इसमें सारी बातें एकतरफा ढंग से नहीं कही गई हैं, लेकिन एक दूसरे कोण से इतिहास दुबारा लिखने की हड़बड़ी दिखाई देती है। इस पुस्तक का मुख्य लक्ष्य शिवप्रसाद सितारेहिंद को नायक और भारतेंदु को खलनायक बनाना है। भारतेंदु पर अंग्रेजीदां बुद्धिजीवियों और कुछ हिंदी लेखकों का कोप नया नहीं है, पर उपर्युक्त पुस्तक में नकारात्मक दृष्टिकोण काफी प्रबल और पूर्व-नियोजित है।

वीरभारत तलवार ने धार्मिक सुधार के संदर्भ में भारतेंदु की तुलना बंगाल के राधाकांत देव से करते हुए लिखा, 'राममोहन राय और विद्यासागर के सुधारों के खिलाफ आवाज उठानेवाले रूढ़िवादी बंगालियों के सबसे बड़े नेता राजा राधाकांत देव (1784-1867) कलकत्ते के शोभा बाजार के राजा

नवकृष्ण के वंशज थे, जिन्हें अपने ससुर गोपीकांत सिन्हा से हिंदू गोष्ठीपति का पद विरासत में मिला था। भारतेंदु और राधाकांत देव, दोनों अपनी-अपनी बिरादरी के चौधरी और सनातन हिंदू धर्म के रक्षक नेता थे।' (वही)। ऊपर 'इतिहासतिमिरनाशक' की समीक्षा से लेकर 'पंच पवित्रात्मा', 'कुरान शरीफ' के अनुवाद, 'जैन कुतूहल' आदि की जो चर्चा हुई है, उससे साफ हो जाना चाहिए कि सनातन हिंदू धर्म का कोई नेता वह सब नहीं लिख सकता था जो भारतेंदु ने लिखा था।

यदि भारतेंदु कट्टरवादी होते, ईश्वरचंद्र विद्यासागर से उनका इतना बंधुत्व नहीं होता। विद्यासागर उनसे कालिदास की कृति 'अभिज्ञान शाकुन्तलम्' की एक प्राचीन प्रति संपादन के उद्देश्य से नहीं लेते और भारतेंदु भी यह नहीं लिखते, 'सुंदर बानी कहि समुझावै, विधवागन सों नेह बढ़ावै। दयानिधान परम गुन-आगर, सखि सज्ज्न नहिं विद्यासागर।' भारतेंदु हरिश्चंद्र के विद्यासागर ही नहीं, एशियाटिक सोसाइटी के राजेंद्रलाल मित्र, 'इंडियन एसोसिएशन' के सुरेंद्रनाथ बनर्जी तथा बांग्ला नवजागरण के अन्य महापुरुषों से घनिष्ठ संबंध को देखते हुए नहीं लगता कि वे हिंदू धर्म के वैसे कट्टर नेता थे, जैसा वीरभारत तलवार बतला रहे हैं। उन्हें ऐसा कहना खुद इन बांग्ला नवजागरण कर्मियों को संदेह से देखना है।

राधाकांत देव ने सती प्रथा के खिलाफ चलाए गए आंदोलन का विरोध किया था। लेकिन उन्होंने स्त्री-शिक्षा पर पहली किताब 'स्त्री-शिक्षा विधायक' (1822) तैयार कराने और छपाने में एक बड़ी भूमिका अदा की थी। वे स्त्री शिक्षा के समर्थक थे। देखा जा सकता है कि एक मामले में जो व्यक्ति कूपमंडूक है, वही दूसरे मामले में प्रगतिशील है। संक्रमण के काल में ऐसा हो सकता है।

नवजागरण का दौर वस्तुतः ऐतिहासिक संक्रमण का दौर था। इस दौर में अकस्मात सारी बुराइयां जा नहीं सकती थीं और सारी अच्छाइयां पैदा नहीं हो सकती थीं। इसलिए किसी भी नवजागरणकालीन व्यक्तित्व का मूल्यांकन सरल रेखा में नहीं हो सकता। ऐसे हर व्यक्तित्व को हमें उसके अंतर्विरोधों और विकासों के साथ समझना होगा। देखना होगा कि उसने परंपरागत मानस

का अपने देशकाल के नए संदर्भ में किस हद तक अतिक्रमण किया और कितना वह पुरानी जड़ता में फँसा रह गया। राधाकांत देव से भारतेंदु की तुलना उस समय अपनी चरम विडंबना पर पहुँच जाती है, जब वीरभारत तलवार स्त्री-शिक्षा में भारतेंदु का कोई योगदान स्वीकार नहीं करते। यदि यह सही है, तब राधाकांत देव से उनकी तुलना कैसे, राधाकांत का तो स्त्री-शिक्षा में बड़ा योगदान है!

हिंदी नवजागरण ही नहीं देश के सभी प्रांतों में स्थानीय विशिष्टता के साथ घटित नवजागरण के अपने-अपने अंतर्विरोध हैं। उनकी अपनी-अपनी कमियां और अपूर्णताएं हैं। इन मामलों को औपनिवेशिक शासन के दमन, चालाकियों और विकास-अवरोधन की नीति में खोजने की जरूरत है न कि नवजागरण के व्यक्तियों में किसी को उठाना और किसी को गिराना जरूरी है।

हिंदी नवजागरण का संबंध हिंदी गद्य के विकास के साथ शिक्षा प्रसार, सांस्कृतिक सुधार के प्रयत्न और राष्ट्रीय जागरण से है, भले ये सीमित मात्रा में हों। देश के विभिन्न हिस्सों में सामाजिक जागरूकता के स्तर और आयामों में फर्क हो सकता है। लेकिन यह संभव नहीं है कि बंगाल, महाराष्ट्र, गुजरात में नवजागरण आ रहा हो और हिंदी क्षेत्र की खिड़कियां-दरवाजे बिल्कुल बंद हों।

हिंदी क्षेत्रों में शिक्षा, धार्मिक सुधार और आधुनिकीकरण का काम ज्यादा आगे नहीं बढ़ा। लेकिन इसी आधार पर यह कहना कि हिंदी नवजागरण जैसी कोई चीज नहीं है या हिंदी क्षेत्र ने किसी मामले में नवजागरण का अनुभव नहीं किया, यह 'मूदें आँखि कतहुँ कोउ नाहीं' है। हिंदी नवजागरण केवल हिंदी भाषा की उन्नति नहीं है, यह एक राष्ट्रीय जागरण है। उसमें महाराष्ट्र की तरह स्त्री और दलित के मुद्दे न गरमाए हों या बंगाल की तरह बुद्धिवादी जोश पैदा नहीं हुआ हो, लेकिन आधुनिकीकरण के प्रति आकर्षण, आत्मपहचान के लिए संघर्ष, साहित्यिक-शैक्षणिक विकास, बौद्धिक स्वाधीनता और धार्मिक सुधार के इतने चिह्न जरूर दिखाई देते हैं कि उसे विकासशील नवजागरण कहा जा सकता है। भारतीय नवजागरण के सामान्य उभारों में उसका साझा है। वह विशिष्ट होते हुए भी विच्छिन्न नहीं है। उल्लेखनीय है कि हिंदी क्षेत्र का नवजागरण विलंबित और सीमित होते हुए भी सामाजिक अभिप्राय में व्यापक है।

यह एक अद्भुत कथन है कि देश के दूसरे हिस्सों में नवजागरण आया, पर हिंदी क्षेत्र में नहीं आया अथवा दयानंद सरस्वती, भारतेंदु आदि की भूमिका पूर्णतः प्रतिगामी है। यदि हिंदी क्षेत्र में नवजागरण के तत्व पैदा नहीं हो गए होते तो भारतीय स्वाधीनता संग्राम में गति नहीं आती, साम्राज्यवाद से निर्णायक लड़ाई शुरू नहीं हो पाती। हिंदी प्रांतों में शिक्षा, धार्मिक सुधार और उद्योग-धंधों में जरूर ज्यादा प्रगति नहीं हुई। यहाँ बंगाल जैसा नवजागरण नहीं आया। वह आता, यदि अंग्रेजों की राजधानी कलकत्ता की जगह बनारस, इलाहाबाद या दिल्ली में होती, हिंदी क्षेत्र का व्यापक औपनिवेशिक दमन नहीं होता और हिंदी क्षेत्र समुद्रतटीय प्रातों की तरह छोटा होता। वीरभारत तलवार ने पूछा है, 'धार्मिक-सामाजिक सुधार के किसी मुद्दे पर 19वीं सदी के हिंदी भाषी समाज में इस तरह की कोई उथल-पुथल क्यों नहीं मिलती?' यही बताया है भारतेंदु ने अपने नाटक 'भारत दुर्दशा' और 'भारत जननी' में। अंग्रेजों ने हिंदी क्षेत्र को बौद्धिक रूप से पिछड़ा रखने, इसकी आर्थिक कमर तोड़ने, अवसरवाद बढ़ाने और प्रभेद नीति के बल पर सामाजिक विखंडता के बीज बोने के लिए कुछ भी बाकी नहीं रखा था। इस तरह का कोई गंभीर काम बंग-भंग को छोड़कर उन्होंने बंगाल में नहीं किया। इसलिए बंगाल टाइप का नवजागरण हिंदी जनता की आकांक्षा होकर भी सामाजिक न्यूक्लियस के अभाव में व्यापक स्तर पर फलप्रद नहीं हो सका। उसकी प्रतिच्छवियां मुख्यतः साहित्य में दिखाई दीं। भारतेंदु पत्र निकालते, नाटक खेलते, भाषण देते, लाइब्रेरी में सभा करते या पेनी रीडिंग क्लब बनाते और कुछ बड़े स्वप्न देखते रह गए। इसका यह अर्थ नहीं है कि भारतेंदु ने जो काम किए, उनकी अनुगूंज खो गई।

हंटर कमीशन के सामने गवाही

वीरभारत तलवार अपनी पूरी ताकत भारतेंदु को जातीय शिक्षा-विरोधी, स्त्री-शिक्षा विरोधी, हिंदुत्ववादी और गोरक्षा आंदोलन का नेता साबित करने में लगा देते हैं। हिंदी नवजागरण में ही नहीं, संपूर्ण भारतीय नवजागरण में पुनरुत्थानवादी अंतर्धाराएं थीं। फिर भी उस जमाने का मूल्यप्रवण पुनरुत्थानवाद 20वीं-21वीं सदी के मूल्यविहीन सत्तालोलुप पुनरुत्थानवाद से भिन्न था। उसमें सुधार की

प्रवृत्ति और साम्राज्यवाद-विरोध की आग थी, जबकि नव-पुनरुत्थानवाद में कठमुल्लापन है। इसकी बहुराष्ट्रीय साम्राज्यवाद से सांठ-गांठ है। आज के लेखक बड़े हो सकते हैं, उस जमाने के लेखक महान थे।

भारतेंदु अपने गुरु शिवप्रसाद सितारेहिंद की तरह शिक्षाशास्त्री नहीं थे, साहित्यकार थे। यह अलग बात है कि उस जमाने के लोग विशेषज्ञता में नहीं जाते थे, बहुज्ञ होते थे। लेखन के साथ सामाजिक सक्रियता उस जमाने की खूबी है। भारतेंदु ने रंगकर्म ज्यादा पसंद किया। वे बड़े-बड़े स्कूल खुलवाने की स्थिति में नहीं थे। उनके पास ब्रह्म समाजियों और आर्य समाजियों की तरह या किसी भी तरह का कोई सामाजिक संगठन नहीं था। हिंदी क्षेत्र में निर्धनता, अशिक्षा, आलस्य और फूट ज्यादा थी। भारतेंदु का मूल्यांकन इस आधार पर नहीं होना चाहिए कि वे क्या नहीं कर सके, बल्कि इस आधार पर होना चाहिए कि कठिन स्थितियों में उन्होंने क्या किया। उनका साहित्यिक पत्रिकाएं निकालना रंगकर्म की तरह ही सामाजिक सक्रियता का उदाहरण है।

हिंदी नवजागरण या भारतेंदु को समझने के लिए बांग्ला नवजागरण को मॉडल नहीं बनाया जा सकता, जिस तरह महाराष्ट्र के दलित जागरण और फुले को समझने के लिए हिंदी, बांग्ला या यूरोपीय नवजागरण को मॉडल नहीं बनाया जा सकता। भारतीय नवजागरण अपनी बुनियादी प्रकृति में बहुवचनात्मक है, उस पर किसी 'सार्वभौम' का अंकुश नहीं चल सकता।

भारतेंदु ने हंटर आयोग के समक्ष बयान में राममोहन राय की ही तरह, परंपरागत ढंग के स्कूल खोलने के प्रति कोई सहानुभूति नहीं दिखाई। यह सही है कि उन्होंने सरकार से शिक्षा की जिम्मेदारी लेने को कहा, स्कूल-कॉलेजों से सरकारी प्रबंध न उठाने पर जोर दिया। आज सरकार निजीकरण को बढ़ावा देते हुए शिक्षा से अपने हाथ खींच रही है, जिस पर हमें चिंता होती है। भारतेंदु चाहते थे कि सरकार शिक्षा से अपने हाथ न खींचे। उनको हिंदी क्षेत्र में बंगाल जैसे उत्साह की कमी देखकर लगा था कि यदि सरकार शिक्षा से अपना हाथ खींचने में सफल हो गई तो यह क्षेत्र नए ज्ञान-विज्ञान और कौशल में पिछड़ जाएगा। उस युग में वैयक्तिक प्रयास और भद्रवर्ग के सहयोग से जो स्कूल खुल रहे थे, वे हिंदी क्षेत्र की विशाल आबादी को देखते हुए काफी नहीं थे।

भारतेंदु ने अपने उपर्युक्त बयान में कहा, 'इस देश के निवासी लंबे समय से हिंदू राजाओं और मुस्लिम बादशाहों के निरंकुश शासन के अधीन रहे हैं। उन्हें दूसरे पर निर्भरता और गुलामी की आदत लग गई है। यह आदत उनकी बुनियादी प्रकृति में शामिल हो गई है। इस देश के लोगों को कोई चिंता नहीं है कि उनके गांव में कोई स्कूल खुले या बंद हो। उन्हें अपने कल्याण की चिंता नहीं है। अतः सिर्फ सरकारी हस्तक्षेप से ही यह देश तरक्की कर सकता है।' हिंदी क्षेत्र में सरकार द्वारा शिक्षा का व्यापक प्रबंध हो, भारतेंदु यह चाहते थे। उनकी इस आकांक्षा को किसी विच्छिन्न परिप्रेक्ष्य में नहीं देखना चाहिए। पश्चिमी ज्ञान-विज्ञान से परिचय के लिए ही नहीं, उपनिवेशवाद से राष्ट्रीय मुक्ति के लिए शिक्षा जरूरी थी, यह जैसे भी मिले।

सामान्यतः हिंदी क्षेत्र की बौद्धिक दशा खराब थी। कार्ल मार्क्स ने एक समय एशियाई उत्पादन प्रणाली पर विचार करते हुए 'डिस्पॉटिक रूल' की चर्चा की थी। मार्क्स से अनभिज्ञ रहते हुए भारतेंदु ने आम जनता की बौद्धिक तबाही और जड़ता को 'डिस्पाटिक रूल ऑफ हिंदू राजाज एंड मुस्लिम इम्परर्स' (हंटर कमीशन के समक्ष गवाही) का नतीजा कहा। उन्होंने आम जनता की तबाही और उस पर हुए अत्याचारों को धर्मनिरपेक्ष दृष्टि से देखा, इस ओर ध्यान जाना चाहिए।

यह कहना आलोचनात्मक अन्याय है कि 'भारतेंदु ने औपनिवेशिक सरकार के अलावा भारतीयों के किसी भी तरह के शिक्षा संबंधी निजी प्रयत्न का विरोध किया।' बीरभारत तलवार ने अपने इस आरोप के पक्ष में कोई प्रमाण नहीं दिया है। ऐसे वे दयानंद सरस्वती के कटु आलोचक हैं, पर जब भारतेंदु पर आक्रमण करने का सवाल हो, उनको भी हथियार बनाने से नहीं चूकते। भारतेंदु ने हंटर आयोग के सामने हिंदी क्षेत्र के लोगों का यह डर रखा था, 'इस प्रांत के लोग पिछले आठ-नौ सालों से इस सोच में हैं कि सरकार उनके लिए शिक्षा का दरवाजा बंद करना चाहती है, क्योंकि वह सोचती है कि शिक्षा विभाग इस राज्य का एक फिजूल विभाग है, जो सिर्फ खर्चे दिखाता है, आय नहीं।' शिक्षा के निजीकरण की वर्तमान कोशिशों के संदर्भ में भारतेंदु की बेचैनी को समझना चाहिए, उन पर अंधा होकर विचार नहीं किया जाना चाहिए।

इसके अलावा, भारतेंदु ने निश्चय ही दलित विमर्श नहीं किया, पर अपनी गवाही में इतना जरूर कहा कि ऊंची जाति के हिंदू जमींदार अपनी गरीब रैयत और शूद्र-अछूत जातियों के बच्चों को पढ़ने नहीं देते। उन्होंने उपर्युक्त बयान में ढोंगी ब्राह्मणों की आलोचना की।

'रस्साकशी' की भूमिका में वीरभारत तलवार ने अपनी वास्तविक स्थिति अति उत्साह में खोल दी, 'हंटर कमीशन को दिया गया बयान मुझे क्या मिला, अंधे के हाथ बटेर लग गई।' बटेर हाथ लग जाना काफी नहीं है। खुली आंख से यह देखना भी जरूरी है कि वह क्या चीज है, उसका किस तरह इस्तेमाल करना है। इसके लिए अंधता नहीं दृष्टि जरूरी है।

भारतेंदु स्त्री के प्रश्न पर बहुत आगे बढ़कर नहीं सोच पाते थे, हालांकि उन्होंने 'कविवचनसुधा' में यह आदर्श सामने रखा था, 'नारि-नर सम होंहि'। हम भारतेंदु के जमाने के समाज से मांग नहीं कर सकते कि उस समाज में स्त्री-सबलीकरण की आवाज क्यों नहीं उठी, जबकि खुद वर्तमान समाज के नियामक इस मामले में जुबानी जमाखर्च से ज्यादा आगे नहीं बढ़ पाते। स्त्रीवादी विमर्श के बावजूद समाज में आम स्त्री आज भी उत्पीड़ित है। उसके प्रति पुरुष-दृष्टिकोण में आज भी बुनियादी बदलाव नहीं आया है। ऊपर से धार्मिक कट्टरता उसके बंधन तरह-तरह से मजबूत करती है। भारतेंदु ने स्त्री-शिक्षा के लिए ज्यादा कुछ नहीं किया, कुछ शुरुआती काम ही किए जो पर्याप्त नहीं थे। लेकिन वे चाहते थे, 'ऐसी चाल से उनको शिक्षा दीजिए कि वे अपना देश और कुल धर्म सीखें।' उनकी चेतना में देश-धर्म भी कुल धर्म के साथ शामिल हो रहा था।

हिंदी नवजागरण लोगों के जीवन-संसार में कोई बुनियादी परिवर्तन नहीं ला पाया। कठोर औपनिवेशिक वातावरण में वह यूरोप या बंगाल जैसा रिजल्ट दे नहीं सकता था, फिर भी वह लोगों की सोच में जैसे कुछ बदलाव ला रहा था। भारतेंदु जैसे व्यक्ति सोच जरूर रहे थे कि स्त्रियां कुल धर्म के साथ 'देश-धर्म' सीखें। गांधी के सामाजिक पदार्पण से पहले हिंदी क्षेत्र में स्त्री और दलित की राजनीतिक भागीदारी शून्य थी।

बंगाल और महाराष्ट्र के स्त्री-शिक्षा के प्रयत्नों से हिंदी क्षेत्र के प्रयत्नों की तुलना बेमानी है। कई महान आंदोलनों की भूमि होने के बावजूद 19वीं सदी के हिंदी क्षेत्र में अंधकार भरा रहा है। देखा जा सकता है कि भारतेंदु ने हंटर आयोग की गवाही में कहीं भी स्त्रियों की आधुनिक शिक्षा का विरोध नहीं किया, बल्कि चिंता व्यक्त करते हुए कहा, 'लड़कियों को देशी शिक्षा देनेवाले पब्लिक स्कूल बहुत कम हैं, मेरे जानते एक या दो ही हैं।' भारतेंदु चाहते थे कि लड़कियों को अंग्रेजी शिक्षा दी जाए। वे यह जरूर चाहते थे कि यह शिक्षा ईसाई मिशनरियों की महिलाओं द्वारा न दी जाकर नागरिक सेवा, सेना या शिक्षा विभाग की यूरोपीय महिलाओं द्वारा दी जाए, धर्मनिरपेक्ष ढंग से दी जाए और देशी उद्देश्य से दी जाए। उन्होंने शिक्षा के आधुनिकीकरण के साथ उसे राष्ट्रीय दिशा देने की जरूरत का अनुभव किया था।

चिंतनीय है कि भारतेंदु के बारे में 'रस्साकशी' में व्यक्तिगत ढंग के आरोप ज्यादा हैं। कभी प्रेमचंद पर इसी तरह के आरोप लगे थे। हिंदी की साहित्यिक संस्कृति में पंक स्नान का बड़ा माहात्म्य है। भारतेंदु से संबंधित स्त्री-शिक्षा के प्रसंग में एक उदाहरण इस प्रकार है, 'उन्होंने ऐलान करके 'बालबोधिनी' पत्रिका निकाली, तो चार साल तक छपे उसके किसी भी अंक में शृंगार रस की दूर-दूर तक कोई गंध नहीं मिलती।' (रस्साकशी)। एक मार्क्सवादी लेखक की यह कितनी गहरी चिंता है! वीरभारत आगे कहते हैं, 'क्या स्त्रियों के लिए शृंगारिक साहित्य नहीं हो सकता, जरूर हो सकता है, क्योंकि भारतेंदु ने अपनी दोनों 'प्रेमिकाओं' के लिए कई शृंगारिक पद लिखे थे।' वे यह मानने के लिए तैयार नहीं दिखते कि वेश्याएं प्रेमिका हो सकती हैं। इसलिए प्रेमिकाओं को इन्वर्टेड कॉमा में रखकर वे स्त्री को अच्छा सम्मान देते हैं! एक ही प्रवृत्ति के तहत वसुधा डालमिया की भारतेंदु हरिश्चंद्र पर केंद्रित अंग्रेजी में लिखी गई उनकी पुस्तक के कवर पर दिखता है कि भारतेंदु अपनी बंगाली प्रेमिका को गोद में लेकर बैठे हैं। ये सब निरुद्देश्य नहीं हैं।

भारतेंदु ने बेथुन कॉलेज की प्रतिभाशाली छात्राओं के लिए पुरस्कार स्वरूप साड़ियां भेजी थीं। इस पर वीरभारत ने लिखा, 'कलकत्ता के बेथुन कॉलेज में आधुनिक ज्ञान-विज्ञान की शिक्षा में पास करनेवाली लड़कियों को

लेडी वायसराय के जरिए इनाम के तौर पर उनका साड़ियां भिजवाना ऐसा ही लगता है, जैसा उस जमाने में अंग्रेजों के संपर्क में रहनेवाले बहुत से रईस और प्रभावशाली लोग अपनी सार्वजनिक छवि चमकाने के लिए अक्सर किया करते हैं।' 'रस्साकाशी' में इसी तरह के मौलिक विचार कई जगहों पर हैं।

सितारेहिंद और भारतेंदु का फर्क

ऐसा नहीं है कि किसी समझदार हिंदी आलोचक ने राजा शिवप्रसाद सितारेहिंद को इतिहास का खलनायक माना है। रामचंद्र शुक्ल ने उनकी तारीफ में लिखा था, 'राजा शिवप्रसाद शिक्षा विभाग में रहकर हिंदी की किसी न किसी रूप में रक्षा कर रहे थे।' उन्होंने सितारेहिंद की सीमाओं को जरूर पहचाना था, क्योंकि उनकी इतिहास और भाषा-दृष्टि औपनिवेशिक सत्ता विमर्श का अंग थी। फिर भी शिक्षा विभाग में रहते हुए उन्होंने हिंदी क्षेत्र में शिक्षा के प्रसार के लिए जो कार्य किया, उससे कोई इन्कार नहीं कर सकता। वीर भारत तलवार ने उनके महत्व को सही उजागर किया है। उन्होंने यह बात भी खोलकर कह दी है कि औपनिवेशिक सत्ता के गलियारों में और भद्रवर्गीय बुद्धिजीवियों की प्रतिनिधि संस्था 'बनारस इंस्टीच्यूट' में राजा शिवप्रसाद ही सर सैयद अहमद के मुख्य प्रतिद्वंद्वी थे, भारतेंदु नहीं। इस स्थापना से यही अभिप्राय निकलता है कि सर सैयद जिस अंदाज में मुस्लिम हित की चिंता करते थे, उस अंदाज में शिवप्रसाद ही हिंदू हित की चिंता करते थे, भारतेंदु नहीं। वीरभारत तलवार अनजाने में खुद ही भारतेंदु को हिंदू गोष्ठी रक्षक राधाकांत देव की कतार से बाहर कर देते हैं।

दरअसल अंग्रेजों की शिक्षा नीति लागू करने का काम छोड़कर बाकी में शिवप्रसाद का दूर-दूर तक नवजागरण से कोई संबंध नहीं है, बल्कि सर सैयद अहमद पुराने इस्लामी रस्मोरिवाज के जितने विरोधी थे, शिवप्रसाद उतने विरोधी भी पुराने हिंदू रस्मोरिवाज के नहीं थे। उर्दू शैली की तरफ झुकी हिंदी का पक्षधर होने के बावजूद शिवप्रसाद कट्टर मुस्लिम-विरोधी और हिंदुत्ववादी थे। यह वीर भारत तलवार द्वारा प्रस्तुत ब्योरों से ही स्पष्ट है। सितारेहिंद ने औपनिवेशिक शासन की आर्थिक कोण से मामूली आलोचना भी नहीं की।

इसके अलावा, उनका साहित्य बहुत अल्प है। इस संदर्भ में भारतेंदु से उनकी कोई तुलना नहीं है। इन सभी वजहों से हिंदी जगत यदि सितारेहिंद की जगह भारतेंदु को ज्यादा आदर देता है, तो इसका यह अर्थ नहीं है कि वह सितारेहिंद को 'इतिहास का खलनायक' मानता है।

'रस्साकशी' की मुख्य स्थापना यही है कि हिंदी नवजागरण नवजागरण न होकर सिर्फ शिवप्रसाद, सैयद अहमद और भारतेंदु के व्यक्तिगत झगड़ों का मामला है। उनकी जिंदगी में सिर्फ पैंतरेबाजी थी। वे सभी लोग सत्ता के गलियारे में ऊपर चढ़ने और अंग्रेजों का अपेक्षाकृत अधिक कृपापात्र बनने की होड़ में थे। 19वीं सदी का इतना तथ्यविमुख, घटावपरक और नकारात्मक मूल्यांकन अब तक नहीं हुआ था। अतीत की समीक्षा खूब हो, पर इसका अर्थ अतीत-ध्वंस और आत्मऔचित्य की स्थापना नहीं हो सकता। लगता है, वीर भारत तलवार हिंदू-मुसलमान के बीच सांप्रदायिक विभेद को ब्रिटिश साम्राज्यवाद की निर्मिति नहीं मानते, इसमें अंग्रेजों की कोई भूमिका नहीं देखते। वे फारसी-देवनागरी के लिपि-विवाद को सांप्रदायिक विभेद की गंगोत्री के रूप में प्रतिष्ठित करते हैं।

शिवप्रसाद ने अदालतों में फारसी के बदले नागरी लिपि लागू करने के लिए 1868 में संयुक्त प्रांत की सरकार को एक मेमोरेंडम दिया था। इससे सांप्रदायिक विभेद बढ़ गया था। वीरभारत का कहना है, 'जिसे हिंदी नवजागरण कहा जाता है, उसकी शुरुआत 1868 के इसी 'मेमोरेंडम' से हुई थी।' यह कथन कुछ वैसा ही है, जैसा भारतेंदु ने कहा था, 'हिंदी नई चाल में ढली, 1873 ईसवी।' इसका विरोध भारतेंदु के समर्थक और सजग आलोचक रामविलास शर्मा ने किया है।

शोधकर्ता को नई सामग्री और तथ्य मिल सकते हैं और मिलते हैं। इसका यह अर्थ नहीं है कि वह पुराने तथ्यों की उपेक्षा करे और सभी तथ्यों को भेड़ बनाकर मनमानी दिशा में हांक दे। हिंदी एक जनभाषा है। हिंदी शिवप्रसाद और भारतेंदु के काफी पहले से नई चाल में ढल रही थी। यह नागरी लिपि में काफी पहले से लिखी जा रही थी। 'योगवासिष्ठ', 'पद्मपुराण' आदि के अलावा कलकत्ता में फोर्ट विलियम कॉलेज में हुए कामों और,

हिंदी के शुरुआती समाचार-पत्रों 'उदंत मार्त्तंड', 'बंगदूत', 'समाचार सुधावर्षण' की भाषा हिंदी ही थी और उसकी लिपि नागरी थी। हिंदी नवजागरण का एक कलकत्ता संदर्भ है। शिवप्रसाद के नहीं, जनता के दबाव से सरकार ने 1873 में अदालतों में फारसी की जगह अंग्रेजी के अलावा देशी भाषाओं को लागू करने का कानून बनाया। फारसी जब तक सत्ता की भाषा थी, उसका संबंध सिर्फ मुसलमानों से नहीं, हिंदुओं से भी था।

ऊपर नागरी लिपि में हिंदी के जितने कामों का उल्लेख है, उनमें से किसी की भाषा वैसी नहीं थी, जैसी शिवप्रसाद की भाषा थी। 'इबारत वही अच्छी कही जाएगी जो आम फहम और खास पसंद हो।' शिवप्रसाद के इस कथन के जवाब में भारतेंदु ने कहा था, 'हुजूर क्या किया जाए, अरबी-फारसी के अलफाज से (बनी) 'उर्दू' और 'हिंदी' में कोई मेल नहीं रह जाता।' उर्दू और हिंदी सहोदर बहनें हैं, पर ये दो भाषाएं हैं। यह स्वीकार न करना कठमुल्लापन है। शिवप्रसाद यह स्वीकार करना नहीं चाहते थे। वे उर्दू को नागरी की छतरी के नीचे लाना चाहते थे। भारतेंदु शुरू से उर्दू और हिंदी को दो भाषाएं मानते थे। भारतेंदु की समय-समय पर उर्दू पर छींटाकशी (उर्दू का स्यापा) या सैयद अहमद की हिंदी पर छींटाकशी (गँवारू बोली) दो सहोदर बहनों की नोकझोंक थी!

एक जीवंत और गतिशील जातीयता अपने आसपास की भाषाओं को मरते नहीं देख सकती, वह उन्हें अपनी आत्मा में बसा लेती है। हिंदी जातीयता ऐसी ही है। भारतेंदु ने हंटर आयोग के समक्ष बयान की शुरुआत करते हुए जब कहा, 'मैं संस्कृत, हिंदी और उर्दू कवि हूँ', तब यह सोचकर ही कहा कि हिंदी और उर्दू दो अलग-अलग महत्वपूर्ण भाषाएं हैं। एक लेखक दो या चार भाषाओं में लिख सकता है। भारतेंदु का अपने को उर्दू कवि भी कहना साबित करता है कि वे उर्दू से प्यार करते थे, पर हिंदी को उर्दू में विसर्जित करने के पक्ष में न थे। शिवप्रसाद का नागरी लिपि से प्रेम के बावजूद उर्दू की तरफ झुकाव और उनका अंततः उर्दू में ही आत्मकथा 'सवानेह-उमरी' लिखना स्पष्ट कर देता है कि किस तरह उनका लेखन पूरी तरह सत्ता विमर्श का अंग था।

हिंदी शिवप्रसाद और भारतेंदु से काफी पहले अस्तित्व में आ चुकी थी। सवाल यह था कि भद्रवर्ग और ब्रिटिश शासन इसे स्वीकार कर ले। इसे बौद्धिक-प्रशासनिक स्वीकृति मिल जाए, जिस तरह दूसरी राष्ट्रीय भाषाओं को मिली। नागरी लिपि का मुद्दा उठाकर उर्दू को स्वतंत्र भाषा न मानना या हिंदी को उर्दू में विसर्जित कर देना —दोनों ही कठमुल्लेपन के चिह्न हैं। यह संभव है कि भारतेंदु की भाषा यदि राजा शिवप्रसाद और राजा लक्ष्मण सिंह की भाषा जैसी ही कृत्रिम होती तो वे 'अंधेर नगरी' सहित कई श्रेष्ठ नाटक दे नहीं पाते। क्या शिवप्रसाद की भाषा में प्रसाद, निराला, मुक्तिबोध, अज्ञेय, नागार्जुन आदि कवि लिख पाते?

हिंदी अपने विराट क्षेत्र की लोकभाषाओं से जुड़ी होने की वजह से एक बहुस्वीकृत, बहुरंगी और समावेशी भाषा है। खुद भारतेंदु में हिंदी के कई रंग हैं। उनकी हिंदी की पृष्ठभूमि में सिर्फ उर्दू नहीं है, हिंदी की अन्य मांएं अवधी, ब्रज, मैथिली, राजस्थानी, भोजपुरी जैसी भाषाएं भी हैं और बांग्ला, मराठी जैसी चचेरी बहनें भी हैं। हिंदी की एक ही शैली पर जोर सर्वसत्तावाद है।

शिवप्रसाद ने भद्रवर्ग के उस हिस्से का प्रतिनिधित्व किया, जो जनपक्षधर नहीं था और भारतेंदु ने उस हिस्से का जो जनपक्षधर था। उनके दृष्टिकोण में फर्क स्वाभाविक है। इस फर्क को व्यक्तिगत झगड़ा कहना विवाद को ऐतिहासिक परिप्रेक्ष्य में देखने से बचना है।

19वीं सदी के नवजागरण कर्मियों की किसी न किसी हद तक राजभक्ति एक सर्वस्वीकृत तथ्य है। सवाल है कि उन्होंने राजभवित प्रदर्शन के अलावा कुछ और किया या नहीं, वे औपनिवेशिक वातावरण में नवजागरण की किस दिशा में गए। वीरभारत तलवार एक सेटेल्ड मामले को उठाकर भारतेंदु पर जिस भाषा में टिप्पणी करते हैं, वह परिपक्व विमर्श का चिह्न न होकर किसी निराशा का विस्फोट लगता है। वे कहते हैं, 'राजा शिवप्रसाद बहुत नग्न ढंग से भारतीयों की निंदा और अंग्रेजों की तारीफ करते थे। लेकिन भाटों की परंपरा पर चलते हुए भारतेंदु ने ड्यूक ऑफ एडिनबरा की नववधू की मुँह-दिखवानी लिखने से लेकर महारानी की जीवनरक्षा के लिए अपने स्कूल के बच्चों से गीत गवाने तक, अंग्रेजों की तारीफ में समय-समय पर जो

गीत बनाए, आज की दृष्टि से वे भी उतने ही कुरुचिपूर्ण और भद्दे थे।' 19वीं सदी में राजनीतिक दृष्टिकोण रखनेवाले सभी नवजागरण-कर्मी अंग्रेजी राज का एक न एक तरह से समर्थन करते थे। वे इसके भीतर से अंग्रेजी राज की नीतियों की आलोचना भी करते थे। कोई दादा भाई नौरोजी के भाषण पढ़ ले तो उनकी राजभक्ति के सामने भारतेंदु की राजभक्ति फीकी नजर आएगी।

सवाल है कि 19वीं सदी में उपनिवेशवाद के बौद्धिक असर के बीच उसके प्रति आलोचनात्मक दृष्टि नदारद थी या वह अभी आकार ले रही थी। मुश्किल यह है कि वीरभारत तलवार की दृष्टि बौद्धिक उपनिवेशवाद की तरफ गई, पर इससे मुक्ति की कहीं दबी और कहीं खुली आवाज की तरफ नहीं गई। भारतेंदु ने अपनी इस मुकरी में उपनिवेशवाद की खुलकर आलोचना की है, 'भीतर-भीतर सब रस चूसै। हँसि-हँसि के तन मन धन मूसै। जाहिर बातन में अति तेज। क्यों सखि सज्जन नहिं अँगरेज।' यह मुकरी आम जनता की जुबान पर ऐसे ही नहीं चढ़ गई। शिवप्रसाद सितारेहिंद हिंदी क्षेत्र में शिक्षा प्रसार के संदर्भ में नवजागरण कर्मी ही कहे जाएंगे, पर उनके पास उपनिवेशवाद की कोई समझ नहीं थी और न उन्होंने उपर्युक्त ढंग से कभी अंग्रेजी राज की आलोचना की।

भारतेंदु 1857 के स्वाधीनता संग्राम के कठोर दमन के बाद एक बहुत कठिन समय में साहित्य रच रहे थे। वे बनिया अमीचंद के खानदान के थे, जिसकी वफादारी का बोझ उनके माथे पर कम नहीं रहा होगा। वे अंग्रेजी और फारसी की औपनिवेशिक-सामंती संस्कृति में पले-बढ़े थे। उनकी राजभक्ति का मूल्यांकन इस पृष्ठभूमि से काटकर नहीं किया जा सकता। पिछले आपातकाल (1975-77) के साहित्यिक दृश्य हों या इधर के दशकों में आधुनिक लेखकों की राजभक्ति, प्रधानमंत्रियों के काव्यपाठ का आनंद लेने और कई महत्वपूर्ण समझे जानेवाले हिंदी लेखकों के अक्सर सत्ता के आसपास मँडराने के दृश्य हो; यह सब देखने के बाद नहीं लगता कि भारतेंदु कुछ बहुत अस्वाभाविक कर रहे थे—खासकर उस जटिल औपनिवेशिक परिवेश में।

बिल गेट्स के भारत आने (1997) पर कई नेताओं ने अपनी पगड़ी हाथ में लेकर जिस तरह दौड़ लगाई, उससे भारतेंदु की रचना 'दिल्ली दरबार दर्पण'

की याद ताजा हो गई थी। इतिहास की कोई मूर्ति आसानी से तोड़ी जा सकती है और उसकी जगह दूसरी स्थापित की जा सकती है, लेकिन इतिहास का निर्माण मूर्तियां तोड़ने-लगाने से एक अलग किस्म का काम है।

ज्यादा जरूरी बात यह है कि धार्मिक कट्टरवाद और बाजारवाद हमारी प्राचीन गौरवशाली परंपरा को ही नहीं, आधुनिकता के भी श्रेष्ठ आदर्शों को मिटाने में लगे हैं। इसलिए नवजागरण के पुनःपाठ में विध्वंसात्मक रुख अपनाने की जगह अंग्रेजी शिक्षा, राजभक्ति या धर्म की परंपराओं के बीच से आए नवजागरणकालीन व्यक्तित्वों की अंदरूनी कशमकश को सहानुभूतिपूर्वक समझने का प्रयास हो। उनकी रस्साकशी को व्यक्तिगत झगड़े की जगह वैचारिक कोण से देखा जाना चाहिए। शिवप्रसाद सितारेहिंद और भारतेंदु के बीच व्यक्तिगत झगड़ा न था। भारतेंदु ने अपनी पुस्तक 'मुद्राराक्षस' सितारेहिंद को समर्पित की थी। सितारेहिंद ने भी भारतेंदु के मरने पर कहा था, 'हाय मेरा विरोध करने वाला भारतेंदु अब नहीं रहा!' लड़ाई हिंदी के स्वरूप को लेकर थी, अंग्रेजी राज की आलोचना को लेकर थी।

हिंदी नवजागरण को बढ़ा-चढ़ाकर देखना जितना गलत है, उससे ज्यादा गलत है, उसे नवजागरण के किसी खास सार्वभौम मॉडल के संदर्भ में तौलना या उसे सनातनी हिंदू बुद्धिजीवियों का आंदोलन घोषित कर देना। हिंदी नवजागरण कभी सिर्फ हिंदी भाषा या नागरी लिपि का आंदोलन नहीं है। उसके सामाजिक और राजनीतिक अभिप्राय भी हैं। भारतेंदु अंग्रेजी राज ही नहीं, हिंदू धर्म और सामाजिक व्यवस्था के प्रति भी क्रिटिकल थे। वे धार्मिक सद्भाव के प्रवक्ता थे। उन्होंने धर्म की जो अवधारणा दी, वह एंटी-मॉडर्न नहीं है। उसमें आधुनिकता के लिए दरवाजे खुले हैं। उनका धर्म समावेशी है, बहिष्कारवादी नहीं है। तभी वे कला-कौशल के विकास पर जोर देने के साथ हमेशा दूसरे धर्मों को आदर देते हैं और धर्म के संबंध में गलतफहमियां दूर करना चाहते हैं।

भारतेंदु ने बांग्ला से हिंदी में काफी अनुवाद और अनुसृजन किया। उन्होंने अनुवाद के महत्व को समझा और हिंदी में अनुवाद की संस्कृति की नींव डाली। अनुवाद करना एक तरह से अपने को बाहर की तरफ खोलना है।

हमेशा ही अनुवाद कट्टरवाद को चुनौती है और उदारवाद का चिह्न है। यह अपनी संस्कृति के इकहरेपन और संकीर्णता से बाहर निकलना है। कट्टरवादी कभी अनुवाद नहीं पढ़ते, वे स्वमूलवादी होते हैं। भारतेंदु ने काफी अनुवाद किए जिसे उनके बौद्धिक खुलेपन का एक और उदाहरण माना जा सकता है। यह सिर्फ उनके नहीं, हिंदी के मन का खुलापन है। अनुवादों की वजह से आज हिंदी भारतीय और दुनिया की भाषाओं का आंगन है।

हिंदी क्षेत्र अपनी सारी विडंबनाओं के बीच आज भी धर्मनिरपेक्ष संस्कृति का दबाव बनाए हुए हैं। जन-आंदोलनों और सामाजिक परिवर्तन की लड़ाई का अंत नहीं हुआ है, प्रतिरोध बचा हुआ है। इतना सब हिंदी नवजागरण के भले अधूरा ही सही, घटित हुए बिना संभव नहीं था।

अंधेर नगरी : उत्तर-उपनिवेशवादी विमर्श

भारतेंदु के प्रहसन 'अंधेर नगरी' में औपनिवेशिक चिह्नों को मिटाकर एक नई दुनिया बनाने का स्वप्न है। इसमें परिवर्तन की एक छिपी आवाज है, जो उत्तर-उपनिवेशवाद को साहित्यिक जमीन देती है। पहली बार होता है कि राजा सूली पर चढ़ता है। इसके साथ प्राचीन और औपनिवेशिक अन्याय के खात्मे का जन-स्वप्न तैयार हो जाता है।

अंग्रेजी उपनिवेशवाद की पहचान

उत्तर-उपनिवेशवाद के 'उत्तर' का अर्थ है जीवन और सोच की एक भिन्न दिशा में जाना। उत्तर-उपेनिवेशवाद है राजनीतिक-आर्थिक अन-उपनिवेशन की विचारधारा। 19वीं सदी में इसके बीज बौद्धिक-सांस्कृतिक अन-उपनिवेशन के रूप में अंकुरित हुए। नवजागरण युग में इसकी झलक भारतेंदु के नाटक 'अंधेर नगरी' में स्पष्ट है। इस प्रहसन ने बोध कराया कि भारत के उत्तर-औपनिवेशिक प्रस्थान बिंदु क्या हैं, जातीय मुद्दे क्या हैं?

यह विडंबना ही है कि 1947 में स्वाधीनता के विजयोल्लास के बाद 'अंधेर नगरी' प्रहसन हर रोज अधिक प्रासंगिक होता गया। कभी यह लगा था कि उपनिवेशवाद के मलबे से किसी जादू की तरह नई दुनिया का ढांचा खड़ा होगा, लंबे समय तक देश की कुचली गई आत्मा नए युग में कदम रखेगी। घटित यह हुआ कि देश आधुनिक भविष्य के स्वप्न देखते हुए नई औपनिवेशिकता की गिरफ्त में आता गया। वह अपने प्राचीन सामंती भेदभाव और औपनिवेशिक आधुनिकता को लांघ नहीं पाया। देश उपनिवेशवाद से

अपना विगत संघर्ष भूलता गया। यह एक त्रासद स्मृति-लोप है। 'अंधेर नगरी' के संदर्भ में उत्तर-उपनिवेशवादी विमर्श का मकसद अन-उपनिवेशन के राष्ट्रीय संघर्ष का उद्घाटन है।

अंग्रेजी राज में राष्ट्रीय जागरण उत्तर-उपनिवेशवाद की जमीन बना रहा था। भारतीय संदर्भ में उत्तर-उपनिवेशवाद का अर्थ है अंग्रेजी राज द्वारा नवीनीकृत सामाजिक भेदभावों का खात्मा और प्रलुब्ध करनेवाली औपनिवेशिक आधुनिकता से भिन्न राह की खोज। कहना न होगा, बौद्धिक अन-उपनिवेशन उत्तर-उपनिवेशवाद का प्रधान तत्व है।

भारत में नवजागरण जिस माहौल में आ रहा था, वह 'अंधेर नगरी' में प्रतिबिंबित है। वह औपनिवेशिक लूट, प्रलोभन और दमन का माहौल था। भारतेंदु ने अंग्रेजी राज को आर्थिक आक्रमण के साथ-साथ भारत को हजम करने के लिए आई पश्चिमी सभ्यता के रूप में भी देखा था। वह शिक्षा और व्यापार के आधुनिक रूपों से परिचित करा रहा था, साथ ही साम्राज्यवादी सभ्यता का जाल भी बिछा रहा था। स्वाभाविक है कि राष्ट्रीय आत्मपहचान के लिए पहली मुठभेड़ इस सभ्यता से हुई।

इस नाटक की शुरुआत में 'समर्पण' और संस्कृत का एक खास पद है। नाटक के अंग न होते हुए भी ये दोनों नाटक को समझने का परिप्रेक्ष्य बनाते हैं। कविता के रूप में लिखे गए 'समर्पण' में कहा गया है कि अब तक जो किया सो किया, 'पै अब जागिय'। यह राष्ट्रीय जागरण का आह्वान है। भारतेंदु आगे कहते हैं कि 'भारत देश समुन्नति में नित लागिय।' इसके ठीक बाद वररुचि का एक संस्कृत श्लोक (पूर्णचंद्र द्वारा उद्भट श्लोकमाला में संकलित एक श्लोक का रूपभेद) दिया गया है। इसका उद्देश्य शिक्षित भारतीय बुद्धिजीवियों के सांस्कृतिक मतिध्वंस की ओर संकेत करना है।

संस्कृत के इस पद का अर्थ है —जो चंदन, आम तथा चंपा के वन को काटकर कीकर के वृक्ष की रक्षा करता है, जो हंस और कोयल के प्रति हिंसक होकर काक-लीला में रुचि लेता है, जो हाथी के बदले गधा खरीदता है और कपूर तथा कपास को उनके श्वेत रंग के कारण एक जैसा समझता है, जहाँ के गुणी जन ऐसी समझ रखते हों, उस देश को नमस्कार है!

क्या रक्षणीय है और क्या त्याज्य, क्या सुरुचि है —क्या कुरुचि और बाजार में क्या खोकर क्या हासिल हो रहा है, इन सबका विवेक अंग्रेजी राज के जिन शिक्षित बुद्धिजीवियों में न था, भारतेंदु 'अंधेर नगरी' नाटक की शुरुआत में ही उनका सांकेतिक ढंग से मखौल उड़ाते हैं।

हर उपनिवेशवाद अपना बाजार और उसका सम्मोहन लेकर आता है। उस सम्मोहन में ज्यादा फँसे थे गुणी जन, अर्थात अंग्रेजी-शिक्षित बुद्धिजीवी। यही वजह है कि वे कपूर और कपास में फर्क नहीं कर पा रहे थे। वे उपनिवेशवाद से प्रभेद स्थापित करने की जगह आत्मविसर्जन किए जा रहे थे। खैर, 'तासों अब लौं करी, करी सों, पै अब जागिय'!

'अंधेर नगरी' का सही संदर्भ

'अंधेर नगरी' नाटक एक प्रचलित लोककथा पर आधारित है। भारतेंदु के इस नाटक में उपनिवेशवाद का स्पष्ट प्रतिवाद है और व्यंग्यात्मक शैली में उत्तर-उपनिवेशवदी चेतना के निर्माण की ध्वनि है। इसे बाद के उत्तर-औपनिवेशिक विमर्शों से भिन्न समझना चाहिए। 'अंधेर नगरी चौपट राजा, टके सेर भाजी टके सेर खाजा' भारत की निरंकुश राज-सत्ता की बदहवासी के प्रति लोकचित में पनपे आक्रोश की उक्ति है, जिसका भारतेंदु ने औपनिवेशिक –सामंती व्यवस्था के अनावरण के लिए इस्तेमाल किया था।

लोकबुद्धि हमेशा धर्मबुद्धि और राजबुद्धि से भिन्न होती है। वह संस्कृति के जीवंत तत्वों को किसी न किसी रूप में बचाकर रखती है। इसलिए राजसत्ताएं धर्म और राजनीतिक दबावों द्वारा लोकबुद्धि को नष्ट या विकृत करने की कोशिश करती हैं। यह सैकड़ों साल से होता आया है। भारतेंदु का देशप्रेम उन्हें हमेशा लोक से जोड़ता है और जनता से प्रेम की ओर ले जाता है। इसलिए आश्चर्यजनक नहीं है, यदि वे लोकबुद्धि से बने 'अंधेर नगरी चौपट राजा' की लोककथा की तरफ आकर्षित हुए और उन्होंने 19वीं सदी का सर्वश्रेष्ठ भारतीय नाटक लिखा।

भारतेंदु ने अंधेर नगरी को पश्चिमी साम्राज्य का रूप दिया है। हालांकि ब्रजरत्न दास ने कहा है कि यह नाटक बिहार प्रांत के किसी जमींदार को

लक्ष्य करके उसे सुधारने के लिए लिखा गया था। यही वजह है कि लंबे समय तक देशी राजा के संदर्भ में 'अंधेर नगरी' का प्रतीकार्थ ढूंढ़ा गया। साठोत्तरी आधुनिकतावाद की रोशनी में उसे सार्वभौम मूल्यहीनता के परिदृश्य में रखकर देखा गया, जबकि यह मूलतः राष्ट्रीय जागरण का नाटक है।

'अंधेर नगरी' भले एक दिन में लिखा गया, लेकिन इसमें लंबे काल से उपनिवेशितों के दिल में भरे हुए आक्रोश की आवाज है। रामविलास शर्मा ने संकेत दिया है, "अंधेर नगरी' अंग्रेजी राज की आलोचना ही नहीं, वह इस अंधेरगर्दी को खत्म करने के लिए भारतीय जनता की प्रबल इच्छा भी प्रकट करता है।" खुद भारतेंदु ने अपनी टिप्पणियों में कई बार अंग्रेजी राज और उसकी सभ्यता के संदर्भ में अंधेर नगरी का उल्लेख किया है।

'कविवचनसुधा' में छपे एक मर्सिया पर अंग्रेज अधिकारी क्षुब्ध थे। लोगों ने भारतेंदु से पूछा, वह राजा कौन था जिस पर मर्सिया लिखा गया। भारतेंदु ने 'कविवचनसुधा' के 20 अप्रैल, 1874 के अंक में जवाब छापा, 'हम उस राजा का अर्थ स्पष्ट करके सुनाते हैं। वह राजा अंगरेजी फैशन था, जो इस अपूर्ण शिक्षित मंडली रूप अंधेर नगरी का राज करता था।' यह औपनिवेशिक भारत में अंग्रेजी फैशन के बढ़ते आकर्षण की ओर संकेत है, जो अधपढ़ों को बौद्धिक उपनिवेशवाद की ओर ले जाता था। वे अंग्रेजी राज पाकर निहाल थे।

निःसंदेह भारतेंदु ब्रिटेन की विद्या, ज्ञान-विज्ञान, उच्च तकनीक और उद्योगीकरण के स्वागत में खड़े थे, लेकिन वे पश्चिमी सभ्यता के अंधानुकरण के पक्ष में नहीं थे। प्रभुत्व और पराधीनता का संबंध भारत के नवजागरण को ही नहीं, तकनीकी-औद्योगिक विकास को भी प्रभावित कर रहा था। उल्लेखनीय है कि भारतीय नवजागरण पश्चिम की तरह स्वाधीन माहौल में नहीं, बल्कि औपनिवेशिक दशाओं में आ रहा था। उसे 'विकास' के प्रति सदियों से उदासीन भारत की नई आकांक्षा कहा जा सकता है। भारतेंदु एक आशा में पश्चिमी विद्यामृत, पश्चिमी तकनीक और उद्योग-व्यापार के लिए अंग्रेजी राज की प्रशंसा किया करते थे। यह 'विकास' घटित नहीं हुआ, बल्कि अंग्रेजों ने इंग्लैंड के मालों से भारत का बाजार पाट दिया और भारतीय अर्थव्यवस्था को लकवाग्रस्त कर दिया। वे अपनी सभ्यता का आकर्षक जाल फैलाने लगे।

यूरोप की आधुनिक समृद्धि के लिए उपनिवेशवाद जरूरी था। इसलिए भारत में हर विदेशी माल के साथ एक विचार लिपटा चला आ रहा था। भारतेंदु की चेतना में अंग्रेजी राज के प्रति 'आकर्षण' के साथ-साथ उससे 'शत्रुता' की चेतना को पहचानना मुश्किल नहीं है। उस जमाने में उपनिवेशकर्ता और उपनिवेशित के बीच द्वंद्वात्मक संबंध था —उससे संबंध भी था और द्वंद्व भी। भारतेंदु की राजनीतिक चेतना को उपनिवेशकर्ता और उपनिवेशित के द्वंद्वात्मक संबंध की रोशनी में देखना उचित होगा।

फिर भी भारतेंदु की आंखों के सामने से कोहरा छंट रहा था। उन्हें अंततः अहसास हो गया कि अंग्रेजों ने भारत के तकनीकी-औद्योगिक विकास की जगह पहले से जो कुछ श्रेष्ठ था, उसका भी विनाश कर दिया है। वे 'कविवचनसुधा' में भारत की जनता की बात कहते हैं, 'हिंदुस्तानियों का कहना है कि उद्योग और व्यापार बाकी न रहा। रेल आदि से द्रव्य बढ़ने की आशा नहीं है। रेलवे कंपनी वाले जो द्रव्य व्यय करते हैं, उसका ब्याज सरकार को देना पड़ता है और उसे लेनेवाले विलायत के लोग हैं।' क्या 'सबाल्टर्न' बोल सकता है? एक तरह से 19वीं सदी में देश की समूची गुलाम जनता 'सबाल्टर्न' है। भारतेंदु बोले। उन्होंने उपनिवेशित हिंदुस्तानियों की राष्ट्रीय आकांक्षा को छूने की कोशिश की। वह आकांक्षा थी अंग्रेजी राजा जो ईश्वर के समतुल्य बना हुआ था, वह सूली पर चढ़े।

भारतेंदु युग के उपनिवेशीकरण के कई तत्व वैश्वीकरण के युग में दिखाई दे सकते हैं। वैश्वीकरण श्रम सघनता की जगह पूंजी सघनता ला रहा है। निजीकरण के दायरे में आवश्यक सेवाएं भी हैं। विकास की परिधि के बाहर फेंक दिए जानेवाले गरीबों की संख्या हर रोज बढ़ रही है। लगातार तकनीकी विकास से बेरोजगार बढ़ रहे हैं। बाहर-भीतर से सांस्कृतिक आक्रमण ही तेज नहीं हैं, भुखमरी की दशा भी है। लूट, बेरोजगारी, गरीबी और वंचना की कुछ ऐसी दशाओं में भारतेंदु उतर-उपनिवेशवाद के लिए काम कर रहे थे। उन्होंने कहा, 'देशवासियो, तुम निद्रा से चौंको, इन (अंग्रेजों) के न्याय के भरोसे मत फूले रहो। ...अंग्रेजों ने हम लोगों को विद्यामृत पिलाया और उससे हमारे देश-बांधवों को बहुत लाभ हुए, इससे हम लोग इन्कार नहीं करते।

परंतु उन्हीं के कहने के अनुसार हिंदुस्तान की वृद्धि का समय आनेवाला हो, सो तो एक तरफ रहा पर प्रतिदिन मूर्खता, दुर्भिक्षता और दैन्य प्राप्त होता जाता है। ...रोग और दुष्काल इन दोनों के मूल कारण अंग्रेज ही हैं। ...अखबार वाले इतना भूंकते हैं, कोई नहीं सुनता। अंधेर नगरी है, व्यर्थ न्याय और आजादी देने का दावा है।' (कविवचनसुधा, 1874)। क्या उपनिवेशवाद कभी सुनता है? क्या मुक्त अर्थव्यवस्था कभी सुनती है?

ऊपर की बातों से स्पष्ट है कि भारतेंदु किसके राज्य के संदर्भ में अंधेर नगरी कह रहे हैं। उन्होंने 'अंधेर' शब्द का अपने लेखन में बार-बार इस्तेमाल किया है। अपने समय की औपनिवेशिक बदहवासी पर उनकी स्पष्ट टिप्पणी है, 'अंधाधुंध मच्चौ सब देसा, मानहुँ राजा रहत विदेसा' (अंधेर नगरी)। अंग्रेजी राज की औपनिवेशिक छाया में पूरा भारत अंधेर नगरी बना हुआ था। भारतेंदु हरिश्चंद्र के उपर्युक्त कथन से यह स्पष्ट है।

आधुनिकीकरण के समर्थन में खड़ा होने के बावजूद भारतेंदु को औपनिवेशिक लूट, भ्रष्टाचार और अन्याय से पीड़ा होती थी। वे आधुनिकीकरण और जातीय आत्मपहचान या 'स्वत्व निज भारत गहे' में अंतर्विरोध देखना नहीं चाहते थे। उन्हें भारत की गौरवशाली परंपरा और पश्चिम के बीच एक सम्मानजनक संवाद की जरूरत महसूस होती थी। 'अंधेर नगरी' प्रहसन इसका भी सबूत है कि भारतेंदु औपनिवेशिक आधुनिकता से बाहर निकल कर आधुनिकता के राष्ट्रीय स्वप्नों की तलाश में थे।

भारतेंदु को सत्यवादी राजा हरिश्चंद्र का मिथ इसलिए ज्यादा प्रिय था कि उनका राजपाट उसी प्रकार छल से ले लिया गया था, जिस तरह अंग्रेजों ने इस देश का राजपाट ले लिया। राजा हरिश्चंद्र को उसी प्रकार फटेहाल रास्ते पर खड़ा कर दिया गया था, जिस प्रकार अंग्रेजों ने भारतवासियों की संपदा लेकर इन्हें दुर्भिक्ष के हवाले कर दिया। राजा हरिश्चंद्र की तरह भारतेंदु भी सत्य और कर्तव्य पर अडिग थे, जबकि उस जमाने में कई शिक्षित बुद्धिजीवी जरा-जरा से स्वार्थ के लिए डिग जाते थे। भारतेंदु का विश्वास था कि धर्म और सत्य पर अडिग रहने की साधना एक दिन रंग लाएगी, जनता के कष्ट दूर होंगे। राजा हरिश्चंद्र के व्यक्तित्व ने भारतेंदु के सामाजिक जीवन के नैतिक

पक्ष का निर्माण किया था। इसके बल पर वे भंडाचार्य जैसे अपने समय के धार्मिक पाखंडियों से लोहा लेते थे। उन्होंने 'सत्य हरिश्चंद्र' नाटक सिर्फ लिखा नहीं था, वे रंगमंच पर खुद बड़े शौक से राजा हरिश्चंद्र का अभिनय करते थे और अपने भीतर उनको महसूस करते थे।

भारतेंदु को अपने स्वातंत्र्यवादी विचारों की वजह से काशी की भद्र मंडली में तिरस्कार झेलना पड़ता था। उनके खिलाफ अंग्रेज अधिकारियों का कान भरा जाता था। उपनिवेशवाद उपनिवेशितों के बीच से कुछ खास व्यक्तियों को लोभ देकर अपनी एक मजबूत सुरक्षा पंक्ति बनाता रहा है। इसलिए उत्तर-उपनिवेशवाद या स्वाधीनता के लिए संघर्ष बाहर और भीतर दोनों स्तरों पर चलता है। इस लड़ाई में सकारात्मक प्राक-औपनिवेशिक स्मृतियों की एक गुणात्मक भूमिका होती है, क्योंकि वे नैतिक शक्ति देती हैं।

दरअसल पश्चिम अपना गौरवशाली इतिहास खोकर 'रिनेसां' में फिर सब कुछ पा जाता है, पर भारत अपना इतिहास भूलकर कुछ भी मूल्यवान प्राप्त नहीं कर सकता। भारतेंदु को पौराणिक राजा हरिश्चंद्र इसलिए प्रिय थे कि वे उनकी नैतिक शक्ति के स्रोत थे। राजा हरिश्चंद्र को अंततः अपना खोया राजपाट वापस मिल गया। भारतेंदु को उम्मीद थी कि भारत भी अपना खोया राज पा लेगा।

बनारस की बौद्धिक मंडली के कुछ व्यक्तियों का लगातार तिरस्कार झेलने के कारण भारतेंदु ने एक बार दुख से भरकर कहा था, 'कहेंगे सब ही रैन नीर भरि-भरि, पाछे प्यारे हरिचन्द की कहानी रहि जाएगी'। भारतेंदु का जीवन किसी कथा से अधिक चकित करता है।

भारत में उपनिवेशवाद सामाजिक, सांस्कृतिक और नैतिक स्तर पर विध्वंसात्मक भूमिका निभा रहा था। उसके दमन के औजार विकसित थे। इसलिए जातीय पुनर्निर्माण के लिए स्वातंत्र्यवादी पश्चिम से वैचारिक संपर्क के साथ-साथ उपनिवेशवादी पश्चिम से टकराहट और उसका एक्सपोजर जरूरी था। भारतेंदु का उत्तर-उपनिवेशवाद या अन-उपेनिवेशन के राष्ट्रीय अभियान ने ये दोनों कार्य किए। उन्होंने अंग्रेजी राज के अंधभक्तों के एकांगी नवजागरण के समानांतर समग्र नवजागरण का आह्वान किया।

भारतेंदु की एक बड़ी चिंता है, 'तुम्हारी लक्ष्मी हजार धारा से इंग्लैंड, फरासीस, जर्मनी, अमेरिका जाती है। दियासलाई जैसी तुच्छ वस्तु भी वहीं से आती है। ...भाइयो, अब तो नींद से चौंको, अपने देश की सब प्रकार उन्नति करो। जिसमें तुम्हारी भलाई हो वैसी ही किताब पढ़ो, वैसे ही खेल खेलो, वैसी ही बातचीत करो। परदेशी वस्तु और परदेशी भाषा का भरोसा मत रखो।'

भारतेंदु द्वारा 1884 में बलिया में दिए गए भाषण के उपर्युक्त उद्धरण का संबंध भारतेंदु युग की विश्व-अर्थव्यवस्था से है। हिंदुस्तान का धन विदेशों में जा रहा है और 'दियासलाई जैसी तुच्छ वस्तु भी वहीं से आती है।' यह कथन भारत के औपनिवेशिक बाजार बन जाने का वृत्तांत रचता है। यही वजह है कि 'अंधेर नगरी' नाटक का प्रमुख दृश्य बाजार है। यह खुलासा करता है कि देश राजनीतिक रूप से ही नहीं, आर्थिक रूप से भी गुलाम है।

पश्चिम का चेहरा है स्वातंत्र्यवाद। उसका दूसरा चेहरा है उपनिवेशवाद। अंग्रेजों को आधुनिकीकरण के नाम पर भारत में एक ऐसा प्रशासनिक और व्यावसायिक ढांचा खड़ा करने में सफलता मिल गई जो सामंती तत्वों को उकसाकर सामाजिक भेदभाव बढ़ाती थी और औपनिवेशिक लूट को चिरस्थायी बनाती थी। उन्हें एक ऐसी बाजार व्यवस्था निर्मित करने में सफलता मिल गई, जो लोभ और भोगवाद पर आधारित मूल्यनिरपेक्ष संस्कृति की मालगोदाम थी। भारतेंदु के मन में अंग्रेजी राज के आम अन्यायों के अलावा प्रलोभनों का अदृश्य जाल रचनेवाली औपनिवेशिक बाजार-व्यवस्था भी बेचैनी पैदा कर रही थी। इसी बेचैनी की सृजनात्मक परिणति है 'अंधेर नगरी'। इस नाट क के रचना काल 1881 तक उनकी राजभक्ति का स्वर धीमा हो चुका था और साम्राज्यवाद-विरोध की आवाज बुलंद होने लगी थी, हालांकि ऐसा नाटक लिखना 1857 के ब्रिटिश दमन को देखते हुए एक जोखिम उठाना कहा जाएगा।

'अंधेर नगरी' औपनिवेशिक बाजार पर व्यंग्य है

उत्तर-उपनिवेशवाद दरअसल बुद्धिवाद, धर्मनिरपेक्षता, सांस्कृतिक बहुलता, राष्ट्रीय अखंडता, स्वातंत्र्य चेतना और सामाजिक न्याय के पक्ष में उपनिवेशवाद से जिरह है। 'अंधेर नगरी' पढ़कर स्मृतिलोप के वर्तमान युग में उन दिनों की

यादें ताजा हो सकती हैं, जब उपनिवेशवाद एक चुनौती के रूप में साफ-साफ दिख रहा था। आज के बाजारवाद ने औपनिवेशिक और उत्तर-औपनिवेशिक का फर्क मिटा दिया है। इसलिए यदि हमें यह देखना है कि भारतेंदु की राष्ट्रीय सोच उपनिवेशवाद से किस तरह मुक्त हो रही थी तो हमें 'अंधेर नगरी' के बाजार को समझना होगा। इसे सामने रखकर वे औपनिवेशिक अन्यायों के अलावा प्रलोभनों से भी रू-ब-रू होते हैं। भारतेंदु मानते थे कि नाटक सांस्कृतिक सुधार में एक बड़ी भूमिका निभा सकता है। इसलिए लोगों के मन से अंग्रेजी राज का आकर्षण दूर करने के लिए उन्होंने यह नाटक लिखा था।

'अंधेर नगरी' का पहला कथन है, 'बच्चा नारायणदास, यह नगर दूर से बड़ा सुंदर दिखाई पड़ता है।' भारतेंदु दिखाना चाहते थे कि पश्चिमी साम्राज्यवादी सभ्यता दूर से सुंदर दिखाई देती है, पर अंदर से क्या है। वे एक सभ्यता पर टिप्पणी करना चाहते थे, सिर्फ अंग्रेजी राज पर नहीं। खाद्य पदार्थ स्वरूप कुछ भिक्षा लाने का आदेश देते हुए महंत जब कहते हैं, 'बच्चा गोबरधनदास, तू पश्चिम की तरफ जा' तो कुछ भी अस्पष्ट नहीं रह जाता। वे सावधान भी करते हैं, 'बच्चा बहुत लोभ मत करना'। लोभ पतन का मूल है। लोभ किसी भी विचारधारा में घुन है। उपनिवेशवाद राष्ट्रीय विचारधाराओं को तरह-तरह के बहकावे से विघटित करता है। वह बाजार का सम्मोहन फैलाता है जिसमें आगले, हाकिम, सिपाही, एडिटर, ब्राह्मण, महाजन सभी फंसते हैं। भारतेंदु ने एक अदृश्य जाल को दृश्य बनाने के लिए यह नाटक लिखा।

नवजागरण की पौ फटते ही भारतेंदु का नाटक की ओर बढ़ना और शास्त्रीय परंपरा तथा पारसी थिएटर से भिन्न लोक संस्कृति की जमीन पर नाटक लिखना मामूली प्रस्थान नहीं है। वह एक तरफ अपने 'नाटक' शीर्षक लेख में कहते हैं, 'काव्य के सर्वगुण युक्त संयुक्त खेल को नाटक कहते हैं।' उनकी नजर में नाटक एक साहित्यिक खेल है, कला है और 'कला वास्तविक उन्नति का आधार है'। दूसरी तरफ, नाटक उनके लिए एक जातीय उम्मीद है, 'यदि नाटक का अभिनय आरंभ हो जाएगा तो सब कुचाल आप से छूट जाएंगे।' निश्चय ही भारतेंदु अपने युग की ऐतिहासिक सीमा में काम कर रहे थे। वे कला और सांस्कृतिक सुधार के बीच अंतःसंबंध की खोज कर रहे थे।

बाजार की औपनिवेशिकता और इसके बल पर वि-संस्कृतीकरण कला की स्वायत्तता नष्ट कर देता है। उस युग में कला को सामाजिक-सांस्कृतिक सुधार से जोड़कर ही स्वायत्त सृजनात्मकता का संरक्षण संभव था।

भारतेंदु आधुनिक युग के पहले हिंदी व्यंग्यकार हैं। 'अंधेर नगरी' एक व्यंग्य रचना है। व्यंग्य का काम है प्रहार करते हुए मजा देना और मजा देते हुए प्रहार करना। व्यंग्य की प्रतिभा खासकर उसी व्यक्ति में होती है जो बहुत सताया गया महसूस कर रहा हो। भारतेंदु काशी के जिस शिष्ट समाज से जुड़े थे, उसमें उन्हें कई मामलों में फँसाया और सताया गया। इससे उनकी साहित्यिक क्षमता निखरी। उस दौर में किसी दूसरी भारतीय भाषा के लेखक में ऐसा व्यंग्य-कौशल नहीं मिलता, जैसा भारतेंदु में है। हिंदी में बहुत कम अच्छे व्यंग्यकार हुए और जो हुए, उनमें भारतेंदु का नाम गौरव से लिया जा सकता है। उनके प्रहसनों और व्यंग्यात्मक रचनाओं का मुख्य उद्देश्य समाज सुधार के अलावा राजनीतिक चेतना का विकास है। हिंदी के पहले आधुनिक रचनाकार से ही साहित्य और राजनीति का संबंध स्थापित हो गया था, पर यह संबंध रचनात्मक था, राजनीति के पीछे चलने का नहीं।

'अंधेर नगरी' नाटक की मुख्य धुरी औपनिवेशिक बाजार है जिसका राज्य से संबंध है। अंग्रेजी राज का एक बड़ा हिस्सा बाजार में था और दूसरा हिस्सा उस बाजार को नियंत्रित करनेवाले राज्य-प्रशासन में था। अंग्रेजों ने देश को 'बाजार राज्य' में बदल दिया था, मुक्त नहीं औपनिवेशिक 'बाजार राज्य' में। यूरोपवासी अपने हिसाब से इस देश में 'सभ्यता के मिशन' पर थे और दावा करते थे कि इस देश की जनता को न्याय और आजादी का अहसास कराने के लिए आये हैं, जिससे वह अब तक वंचित थी। भारतेंदु ने तय किया कि उनके इस गलत दावे का खंडन करना है। उन्होंने बड़ी लोकरंजक शैली में और जाहिर है साहस के साथ घासीराम, पाचकवाला और गोबरधनदास के माध्यम से औपनिवेशिक अन्याय, अत्याचार और शोषण का पर्दाफाश किया। हिंदी में पहली बार आम लोगों के बीच से उभरे चरित्रों को वाणी मिली।

घासीराम : चना हाकिम सब जो खाते। सब पर दूना टिकस लगाते।।

पाचकवाला : चूरन जब से हिन्द में आया। इसका धन बल सभी घटाया।।

चूरन अमले सब जो खावैं। दूनी रिश्वत तुरत पचावैं।।

चूरन साहेब लोग जो खाता। सारा हिन्द हजम कर जाता।।

चूरन पुलिस वाले खाते। सब कानून हजम कर जाते।।

जिस सदी में कई भारतीय बुद्धिजीवियों को अंग्रेज सभ्यता के सबल दूत लगते थे, अंग्रेजों के साथ रागरंग या टेबुल पर साथ खाना गौरव की बात समझी जाती थी, उपर्युक्त ढंग के कथन औपनिवेशिक अन्याय, अत्याचार और शोषण के तीखे व्यंग्यात्मक अनावरण कहे जाएंगे। यह 'जीवौ सदा विक्टोरिया रानी' लिखनेवाले लेखक की एक बौद्धिक छलांग है। यह देश की आम जनता का अंग्रेजी राज से हो रहे मोहभंग का सबूत है। गौर करने की बात है कि अंग्रेजी राज के विरोध में ऐसे कथन चना-जोरगरमवाले और पाचकवाले की जुबान से निकल रहे हैं, अर्थात आम जनता के आक्रोश से भरे दिलों से निकल रहे हैं। उल्लेखनीय है कि उनके नाटक 'भारत दुर्दशा' के सुधारवादी वकील, संपादक, कवि जैसे चरित्र मध्यवर्गीय थे और वे डरे हुए थे, जबकि 'अंधेर नगरी' के चरित्र साधारणवर्गीय हैं और साहसी हैं। नाटक में भारतेंदु की बेफिक्री, साहसिकता और वर्तमान पर पैनी नजर हमें विस्मित कर देती है। उन्होंने श्लेष में कहा, 'ले हिंदुस्तान का मेवा फूट और बैर'! भारत में एक बड़े खतरे के बीच भारी कलह भी था। देश में फूट थी। उस युग के किसी दूसरे नवजागरण चिंतक में इतना बौद्धिक आत्मविकास नहीं हुआ था। भारतेंदु की तब उम्र थी महज 31 साल, एक दुर्द्धर्ष नौजवान!

19वीं सदी में उपनिवेशवादियों और ऊंचे गले से धर्म-धर्म चिल्लानेवाले कूपमंडूक हिंदुत्ववादियों के बीच सांठ-गांठ थी। धार्मिक कट्टरवादी वस्तुतः सुधारों के विरोधी थे। कोई बड़ा जन-दबाव न हो तो अंग्रेज भी कूपमंडूकता और भेदभावों को सींचते रहना चाहते थे। खासकर 1857 के बाद उन्होंने यही किया। भारतेंदु उदार हिंदू थे। वे राधाकृष्ण की युगल मूर्ति के उपासक थे। फिर भी उन्होंने 'अंधेर नगरी' में बेखटके लिखा, 'हिन्दू चूरन इसका नाम,

विलायत पूरन इसका काम'। उपनिवेशवादियों और धार्मिक कट्टरवादियों की सांठ-गांठ नवजागरण के उभारों को कुचलने के लिए थी। दोनों के अपनी-अपनी सत्ता को लेकर स्वार्थ थे। भारतेंदु ने अपने नाटकों में अंग्रेजी राज की आलोचना करते हुए, जिस तरह पश्चिमी सभ्यता के रंग में रंगे राजभक्त बुद्धिजीवियों की खिल्ली उड़ाई, अंग्रेजी राज के समर्थक कूपमंडूप हिंदुत्ववादियों की भी खबर ली। राजभक्त बुद्धिजीवियों को आधुनिकता के वास्तविक अर्थ से मतलब नहीं था तो कट्टर हिंदुत्ववादियों को हिंदू धर्म के उच्च सारतत्व में दिलचस्पी नहीं थी।

भारतेंदु की दूरदर्शिता सबसे अधिक प्रकट हुई औपनिवेशिक बाजारवाद की शिनाख्त में। अंग्रेजों के 'बाजार राज्य' में टका जीवन के लिए बहुत कुछ से सब कुछ बनता जा रहा था। कबीर के बाद भारतेंदु जिस बाजार में खड़े थे, वह पहले से कई मायनों में भिन्न हो चुका था। यह अपना नहीं, औपनिवेशिक बाजार था। 19वीं सदी के हिंदी पत्र 'उचितवक्ता' के 7 जुलाई, 1883 के अंक में एक टिप्पणी छपी है, 'हम भारतवासी क्या सदैव मुखापेक्षी ही रहेंगे?' इसमें कहा गया है, 'आज हम लोगों को कोई देशी वस्तु देख ही नहीं पड़ती, सिर से पैर तक व्यवहार्थ वस्तु मात्र ही विदेशी देख पड़ती है।' कहने के लिए यह मुक्त बाजार था, पर असल में यूरोप का बाजार था और भारत की कोई अपनी अर्थव्यवस्था न थी। यह आर्थिक गतिरोध, अन-उद्योगीकरण, देश के उत्पादनों पर भारी कर, धन-हरण और दुर्भिक्ष की अर्थव्यवस्था थी, जो आर्थिक ही नहीं नैतिक संकट भी पैदा कर रही थी। भारत की सत्ता इंग्लैंड के हाथ में थी। अतः औपनिवेशिक परिवेश में गरीबी जितनी बढ़ती जा रही थी, टके की ताकत और उसका आकर्षण भी उतना बढ़ता जा रहा था।

'अंधेर नगरी' नाटक औपनिवेशिक बाजारवाद के अभिलेख की तरह है। यह नाटक बाजारवाद का घोषणापत्र-सा लगता है, 'टके के वास्ते जैसी कहो वैसी व्यवस्था दें। टके के वास्ते झूठ को सच करें। ...टके के वास्ते धर्म और प्रतिष्ठा दोनों बेचें, टके के वास्ते झूठी गवाही दें। टके के वास्ते पाप को पुण्य मानें, ...टके के वास्ते नीच को पितामह बनावें। वेद धर्म्म, कुल-मरजादा, सचाई-बड़ाई सब टके सेर। लुटाय दिया अनमोल माल। ले टके सेर।'

इस कथन से बाजार के 'रेंज' का बोध होता है कि किस तरह अब न्याय, धर्म, बुद्धि, प्रतिष्ठा हर चीज बिकाऊ माल है। बाजार वस्तुतः समाज में सोने की अंगूठी में रत्न की तरह नहीं है। वह जोंक की तरह है।

'सब टके सेर' से ध्वनित होता है कि बाजार इस सिरे से उस सिरे तक 'मोनोलिथिक' है और सभ्यता की एकरूपता एकतरफा ढंग से थोप दी गई है। इस नीति का नतीजा है जनता और राज्य के बीच संपर्क का टूट जाना, बाजार द्वारा संचालित समाज में उच्च सामाजिक आदर्शों का पतन शुरू हो जाना, लोभ और भोगवाद की प्रवृत्तियों का बढ़ना और न्याय का प्रहसन में बदल जाना। आज बाजार के जो आर्थिक और सांस्कृतिक मॉडल समाज को चला रहे हैं, वे बीज रूप में दो सौ साल पहले अस्तित्व में आ चुके थे। आम लोग औपनिवेशिक बाजार के निशाने पर तभी से थे, पश्चिमीकरण की प्रक्रिया शुरू हो चुकी थी।

धार्मिक प्रवृत्ति के गोबरधनदास जैसे व्यक्ति भी जिंदगी की मौज-मस्ती चाहने लगे, तो यह बाजार का असर था। इस तरह व्यक्ति समाज को छोड़कर स्वतंत्र स्ववर्धनशील द्वीप होने का स्वप्न देखने लगे। यह एक सभ्यता से दूसरी सभ्यता में घुसना था, मात्र अंधेर नगरी में नहीं। सवाल है, क्या ऐसे दबावों के बीच समाज में राजनीतिक और सांस्कृतिक विकल्प चुनने की इच्छाशक्ति बची होती है? एक सवाल और है, ऐसी इच्छाशक्ति को अंतिम रूप से मारना सभ्यता के किसी भी मोड़ पर क्या संभव है?

गुरु की बात न मानकर चेला गोबरधनदास लोभवश एक ऐसे बाजार में आया था, जहाँ सब कुछ टके सेर है और 'वेश्या जोरू एक समाना' है। बाजारवाद का प्रवेश 'नीच-ऊँच' सब में हो गया है। लोग भीतर से काले पर ऊपर से निर्मल दिखाई देते हैं। इस सभ्यता में 'भीतर होई मलिन की कारो, चाहिए बाहर रंग चटकारो' की स्थिति है। यह कृत्रिम चीजों का एक कृत्रिम बाजार है। 'अंधेर नगरी' में आदमी की तरक्की का दर्शन है, 'साँच कहैं ते पनही खावैं। झूठे बहुविधि पदवी पावैं।।' पनही मतलब जूता। ऐसे बाजार में सच्चे के लिए जगह नहीं है। इसमें सबसे छली ही सबसे बली है। कलयुग के बाद यह छलयुग है, 'छलियन के एका के आगे। लाख कहौ एकहु नहिं लागे।' छली लोगों के बीच गजब की एकता है। लाख आलोचना करो, उन्हें चोट नहीं लगती।

हर विरोध बाजार के तराजू पर फुस्स! भारतेंदु नाटक के आरंभ होने के पहले 'समर्पण' में ये संकेत दे देते हैं। लगता है, वे अपने समय के बाजार के बारे में नहीं, हमारे समय के बाजारवाद पर टिप्पणी कर रहे हैं।

गोबरधनदास अंग्रेजों के 'बाजार राज्य' की सर्वप्रमुख खूबी बतलाता है, 'प्रकट सभ्य अंतर छलधारी। सोई राजसभा बलभारी।' इस राज्य में सबसे अधिक शक्तिशाली वह है, जो ऊपर से सभ्य दिखे, पर भीतर से छली हो।

हर बाजार का अपना आकर्षण होता है। क्रय शक्ति न होने पर भी विदेशी माल लोगों को प्रलुब्ध करता है, और हर ऐसे माल के साथ एक छलनामय बिंब होता है। जाहिर है, भारतेंदु नाटक में किसी एक खास चौपट राजा की कथा नहीं कह रहे थे। वे उस नई सभ्यता का 'क्रिटीक' प्रस्तुत करना चाहते थे, जो ब्रिटिश साम्राज्यवाद की छाया में इस देश के जीवन में प्रवेश कर चुकी थी। यह सभ्यता महंत के कथन 'लोभ पाप का मूल है' जैसी पुरानी धारणाओं को उलट-पलट दे रही थी। गोबरधनदास जैसे व्यक्ति इस बाढ़ में बहे जा रहे थे। उपनिवेशवाद की कोख से जन्मी सभ्यता की बुनियाद में ही विकृतियां थीं, क्योंकि यह यूरोप के गंदे आर्थिक नाले से निकलकर आ रही थी।

भारतेंदु के युग और इसके बाद ऐसे चिंतकों की कमी नहीं रही है,जो भारत में अंग्रेजी राज या उपनिवेशवाद की प्रगतिशील भूमिका देखते रहे हैं। उस जमाने का एक प्रमुख पत्र 'सारसुधानिधि' कहता है, 'ये एक भारतवर्ष है जहाँ के आदमी रेवड़ी के लिए मस्जिद गिराते हैं। एक जरा-सी लसी होनी चाहिए, बस चाहे कुल, मान, मर्यादा पर वज्र भी पड़े। कितने तो ऐसे होते हैं कि उनको जरा-सा लालच दिखा के चाहे जैसा निन्दनीय काम करा लो और यहाँ तक कि उनके अपने स्वार्थ के आगे धर्म्माधर्म्म का भी ज्ञान नहीं रहता।' (स्वाधीनता और तेजस्विता, 17 फरवरी, 1879)। स्वार्थ, लोभ और भोगवाद की संस्कृति का विरोध किए बिना मानवीय स्वाधीनता को बचाया नहीं जा सकता, यह उस युग की समझ थी। भारतेंदु ने पश्चिमी विद्यामृत, ज्ञान-विज्ञान और तकनीकी-औद्योगिक प्रगति के प्रति व्यापक आकर्षण के बावजूद, उस जमाने की सभ्यता के अंतर्द्वंद्व को पहचाना था। उन्होंने अपनी प्रतिरोधी भूमिका विसर्जित नहीं की थी।

'अंधेर नगरी' के गोबरधनदास को टके की सभ्यता ने उसके गुरु और साथियों से ही जुदा नहीं कर दिया था, जीवन के अर्थ और उद्देश्य से भी अलग कर दिया था। यह वह सभ्यता थी, जिसमें चीजों की सिर्फ सतह पर दृष्टि जाती थी, गहराई में नहीं। गोबरधनदास छल और झांसे में इसलिए आया कि उसने बाजार की चीजों की सिर्फ सतह देखी। पश्चिम की सभ्यता छिछलेपन को ही विश्वदृष्टि का जामा पहना रही थी, ताकि आदमी में वह अंतःकरण ही न बचे जिसके प्रमुख तत्व हैं (क) कल्पनाशीलता, (ख) मानव संबंध का बोध, (ग) सृजनात्मकता, (घ) करुणा और (ङ) सौंदर्यबोध की क्षमता। उपनिवेशवाद का लक्ष्य था कि मनुष्य के पास कोई बड़ा मन न हो, वह सिर्फ उपभोक्ता सामान का दीवाना हो।। आज उदाहरण के तौर पर उसके पास टीवी हो, इंटरनेट हो, वाशिंग मशीन हो, विदेशी कार हो, बँगला हो, क्रेडिट कार्ड हो और हाथ में समय-समय पर खास कट का भरा हुआ गिलास हो! वह खुद जो भी बने, इन चीजों से बने। ऐसा आदमी अंतःकरण से दरिद्र होता है। उसके पास बेशुमार प्रतिष्ठा चिह्न होते हैं, लेकिन वह खुद कुछ नहीं होता।

हम लक्षित कर सकते हैं कि भारतेंदु में एक गहरी आलोचनात्मक अंतर्दृष्टि है, जिसके बल पर उन्होंने 'अंधेर नगरी' में अपने युग की आक्रामक सभ्यता को परत-दर-परत उघाड़ा। उन्होंने आधुनिकता के राष्ट्रीय, मानवीय, वैज्ञानिक और सौंदर्यबोधक तत्वों को महत्व दिया, लेकिन पश्चिमी सभ्यता के पतनशील तत्वों की निर्मम आलोचना की।

गोबरधनदास को इस अद्भुत नगर में काफी मजा आ रहा था। वह मस्ती में थे। उसकी भूख का अंत नहीं था। उसकी अतृप्ति महासागर की तरह अनंत थी। हर माल टके सेर है, यह बार-बार उद्घोषित कर भारतेंदु ने बाजार की वस्तुओं के प्रति बढ़ते आकर्षण को मूर्त करना चाहा है। उन्होंने यह भी कहना चाहा है कि नई सभ्यता अच्छे-बुरे और जरूरी-गैरजरूरी के बीच फर्क करने की चेतना नष्ट कर रही है। आदमी चीजों की सतह की चकाचौंध में इस तरह फँस जाता है कि उसके पास अंदर के अंधेरे को जानने का अवकाश नहीं होता और विवेक तो होता ही नहीं। गोबरधनदास पहले जबर्दस्त भुक्खड़ता या अतृप्ति का अहसास देता है, बाद में भीषण असुरक्षा का।

आदमी की दृष्टि को छिछलेपन की ओर ठेलनेवाली भोगवादी पश्चिमी सभ्यता अंततः भीषण अतृप्ति और असुरक्षा की ओर ले जाती है। समाज में लोभ जितना बढ़ेगा, भोगवाद जितना बढ़ेगा, अतृप्ति जितनी बढ़ेगी, असुरक्षा भी उतनी बढ़ेगी!

गोबरधनदास अचानक सिपाहियों द्वारा गिरफ्तार कर लिया जाता है, क्योंकि बकरी को मार डालने के अपराध में निर्बुद्धिपरक राजा ने बिना पेशी के फाँसी की सजा दे दी थी। इस मुसीबत के बाद गोबरधनदास को बोध होता है कि वह लोभ और भोगवाद की नगरी में कितना असुरक्षित है।

ब्रिटिश सरकार बड़ी न्यायशीला मानी जाती थी। उसी दौर में दार्जिलिंग के कुलियों के संबंध में सरकार ने कई अहितकर कानून बनाए थे, जिस पर 'उचित वक्ता' ने टिप्पणी की थी—'इसे आइन कहें या स्वार्थसाधन?' 1857 के स्वाधीनता संग्राम को अंग्रेजों ने बुरी तरह कुचला था और हजारों बेकसूरों को पेड़ों पर फाँसी दे दी थी। अंग्रेजी राज का 'सभ्यता के मिशन' की तरह न्याय और आजादी देने का दावा व्यर्थ था।

अंग्रेजी प्रशासन बहरा था। 'अंधेर नगरी' का राजा कुछ नहीं सुनता, 'पान खाइए' को 'सुपरनखा आई' सुनता है। राजा सुनता नहीं है। एक फरियादी न्याय माँगता है। राजा कहता है, 'चुप रहो। तुम्हारा न्याव यहाँ ऐसा होगा कि जैसा जम के यहाँ भी न होगा।' राजा पाखंडी है। फरियादी की बकरी दीवार गिरने से मरी थी। राजा हुक्म देता है, 'दीवार को अभी पकड़ लाओ।' राजा अंधा और विवेकहीन है। गोबरधनदास पूछते हैं, 'क्या और कोई मोटा आदमी इस नगर भर में नहीं मिलता जो मुझ अनाथ फकीर को फाँसी देते हैं?' सिपाही कहता है, 'नगर भर में राजा के न्याव के डर से कोई मुटाता ही नहीं।' राजा भय पैदा करता है। यह जन आकांक्षा थी कि ऐसे अन्यायी राजा का अंत होना चाहिए।

गोबरधनदास जब फाँसी के तख्ते पर चीख-पुकार मचाता है और संकट में गुरु को पुकारता है, गुरु आते हैं। उनका कहा न मानकर अंधेर नगरी में जाते समय गोबरधनदास से कहा था, 'कभी संकट पड़े तो हमारा स्मरण करना।' गोबरधनदास को नई सभ्यता की इस हकीकत का बोध हो चुका था

कि यह छिछली सभ्यता है। यह आदमी को भीषण अतृप्ति और अंततः असुरक्षा की ओर ले जाती है। अंधेर नगरी एक हृदयहीन नगरी है। हर हृदयहीन नगरी अंधेर नगरी है।

गुरु अपने चेला गोबरधनदास को बचाने के लिए उसके कान में कुछ कहता है और एक सिरे से गोबरधनदास, गुरु, मंत्री, कोतवाल सभी कहने लगते हैं—हम फाँसी चढ़ेंगे, हम फाँसी चढ़ेंगे। यह मुहूर्त्त मरने के बाद सीधे स्वर्ग जाने का था। राजा सूली पर चढ़ता है!

भारतेंदु का राजा को सूली पर चढ़ाना 19वीं सदी के भारत का महास्वप्न है। यह सिर्फ राजा को सूली पर चढ़ाना नहीं है, उत्तर-उपनिवेशवाद के लिए एक बृहत्तर संघर्ष का आह्वान है। राजा को सूली पर चढ़ते देखकर दर्शकों को अपनी प्राचीन और औपनिवेशिक जंजीरों के टूटने की आवाज सुनाई देती है।

खंड-2

- हिंदी मीडिया : नवजागरण का आलोकस्तंभ
- नवजागरण और हिंदी उपन्यास
- हिंदी खड़ी बोली आंदोलन और अयोध्या प्रसाद खत्री
- नवजागरण में किसान और आदिवासी

हिंदी मीडिया : नवजागरण का आलोकस्तंभ

हिंदी को उसकी मानवतावादी विरासत और समृद्ध विविधता के संदर्भ में देखने की जगह कई बार उसे प्राचीन संस्कृति की वाहिका और हिंदू आबादी को ऐक्यबद्ध करने के औजार के रूप में देखा जाता है। हिंदी को हिंदू राष्ट्रवाद से जोड़ा जाता है। अंग्रेजी के कुछ भारतीय लेखक इसे दरिद्र भाषा कहने से नहीं हिचकते —हिंदी में 'माउस' और 'रैट' के लिए दो अलग-अलग शब्द नहीं हैं, 'यस्टर्डे' और 'टुमारो' के लिए भी नहीं हैं (खुशवंत सिंह)! अब हिंदी समाज में अंग्रेजी को विकसित तथा हिंदी को पिछड़े लोगों की भाषा कहनेवाले काफी एलीट लोग हैं। अंग्रेजी वर्ग हिंदी को गरीबों, श्रमिकों और दुकानदारों की भाषा समझते हैं। वे मानते हैं, हिंदी नवजागरण जैसी कोई चीज नहीं है।

विशाल हिंदी क्षेत्र में 10 राज्य हैं। 2011 के जन सर्वेक्षण के अनुसार हिंदी जाननेवालों की संख्या लगभग 53 करोड़ थी। इतने बड़े भूखंड में हिंदी, हिंदी मीडिया और हिंदी सांस्कृतिक चेतना पिछले करीब दो सौ सालों में कई मोड़ों से गुजरी है। आज भी हिंदी विभिन्न भारतीय भाषाओं का आंगन है। विविधता उसकी शक्ति है।

हिंदी के संबंध में कई तरह के विचार हैं। हिंदी कोई भाषा नहीं है, हिंदी सांप्रदायिक भाषा है, हिंदी हिंदी क्षेत्र की जातीय अखंडता की भाषा नहीं है, हिंदी एक भाषा नहीं है, कई भाषाओं का गुच्छा है जो बिखर जाएगा —इस तरह की एलीटवर्गीय चर्चा बौद्धिक उपनिवेशवाद के शिकार बुद्धिजीवियों द्वारा होती रहती है। कुल मिलाकर ऐसे कथनों का लक्ष्य हिंदी को वैश्वीकरण

और स्थानीय अस्मितावाद के संदर्भ में अप्रासंगिक ठहराना है। दरअसल ये रुख नए नहीं हैं।

क्या हिंदी हिंदुओं की भाषा है?

हिंदी मीडिया ने 19वीं सदी के तीसरे दशक से लगातार संघर्ष करते हुए हिंदी भाषा के आधुनिक विकास में एक बड़ी भूमिका निभाई है। लेकिन पहले हम इस पर थोड़ी रोशनी डालेंगे कि 19वीं सदी के आरंभ से ही इसकी कैसी अवहेलना की गई।

गिलक्राइस्ट (1751-1841) ने काफी पहले हिंदी को 'गंवारू और हिंदुओं की भाषा' कहा था। वे एक सर्जन थे और नील की खेती कराते थे। वे काफी समय तक बनारस और गाजीपुर में थे, जहाँ उन्होंने औपनिवेशिक शासकों की सुविधा के लिए 'हिंदुस्तानी' से संबंधित सामग्री इकट्ठी की थी। उन्होंने बाद में नील की खेती छोड़ दी। वे फोर्ट विलियम कालेज (1800) में हिंदुस्तानी विभाग के अध्यक्ष बन गए। उनका नजदीकी संबंध 'फारसी मिश्रित हिंदुस्तानी' का इस्तेमाल करनेवाले दरबारियों से था, जिनमें मुसलमान और हिंदू दोनों थे। उस समय शिक्षित और रईस लोगों की भाषा फारसी थी। यह 19वीं सदी के मध्य तक सत्ता की भाषा थी। अंग्रेजों का संपर्क इन्हीं क्षमतावान लोगों से था। उन्हें जनता से संवाद नहीं करना था।

कलकत्ता के निकट स्थापित श्रीरामपुर मिशन एक समय काफी प्रसिद्ध था। वहाँ के धर्म प्रचारक जान चेंबरलेन ने 1813 में हिंदी को हिंदुओं की भाषा कहा था, 'मैं दरबार के इतना निकट हूँ कि मुझे कृतज्ञतापूर्वक मुसलमान भाषा की ओर ध्यान देना चाहिए, किंतु मेरा मन अनिच्छा से ही उस पर केंद्रित होता है। मैं हिंदुओं को प्यार करता हूँ और स्वेच्छा से उन पर ही अपना समय लगाऊंगा। ...मैं हिंदवी में तीन चीजें —व्याकरण, शब्दकोश और बाइबिल देखने का आकांक्षी हूँ।' (ईस्ट इंडिया कंपनी की हिंदी नीति, शिवमंगल राय)। हिंदी को हिंदू धर्म से जोड़ने की परंपरा पुरानी है। गौर करने की चीज यह है कि 19वीं सदी की शुरुआत में ही 'हिदुस्तानी' और 'उर्दू' की जगह 'हिंदवी' (हिंदी) में बाइबिल लाने की बात हो रही है। इसका अर्थ है, आम लोगों

में हिंदी ज्यादा ग्रहणशील थी। भाषा का संबंध मजहब से नहीं है, फिर भी ऊपर उर्दू को मुसलमान भाषा कहा गया है। दरअसल हिंदी और उर्दू के बीच सांप्रदायिक विभाजन उपनिवेशवाद का खेल है। अंग्रेज हिंदू और मुसलमान के बँटे रहने में अपना भविष्य सुरक्षित समझते थे। उनके लिए आम हिंदू या आम मुसलमान दोनों ही 'ओरियंटल फेनोमेना' थे। ये सभ्य मनुष्यजाति के अंग न होकर 'नेटिव्स' थे! भारतीय भाषाएं 'वर्नाकुलर' अर्थात गुलामों की भाषाएं कही जाती थीं।

आगे चलकर एक फ्रेंच विद्वान गार्सं-द-तासी (1794-1878) ने जो कहा, वह औपनिवेशिक भेदनीति का नंगा उदाहरण है, 'हिंदी में हिंदू धर्म का आभास है —वह हिंदू धर्म जिसके मूल में बुतपरस्ती और उसके आनुषांगिक विधान हैं। ...मैं सैयद अहमद खां जैसे विख्यात मुसलमान विद्वान की तारीफ में और ज्यादा कुछ कहना नहीं चाहता। उर्दू भाषा और मुसलमानों से मेरा जो लगाव है, वह कोई छिपी बात नहीं है। ...इस वक्त हिंदी की हैसियत एक बोली की-सी रह गई है, जो हर गांव में अलग-अलग ढंग से बोली जाती है।' (हिंदी साहित्य का इतिहास, रामचंद्र शुक्ल)। जिस समय हिंदी आबादी में सामाजिक गतिशीलता बढ़ रही थी और राष्ट्रीय चेतना पैदा हो रही थी, नागरी लिपि में खड़ी बोली हिंदी के कई दैनिक पत्र निकलने लगे थे। भारतेंदु हरिश्चंद्र जिस दौर में हिंदी गें लगातार नाटक और टिप्पणियां लिख रहे थे, उस दौर में गार्सां-द-तासी के उपर्युक्त कथन को सतही और उत्तेजनात्मक ही कहा जा सकता है।

सांस्कृतिक तोड़फोड़ करनेवाले उपर्युक्त साम्राज्यवादी विद्वानों की तुलना में इंग्लैंड के फ्रेडरिक पिन्काट की दृष्टि अधिक वैज्ञानिक थी। वे लंदन में रहते थे। दिसंबर 1887 के 'इंडियन मैगजीन' में उन्होंने अपना मत व्यक्त किया था, 'हिंदी के अंतर्गत कितनी ही बोलियां हैं, पर इन बोलियों का समग्र समुदाय एक ही भाषा है। यही भाषा है, जिससे (भारत के) फारसी विजेताओं ने बहुत से फारसी शब्द मिलाकर एक दोगली भाषा उत्पन्न कर दी, जो हिंदुस्तानी या उर्दू कहलाती है। सरकारी दफ्तरों और कचहरियों को छोड़कर इस भाषा का कहीं अस्तित्व नहीं है। उत्तर भारत की भाषा हिंदी है। यह वहाँ की 'लिंगुआ फ्रांका' है।

हिंदुस्तान में यह विलक्षण दृश्य देखने में आता है कि राजा और प्रजा राजकीय कार्य एक ऐसी भाषा में संपादित करते हैं, जो दोनों के लिए विदेशी है। भाषा-संबंधी यथार्थ प्रश्न जो 30 वर्षों से उत्तर भारत में उठ रहा है, लिपि विषयक है। जब तक फारसी अक्षरों का एकाधिपत्य रहेगा और लोग देशी नागरी का सरकारी कागज-पत्र में व्यवहार करने से रोके जाएंगे, तब तक उत्तरी भारत की भाषा पर बुरा प्रभाव पड़ता जाएगा।' उस जमाने की साम्राज्यवादी रीति-नीति और हिंदी की उपेक्षा के संदर्भ में फ्रेडरिक पिन्काट का अनुमान गलत नहीं था। उल्लेखनीय है कि फ्रेडरिक पिन्काट और भारतेंदु हरिश्चंद्र के बीच अच्छा संबंध था।

हिंदी पत्रकारिता का उदय

उदारवादी राष्ट्रीय आत्मपहचान के क्षय, इलेक्ट्रॉनिक मीडिया के सांस्कृतिक पतन और जड़विहीनता के वर्तमान माहौल में नवजागरणकालीन हिंदी पत्रकारिता के आदर्शों से परिचय जरूरी लग सकता है। उसमें 19वीं सदी के भारतीय बौद्धिक संघर्ष का गौरव प्रतिबिंबित है। इस बौद्धिक संघर्ष ने हिंदी भाषियों के जीवन में सुधार लाते हुए धार्मिक रूढ़ियों और भेदभावों का मूलोच्छेद आरंभ कर दिया था। यह भी बताना चाहा था कि इस देश में राष्ट्रीय एकता और आधुनिक विकास का क्या अर्थ है। यह भी एक यथार्थ है कि सुधार आंदोलन चलते ही नहीं यदि उस समय मीडिया, यानी मुद्रित पत्रकारिता उस समय एक मजबूत हथियार नहीं बनती। मीडिया जन्मा और इससे आलोक आया, तभी सुधार आंदोलन में शक्ति आई।

यह भी देखा जा सकता है कि हमारे देश के आधुनिक लोकतांत्रिक विकास की पद्धति में कुछ मूलभूत त्रुटियां रही हैं, जिनकी वजह से राष्ट्रीय अखंडता, मानवतावादी मूल्यों और तर्कपूर्ण बौद्धिक संवाद की परंपरा पर हमेशा खतरा रहा है। अतीत की बुराइयों को नई राजनीतिक ताकत मिलती रही है। पुराने अंतर्विरोधों के प्रेत जागते रहे हैं। ऐसे समय में जरूरी है कि हम देशप्रेम, राष्ट्रीय सुधार और संघर्ष की अपनी परंपराओं से परिचित हों और अपने अंदर के ह्रास से जूझें।

नवजागरणकालीन हिंदी पत्रकारिता में एक खास युग के राष्ट्रीय मानस की हलचलें हैं। आज लोगों की स्मृति में न उस युग के आदर्श मौजूद हैं और न उन सुधारवादी पत्रकारों के स्वप्न। एक स्मृतिहीन जाति अपने स्वप्न भूल जाती है और केवल दुःस्वप्नों में जीती है।

कहना न होगा कि आधुनिक विकासों ने ही दुनिया को समाचार/पत्रों से परिचित कराया था। भारतीय भाषाओं में पहला समाचार/पत्र बांग्ला का 'समाचार दर्पण' (1818) है जिसका आदर्श वाक्य था, 'दर्पण सौंदर्य देखने के लिए होता है। यह दर्पण विभिन्न वृत्तांतों और समाचारों का है।' पहले गुजराती समाचार-पत्र 'श्री मुंबाइना समाचार' (1822) का आदर्श वाक्य था, 'यह केवल खरीद और बिक्री के मामले में ही रास्ता नहीं दिखाएगा, आपका मनोरंजन भी करेगा।' सबसे पहले खबरों की भूख शिक्षित आधुनिक व्यक्तियों और व्यापारियों में पैदा हुई थी। आमतौर पर शुरुआत में खबरों के रूप में थीं बाजार के माल से संबंधित सूचनाएं और बड़ी हस्तियों की दिनचर्या। फिर पत्रकारिता में शिक्षा, धार्मिक सुधार, राजनीतिक घटनाओं, राष्ट्रीय गौरव, जीवन के संकट तथा अवसरों से संबंधित समाचार भी जगह पाने लगे।

पत्रकारिता को एक तरह का समसामयिक इतिहास समझना चाहिए जो शीघ्रतापूर्वक लिखे जाते हुए भी गहरा असर पैदा करता है। नवजागरण काल की हिंदी पत्रकारिता का एक लक्ष्य हिंदी क्षेत्र की जनपदीय सीमाओं को तोड़ कर हिंदी को राष्ट्रीय भाषा के रूप में विकसित करना था। निःसंदेह हिंदी अपने समय के सामाजिक आंदोलनों से जुड़ी थी और अपने उदार ढांचे में असहमति और विवाद का पूरा अवसर देती थी।

हिंदी के पुराने दुर्लभ पत्र, जिनमें नवजागरण और स्वाधीनता संग्राम के दिनों का वैचारिक संघर्ष है, बरसों की गर्द और उपेक्षा के कारण अब जीर्ण हो चुके हैं। खासकर हिंदी की राष्ट्रीय विरासत दीमक खाए या गर्द भरे पन्नों में है, क्योंकि इस क्षेत्र के सांस्कृतिक नेताओं ने अपनी धरोहर की डिजिटल या आधुनिक तरीकों से सुरक्षा का प्रबंध नहीं किया। यह वैचारिक विरासत अब जीर्ण-शीर्ण और बिखरी दशा में है। मनुष्य का इतिहासबोध जब कमजोर होता है, उसकी अपनी राष्ट्रीय विरासत के संरक्षण की चेतना जाती रहती है।

फिर भी मनुष्य जाति के भीतर एक अपराजेय शक्ति है, जिसके कारण न किसी जाति के इतिहासबोध को मिटा देना संभव होता है और न उदात्त राष्ट्रीय संस्कृति की चेतना पूरी तरह खो पाती है। विघ्न आते हैं, पर बुराइयों के खिलाफ संघर्ष सदा के लिए कभी विलुप्त नहीं होता। आधुनिक विरासत नई व्याख्याओं के साथ सामने आती रहती है।

1826 में कलकत्ता से हिंदी का पहला समाचार/पत्र 'उदंत मार्त्तण्ड' का प्रकाशन शुरू हुआ था। इस समय से लेकर 1975-77 के आपातकाल तक की हिंदी पत्रकारिता का डेढ़ सौ सालों का विकास अपने में एक मिसाल है। दरअसल 1911 तक कलकता अंग्रेजों की राजधानी थी। हिंदी क्षेत्र के कई शहरों के अलावा कलकत्ता से प्रकाशित हिंदी पत्रों में राष्ट्रीय मनीषा अभिव्यक्ति पाती थी। देश के हर कोने के महत्वपूर्ण लेखक इनमें छपते थे। भारतेंदु हरिश्चंद्र ने बनारस से कई पत्र निकाले थे। इलाहाबाद और पटना से पत्र निकले थे। आज उन वैचारिक हलचलों के सामने खड़ा होने के लिए साहस चाहिए।

18वीं सदी के उत्तरार्ध तथा 19वीं सदी के आरंभिक दशकों में भारतीय नवजागरण की ऐतिहासिक स्थितियां निर्मित होनी शुरू हो गई थीं। नवोन्मेष की धुंधली किरणें उतरने लगी थीं। उर्दू के मीर तकी मीर, मिर्जा गालिब, नजीर अकबराबादी ही नहीं, पद्माकर जैसे कवियों ने आधुनिक साहित्यिक रुझान का परिचय देना शुरू कर दिया था।

हिंदी पत्र 'उदंत मार्त्तंड' की ऐतिहासिक पृष्ठभूमि के तौर पर सदासुख लाल (1746-1824) के गद्य से दो नमूने यहां रखे जा सकते हैं। उनकी रचना 'सुरासर निर्णय' (1799) में है, 'जो कहिए असुर दैत्य हैं, इस बात में दूषण है। कंस दैत्य न था, मनुष्य था। श्रीकृष्ण के मामा उग्रसेन का बेटा था। तो इससे समझिये कि स्वभाव असुर है —मनुष्य होय कि अथवा देवता-दैत्य होगा। जिसमें तमोगुण विशेष है, वही असुर है। कोई क्यों न होगा। प्रह्लाद दैत्य था, परंतु स्वभाव उसका सतोगुणी था, उसे सुर जानना चाहिए। दुर्वासा ब्रह्मर्षि हैं। स्वभाव तमोगुणी है। उसे असुर जानना चाहिए।' इस तरह की बातों से स्पष्ट है कि उस दौर में आस्था का स्थान धीरे-धीरे तर्कपूर्ण विश्लेषण लेने लगा था जो नई घटना थी।

सदासुख लाल के गद्य का एक और अंश इस प्रकार है, 'जो क्रिया उत्तम हुई तो सौ वर्ष में चांडाल से ब्राह्मण हुए और जो क्रिया भ्रष्ट हुई तो तुरंत ही ब्राह्मण से चांडाल होता है। यद्यपि ऐसे विचार से हमें लोग नास्तिक कहेंगे, हमें इस बात का डर नहीं है। जो बात सत्य होय, उसे कहना चाहिये, कोई बुरा माने कि भला माने। विद्या इसलिए पढ़ते हैं कि तात्पर्य इसका (जो) सतोवृत्ति है, वह प्राप्त हो। ...इस हेतु नहीं पढ़ते हैं कि चतुराई की बातें करके लोगों को बहकाइये, फुसलाइये और सत्य छिपाइये, व्यभिचार कीजिये और सुरापान कीजिये और धन-द्रव्य एकठौर कीजिये और मन को, जो तमोवृत्ति से भर रहा है, निर्मल न कीजिये। तोता है, सो नारायण नाम लेता है, परंतु उसे ज्ञान तो नहीं है।' धार्मिक रूढ़ियां, शिक्षितों की धूर्तता और स्वार्थपरता, धन-द्रव्य की इजारेदारी तथा धार्मिक आडंबर पर जिस भाषा में इतना तीखा आक्रमण हो, क्या हम कह सकते हैं कि उस युग में हिंदी नवजागरण के स्फुलिंग न थे? सदासुख लाल दो अन्य सज्जन लल्लू लाल और सदल मिश्र के साथ फोर्ट विलियम कॉलेज (1800) में थे।

हिंदी के आधुनिक काल की शुरुआत 1850 से नहीं बल्कि जिन घटनाओं से मानना चाहिए, उनमें कलकत्ता से प्रकाशित हिंदी का पहला समाचार/पत्र 'उदंत मार्त्तंड' भी है। 'हिकी गजट' के प्रकाशन के 46 साल बाद और प्रथम बांग्ला समाचार/पत्र 'समाचार दर्पण' के प्रकाशन के 8 साल बाद, 30 मई, 1826 को 'उदंत मार्त्तंड' का पहला अंक प्रकाशित हुआ था। यह एक साप्ताहिक पत्र था, जो 'कोल्हूटोला के आमड़तला की गली के 37 अंक की हवेली' से 'हर सतवारे मंगल' को निकलता था। इसके प्रकाशक, संपादक और मुद्रक युगल किशोर सुकुल थे। वह कानपुर निवासी थे। वह पहले कलकत्ता की सदर दीवानी अदालत में मुहर्रिर के पद पर काम करते थे, बाद में वकालत करने लगे थे। संस्कृत, फारसी और अंग्रेजी जानने के बावजूद, उन्होंने हिंदी में पत्र निकाला। यह 'उदंत मार्त्तंड प्रेस' से प्रकाशित होता था। अंबिका प्रसाद वाजपेयी ने लिखा है, 'बाबू राम नामक सज्जन पहले हिंदुस्तानी थे, जिन्होंने कलकत्ते में प्रेस (हिंदी प्रेस) स्थापित किया था। अनुमान है कि दूसरे हिंदुस्तानी युगल किशोर ही होंगे जिन्होंने कलकत्ते में

प्रेस खोला और 1826 में उससे 'उदंत मार्त्तंड' साप्ताहिक हिंदी में निकाला।' (हिंदी समाचार/पत्र का इतिहास)।

2 जून, 1799 को कंपनी सरकार की एक आज्ञा निकली कि छपने के पहले समाचार-पत्र सरकार को दिखा दिए जाएं। वैसे आरंभ में ही वारेन हेस्टिंग्स ने प्रेस की स्वतंत्रता पर हमला कर दिया था। 1823 में जब जॉन एडम अस्थायी गवर्नर जनरल था, उसने प्रेस पर कुछ और प्रतिबंध लगा दिए थे। बिना लाइसेंस के पुस्तक या पत्र छापना मना हो गया था। राममोहन राय ने प्रतिबंधों की वजह से अपना फारसी पत्र 'मिरात-उल-अखबार' बंद कर दिया। उन्होंने कठोर प्रेस एक्ट के खिलाफ लंदन में प्रतिवेदन भेजा। एडम के प्रतिबंध तब रद्द हुए, जब चार्ल्स मेटकाफ 1835 में अस्थायी गवर्नर जनरल बने थे। लार्ड लिटन ने 1878 में वर्नाक्यूलर प्रेस एक्ट लाकर भारतेंदु युग में प्रेस पर पुनः कहर ढा दिया। इस समय बनी धारा 124 के तहत 'भारत में विधि द्वारा स्थापित ब्रिटिश सरकार के प्रति विरोध की भावना भड़कानेवाले व्यक्ति' को तीन साल की कैद से लेकर आजीवन देश-निकाला का प्रावधान था। अंग्रेजी राज के इस आतंकवाद को ध्यान में रखने की जरूरत है। जब रिपन आए, तब प्रेस ने पुनः थोड़ी सांस ली। उनके नाम पर कलकत्ते में रिपन स्ट्रीट है।

प्रेस पर प्रतिबंध और ढील की ऐतिहासिक यात्रा में 'उदंत मार्त्तंड' का समय भारतीय प्रेस के लिए दुख और विपत्तियों से भरा था। युगल किशोर सुकुल के साहस की बलिहारी है कि उन्होंने जोखिम उठाया। 'समाचार चंद्रिका' नाम के एक बांग्ला समाचार-पत्र ने 'नागरीर नूतन समाचार/पत्र' शीर्षक से अपने एक लेख में मार्च, 1826 के अंक में इस भावी ऐतिहासिक घटना की तैयारी पर बहुत प्रसन्नता व्यक्त की थी, मानो यह उसकी अपनी उपलब्धि हो।

'उदंत मार्त्तंड' 11 दिसंबर 1827 को बंद हो गया, लगभग डेढ़ साल बाद। इस पत्र को दो रुपए महीना देकर पढ़नेवाले उदार-हृदय पाठक नहीं मिले। हिंदी में निकलने की वजह से सरकारी सहायता नहीं मिलती थी। एक हिंदू सज्जन हरिहर दत्त के पहले से छप रहे फारसी पत्र 'जामे जहाँनुमा' को बाकायदा सरकारी सहायता मिलती थी। युगल किशोर सुकुल का जितना रंज इस बात पर था, उससे अधिक रंज अपनी भाषा के प्रति संपन्न हिंदुस्तानी लोगों

की उपेक्षापूर्ण मनोवृत्ति से था। उस जमाने में फारसी पत्र निकालना जितना प्रतिष्ठासूचक और फायदेमंद था, हिंदी पत्र निकालना नहीं। अंग्रेजी, फारसी तथा बांग्ला के लोगों ने अपने पत्रों को उठाकर जिस तरह अपने हृदय-सिंहासन पर बैठा लिया था, उस काल के हिंदी लोग ऐसा नहीं कर सके थे।

'उदंत मार्त्तंड' को 'हिंदुस्तानियों के हित के हेत' निकालना हिंदी नवजागरण का एक प्रमुख उद्घोष है। हिंदुस्तानी लोग इस जागरण में उत्साहपूर्वक हिस्सा नहीं ले पा रहे थे। नवजागरण काल में 'हिंदुस्तानी' कहीं-कहीं हिंदी जातीयता की पहचान थी। कलकत्ता के राजस्थानी व्यापारी हिंदुस्तानी समझे जाते थे, पटना या कानपुर के लोग भी। हिंदी मीडिया ने इस सूत्र को पकड़ा था। युगल किशोर चाहते थे, 'सत्य समाचार हिंदुस्तानी लोग देखकर आप पढ़ ओ समझ लें और परायी अपेक्षा न करें, ओ अपने भाषा की उपज न छोड़ें।' भारतेंदु की 'निज भाषा उन्नति अहै, सब उन्नति को मूल' की पहली किरण 'उदंत मार्त्तंड' में फूटी थी। 'उदंत मार्त्तंड' का अर्थ है —समाचार का सूर्य। खबरों को सूर्य के रूप में देखना एक अनोखा मामला है। यह हिंदी की जातीय आकांक्षा का चिह्न है।

युगल किशोर का 'उदंत मार्त्तंड' निकालना उस युग में सिर्फ एक नए माध्यम की ओर बढ़ना नहीं है, बल्कि एक नई चेतना की ओर उन्मुख होना भी है। इस पत्र का उन्नति न कर पाना हिंदी क्षेत्र और हिंदी भाषी जनता के बौद्धिक उन्नति न कर पाने का प्रतिबिंब है। अंग्रेजों ने हिंदी जनता को उपेक्षा और दमन का मुख्य शिकार बनाया था, क्योंकि वे नहीं चाहते थे कि यह जाति जगे और आगे बढ़े। उन्हें हिंदी-उर्दू भाषी जनता से अधिक खतरा महसूस होता था, अन्य जातीयताओं से उतना नहीं। अतः अंग्रेजों ने उसे आपस में लड़ाया। दूसरे, उसे संचार, उद्योगों एवं आधुनिकताओं से बलात दूर रखा। हिंदी-उर्दू क्षेत्र अन-उद्योगीकरण और परंपरागत पेशे के उजाड़ के ज्यादा शिकार हुए। इसका नतीजा है कि आज तक हिंदी भाषी लोग रोजगार के लिए अपने राज्यों से बंगाल, पंजाब, महाराष्ट्र, दिल्ली आदि प्रांतों में जाते हैं। यह क्षेत्र वंचना का शिकार भाषा के स्तर पर भी हुआ, हिंदी को अन्य भाषाओं की तरह संरक्षण नहीं मिल सका। कहना न होगा कि हिंदी को असहायावस्था में उन्हीं लेखकों

ने अपनाया जिनके अंदर हिंदी राष्ट्रीय चेतना का ज्वार था, अन्यथा राज्याश्रय के कारण सभी फारसी की दुदुंभी बजा रहे थे।

हिंदी असहायों की भाषा थी, इसलिए असहायावस्था में थी। एक अन्य बात महत्वपूर्ण है, हिंदी की उपेक्षा फारसी और अंग्रेजी पढ़े-लिखे नौजवानों ने ही नहीं की, हिंदी क्षेत्र के संस्कृत के पंडितों ने भी की, जबकि ईश्वरचंद्र विद्यासागर जैसे संस्कृत के पंडितों ने अपने प्रदेश में बांग्ला को आगे बढ़ाना चाहा था।

हिंदी के विकास का सवाल केवल साम्राज्यवाद-विरोधी राष्ट्रीय चेतना से जुड़ा नहीं है, धार्मिक-सामंती कूपमंडूकता के खिलाफ सुधार आंदोलन से भी जुड़ा है। हिंदी के अभ्युदय का अर्थ है —एक उभरती जाति द्वारा साम्राज्यवादी-सामंती बंधनों पर प्रहार। 18वीं सदी के उत्तरार्ध तथा 19वीं सदी के पूर्वार्ध में, रीतिकाल से आधुनिक काल में संक्रमण के दौर में 'उदंत मार्त्तंड' एक महत्वपूर्ण घटना है। निश्चय ही स्थितियां युगल किशोर सुकुल की आकांक्षाओं के विपरीत थीं, पर सफलता से अधिक तात्पर्यपूर्ण है वह ट्रैजडी जिसने न केवल हिंदी पत्रकारिता बल्कि हिंदी नवजागरण के द्वार खोल दिए।

'उदंत मार्त्तंड' को ढूंढ़ निकालनेवाले बंगाली सज्जन थे ब्रजेंद्रनाथ बनर्जी। 'विशाल भारत' के मार्च तथा अप्रैल, 1931 के अंकों में उन्होंने 'हिंदी का प्रथम समाचार/पत्र' शीर्षक से एक लेख प्रकाशित कराया। अतः काफी देर से लोगों ने जाना कि हिंदी का प्रथम समाचार-पत्र 'बनारस अखबार' न होकर 'उदंत मार्त्तंड' है। यदि आज भी हम 'उदंत मार्त्तंड' से कुछ सामग्री पुनः प्रस्तुत कर पाते हैं, तो इसका श्रेय ब्रजेंद्रनाथ बनर्जी को है, क्योंकि इनके लेख में कुछ सामग्री है। उसके अलावा कलकत्ता की 'बंगीय साहित्य परिषद' में मौजूद 'उदंत मार्त्तंड' की खस्ता फाइल में थोड़ी सामग्री है। उसे ठीक से पढ़ पाना संभव नहीं है। ब्रजेंद्रनाथ बनर्जी के लेख से ही सूचना मिलती है कि '16 फरवरी, 1826 को सरकार ने उनकी (युगल किशोर सुकुल की) दरख्वास्त मंजूर करके उन्हें अखबार निकालने का लाइसेंस दिया।'

19वीं सदी के नवजागरण के उषा काल में 'उदंत मार्त्तंड' हिंदी के आधुनिक लहरमान के साथ उभरा। इसके गद्य की प्रमुख विशेषताएं हैं भाषिक

मिश्रणशीलता, देसीपन, जिंदादिली, रोचकता और प्रखरता। इस पत्र में खबरें केवल मुनाफे के उद्देश्य से नहीं छपी हैं। भले सूचना के साथ मनोरंजन भी एक उद्देश्य है। 'फरासीस देश की खबर' में मुरदे की जोरू के प्रति किसी ने संवेदना व्यक्त की तो उसने जवाब दिया कि वह तो मुरदे की खतीली से घर की कुंजी निकालने आई है! वर्णनात्मकता के बावजूद कुछ खबरों में चेतना है। यदि इस पत्र में 'श्रीमान गवरनर जेनरेल बहादुर का सभा वर्णन' छपा है, तो विलायती कपड़े के निरंतर आयात की सांकेतिक आलोचना भी है (5 सितंबर, 1826)। 'लूट की छूट' (17 अक्टूबर, 1826) शीर्षक से ही स्पष्ट है कि पत्रकार कहां प्रहार कर रहा है। गोरे व्यापारी किस तरह लंका से दालचीनी चुराकर जावा ले गए, उसका ब्यौरा 'दालचीनी के पौधे' शीर्षक समाचार में है। 7 नवंबर, 1826 के अंक में सांप का विष उतार देनेवाली औषधि की खबर है। इससे पता चलता है कि यह पत्र सर्प का विष उतारने के लिए अंधविश्वास की जगह वैज्ञानिक राह को प्रोत्साहन देना चाहता है। इसके अनेक अंकों में स्टैंप एक्ट के विरुद्ध जनता का प्रतिवाद तथा उसे रद्द करने की मांग है।

'उदंत मार्त्तंड' की विशेषता है कि वह जनता की विकासशील लोक भाषा में सभी तरह की खबरें जनता तक पहुंचाना चाहता है। दरअसल प्रेस की स्वाधीनता की सीमाओं तथा शासन के दबावों के बीच वह एक बिल्कुल नई जमीन तोड़ रहा था। आखिरी अंक में युगल किशोर सुकुल ने बड़ी निराशा से लिखा है, 'कोलकाता नगरी में 'उदंत मार्त्तंड' को प्रकाश भयो तब ते जै आज दिवस लौं काहू प्रकार से ढांढस बांध विद्या के बीज बेबै को हिंदुस्तानियन के जड़ता के खेत को बहुविधि जोत्यो। पहले तो ऐसी कठोर भूमि काहे को जुते। ताह पै काया कष्ट कर जैसो तैसो हर चलाय...।' भारतेंदु हरिश्चंद्र ने भी अपनी भाषा की उन्नति से विमुख पश्चिमोत्तर प्रांत के निवासियों के प्रति खीझ व्यक्त की थी। हिंदी क्षेत्र का बौद्धिक पिछड़ापन इस क्षेत्र में काम करनेवाले संस्कृतिकर्मियों के लिए आरंभ से दुख का कारण रहा है। फिर भी क्या कभी किसी ने अपना प्रयास बंद किया? इस मिट्टी में कुछ ऐसा है कि ठूंठ पर भी नए पत्ते उग आए!

राममोहन राय ने 1829 में 'बंगदूत' हिंदी में भी निकाला था। उसमें बांग्ला नवजागरण से हिंदी मानस को जोड़ने की चेष्टा स्पष्ट है, 'राजनीति और बनज वैपार और विद्या अभ्यास के प्रकार औ सब देश के समाचार और देशांतरनि की विद्या और सुघरता के प्रसंगन शास्त्रार्थ युक्त यह समाचार-पत्र बांग्ला और काम पड़ा से पारसी और हिंदी भाषा में प्रति सतवारे छपेगा...। योरप की विद्या औ उपविद्या और इस औ उस देश के लोगों में रीति भांत अच्छे प्रकार दृढ़ रहेगी...।' राममोहन राय सिर्फ अपनी बांग्ला भाषा तक सीमित नहीं थे। वे सिर्फ बांग्ला नवजागरण का स्वप्न लेकर नहीं चल रहे थे, जैसा कि नवजागरण के आलोचकों ने उन्हें सामान्यतः पहचाना। वे भारतीय नवजागरण के अग्रदूत थे।

1857 के प्रथम राष्ट्रीय विद्रोह की चिंगारियां पहले से कितनी प्रखर थीं, यह हिंदी के प्रथम दैनिक पत्र 'समाचार सुधावर्षण' (1854) की विश्लेषणपरक खबरों से स्पष्ट हो जाता है। ये खबरें साहित्य नहीं हैं, पर महत्वपूर्ण हैं। पिछड़े हिंदी समाज में आधुनिक विद्या कैसे फैले और हिंदी-भाषी लोग विद्या सीख कर अंग्रेजी राज के उत्तम पदों पर कैसे पहुंचें —समाचार-पत्रों की एक चिंता यह थी। उपर्युक्त पत्र के 'आग्रे के स्कूल का समाचार' में लिखा है, 'केवल बंगाल देश के निवासी बंगाली इंग्रेजी विद्या पढ़ के बड़े हुशियार उस विद्या में होते हैं ऐसा नहीं। मंद्राज और बौंबाई के तरफ के लोग इन्हन से भी अंग्रेजी विद्या में बड़े निपुण होते हैं। परंतु हिंदुस्तान देश निवासियों (हिंदी भाषियों) ने इतने दिन तक इस विद्या में नहीं मन लगाया था...' (11 मई, 1855)। आगरा के स्कूल में अंग्रेजी की पढ़ाई शुरू हुई थी, इस पर यहां प्रसन्नता व्यक्त की गई है।

अंग्रेजी राजकाज की भाषा थी। बंगाल, मद्रास और बंबई की तरफ के लोग अंग्रेजी सीख रहे थे। हिंदी समाज इस मामले में पिछड़ा था। इसलिए जब आगरा में अंग्रेजी शिक्षा के लिए स्कूल खुला, तो कलकत्ते से ही प्रकाशित पहले हिंदी दैनिक 'समाचार सुधावर्षण' ने उसका अभिनंदन करते हुए लिखा, अंग्रेजी विद्या 'अब नहीं सीखने से कुटुंब पालन करना बड़ा कठिन' हो जाएगा (11 मई, 1855)। उस जमाने में अंग्रेजी सीखने के प्रति उत्सुकता मुख्यतः

कुटुंब पालने की मध्यवर्गीय जरूरतों से पैदा हुई थी, क्योंकि ब्रिटिश शासकों द्वारा उद्योग-धंधों को तबाह करने के बाद राजकाज ही रोजगार का मुख्य क्षेत्र था।

उस युग में अंग्रेजी सीखने की जरूरत कई दृष्टियों से महसूस की जा रही थी। एक दृष्टि यह थी कि अंग्रेजी पढ़कर ही भारतीय भाषाओं और समाजों की आधुनिक उन्नति संभव है। 19वीं सदी में हिंदी और हिंदी पत्रकारिता की उन्नति में लगे सभी लोग अंग्रेजी पढ़े-लिखे थे। संरक्षणवादियों का मकसद था, अंग्रेजी पढ़कर ही अधिक चतुराई से रूढ़िवादिता का संरक्षण संभव है। कलकत्ता के राधाकांत देव (1784-1867) ऐसे ही व्यक्ति थे, जो अच्छी तरह जान चुके थे कि यदि रूढ़िवाद में क्षमता पैदा करनी है तो अब यह अंग्रेजी शिक्षा के माध्यम से ही संभव है। उन्होंने 'हिंदू कॉलेज' (1917) की स्थापना में प्रमुख रूप से हिस्सा लेते हुए इस संस्थान में अंग्रेजी शिक्षा पर खास बल दिया, ताकि उपनिवेशवाद-संरक्षणवाद संबंध मजबूत हो सके। उन्होंने अंग्रेजी शिक्षा का समर्थन करते हुए राममोहन राय और विद्यासागर दोनों के सुधार आंदोलनों का विरोध किया। हम आज भी लक्षित कर सकते हैं कि अंग्रेजी शिक्षा और धार्मिक-सामाजिक कूपमंडूकता के बीच जबर्दस्त गठबंधन है।

1857 से पहले देश में कितना असंतोष था, इसकी सूचना 'समाचार सुधावर्षण' की टिप्पणी 'नागपुर की बात' से मिलती है। अंग्रेजों के दमन और लूट की खुली आलोचना इस रूप में है —'ब्रीटिश गवर्णमेण्ट ने भारतवर्ष निवासी राजों पर अन्याय अत्याचार ओ जोरावरी करने को जो आरंभ किया है, सो अब उसका हद हो चुका। ...इन लोगों को भी लोग कहेंगे कि लोग बड़े दुराचारी ओ अन्यायी हैं। ...मगर विलायत के कोर्ट आफ डेरेक्टरों के तरफ से हुकुम आया होय तो लार्ड बहादुर क्या करेंगे, नहीं तो स्वभाव बदल गया होगा।' (18 मई, 1855)। भारत में अंग्रेज जो कर रहे हैं, वह शोषण, अत्याचार और दमन के अलावा कुछ नहीं है, यह 1857 के पहले की चेतना है। जिन शिक्षितों को भ्रम था कि अंग्रेज पिछड़े भारतीय समाज की उन्नति में लगे हैं और वे यहां विद्या की रोशनी फैला रहे हैं, उनका भ्रम धीरे-धीरे टूट ने लगा था। उस समय ऊंचे पदों पर आमतौर पर सुविधावादी शिक्षित लोग थे, उनको छोड़ दें तो समझदार भारतवासी अंग्रेजी व्यवस्था का अंग होते हुए

भी बौद्धिक मोहभंग से गुजरना शुरू कर चुके थे। जिस विद्या के कारण वे ब्रिटिश साम्राज्यवादी व्यवस्था के अंग बने थे, उसी विद्या ने उन्हें स्वतंत्रता, लोकतंत्र और राष्ट्रीय पुनर्निर्माण के दरवाजे पर पहुंचाना शुरू कर दिया था। उस काल के विचारों में राजभक्ति तथा राष्ट्रभक्ति को लेकर द्वैध है, इससे अधिक महत्वपूर्ण बात यह है कि राजभक्ति की तुलना में राष्ट्रीय भावना की ओर झुकाव बढ़ रहा था।

काल मार्क्स ने 1853 के 'न्यूयार्क डेली ट्रिब्यून' के एक लेख में कहा था कि इंग्लैंड ने जो अपराध किए हों, हिंदुस्तान में सामाजिक क्रांति लाने में वह अनजाने ही इतिहास का अचेतन हथियार बन गया। 1881 में उनकी धारणा पूरी तरह बदल गई। इस साल वेरा जसूलिच के नाम लिखे एक पत्र के मसौदे में उन्होंने कहा, 'वह पुनर्निर्माण नहीं, एशियाई निरंकुशता पर थोपी गई यूरोपीय निरंकुशता थी।' इसी तरह का विचार 'नागपुर की बात' की उपर्युक्त टिप्पणी में है, 'इन लोगों को भी लोग कहेंगे कि लोग बड़े दुराचारी और अन्यायी हैं।' कहने का तात्पर्य है कि भारत के राजा-सामंत ऐसे हैं ही, अंग्रेज भी ऐसे ही हैं। यह नवजागरण का एक महत्वपूर्ण बिंदु है, जहां सामंती तथा साम्राज्यवादी व्यवस्था—दोनों से मोहभंग के बीच राष्ट्रीय भावना, समाज सुधार, स्वातंत्र्य और शांति की धारणाएं वस्तुतः संप्रदाय, जाति, क्षेत्र और भाषा की दीवारों को तोड़ कर बन रही थीं। नए भारत के स्वप्न का निर्माण शुरू हो गया था। यह खासकर हिंदी पत्रों के जरिए हो रहा था।

अंग्रेजी पत्रकारिता और उपनिवेशवाद

इस पर गौर करना चाहिए कि एक आयरिश व्यक्ति जेम्स आगस्त हिकी ने 'बंगाल गैजट एंड कैलकटा एडवरटाइजर' (1780) के नाम से भारत का जो सबसे पहला समाचार-पत्र (29 जनवरी 1780) निकाला था, वह कंपनी शासन के लिए किस तरह एक जबर्दस्त चुनौती बन गया था। उसका आदर्श वाक्य था, 'सभी के लिए खुला, फिर भी किसी से प्रभावित नहीं।' आज इस आदर्श की कल्पना नहीं की जा सकती। उपर्युक्त पत्र को 'हिकी गजट' के नाम से जाना जाता है। यह अमेरिका के स्वाधीन होने (1770) के चार साल

बाद और फ्रांसीसी क्रांति (1789) से नौ साल पहले निकला था। हिकी अपने समाचार-पत्र में भारत की औपनिवेशिक दुर्दशा का चित्र खींचता है और अंग्रेज होकर भी ईस्ट इंडिया कंपनी के भ्रष्टाचार की खुल कर आलोचना करता है। उसने वारेन हेस्टिंग्स जैसी शक्ति को चुनौती दी। विदेशी होकर भी हिकी ने भारतवासियों के पक्ष में लिखा। इस पर कंपनी ने मुकदमा ठोंका, पर जीत हिकी की हुई। हिकी ने कहा था, 'अपने मन और आत्मा की स्वतंत्रता के लिए यदि मैं गिरफ्तार भी हो जाऊं तो मुझे खुशी होगी।' इस तरह भारत में मीडिया के इतिहास का आरंभ ही हुआ विद्रोह की उद्घोषणा से। हेस्टिंग्स ने हिकी का मनोबल तोड़ने के लिए डाक की सुविधाएं छीन ली थीं। इसके जवाब में हिकी ने पाठकों तक अपना पत्र पहुँचाने के लिए 20 हरकारे नियुक्त किए थे!

एक ईसाई पादरी जेम्स लांग कोलकाता में 1840 से 1872 के बीच था। उसने उस युग के समाचार-पत्रों की एक सूची तैयार की थी और दीनबंधु मित्र के बांग्ला नाटक 'नील दर्पण' का अंग्रेजी अनुवाद भी किया था। उसने उस युग के समाचार-पत्रों की विषयवस्तु और भूमिका के बारे में लिखा है, 'यद्यपि भारतीय समाचार-पत्र देखने में बहुत साधारण हैं, पर वे तब वीर काव्य की तरह अपना असर दिखाते हैं, जब कानून विफल हो जाता है। वे हवा में उड़नेवाले तिनके की तरह हैं, जिन्हें देख कर हवा के रुख का पता लगा सकते हैं। ... वे विदेशी भाषा को अदालत की भाषा बनाने का विरोध करते हैं। नील की खेती कराने वाले अंग्रेजों और युवा मजिस्ट्रेटों की भूलों को दृढ़तापूर्वक प्रभावशाली ढंग से उजागर करते हैं। ...भारतीयों को जगाने और स्वार्थपरता से ऊपर उठाने में देसी पत्रों की जबरदस्त भूमिका है। ...देसी समाचार पत्रों की प्रसार संख्या बहुत कम है, पर उनका प्रभाव बहुत ज्यादा है। ...भारतीय समाचार-पत्रों में प्रकट किए गए मत को सेफ्टी बाल्व समझा जा सकता है, जो खतरे की चेतावनी देता है। यदि यूरोपीय अधिकारियों ने दिल्ली के भारतीय समाचार-पत्रों से जनवरी 1857 में सलाह ली होती, तो उन्हें पता चल जाता कि हिंदुस्तानी किस तरह विद्रोह के लिए तैयार हो चुके थे।' जेम्स लांग का देसी पत्र से आशय था भारतीय भाषाओं में निकलनेवाले पत्र।

उपर्युक्त कथन से स्पष्ट है कि उस युग का राष्ट्रीय मीडिया न केवल वस्तुपरक समाचार देता था और तथ्य में झूठ का मिश्रण नहीं करता था, बल्कि वह जन साधारण को परस्पर निकट लाने का माध्यम भी था। राष्ट्रीय ताकतें सूचना के औजार का इस्तेमाल साम्राज्यवाद-विरोधी राष्ट्रीय जागरण के लिए कर रही थीं। समाज सुधारकों और राष्ट्रवादी राजनीतिक नेताओं को पत्र-पत्रिकाओं की शक्ति का अंदाजा था। इसलिए कई ने अपने अखबार निकाले थे। उस जमाने का मीडिया पूंजी और सत्ता के असर में होते हुए भी अपनी स्वतंत्र हस्ती रखता था। वह आमतौर पर साम्राज्यवाद और धार्मिक संकीर्णतावाद का हथियार न होकर, राष्ट्रीय मंच था। वह अन्याय, प्रभेद और शोषण के विरुद्ध, नियंत्रणों के बावजूद, निरंतर मुखर था। उसका संघर्ष पत्रकारिता के स्वराज के लिए था।

19वीं सदी के उत्तरार्ध में राष्ट्रीय भाषाओं में निकल रहे पत्रों के समानांतर 'इंडियन मिरर' (1861), 'हिंदू पैट्रियाट' (1853), टाइम्स ऑफ इंडिया' (1861), 'द स्टेट्समैन' (1875), 'द हिंदू' (1878) 'द ट्रिब्यून' (1879) आदि अंग्रेजी में निकलनेवाले पत्र थे। ये राजभक्त पत्र थे। 'टाइम्स ऑफ इंडिया' और 'स्टेट्समैन' एक अंग्रेज राबर्ट नाइट द्वारा शुरू किए गए। वे सुधारवाद के समर्थक थे। वे औपनिवेशिक आधुनिकता से प्रभावित थे और काफी संभलकर राष्ट्रीय भावनाओं का पक्ष लेते थे। कुछ अंग्रेजी पत्रों का हिंदू नाम से निकलना ध्यान आकर्षित कर सकता है। हालांकि ये सभी तिलक के 'मराठा' (1881) से भिन्न मिजाज के थे। उपर्युक्त पत्रों में 'हिंदू पैट्रियाट' बहुत महत्वपूर्ण है। इसने विद्यासागर के विधवा पुनर्विवाह आंदोलन का समर्थन किया था, पर 1857 के राष्ट्रीय विद्रोह का विरोध करते हुए साम्राज्य-भक्ति का परिचय दिया था। गिरीशचंद्र घोष, हरिश्चंद्र मुखर्जी आदि इसके संपादक थे।

'हिंदू पैट्रियाट' देशभक्ति और साम्राज्य-भक्ति को जोड़कर देखता था। उस दौर में अंग्रेजों को 'फ्रेंड्स ऑफ इंडिया' बताया गया। 1857 के 'हिंदू पैट्रियाट' ने लिखा, 'भारत की जनता को ब्रिटिश उदारवाद पर पूरा विश्वास है और अंग्रेज सरकार को यह भ्रांत धारणा मन से निकाल देनी चाहिए कि

उसमें विद्रोह पनप रहा है।' यह भी लिखा गया '1857 के विद्रोह ने नरसंहार, प्रतिशोध और राजद्रोह से ऐसी तबाही मचाई है जिसका समर्थन नहीं किया जा सकता।' हिंदू पैट्रियाट ने आगे चलकर 'नील विद्रोह' (1859) का समर्थन करते हुए अंग्रेज व्यापारियों का विरोध किया था। स्पष्ट है कि दो सालों के बाद अंग्रेजी शिक्षित बुद्धिजीवियों के मत में फर्क आना शुरू हो गया था। इसका यह अर्थ नहीं है कि वे अंग्रेजी राज के आलोचक हो गए। गौर करने की बात है कि 1878 में जो प्रेस एक्ट लागू हुआ, वह 'वर्नाक्यूलर प्रेस एक्ट' था। अंग्रेजी समाचार-पत्र इस एक्ट से बाहर रखे गए थे!

ब्रिटेन से कई समाचार-पत्र और पत्रिकाएं भारत में अंग्रेजों, एंग्लो-इंडियन लोगों और अंग्रेजी-शिक्षित रईसों के पढ़ने के लिए आती थीं। भारत से निकलने वाले अंग्रेजी पत्रों में तार से मिली महारानी विक्टोरिया से संबंधित खबरें छपती थीं और निष्ठावाली बातें जरूर होती थीं, जबकि 1857 से पहले के भारतीय अंग्रेजी पत्रों में स्थानीय समाचारों की प्रधानता ज्यादा थी। आमतौर पर अंग्रेजी पत्रों की प्रसार संख्या ज्यादा थी। शिक्षित वर्गों के मत-निर्माण में उनकी महत्वपूर्ण भूमिका थी। अंग्रेजी पत्रों की राष्ट्रवादी भूमिका की भी चर्चा होती है। लेकिन 'अमृत बाजार पत्रिका' जैसे कुछेक पत्र ही इस मामले में आगे थे। निश्चय ही अंग्रेजी पत्रों के औपनिवेशिक संपर्कों के अधिक विस्तृत अध्ययन की जरूरत है।

हिंदी पत्रकारिता : भारतीय उथल-पुथल का दर्पण

हिंदी नवजागरण की व्याख्या करने के लिए मुख्यतः पत्रकारिता को आधार बनाया जाता है। उस युग के कई हिंदी लेखकों-बुद्धिजीवियों की सक्रियता के कारण पत्र-पत्रिकाएं निकलने लगे थे। शिवप्रसाद सितारेहिंद ने 'बनारस अखबार' (1845), लक्ष्मण सिंह ने 'प्रजाहितैषी' (आगरा, 1855), बालकृष्ण भट्ट ने 'हिंदी प्रदीप' (प्रयाग, 1877), प्रतापनारायण मिश्र ने 'ब्राह्मण' (कानपुर, 1883), बदरीनारायण चौधरी 'प्रेमघन' ने 'आनंद कादंबिनी' (मिर्जापुर, 1881) और राधाचरण गोस्वामी ने 'भारतेंदु' (1883) पत्रिका निकाली। बिहार बंधु (1874) का प्रकाशन बिहार शरीफ से होता था। इन सबके अलावा 'भारतमित्र' (1878),

'सारसुधानिधि' (1879), 'उचित वक्ता' (1880), 'नृसिंह' (1907) आदि पत्र महत्वपूर्ण हैं जो कलकत्ता से प्रकाशित होते थे। 'नागरी प्रचारिणी पत्रिका' (बनारस, 1896), 'सरस्वती' (1900), और 'मतवाला' (कलकत्ता, 1923) आदि पत्रिकाओं ने नवजागरण के दूसरे दौर में महत्वपूर्ण भूमिका निभाई। इन सभी पत्रों ने किसी न किसी रूप में सामाजिक कुप्रथाओं के विरुद्ध आवाज उठाई और धार्मिक सुधार का आह्वान किया।

भारतेंदु ने बनारस से 'कविवचनसुधा' (1868), 'हरिश्चंद्र मैगजीन', 'हरिश्चंद्र चंद्रिका' (1873), 'बालबोधिनी' (1874) पत्रिकाएं निकाली थीं। इनमें सर्वाधिक महत्व की पत्रिका 'कविवचनसुधा' है जो पहले मासिक थी, फिर पाक्षिक हुई। इससे साहित्यिक पत्रिका की एक नई परंपरा स्थापित होती है। कलकाता से प्रकाशित 'भारतमित्र' के दुर्गा प्रसाद मिश्र भारतेंदु के पत्र के कलकत्ता स्थित संवाददाता थे। इस तरह भारतेंदु कलकत्ता के बांग्ला और हिंदी दोनों संसारों के संपर्क में थे। वे साहित्य के साथ सामाजिक विषयों को भी प्रधानता देनेवाले व्यक्ति थे। नवजागरण काल के वे सभी लेखक, पत्रकार और बुद्धिजीवी पैसे की चिंता किए बिना साहित्यिक सेवा को सर्वोपरि मानते थे।

उस युग में परंपरागत भारतीय समाज यूरोपीय विद्या, शिल्प-कारीगरी, आधुनिक संगठनों और सुविधाओं के संपर्क में आ रहा था। भारतेंदु ने 'कविवचनसुधा' के 9 मार्च, 1874 के अंक में हिंदी प्रांत में सर्वप्रथम आह्वान किया, 'परदेश के कला-कौशल ने इस देश पर चढ़ाई किया, ऐसा पहले कभी नहीं हुआ था। इसलिए अब जो-जो विद्वान और विचारी मनुष्य हों, उनको उचित है कि अपने द्रव्य की वृद्धि के निमित्त जितने भाप के यंत्र मंगा सकें, मंगावें और यहां भी धातु आदि खान कई हैं, उनका शोध करें।' भारतेंदु चाहते थे कि हिंदी क्षेत्र उद्योगीकरण और विज्ञान की ओर बढ़े।

भारतेंदु के जीवन काल में 1871 में 'अल्मोड़ा अखबार', 1872 में 'बिहारबंधु', 1877 में 'भारतमित्र' और 1883 में 'हिंदी प्रदीप', 1878 में 'ब्राह्मण' निकला था। ये सभी पत्र कुछ पुनरुत्थानवादी झुकावों के बावजूद किसी न किसी रूप में सामाजिक सुधार, राष्ट्रीय आत्मपहचान और एकता के पत्र थे। 'बालबोधिनी' पत्रिका से यह बोध होता है कि भारतेंदु का ध्यान

स्त्रियों की शिक्षा और 'नर-नारि सम होंहि' के आदर्श की तरफ भी गया। उनसे स्त्रीवाद का प्रवक्ता होने की मांग युक्तिसंगत नहीं है। 19वीं सदी के हिंदी मीडिया में 'राष्ट्र' की चिंता उभरती है, पर हाशिये की चिंताएं आने लगी थीं।

उस दौर में शिवप्रसाद सितारेहिंद हिंदी लोगों को नए ज्ञान-विज्ञान से परिचित कराना चाहते थे। उनके दृष्टिकोण का समर्थन करते हुए भारतेंदु ने 23 अगस्त 1873 को 'कविवचनसुधा' में लिखा, 'बहुत से लोग बिना समझे-बूझे दाढ़ी हिला कर कहा करते थे कि हिंदी में वैज्ञानिक ग्रंथ नहीं लिखे जा सकते और भाषा में उतने शब्द नहीं कि वैज्ञानिक भावना प्रकाश की जाए, पर हम लोग यह जल्पने वाले लोगों को सचेत करते हैं कि वे इस निद्रा से जागें और टुक आँख खोल कर देखें कि अब हिंदी भाषा की उन्नति चाहने वाले लोग जो कहते थे सो कर दिखाते हैं।' हिंदी की उन्नति का यह पहलू आज भी अधूरा है। इस वजह से हिंदी क्षेत्र में विज्ञान आज भी सामाजिक शक्ति नहीं बन सका, भले सबके हाथ में मोबाइल हो!

नवजागरणकालीन पत्र बाजार और सत्ता के पक्ष में जनता को दिग्भ्रमित करनेवाले न होकर, जनता के प्रतिनिधि थे। वे जनता की आवाज, जन-आलोड़नों और सांस्कृतिक हलचलों के दर्पण थे। बाजार से संपर्क के बावजूद वे बाजार के गुलाम नहीं थे। कलकत्ता से प्रकाशित 'भारतमित्र' ने अपने पहले अंक (मई, 1878) के संपादकीय में लिखा, 'समाचार-पत्र प्रजा का प्रतिनिधि स्वरूप होता है और मुख्य तो हृदय-संस्कार करने को जैसा ये समर्थ है वैसा तो और कोई नहीं है।' यह अवधारणा भारतीय संदर्भ में अर्थपूर्ण है।

'भारतमित्र' ने इसी अंक में समझा कर लिखा, 'जहां तक जिस देश में जिस भाषा में समाचार-पत्र का चलन नहीं है, तब तक उसकी उन्नति की आशा भी दुराशा मात्र है।' अपनी भाषा में समाचार-पत्र का प्रकाशन जातीय उन्नति के लिए आवश्यक हो गया था। समाचार-पत्र लोकमत ही नहीं, लोक संस्कार भी बना रहे थे। वे 'जनता की वाणी' होते थे, जबकि वर्तमान युग में मीडिया को जनता के मन-मस्तिष्क में सेंध मारनेवाले प्रायोजित सूचना-तंत्र के रूप में विकसित किया जा रहा है।

'भारतमित्र' ने पहले अंक में दुख व्यक्त किया था, '19वीं सदी में बंगाली और अन्यान्य जाति के आदमी अपनी-अपनी बोली में केवल एक समाचार-पत्र की उन्नति से विद्या में, ज्ञान में दिन-दिन उन्नत हुए जाते हैं, और हमारे हिंदुस्तानी भाई केवल अज्ञान खटिया पर पैर फैलाए हुए पड़े हैं।' हिंदी पाठकों का रोना नया नहीं है। आरंभ में 'भारतमित्र' के 50 से अधिक ग्राहक नहीं बन पाए थे। हिंदी पाठक थोड़ी अधिक विद्या, थोड़ी अधिक दौलत और ठाठबाट पा जाने के बाद बड़ी बेरहमी से अपनी भाषा के पत्र छोड़कर अंग्रेजी पत्रों की तरफ झुकते रहे हैं।

यूरोपीय विद्या पर कटाक्ष करते हुए 'सारसुधानिधि' के पहले अंक (13 जनवरी, 1879) में व्यंग्यपूर्वक कहा गया है, 'विद्या तो अंग्रेजी ही है, हम लोगों का क्या है? कुछ भी नहीं है और जो कुछ है भी सो केवल पाखंड मात्र है।' इस पत्र में है, 'भारतवासियों का भ्रम संशोधन, सत संस्कार स्थापन तथा उनके चित्त की स्थिरता और दृढ़ता का संपादन 'सारसुधानिधि' का प्रथम प्रयोजन है।' नवजागरण का मामला यहीं तक सीमित नहीं था। उपर्युक्त लेख की अगली ही पंक्ति है, 'इसलिए प्राचीन और नवीन शास्त्र तथा मतों की विचारपूर्वक मीमांसा करना आवश्यक है।' इसमें 'विचारपूर्वक' शब्द महत्वपूर्ण है, क्योंकि यही नवजागरण की रीढ़ है। इसी रीढ़ पर 'प्राचीन' की मजबूत पीठ तथा 'नवीन' का विराट सीना है। यह प्रश्न उठाया गया है कि जो अंग्रेज अपने को सभ्यता का दूत कहते हैं, वे खुद कितने सभ्य हैं। यह 21वीं सदी का भी प्रश्न है कि फिलहाल सभ्यता और बर्बरता में कौन-सी चीज फैल रही है।

'सारसुधानिधि' की एक टिप्पणी 'उन्नीसवीं शताब्दी और ये सभ्यता' (13 मार्च, 1879) है, 'जो लोग अपनी सभ्यता, राजनीति, धर्मनीति और दयावृत्ति के आगे प्राचीनों को असभ्य, मूर्ख, धर्म्मज्ञानशून्य और नृशंस कहते हैं, ये क्या उन्हीं लोगों के काम हैं। गत फरासीस और जर्मन युद्ध, रूस और टर्की युद्ध, अफगान और ब्रिटिश का युद्ध और जूलू और अंग्रेजों के युद्ध, ये सब युद्धों से स्पष्ट प्रमाण होता है कि सभ्य और असभ्य, राजा और शेर इनमें कुछ भी फर्क नहीं है, क्योंकि असभ्य काल के लोग जिस प्रकार क्रोध, लोभ, हिंसा, वैर-निर्यातन और जिघांसा आदि पशु धर्म के वशीभूत हो निरपराधियों

के रुधिर से देश प्लावित करते थे, अब के सभ्य महापुरुष भी उसी प्रकार रुधिर की नदी बहाया करते हैं। ...हम लोग प्राचीन काल को असभ्य कहते हैं, परंतु अब के जिघांसु राजाओं का व्यवहार देख कर ये संदेह होता है कि प्राचीन काल असभ्य था या अब का समय असभ्य है।' 'सारसुधानिधि' का यह विचारोत्तेजक राष्ट्रवादी अन्वेषण केवल 19वीं शताब्दी ही नहीं, आधुनिक विकास की पूरी सभ्यता पर प्रहार है। सभ्यता की दिशा कभी युद्ध, मानव उत्पीड़न और लूट नहीं है, यह 19वीं सदी की एक बड़ी सोच है। हिंदी नवजागरण की आलोचनात्मक अंतर्दृष्टि के ऐसे प्रखर नमूने उस युग की दूसरी भाषाओं में दुर्लभ हैं।

रिपन के काल में अभिव्यक्ति की स्वतंत्रता के मामले में साम्राज्यवाद थोड़ा उदार हुआ था, क्योंकि उसे भारतीय घाव पर मलहम लगाना था। राजनीतिक सुधार आवश्यक हो गए थे, क्योंकि भारतीयों का आक्रोश बढ़ता जा रहा था। राष्ट्रीय मुक्ति की चेतना पनपने लगी थी।

निस्संदेह हिंदी क्षेत्र की बड़ी आबादी नवजागरणकालीन पत्रकारिता के असर और ज्ञान से वंचित थी। उस पर गरीबी और अशिक्षा का दबाव था। फिर भी 1857 का असर है कि उस जमाने में 'भारत जननी', 'भारत दुर्दशा' जैसी किताबें और 'भारतमित्र' जैसे समाचार-पत्र निकलने लगे थे। हिंदी समाज में भारत की चिंता सर्वव्यापकता प्राप्त करने लगती है। बुद्धिजीवी अपने कुटुंब, काम-धंधे और धर्म की चिंता के साथ-साथ पूरे देश की चिंता करने लगते हैं।

बालकृष्ण भट्ट ने जून 1887 के 'हिंदी प्रदीप' में एक तुलनात्मक टिप्पणी लिखी थी —'इंग्लैंड और भारत', जो बहुत चर्चित हुई। इसमें वे कहते हैं, 'ईसा से 55 वर्ष पहले जूलियस सीजर थोड़ी-सी सेना लेकर विजय करने की इच्छा से ब्रिटेनिया गया था। उस समय ब्रिटेन निवासी आधे मनुष्य-आधे पशु थे। कच्चा मांस खाया करते थे, नदी, खोह अथवा पर्वत की कंदराओं में रहते थे। ...सिकंदर जूलियस से प्रायः तीन सौ साल पहले भारत में उपस्थित हुआ था। यहां की विद्या, सभ्यता और चातुरी यूनानियों की गुरु निकली। ...जिस समय भारत निवासी पुण्यतोया नदी के मनोहर पुलिन पर बैठे योगाभ्यास में तत्पर हो ब्रह्म-विचार में लगे थे, उस समय ब्रिटेन निवासी

जीवित मनुष्य को अग्निकुंड में फेंक देते थे। ...किंतु काल की क्या विचित्र महिमा है? आज वही क्षुद्र ब्रिटेनिया राज राजेश्वरी है और विपुल भारत भूमि दासी है। एकता ही से बुद्धि और वैभव है। हमारे सब कामों में फूट ...। उनके जीवन का उद्देश्य आत्मोत्कर्ष, समाजोन्नति और देशहित। हमारा उद्देश्य स्वार्थ साधन, देश जाए चूल्हे में हमीं अकेले रहें। हमीं अकेले जिएं, सब ठौर हमारा दार-मदार हो।' इस लंबे उद्धरण में अतीत को लेकर राष्ट्रीय दंभ और वर्तमान को लेकर शोक साम्राज्यवादी स्थितियों की देन है। इनसे 19वीं सदी के भारतीय नवजागरण की एक खास राष्ट्रीय प्रवृत्ति का बोध होता है, साथ ही हिंदी समाज की विडंबनाओं पर रोशनी पड़ती है। फिर भी, उस युग की सामाजिक मनोव्यथा कर्म तत्पर करती थी, जबकि आजकल कई व्यक्तियों में आरामदायक निष्क्रिय मनोव्यथा ज्यादा मिलती है।

बालकृष्ण भट्ट ने धर्म के प्रचलित रूप का विरोध 19वीं सदी से शुरू कर दिया था। वे कहते हैं, 'वह धर्म ही नहीं कहा जाएगा और जिसके चलने से समाज जर्जरित, छिन्न-भिन्न और क्षतिग्रस्त होता जाता है उसे तो धर्म कहेंगे ही नहीं, वरन वह प्रत्यक्ष में महा अधर्म, पाप और अनिष्ट है।' (हिंदी प्रदीप, सितंबर, 1906)। मीडिया के विकास के इस खास मोड़ पर समाज में धर्म की नकारात्मक भूमिका का बोध होने लगा था।

दुर्गाप्रसाद मिश्र ने रिपन के शासन में 'अब भारतवासियों का प्रधान कर्तव्य क्या है' (उचितवक्ता, 2 जून 1883) में सुरेंद्रनाथ बनर्जी की गैर-कानूनी और अपमानजनक गिरफ्तारी का विरोध किया था। उन्होंने 'भारत सभा' की ओर से ब्रिटिश संसद में लाल मोहन घोष को भारतीय प्रतिनिधि के रूप में भेजे जाने का न केवल समर्थन किया, बल्कि इस संबंध में 'बिहार बंधु' के अंग्रेजपरस्त रुख की आलोचना करते हुए वैचारिक संघर्ष भी चलाया। जब 'बिहार बंधु' ने राष्ट्रीय विचारों के दबाव में अगले अंकों में अपने को संभाल लिया तो दुर्गा प्रसाद मिश्र ने व्यंग्य करते हुए लिखा, 'हम लोग संपादक के हृदयगत मतलब को कैसे समझते?'

लालमोहन घोष को ब्रिटिश संसद में स्थायी रूप से रखने के लिए आर्थिक सहयोग की अपील निकालते हुए 'उचित वक्ता' के संपादक ने कहा,

'भारतवासियो! यदि इस समय इस कार्य को नहीं करोगे तो पीछे पछताओगे और हाथ मलते रह जाओगे और विदेशी यह समझेंगे कि भारतवासी केवल आडंबर-सूर हैं। केवल बखत पड़ने से कोलाहल मचाने वाले हैं और वास्तव में निकम्मे और निर्वीर्य हैं।' कलकत्ता में हिंदी पत्रकारिता का यह गौरवशाली रूप स्मरणीय है। एक मुख्य बात यह है कि ऐसे पत्र गिरगिट की तरह रंग नहीं बदलते थे, अपने विचारों पर दृढ़ रहते थे।

हिंदी पत्रकारिता का उदारवादी परिप्रेक्ष्य

कई धर्मनिरपेक्ष चिंतक साम्राज्यवाद की नवजागरणकालीन आलोचना में सांप्रदायिक तत्व खोजते हैं। वे बदलते सामाजिक-साहित्यिक नजरिए और साम्राज्यवाद-विरोध को महत्व नहीं देते। वे वस्तुतः राष्ट्रीय जागरण के आरंभिक दौर में ही एक पूर्ण बुद्धिवादी और धर्मनिरपेक्ष लहरमान चाहते हैं जो इक्कीसवीं सदी में इतनी तकनीकी प्रगति के युग में भी अनुपस्थित है।

वृंदावन के राधाचरण गोस्वामी भारतेंदु को आदर्श मानते थे। उन्होंने 1883 में उनके नाम से 'भारतेंदु' पत्र निकालना शुरू किया था। वे धार्मिक विचारों के थे। 19वीं सदी के उत्तरार्ध में हिंदुओं और मुसलमानों के बीच वैमनस्य फैलना शुरू हो गया था। अंग्रेजों की 'फूट डालो और राज करो' की नीति सफल हो रही थी। राधाचरण गोस्वामी सांप्रदायिक सौहार्द के पक्षधर थे। उन्होंने 'भारतेंदु' में लिखा, 'हम हिंदू-मुसलमान दोनों की जहालत के पक्षपाती नहीं हैं कि हिंदू रामलीला या गोचारण करें तो मुसलमान उनको रोकें और यदि मुसलमान बदस्तूर ताजियादारी करें, अपना सिर-छाती पीटें तो हिंदू उन्हें रोकें। क्या हमारे दोनों भाई नहीं जानते कि 'कहीं खैर खूबी-कहीं हाय हाय'। गवर्नमेंट का कर्तव्य यह है कि दोनों को अपनी राह से पूरब-पश्चिम जाने दें। ऐसा न हो कि दोनों (ट्रेनें) लड़ जाएं या दोनों कुएं में गिरें। हम प्रार्थना करते हैं कि अति शीघ्र ये उपद्रव निर्मूल किए जाएं।' कृष्ण भक्त के ब्रज क्षेत्र के राधाचरण गोस्वामी के विचार इतने उदार हैं, जबकि अन्याय-आधारित सत्ता हमेशा ऐसे उपद्रवों को हवा देती है, वह क्यों रोके। आज भी यह स्पष्ट है और तब भी था।

हिंदी नवजागरण का एक आयाम हिंदू-मुस्लिम एकता का है। उर्दू के प्रश्न पर जैसा टकराव हो, सामाजिक प्रश्न पर क्या भारतेंदु, क्या राधाचरण गोस्वामी दोनों ही लेखक-पत्रकार देश में सांप्रदायिक संबंध बेहतर बनाना चाहते थे। वे परस्पर विश्वास बढ़ाने के पक्ष में थे। उस युग में लेखक धड़ल्ले से 'हिंदू' की जगह 'हिंदुस्तानी' शब्द का प्रयोग करते थे। 'भारतेंदु' में राधाचरण गोस्वामी ने एक जगह अंग्रेजों से राजनीतिक सुधार की मांग करते हुए लिखा, 'हिंदुस्तानियों का आत्मशासन विस्तार करें। हिंदुस्तानियों की उच्च शिक्षा का प्रयत्न करें। हिंदुस्तानियों की सर्वांगीण उन्नति को सरकार अपनी उन्नति समझे।' ब्रिटिश शासन से ये तीनों मांगें अभूतपूर्व हैं। देखा जा सकता है कि ये मांगें सिर्फ हिंदुओं के लिए नहीं हैं। निःसंदेह वे सभी लेखक-पत्रकार हिंदुओं की उन्नति के बारे में सोचते थे, पर वे धर्म और जाति का अतिक्रमण करते हुए एक धर्मनिरपेक्ष भारतीय परिप्रेक्ष्य का भी निर्माण कर रहे थे।

राधाचरण गोस्वामी पश्चिमोत्तर प्रांत के सरकारी दफ्तरों में नागरी लिपि के व्यवहार के लिए आवाज उठाते रहते थे। उस समय फारसी लिपि चलती थी। उन्होंने अंग्रेजों से प्रश्न किया, 'सरकार कचहरियों में हिंदी क्यों नहीं लाती?' 'भारतेंदु' के जुलाई 1884 के अंक में राधाचरण गोस्वामी ने कई मुद्दों पर प्रश्नों की झड़ी लगा दी, 'हमारे रक्षक पुलिसवाले जो इंडियन पीनल कोड के बल से नए छल-बल रचा करते हैं, क्या यह न्याय है? ...भारतवर्ष में उच्च शिक्षा का प्रचार न करना, क्या यह न्याय है? ...भारत में व्यापार की वृद्धि न करना, क्या यह न्याय है? ...पश्चिमोत्तर देश में हिंदी का प्रचार न करना, क्या यह न्याय है? ...पश्चिमोत्तर प्रदेश में हिंदी को निर्मूल करना, क्या यह न्याय है? ...पश्चिमोत्तर की प्रजा को अंध, मूल तुल्य रखना, क्या यह न्याय है? पश्चिमोत्तर की दिन-दिन दुर्गति करना, क्या यह न्याय है? पश्चिमोत्तर के अकाल रहने देना, क्या यह न्याय है?' (जुलाई, 1884)। उपर्युक्त प्रश्नों से स्पष्ट है कि उस युग के हिंदी नवजागरण में हिंदी प्रांतों के साथ-साथ भारत की चिंता है और उनका फलक कितना व्यापक है। हिंदी भाषा की चिंता भी समग्र जातीय चिंता से जुड़ी हुई है।

राधाचरण गोस्वामी भी भारतेंदु हरिश्चंद्र की तरह वैष्णव थे। लेकिन जब दयानंद सरस्वती का 31 अक्टूबर, 1883 में अजमेर में रहस्यमय स्थितियों में निधन हुआ, उन्होंने यह समाचार 'भारतेंदु' में छापा था और मर्माहत होकर लिखा था, 'अब की दिवाली नहीं हुई अधियाली हुई।' उन्होंने अगले अंक में 'आर्य समाज का कर्तव्य' शीर्षक से एक लेख प्रकाशित किया। प्रतापनारायण मिश्र दयानंद सरस्वती के विरोधी थे। भारतेंदु का भी उनके बारे में दृष्टिकोण शुरू में उदार नहीं था। उनका दृष्टिकोण 'स्वर्ग में विचारसभा का अधिवेशन' लिखते हुए बाद में बदला। निःसंदेह उस युग के हिंदी नवजागरण में हिंदी की उन्नति, नागरी लिपि, हिंदी क्षेत्र की उन्नति, हिंदू धर्म में सुधार, नई शिक्षा का प्रसार, स्त्री शिक्षा, कला-कौशल की उन्नति के साथ 'असहमति' के प्रति जो सम्मान भाव था वह भी कम महत्वपूर्ण नहीं है।

राधाचरण गोस्वामी ने 'भारतेंदु' (1886) के एक संपादकीय में लिखा, 'देश की उन्नति धर्म से होती है, पर केवल धर्म से नहीं। धर्म के साथ कुछ देशोन्नति का विचार अवश्य चाहिए। ...अब यदि धर्म है तो देशोन्नति के साथ मानना चाहिए, नहीं तो बस धर्म को दूर से नमस्ते।' इसी साल उन्होंने यह भी लिखा, 'अब हिंदी में इन उत्तमोत्तम प्रकरणों पर ग्रंथ होने चाहिए —भूगोल, खगोल, इतिहास, विज्ञान, शिल्प, देशोद्धार, सामाजिक-राजनीतिक नाटक, उपन्यास, परिहास आदि।' यह हिंदी चेतना की व्यापकता है, भले उपर्युक्त के लिए अवसर सीमित हो। राधाचरण गोस्वामी यह भी कहते थे कि ये ग्रंथ 'लीक पीटने' वाले न हों!

नवजागरण काल की हिंदी पत्रकारिता का अंग्रेजी राज से आलोचनात्मक संबंध था। समाचार-पत्र देशोन्नति से अपनी प्रतिबद्धता व्यक्त करते थे। वे देशहितैषी थे। कई बार आक्रोश या व्यंग्य के साथ वे अंग्रेजी राज की आलोचना भी करते थे। कई बार निवेदन की भाषा में जनता का दुख-दर्द और अभाव बताते थे। वे सुशासन, न्याय और स्वतंत्रता चाहते थे जो देने का दावा अंग्रेज करते थे, पर उनके कानून सख्त और पक्षपातपूर्ण थे। उन दिनों 'बिहारबंधु' (1872) मुख्यतः एक सरकार समर्थक पत्र था और प्रतापनारायण मिश्र का 'ब्राह्मण' भी। कलकता से प्रकाशित 'भारतमित्र',

'सारसुधानिधि', 'उचित वक्ता' तथा पश्चिमोत्तर प्रांत से निकाले गए भारतेंदु के पत्रों के अलावा राधाचरण गोस्वामी के 'भारतेंदु' और बालकृष्ण भट्ट के 'हिंदी प्रदीप' जैसे पत्र अंग्रेजी राज की आलोचना के विचारों से भरे रहते थे। ये देशोन्नति के अलावा प्रतिनिधि शासन के लिए आवाज उठाते थे। राधाचरण गोस्वामी ने 'भारतमित्र' (1880) में लिख कर कहा, 'सर्वप्रथम भारत प्रतिनिधि के (लंदन के) पार्लियामेंट में प्रवेश कराने की चेष्टा करनी चाहिए।' इस तरह हिंदी नवजागरण का लोकतांत्रिक चेतना के निर्माण से संबंध बन रहा था।

नवजागरण को अंग्रेजी राज की देन कहा जाता है। राधाचरण गोस्वामी ने इस मत का खंडन करते हुए 'भारतेंदु' (1885) में लिखा, 'भारत में देशोपकार की रुचि, देशोन्नति की वासना, देशोपकार करना अंग्रेजों की शिक्षा का फल है, यह सर्वथा भ्रमरहित सिद्धांत है। भारत में ही प्रथम परोपकार या देशोपकार का सूत्रपात हुआ, यह सब कोई मुक्त कंठ से स्वीकार करेंगे।' कोलकाता की तरह किसी भी हिंदी शहर के विकास पर अंग्रेजों ने ध्यान नहीं दिया और न यहां अंग्रेजी शिक्षा फैल पाई। हिंदी क्षेत्र के बुद्धिजीवी उपनिवेशवाद की बौद्धिक गिरफ्त के प्रायः बाहर थे। वे अपनी राष्ट्रीय परंपराओं को महत्व देते थे। उनकी सोच में पुनरुत्थानवादी दंभ के तत्व जरूर थे। यह साम्राज्यवादी स्थितियों में स्वाभाविक था।

राधाचरण गोस्वामी ने 'भारतेंदु' के 20 जुलाई 1883 के अंक में हिंदी का पहला कार्टून प्रकाशित किया था —'उन्नति की गाड़ी'। एक घोड़ागाड़ी पर अंग्रेज बैठा उसे चला रहा है। उसके हाथ में शासन का चाबुक है। गाड़ी के पीछे सबसे पहले बंगाली, मराठी और पंजाबी कतार में खड़े हैं तथा सबसे पीछे हिंदुस्तानी हैं जिनके पैरों में अविद्या की बेड़ी है। यह मार्मिक यथार्थ हिंदी नवजागरण के प्रायः सभी बौद्धिक चिंतकों ने बार-बार बड़े दुख से व्यक्त किया है।

पत्रकारिता उस युग में हिंदी की उन्नति में मुख्य सहायक थी। हालत यह थी कि समाचार-पत्र के ग्राहकों की संख्या पचास, सौ या दो सौ अधिकतम होती थी और संपादक अपना माथा पीटते रहते थे।

प्रतापनारायण मिश्र भारतेंदु हरिश्चंद्र के प्रशंसक थे, लेकिन उनमें भारतेंदु-सी व्यापक आलोचनात्मक दृष्टि नहीं थी। वे अयोध्या प्रसाद खत्री के

खड़ीबोली आंदोलन के जबर्दस्त विरोधी थे और ब्रजभाषा में कविता लिखने के समर्थक थे। वे 'हिंदी-हिंदू-हिंदुस्तानी' की बुद्धिहीन बात करते थे। महावीर प्रसाद द्विवेदी उनसे कानपुर स्थित 'ब्राह्मण कुटीर' में मिलते थे। उन्होंने अपनी एक टिप्पणी में उनके 'दिल्लगीबाज' और 'फक्कड़' स्वभाव की चर्चा करते हुए उनकी आत्मश्लाघा की प्रवृत्ति की ओर संकेत किया है। यह उनके पत्र 'ब्राह्मण' के नाम से भी स्पष्ट है कि वे जातिवाद से ऊपर नहीं उठे थे।

'ब्राह्मण कुटीर' में पंडित मदनमोहन मालवीय, कालाकांकर नरेश आदि भी मिलते थे। क्या उन पर हिंदी नवजागरण की व्यापक भावना का कोई असर न था? कोई जितना भी संरक्षणवादी हो, उस पर समय के परिवर्तन के कुछ न कुछ छींटे पड़ते हैं। उसकी लौह छतरी इन छींटों से बचा नहीं पाती। प्रतापनारायण मिश्र का नेशनल कांग्रेस के बारे में मत है, 'कांग्रेस में यह बात प्रत्यक्ष दीख पड़ती है कि सैकड़ों कोस से सैकड़ों भांति के लोग आते हैं और सारी भिन्नता छोड़ के परस्पर भ्रातृत्व दरसाते हैं एवं एक स्वर से देश दुर्दशा निवारण एवं राजा-प्रजा में सरल स्नेह संचारण के गीत गाते हैं। इसका फल क्या कुछ न होगा? अवश्य होगा।' (स्वप्न)। ह्यूम के नेतृत्व में बनी 'नेशनल कांग्रेस' ने वस्तुतः 1857 से लेकर भारतेंदु हरिश्चंद्र के समय तक के असंतोष और स्वाधीनता की आग को राख बनाने का काम किया था। लेकिन इस चीज का जरूर महत्व है कि उसने उच्च बौद्धिक वर्ग में राजनीतिक गतिशीलता पैदा की जिसे ऊपर 'भ्रातृत्व' कहा गया है। राष्ट्रीय कांग्रेस का उदारवाद देश को एक सूत्र में जोड़ने में कुछ हद तक सहायक हुआ था।

'ब्राह्मण' पत्र में स्पष्ट घोषणा है —'हम राजभक्त हैं'। प्रतापनारायण मिश्र ने धार्मिक रूढ़िवाद का दामन पकड़ कर लिखा, 'राजा ईश्वर का अंश है।' वे बार-बार अपनी वफादारी व्यक्त करते हैं और स्वाधीनता के प्रयासों की निंदा करते हैं, 'कोई हमारी राजभक्ति में संदेह करे, वह अवश्य न्याय के गले में छुरी फेरता है। आधुनिक गवर्नमेंट के झूठे खुशामदी हमारे इस सिद्धांत का खंडन (करते हुए) 1857 के बलवे के सिवा कोई दोष नहीं लगा सकते। पर उन्हें भी समझना चाहिए कि वह अपराध प्रजा का नहीं था, किसी प्रतिष्ठित हिंदू-मुसलमान का न था। केवल थोड़े से अदूरदर्शी लोगों के कारण

हमारे भारतीय नेशन मात्र को कलंक लगाना बुद्धिमत्ता से दूर है। हम मान लें कि वह अपराध हिंदुस्तानियों का ही था, तो भी इसका क्या उत्तर है कि उस घोर समय में हमारी सरकार को सचमुच सहायता किसने दी थी? हमीं ने, क्योंकि हम राजभक्त हैं।' भारतेंदु हरिश्चंद्र के पूरे लेखन में 1857 की निंदा नहीं है और न इतने शर्मनाक ढंग से राजभक्ति-प्रदर्शन है। इसका अर्थ है, नवजागरण काल के लेखकों की चेतना समान स्तर पर नहीं थी। 'कांग्रेस' की स्थापना के बाद राजनीतिक क्षेत्र में अंग्रेजी राज के प्रति मुलायमियत आ गई थी। भारतेंदु जैसा पहले वाला आक्रोश और व्यंग्य गायब हो चुका था।

प्रतापनारायण मिश्र ब्राह्मणवादी होने के कारण स्वभावतः स्त्री के प्रति कठोर ढंग से संरक्षणवादी थे। उन दिनों रतलाम से हेमंत कुमारी देवी 'सुगृहिणी' पत्रिका निकालती थीं। 'पतिव्रता' शीर्षक टिप्पणी में उनको मिश्र जी परामर्श देते हैं। 'पतिव्रता पर जोर दें, जिसमें सर्वसाधारण स्त्रियों को वास्तविक लाभ हो। ...इधर हमारे गृहस्थ भाइयों को समझना चाहिए कि दोनों हाथ से ताली बजती है। स्त्रियों को पतिव्रता बनाने के लिए उन्हें भी स्त्रीव्रत धारण करना होगा। एक बात और भी है कि स्त्रियां अभी विशेषतः मूर्ख हैं। अतः साम, दाम, दंड, भेद से काम लेना होगा। ऐसी युक्ति से बर्तना होगा कि वे प्रसन्न भी रहें और कुछ डरती भी रहें, तभी प्रीत करेंगी। अगरवालों, खत्रियों की भांति निरी स्वतंत्रता सौंप देने से भी वे सिर चढ़ेंगी। अतः भय और प्रीति दोनों दिखाना, स्वतंत्र-परतंत्र दोनों बनाए रहना। बस इन्हीं उपायों से संभव है कि भारत कन्याएं पुनः पतिव्रत की ओर झुकने लगेंगी और पतिव्रताओं के प्रभाव से फिर हमारी सौभाग्य लक्ष्मी की वृद्धि होगी।' (पतिव्रता)। ऐसे विचारों से पता चल सकता है हिंदी क्षेत्र में स्त्री के प्रति पितृसत्तात्मक सोच को धार्मिक संरक्षणवाद किस हद तक मजबूत बना रहा था। इसकी एक वजह शिक्षा का अभाव है। आज स्त्री के बारे में सामंती सोच न सिर्फ बरकरार है, बल्कि स्त्री निर्यातन पहले से बढ़ा है।

हिंदी नवजागरण की चेतना बहुस्तरीय थी। इसके एक स्तर पर निश्चय ही राजभक्ति के तत्व थे और सांप्रदायिक भेदभाव भी था। हिंदुओं के मन में मुस्लिम आक्रमणकारियों तथा निरंकुश मुस्लिम बादशाहों के अत्याचार की स्मृतियां जगाई जाती थीं। इसके बावजूद, 1870 और 80 के दशकों के हिंदी

मीडिया को 'हिंदू राष्ट्रीय चेतना' तथा 'राजभक्ति और राष्ट्रभक्ति' के द्वैध, अथवा 'प्राचीन और आधुनिक सभ्यता' के सामंजस्य' में सीमित करना गलत है। हमें यह देखना चाहिए कि नवजागरण की चेतना धीरे-धीरे राजभक्ति से राष्ट्रीय चेतना की ओर, संकीर्ण धार्मिक विचारों से उदारवादी धार्मिक भावना की ओर तथा प्राचीनता और आधुनिकता के बीच तनाव की जगह दोनों के बीच विवेकपूर्ण अंतःक्रिया की ओर किस तरह बढ़ रही थी। हिंदी नवजागरण एक विकासशील चेतना है। उसकी विभिन्न अंतर्धाराओं के संघर्षण, अंतर्मिश्रण तथा रूपांतरण से हिंदी क्षेत्र के लोगों की बौद्धिक चेतना का विकास हुआ है। उसकी कोई एक धारणा अंतिम नहीं है, बल्कि भारतीय नवजागरण की घटनाएं एक-दूसरे की पूरक हैं। इस 'परस्पर पूरकता' को उसके अंतर्विरोधों के साथ एक बड़े राष्ट्रीय परिप्रेक्ष्य में समझना होगा, क्योंकि हिंदी नवजागरण एक विच्छिन्न घटना नहीं है।

पत्रकारिता, राष्ट्रीय जागरण और पुनरुत्थानवाद

साम्राज्यवाद के बढ़ते दबाव के कारण 19वीं सदी के हिंदी मीडिया में ऐसे सवाल उठ रहे थे —'भारतवासियों का सर्वप्रथम प्रधान कर्तव्य क्या है?' 'हम भारतवासी क्या सदैव परमुखापेक्षी ही रहेंगे?' 'दिन-दिन भारत क्यों दरिद्र हो रहा है?' ये सभी 1883-86 के बीच के हिंदी पत्र 'उचित वक्ता' के शीर्षक हैं। अलग से हिंदी जाति के रूप में पहचाने जाने की विशेष अकुलाहट हिंदी समाज के लोगों में नहीं थी। उनके दृष्टिपथ में सदा से ही संपूर्ण भारत है। कलकत्ता से राममोहन राय का 'बंगदूत' निकला था। बिहार में 'बिहारबंधु' पत्र था। कलकत्ता से प्रकाशित 'भारतमित्र' के नाम से स्पष्ट हो जाता है कि शिक्षित हिंदी भाषियों में भारतीय राष्ट्रीयता की चेतना कितनी प्रबल थी। हिंदी नवजागरण में भारतेंदु के नाटकों 'भारत जननी' और 'भारत दुर्दशा' से लेकर 'भारतमित्र' पत्र तक का सिलसिला तात्पर्यपूर्ण है। यह हिंदी जातीय जागरण का काल था, तो भारतीय जागरण का काल भी था। भारतीय राष्ट्रीयताबोध की ओर उन्मुख इस देश की सभी जातीयताओं में परस्पर सहिष्णुता ही नहीं, एक-दूसरे को जानने की बेचैनी थी। ये चीजें हिंदी पत्रकारों में सबसे ज्यादा थीं।

ह्यूम के राष्ट्रीय कांग्रेस की स्थापना (1885) के बाद राष्ट्रीय जागरण में कुछ समस्याएं पैदा होती हैं। साम्राज्यवादी कूटनीति की वजह से संरक्षणवाद तथा सुधारवाद दो स्पष्ट खेमे आमने-सामने होते हैं। संरक्षणवादी बुद्धिजीवी स्वाधीनता की मांग करता है, जबकि उदारवादी बुद्धिजीवी उपनिवेशवाद के ढांचे में देशोन्नति देखता है। यह विशेष कर महाराष्ट्र की घटना है कि राजनीति में एक तरफ राष्ट्रवादी तिलक हैं तो दूसरी तरफ सुधारवादी दादा भाई नारौजी, महादेव गोविंद रानाडे और गोपाल कृष्ण गोखले। इस काल में नवजागरण के जिस सार की उपेक्षा हुई, उसे महात्मा गांधी के नेतृत्व में प्रतिष्ठा मिली। उन्होंने अपने अनोखे दृष्टिकोण, स्वभाव और आत्मबल से सुधारवाद और राष्ट्रवाद को जोड़ दिया। उन्होंने आस्था और तर्क में सहचरता स्थापित की। राजनीतिक पोषण के अभाव में यह बौद्धिक सहचरता बीसवीं शताब्दी के आखिरी दो-तीन दशकों में पुनः टूट गई और नवजागरण के आदर्शों का चीथड़ा हो गया!

19वीं शताब्दी के उत्तरार्ध में जमींदार संगठित हो रहे थे। जमींदारों ने कलकत्ता में 'ब्रिटिश इंडिया एसोसिएशन' (1851) बनाया था। सती प्रथा के समर्थक और विधवा विवाह के विरोधी राधाकांत देव इसके पहले अध्यक्ष थे। पूना, मद्रास और बंबई में भी पुनरुत्थानवादी उद्देश्यों से यह संगठन खड़ा हुआ। लखनऊ में यह 'अवध ब्रिटिश इंडियन एसोसिएशन' के नाम से बना। जमींदारों का यह संगठन संरक्षणवादी था और अंग्रेजी राज का समर्थन करते हुए अपने सामंती हितों को सुरक्षित रखना चाहता था।

कलकत्ता में 1876 में पढ़े-लिखे लोगों को लेकर सुरेंद्रनाथ बनर्जी ने जमींदारों का पहले से एक भिन्न संगठन 'इंडियन एसोसिएशन' बनाया। यह राष्ट्रवाद की भावना लेकर चलता था और सामाजिक सुधारों का पक्षधर था। इसने 1878 में वर्नाक्यूलर प्रेस एक्ट का विरोध किया और पहली बार स्थानीय स्वशासन की आवाज उठाई। इस तरह जमींदारों और शिक्षित बुद्धिजीवियों के दो अलग-अलग संगठन भिन्न मकसदों से बने थे। ये उस युग की सामाजिक-साहित्यिक गतिविधियों को प्रभावित कर रहे थे। उल्लेखनीय है कि भारतेंदु हरिश्चंद्र कलकत्ता में सुरेंद्रनाथ बनर्जी से मिले थे।

यह कम महत्वपूर्ण नहीं है कि नवजागरणकालीन मीडिया ने यूरोपीय देशों के आर्थिक आधार और भारत के आर्थिक आधार में स्पष्ट फर्क देखा। उसने मुक्त व्यापार का विरोध किया। बालकृष्ण भट्ट ने सितंबर 1892 के 'हिंदी प्रदीप' में पुराने ढंग से ही सही, लेकिन काफी खोलकर कहा, 'जिस देश में कारीगरी की तरक्की है और जो देश आपस की उतरा-चढ़ी स्पर्धा में पार पा सकता है, उसके लिए स्वतंत्र वाणिज्य बड़ी बरक्कत है। लेकिन जो कृषि प्रधान देश है, जो सिर्फ कच्चा माल बाना पैदा करता है, उसके लिए यह फ्री ट्रेड जहर है।' 17वीं सदी तक भारत में जितना विदेशी माल आता था, उससे कई गुना ज्यादा माल भारत से विदेशों में जाता था। पिछले लगभग ढाई सौ सालों से स्थिति उलटती गई है। आज जितना जाता है, उससे कई गुना अधिक माल विदेशों से भारत आता है। पश्चिम से भारत की ओर माल-प्रवाह के साथ-साथ सूचना-प्रवाह भी इस समय कई गुना अधिक है। मुक्त बाजार व्यवस्था और सूचना मायाजाल के बीच एक गहरा संबंध है। इसलिए स्वाभाविक है कि पश्चिमी ज्ञान प्रवाह पहले की ही तरह हावी हो। कहना न होगा कि पश्चिम में भारतीय संस्कृति और विचारों के प्रति कोई आकर्षण नहीं है।

पहले लोग अंग्रेजी राज का कर्मचारी बनना ज्यादा पसंद करते थे, तो अब कारपोरेट लेबर बनना। फ्री ट्रेड इस देश के आर्थिक विकास का पहले भी शत्रु था, अब भी है। इससे देशी उद्योग-धंधों का सर्वनाश और बेरोजगारी में वृद्धि पहले भी हुई थी, आज भी हो रही है। नवजागरणकालीन मीडिया राष्ट्रीय हितों का वाहक होने के कारण अंग्रेजी राज की लूट और उनकी सभ्यता के प्रति 'क्रिटिकल' था। वह अंध-पश्चिमीकरण का विरोधी था। आज के मीडिया में ये बातें नहीं हैं। आज का मीडिया विदेशी और बहुराष्ट्रीय कंपनियों का लाउड स्पीकर है।

भारतीय नवजागरण के गौरवमय काल में धार्मिक आग्रह के बावजूद हम सामान्यतः बुद्धिवाद का ऐसा सूत्र पाते हैं जो सुधारवाद और राष्ट्रवाद, आस्था और तर्क, प्राचीनता और नवीनता के बीच टकराहट की जगह सहचरता स्थापित करता है। उस दौर में अंततः न संरक्षणवाद प्रबल हो पाता है,

न औपनिवेशिक आधुनिकता छा पाती है। 'प्राचीन तथा नवीन का विचारपूर्वक ग्रहण' ही नवजागरण काल की मुख्य प्रवृत्ति बन जाता है।

1884 में चिंतामणि घोष ने इंडियन प्रेस की स्थापना इलाहाबाद में की थी। 'सरस्वती' पत्रिका यहां से 1900 में निकलनी शुरू हुई। पहले बांग्ला पत्रिका 'प्रवासी' भी यहीं से निकली थी जिसमें रवींद्रनाथ नियमित छपते थे। 'गीतांजलि' यहीं छपी थी। चिंतामणि घोष ने बांग्ला के साथ हिंदी की भी बड़ी सेवा की। उनके पत्र 'सरस्वती' (1900) में भाषा, साहित्य, कला-कौशल और ज्ञान-विज्ञान के विषयों को प्रमुखता मिली। इसका प्रकाशन देशोन्नति के उद्देश्य से हुआ था। 20वीं सदी से हिंदी मीडिया में एक नया मोड़ आया। 1903 में महावीर प्रसाद द्विवेदी 'सरस्वती' के संपादक बने, पर देशमुक्ति का जो तेवर कलकत्ता से प्रकाशित 'भारतमित्र' (1878-1935) और अंबिका प्रसाद वाजपेयी के 'नृसिंह' (1907-08) का है, वह महावीर प्रसाद द्विवेदी की 'सरस्वती' का नहीं है। विधिवेत्ता सच्चिदानंद सिन्हा के 'हिंदुस्तान रिव्यू' (1905) की तरह 'सरस्वती' ने सुधार आंदोलनों का समर्थन करते हुए, देशप्रेम के बावजूद ब्रिटिश साम्राज्य का समर्थन किया था। हालांकि इसने आधुनिक हिंदी साहित्य की प्रगति के लिए जितना काम किया, उतना काम उस युग के किसी अन्य पत्र ने नहीं किया।

'सरस्वती' की वैचारिक सीमा निर्धारित करते हुए रामचंद्र शुक्ल ने लिखा है, 'द्विवेदी काल की देशभक्ति संबंधी रचनाओं में शासन पद्धति के प्रति असंतोष तो व्यंजित होता था, पर कर्म में तत्पर कराने वाला, आत्मत्याग कराने वाला जोश और उत्साह न था, आंदोलन भी कड़ी याचना के आगे नहीं बढ़े थे।' (हिंदी साहित्य का इतिहास)। इस वैचारिक सीमा के बावजूद, ज्ञान-विज्ञान के प्रचार और हिंदी की उन्नति की दृष्टि से 'सरस्वती' का एक बड़ा योगदान है।

बालमुकुंद गुप्त ने 'मार्ली साहब के नाम' लिखे खत (भारतमित्र, 1907) में खुलकर कहा, 'एक बात अब भारतवासियों के जी में भली भांति पक्की होती जा रही है कि उनका भला न कंसरवेटिव ही कर सकते हैं और न लिबरल ही। यदि उनका कुछ भला होना है तो उन्हीं के हाथों।'

संरक्षणवाद तथा सुधारवाद के बीच लड़ाई से नवजागरण का जो स्वर धूमिल हो रहा था, वह था राष्ट्रीय जागरण का। स्वदेशी आंदोलन की पृष्ठभूमि में 'नृसिंह' ने 1908 के अपने चौथे अंक में लिखा, 'आओ समस्त देशवासियो, हम लोग उपनिवेश और उसके पिट्ठू इंग्लैंड की वस्तुओं का बहिष्कार करें जिससे उन्हें जान पड़े कि हिंदुस्तानी निरे मुर्दे नहीं हैं।' उस युग में राष्ट्रीय जागरण का खुला आह्वान साहस का चिह्न था।

अंग्रेज एक तरफ जमींदारों से हिले-मिले थे और दूसरी तरफ, सुधारवादी बुद्धिजीवियों से। बालमुकुंद गुप्त तथा इनसे भी आगे बढ़कर अंबिका प्रसाद वाजपेयी ने इस गठजोड़ को चुनौती दी। दरअसल स्वतंत्र भारत की आवाज मुखरित करनेवाले देशप्रेमियों का पुनरुत्थानवादी झुकाव सुधार की आवाज मुखरित करनेवाले बुद्धिजीवियों के औपनिवेशिक झुकाव की प्रतिक्रिया है। औपनिवेशिक सुधारवाद की प्रतिक्रिया में राष्ट्रीय पुनरुत्थानवाद अस्तित्व में आया। 20वीं सदी की हिंदी पत्रकारिता में उपर्युक्त दोनों अंतर्धाराएं थीं। निश्चय ही 20वीं सदी में भारतीय जनता के बौद्धिक विकास के एक खास ऐतिहासिक मोड़ पर इस तनाव का विलोप हुआ। दोनों के बीच अंतःक्रिया से 20वीं सदी के दूसरे दशक में राष्ट्रीय जागरण की एक ऐसी धारा अस्तित्व में आई, जिसमें सामाजिक सुधारों तथा देश की आजादी के प्रति एक संतुलित दृष्टिकोण था। यह दृष्टिकोण धार्मिक रूढ़ियों, सामंतवाद और साम्राज्यवाद के विरोध पर आधारित था।

नवजागरणकालीन पत्रकारिता की एक अंतर्धारा है संरक्षणशीलता। लेकिन कोई लेखक या पत्रकार महज संरक्षणवादी न था, वह साम्राज्यवाद-विरोधी भी था। पुनरुत्थानवाद के दो मुख्य तत्व माने गए हैं —अतीत को लेकर दंभ और वर्तमान को लेकर शोक। संरक्षणशील बुद्धिजीवियों की खूबी थी कि उनका राष्ट्रीय चिंतन उनकी धार्मिक भावना से जुड़ा हुआ था। वे अतीत से प्रेरणा ले रहे थे। दूसरी ओर, नवजागरण के सुधारवादी बुद्धिजीवियों में उपनिवेशवाद के प्रति गहरा आकर्षण था। वे पश्चिमी चीजों और विचारों को अपना रहे थे।

देखा जा सकता है कि इस दौर के अधिकांश पत्रकार और बुद्धिजीवी धर्म के विरुद्ध खड़े होने की जगह धार्मिक सुधार के पक्ष में थे। यही वजह है कि पुनरुत्थानवाद अपने जटिल स्वरूप में उभरा, धार्मिक सुधार की जगह साम्राज्यवाद-विरोध प्रधानता पा गया और पश्चिम की जगह अतीत प्रेरणास्रोत बना। 1908 में अनुशील समिति के खुदीराम बोस, प्रफुल्ल चाकी आदि ने अंग्रेजी राज के खिलाफ सशस्त्र संघर्ष किया था। उन क्रांतिकारियों ने मुजफ्फरपुर में अंग्रेजों के काफिले पर बम फेंका था। गौर करने की बात है कि वे हिंदू भावना से प्रेरित होकर भी संप्रदायिकता से मुक्त थे।

अंबिका प्रसाद वाजपेयी द्वारा संपादित 'नृसिंह' में, जिसे तिलक-समर्थक पत्र कहा जाता है, हम पत्रकारिता का एक व्यापक दायित्वबोध पाते हैं। अप्रैल-मई, 1908 के अंक में अंबिका प्रसाद वाजपेयी अपने संपादकीय में लिखते हैं, 'इस समय भारत पर जितना संकट है वह अवश्य आधा रह जाए, यदि हिंदू-मुसलमान भाई-भाई की भांति रहने लगें। भारत की उन्नति के जितने कार्य हैं, उनमें यह प्रधान है। परंतु दुख इस बात का है कि हमारे भाई उस ओर ध्यान नहीं देते। यह बात नहीं है कि वे इसकी उपयोगिता स्वीकार न करते हों, वरंच वे भलीभांति जानते हैं कि हिंदू-मुसमलान के मेल बिना भारतोद्धार यदि संभव नहीं तो असंभवप्राय अवश्य है। हिंदू धर्म के सिरधरु 'भारतधर्म महामंडल' को तो राजभक्ति के डेपुटेशन ले जाने से ही छुट्टी नहीं है। इधर उसको ध्यान देने का अवसर ही कहाँ मिलता है।' उस दौर के संकीर्ण सांप्रदायिक संगठनों का ब्रिटिश साम्राज्यवाद से गहरा मेलजोल था, अंबिका प्रसाद वाजेपेयी के सामने यह स्पष्ट था।

'नृसिंह' के अगले अंक में अंबिका प्रसाद वाजपेयी ने एक लेख छापा—'देश का दुर्दैव'। इसमें वाल्टर हैमिल्टन के 'ईस्ट इंडिया गैजेटियर' (1828) से एक उद्धरण है —'हिंदुस्तान में खुल्लम-खुल्ला उपद्रव का प्रभाव लोगों पर बहुत कम पड़ता था। यद्यपि पीछे शताब्दियों तक हिंदू और मुसलमान मिलकर रहे, तथापि हिंदुओं के नियम या सिद्धांत ज्यों के त्यों बने रहे। इसके सिवाय प्रायः एक शताब्दी से मुसलमान अपने पड़ोसी हिंदुओं के नियम और सिद्धांत का बहुत ध्यान रखते हैं...।' वाजपेयी जी आगे अपनी टिप्पणी करते हैं,

'सर सैयद अहमद ने हिंदू और मुसलमानों को हिंदुस्तान की दो आंखों की उपमा दी थी। निःसंदेह भारत के दोनों संप्रदाय इसी तरह के हैं, परंतु आज कितने मनुष्य इस बात को समझते हैं? हमारे हिंदू भाइयों को सोचना चाहिए कि अब मुसलमान हिंदुस्तान छोड़कर कहीं नहीं जाएंगे, क्योंकि उनकी कई पीढ़ियां यहाँ खप चुकीं। ...इस समय केवल एक ही बात की आवश्यकता है और वह मेल है। यदि इस आवश्यकता को हिंदू-मुसलमानों के धर्म मंडल न पूरा करें तो इससे देश का दुर्दैव ही समझना चाहिए।' हम देखते हैं कि उस युग की हिंदी पत्रकारिता ने धार्मिक झुकाव के बावजूद राष्ट्रीयता के प्रति जागरूक राजनीतिक दृष्टि अपना रखी थी और वह सांप्रदायिक उग्रता पनपने नहीं दी जो 1890 से प्रकाशित हो रहे पत्र 'हिंदी बंगवासी' (संपादक—अमृतलाल चक्रवर्ती) आदि में थी।

अमृतलाल चक्रवर्ती का धार्मिक कूपमंडूकता का प्रचार करनेवाला एक दूसरा पत्र था —'कलकत्ता समाचार' (1914)। इसके तिलकांक (1922) में तिलक को भगवान कहा गया है। उस दौर के राष्ट्रीय जागरण में पुनरुत्थानवाद का जोर बना हुआ था। तिलक की परंपरा में आस्था रखनेवाले अंबिका प्रसाद वाजपेयी ने अपने युग की दो धाराओं को स्पष्ट करते हुए लिखा, "भारत मित्र' पढ़ने से ज्ञान की और 'कलकत्ता समाचार' पढ़ने से कूपमंडूकता की वृद्धि होती है।" उन्होंने अपनी किताब 'समाचार-पत्र कला' में स्पष्ट किया है, 'समाचार-पत्र की स्वतंत्रता का एक बोधक तत्व सांप्रदायिक अथवा जातीय तत्व भी हो सकता है। एक ऐसे देश में जहाँ नाना धर्म, संप्रदाय, जाति, बिरादरी, भाषा-भेद वाले लोग रहते हों, सामंजस्य पैदा करना और उसे कायम रखना बड़ा कठिन काम है।' वर्तमान युग में पत्रकारिता में सांप्रदायिकता का प्रवेश उतनी ही तेजी से हुआ, जितनी व्यापकता से उसे उच्च-प्रौद्योगिक सुविधाएं मिलीं।

सांप्रदायिकता की बलिवेदी पर शहीद होनेवाले गणेश शंकर विद्यार्थी ने 'प्रताप' के पहले अंक (9 नवंबर, 1913) में घोषणा की थी, 'हम अपनी प्राचीन सभ्यता और जातीय गौरव की प्रशंसा करने में किसी से पीछे न रहेंगे और अपने पूजनीय पुरुषों के साहित्य, दर्शन, विज्ञान और धर्म भाव का यश सदैव गावेंगे। किंतु अपनी जातीय निर्बलताओं और सामाजिक कुसंस्कारों

तथा दोषों को प्रकट करने में हम कभी बनावटी जोश से काम न लेंगे, क्योंकि हमारा विश्वास है कि मिथ्या अभिमान जातियों के सर्वनाश का कारण होता है।' सांप्रदायिक शक्तियां सांस्कृतिक विरासत को विवेकपरक दृष्टि से न देखकर हमेशा जातीय निर्बलताओं, कुसंस्कारों तथा रूढ़ियों को ही, अर्थात—नकारात्मक सांस्कृतिक विरासत को महिमामंडित करती हैं। माखनलाल चतुर्वेदी पत्रकारिता को सामाजिक दायित्व से जोड़ते थे। उन्होंने गैर-जिम्मेदार पत्रकारिता की विषैली भूमिका से वाकिफ होकर चेतावनी दी थी, 'समाचार-पत्र अपनी गैर-जिम्मेदारी से स्वयं ही मिट्टी का मोल नहीं हो जाता, अपितु वह देश के अनेक महान अनर्थों का उत्पादक और पोषक हो जाता है।'

गौर करने की चीज है, नवजागरण की उर्वर भूमि कलकत्ता से ही हिंदू राष्ट्रवाद के पत्र अधिक निकले। जैसे प्रसिद्ध 'बंगदर्शन' (बंकिमचंद्र), 'वंदे मातरम' (अरविंद घोष) जैसे पत्र। कलकत्ता से निकलनेवाले 'मतवाला' (1923), 'श्रीकृष्ण संदेश' (1925), 'हिंदू पंच' (1926), 'सरोज' (1928), 'समाज सेवक', 'लोकमान्य' आदि पत्र थे, जिनमें रह-रहकर हिंदू राष्ट्रीयता का शंखनाद होता था। लेकिन ये पत्र 'हिंदू बंगवासी' और 'कलकत्ता समाचार' जैसे कूपमंडूक न होकर सामाजिक समस्याओं के प्रति जागरूक थे। इन पत्रों में हिंदू मुद्दों के बावजूद समाज सुधार, किसान आंदोलन, हिंदू-मुस्लिम एकता तथा ज्ञान-विज्ञान पर टिप्पणियां छपती थीं। एक अनोखी बात यह है कि 'मतवाला' जैसे हिंदू राष्ट्रीयता के पत्र में साम्यवाद और मजदूर आंदोलन से संबंधित लेख आदर से छपते थे। राष्ट्रीय स्वाधीनता संग्राम के तत्युगीन अंतर्विरोध इन पत्रों में थे। सांप्रदायिकता और सुधारवाद में सुधारवाद के तत्व इन पत्रों में अधिक प्रबल थे। हिंदुओं में सुरक्षा और आधुनिकता का अहसास जगानेवाले इन पत्रों में यह चेतना खास तौर से मौजूद थी कि मुख्य शत्रु ब्रिटिश साम्राज्यवाद है।

'मतवाला' के कई मुखपृष्ठों पर निराला की कविताएं छपी थीं। आरंभ में 'मतवाला' पूरी तरह धर्मनिरपेक्ष दृष्टिकोण से निकलता था। लगता है, उस युग के कई हिंदी पत्र सांप्रदायिक भेदभाव की साम्राज्यवादी नीति को अच्छी तरह समझ नहीं पा रहे थे। इन्होंने कुछ मुसलमान बुद्धिजीवियों के सांप्रदायिक

प्रचार के जवाब में हिंदू राष्ट्रीयता को अपनी सुरक्षात्मक ढाल बनाया। ऐसे पत्रों में सामान्यतः कांग्रेस के उदारवादी दल की आलोचना होती थी तथा उसके ढोंग पर व्यंग्य करते हुए 'दाढ़ी-चोटी' एकता के प्रयास की खिल्ली उड़ाई जाती थी। 'मतवाला' (वर्ष 5 अंक 4) के इस कथन से हम उस युग की ब्रिटिश सत्ता के चरित्र को समझ सकते हैं, 'अपनी उन्मुक्त, राक्षसी, खूनी भुजाओं में फँसाने वाली विलायती बीवी नौकरशाही ने चाहा होता तो भारत के रंगमंच पर दाढ़ी-चोटी महाभारत कदापि नहीं छिड़ता।' 'मतवाला' ने हिंदू कूपकंडूकता का भरपूर मखौल उड़ाया था।

गांधी के भारतीय राजनीतिक रंगमंच पर 1916 में अवतरित होने के बाद स्थितियां बदलने लगी थीं। 1917 के चंपारन सत्याग्रह, 1920 के असहयोग आंदोलन तथा गांधी के विचारों का आकर्षण था कि सुधारवाद और राष्ट्रवाद का संतुलित मिश्रण होने लगा। भारतीय आत्मविश्वास अपने नए चरण में था। साथ ही एक नई आत्म-जिज्ञासा पैदा हो रही थी —भारत को फिर से जानने की उत्सुकता!

राष्ट्रीय स्वाधीनता संग्राम शुरू हुआ। हिंदी पत्रकारिता में सांप्रदायिक-जातिगत सौहार्द, भारतीय राष्ट्रीयता और सामाजिक परिवर्तन की चेतना प्रबल होती गई। इस युग के किसानों और मजदूरों के आंदोलन का भी पत्रकारिता पर असर पड़ा। 'विशाल भारत' ने अपने पहले अंक (जनवरी, 1928) के संपादकीय में उद्घोषणा की। 'सांप्रदायिकता अथवा जातीय विद्वेष को बढ़ाना 'विशाल भारत' के प्रति ऐसा भयंकर पाप है, जिसका प्रायश्चित्त नहीं।'

'विशाल भारत' नाम ही भारत की आंतरिक विशालता का प्रतिबिंब है। बनारसी प्रसाद चतुर्वेदी ने 'विशाल भारत' के मई 1929 के अंक में समाचार-पत्रों के सांप्रदायिक सरोकारों पर टिप्पणी की, 'सांप्रदायिकता के भाव ने हमारे सार्वजनिक जीवन के क्षेत्रों में जहर मिला दिया है और आज यह जहर पत्र संपादन के क्षेत्र में भी फैल गया है। कुछ लोगों का ख्याल है कि हमें हिंदुस्तान में जो सांप्रदायिक अविश्वास और झगड़े दीख पड़ते हैं, उनका मूल कारण सांप्रदायिक समाचार-पत्र हैं। दूसरे लोग इससे उल्टी बात कहते हैं। उनका कथन है कि ये समाचार-पत्र तो उस सांप्रदायिकता के प्रतिबिंब मात्र हैं,

जो देश के चारों ओर फैली हुई है।' हिंदी पत्रकारिता के सांप्रदायिक रुझानों को देखने का यह एक महत्वपूर्ण परिप्रेक्ष्य है। कई बार सांप्रदायिक ताकतें जब धर्म को सैनिक छावनी का रूप दे देती हैं और उन्माद का वातावरण पैदा कर देती हैं, आम लोगों का ध्यान मुख्य मुद्दों से हट जाता है। ऐसे वक्त में मूल्यों की जगह व्यावसायिकता की ओर झुका मीडिया सांप्रदायिकता को एक माल की तरह बेचता है।

उल्लेखनीय है कि सांप्रदायिक पुनरुत्थानवाद या धार्मिक कट्टरता कई बार तब फन काढ़ती है, जब उदारवाद भटक जाता है, धर्मनिरपेक्षता और भ्रष्टाचार के बीच संबंध स्थापित हो जाता है या कोई बड़ा राष्ट्रीय लक्ष्य सामने नहीं होता। धार्मिक ताकतें जनता की निराशा और पीड़ा को अपने पक्ष में मोड़ने का अवसर पा जाती हैं। सांप्रदायिकता को एक बौद्धिक महामारी समझना चाहिए।

नवजागरणकालीन मीडिया का विघटन

हिंदी क्षेत्र में नवजागरण एक अधिक निरंकुश, दकियानूस तथा औपनिवेशिक वातावरण में आया। इस वातावरण में राष्ट्रीय मीडिया का विकास एक जबर्दस्त वैचारिक संघर्ष का नतीजा था। अंग्रेजों के दमन की विकरालता ने अंततः स्वाधीनता के एजेंडे को आगे कर दिया और बुद्धिवादी परियोजनाओं को पीछे ठेल दिया। फिर भी नवजागरणकालीन राष्ट्रीय मीडिया ने सामान्यतः कूपमंडूकता को चुनौती दी और बुद्धिवादी परियोजनाओं को आगे बढ़ाने का प्रयास किया।

भारतेंदु हरिश्चंद्र, दुर्गाशंकर मित्र, रुद्रदत्त शर्मा, महावीर प्रसाद द्विवेदी, अंबिका प्रसाद वाजपेयी, माखनलाल चतुर्वेदी, गणेश शंकर विद्यार्थी, प्रेमचंद, बाबूराव विष्णु पराड़कर जैसे व्यक्तियों के लिए पत्रकारिता एक मिशन थी। इन पत्रकारों में सामाजिक बदलाव और पुनर्निर्माण की भूख थी, मुनाफा और सत्ता की नहीं। इसके विपरीत, नए जमाने के मीडिया में मुनाफा और सत्ता महत्वपूर्ण चीजें हो गईं। वह तकनीकी विकास के साथ अपनी रीढ़ न व्यावसायिक आक्रमणों से बचा पाया और न सांप्रदायिक आक्रमणों से।

नए जमाने के मीडियाकर्मियों ने उच्च तकनीक और विशेषज्ञता जरूर अर्जित की, लेकिन बुनियादी सामाजिक प्रतिबद्धता की कीमत पर। आज की पत्रकारिता बौद्धिक चिंता का परिणाम न होकर, राजनीति-प्रेरित मशीनी उत्पादन है।

1925 में बाबूराव विष्णु पराड़कर ने भविष्यवाणी की थी, 'पत्र निकालकर सफलतापूर्वक चलाना बड़े-बड़े धनियों अथवा सुसंगठित कंपनियों के लिए संभव होगा। पत्र सर्वांग सुंदर होंगे। आकार बड़े होंगे, छपाई अच्छी होगी। मनोहर, मनोरंजक और ज्ञानवर्धक चित्रों से सुसज्जित होंगे। लेखों में विविधता होगी, कल्पकता होगी, गंभीर गवेषणा की झलक होगी और मनोहारिणी शक्ति होगी। ग्राहकों की संख्या लाखों में गिनी जाएगी। यह सब कुछ होगा, पर पत्र प्राणहीन होंगे। पत्रों की नीति देशभक्त, धर्मभक्त अथवा मानवता के उपासक महाप्राण संपादकों की नीति न होगी।' यह सही है कि हिंदी पत्रकारिता का व्यवसायीकरण तेज गति से हुआ, समाचार-पत्रों का उद्देश्य मुनाफा कमाना भर रह गया। फिर भी मीडिया पर पाठकों के 'सत्य जानने के अधिकार' का दबाव लगातार बना रहा है।

एक ऐसे समाज में जहाँ राष्ट्रीयता और मानवतावाद की धारणाएं अभी अपने अविकसित रूप में हैं, अतीत के प्रसंगों को उठाते समय पूरे विवेक का परिचय देने की जरूरत होती है। राष्ट्रवादी दौर के पत्र 'जागरण' को नए रूप में प्रकाशित करते समय प्रेमचंद ने उसके 22 अगस्त, 1932 के अंक में लिखा था, 'उसका ध्येय होगा सत्य की खोज। वह वितंडावादी नहीं, सत्य का पुजारी होगा, चाहे उसका सत्य को स्वीकार करने में कितना ही अपमान क्यों न हो। वह अप्रिय सत्य कहने से भी न चूकेगा। वह केवल दूसरों के दोष ही नहीं देखेगा, अपने दोष भी स्वीकार करेगा।' नए युग में पत्रकारिता ने 'सत्य की खोज' की जगह 'स्टोरी की खोज' का रास्ता पकड़ लिया और फेक-निर्भर हो गया। मीडिया आगे बढ़ कर अब 'नायक और खलनायक निर्माण' के दौर में है। वह रोज झूठे नायक गढ़ रहा है और वास्तविक समस्याओं को पृष्ठभूमि में फेंक रहा है। राजनीतिक नेता जनता से संबंध रखने की जगह मीडिया से संबंध रखने में ज्यादा दिलचस्पी ले रहे हैं। पहले के नेता जनता से जुड़कर मीडिया तक पहुंचते थे, आज वे मीडिया के जरिए जनता तक पहुंचते हैं।

नवजागरणकालीन पत्रकारिता पर चर्चा करने का अर्थ तेज तूफान में अपने दीये को बचाने की कोशिश करना ही नहीं, उस लौ को इतिहास की एक नई आशा में ढालना भी है।

आज का मीडिया 'उच्च टेक्नोलॉजी-निम्न आइडियोलॉजी' की धारणा पर टिका है। उसमें मनोरंजन और उत्तेजना ही सब कुछ है। एक से बढ़ कर एक चमकते हुए छद्म बिंब हैं जो दर्शकों को शिकार बनाते हैं। पत्रों का अधिक सर्कुलेशन कई बार स्वतंत्रता की जगह पाठकों के बौद्धिक शोषण का चिह्न होता है।

नवजागरणकालीन मीडिया अपने पाठकों को सोचने के लिए प्रेरित करता था, जबकि आज का मीडिया पाठक-दर्शक को ऐसी सूचनाएं देता है, जिन्हें सोचने की जहमत उठाए बिना वह ग्रहण करता जाए। वह उन विचारों के वश में होता जाता है, जो निर्मित सूचनाओं के जरिए उसके दिमाग में इंद्रजालिक घोंसला बनाते हैं। इस तरह पाठकों-दर्शकों के मानस का 'रेजिमेंटेशन' होने लगता है। पाठक खुद सोचना नहीं चाहता, खुद कोई कल्पना करना नहीं चाहता। वह याद भी ऐसी ही चीजों को रखता है, जो बड़ी पूंजी के बल पर प्रचारित की जाती हैं।

पाठकों-दर्शकों को सही खबर जानने का बुनियादी अधिकार है, जबकि आज के मीडिया का लक्ष्य है पाठक-दर्शक के मानस का बौद्धिक समतलीकरण। नतीजतन आज समाज में संवाद, बहस, परिचर्चा जैसी चीजें घटी हैं, आलोचनात्मक विवेक में ह्रास आया है। मीडिया का लक्ष्य हो गया है छद्म बिंब बनाते हुए पैसा बटोरना, पैसा बटोरते हुए छद्म बिंब बनाना। वह ऐसी सूचना नहीं देता जो स्वतंत्रता की ओर ले जाती है। वह ऐसी सूचना देता है, जिसके जाल में फँस कर समाज अंततः सांस्कृतिक रूप से पराधीन ही नहीं, परजीवी भी हो जाता है। आज का मीडिया मानव मस्तिष्क को सूचना-भंडार बनाता है, पर ज्ञान नहीं देता, चिंतन शक्ति नहीं देता और कोई मानवीय अहसास नहीं देता। वह वस्तुतः 'डिसइन्फार्मेशन' का औजार होता है।

क्या मीडिया के इलाके में बौद्धिक पुनर्जागरण संभव है? कहना न होगा कि भारत में मीडिया का अप्रत्याशित पतन हुआ है, जबकि पश्चिम में मीडिया

की स्वतंत्रता और नैतिक अखंडता अभी काफी हद तक बची हुई है। पश्चिमी मीडिया ने उदारवाद का स्वर अभी भी काफी बचाकर रखा है। वह घृणा और असहिष्णुता का नग्न प्रचारक नहीं है। उदाहरण स्वरूप पश्चिमी देशों में राष्ट्रवादी कट्टरताओं के बावजूद पश्चिमी मीडिया में लोकतांत्रिक मूल्य अभी बचे हुए हैं। देखने की जरूरत है कि यह भारत में कितना संभव है।

बहुराष्ट्रीय साम्राज्यवाद के सूचना-मायाजाल के समानांतर गैर-व्यावसायिक स्थानीय चैनलों की स्थापना, वैकल्पिक सूचना-प्रवाह का निर्माण एक रास्ता है। प्रिंट मीडिया पर आज भी लोगों का अपेक्षाकृत ज्यादा भरोसा है, खासकर जब इलेक्ट्रॉनिक मीडिया 'पेड न्यूज' या 'निर्मित उत्तेजनात्मक खबरों' का मालवाहक बन गया है। क्या मीडिया में अंधेरा हो तो राजनीति में सूर्योदय संभव है?

नवजागरण और हिंदी उपन्यास

उपन्यास विधा के जन्म का सीधा संबंध नवजागरण द्वारा शुरू हुए धार्मिक-सामाजिक रूढ़ियों पर प्रहार, औद्योगिक-व्यापारिक विकास और मध्यवर्ग के उदय से है। यह मुख्यतः मध्यवर्गीय आशा-आकांक्षाओं, संघर्षों और पीड़ाओं के साहित्यिक दस्तावेज के रूप में सामने आया। पश्चिम में यह परंपरागत व्यवस्था पर प्रश्न उठाने के साथ दार्शनिक अंतर्द्वंद्व का भी वृत्तांत था। मानना चाहिए, पश्चिमी उपन्यासों से प्रभाव ग्रहण करते हुए भी भारतीय उपन्यास की अपनी कुछ स्वतंत्र प्रेरणाएं और परंपराएं हैं। वह धार्मिक-सामंती चुनौतियों के सामने खड़ा होने के साथ राष्ट्रीय आत्मपहचान के संघर्ष से तटस्थ नहीं रह सका है। इसके अलावा, विभिन्न भारतीय भाषाओं में औपन्यासिक अंतर्वस्तु की भिन्नता जीवन की विविधता की वजह से है।

19वीं सदी में हिंदी क्षेत्र औद्योगिक और सांस्कृतिक दृष्टियों से काफी पिछड़ा था। मध्यवर्ग काफी छोटा और दिग्भ्रमित था। वह पुराने जीवन-ढांचे में सिकुड़ा हुआ था। इसलिए जब दुर्गेश नंदिनी (1865) से बांग्ला उपन्यास की शुरुआत हो चुकी थी और 19वीं सदी के अंतिम दो दशकों से ही गुजराती, मलयालम आदि भाषाओं के उपन्यास में सामाजिक प्रश्न उठने लगे थे, हिंदी में उपन्यास ज्यादातर रहस्य और तिलस्मी दुनिया की कैद में था या वह परंपरागत धार्मिक उपदेशों से आक्रांत था। वह भारतीय मध्यवर्ग की नवोदित आकांक्षाओं को व्यापकता से छू नहीं पा रहा था।

हिंदी का पहला उपन्यास कौन-सा है, इस पर हिंदी में चर्चा ज्यादा हुई है, जबकि यह जानना ज्यादा जरूरी है कि 19वीं सदी की औपनिवेशिक सत्ता,

सुधारों और उदारवाद का औपन्यासिक रूप क्या है। इस युग में पत्रकारिता और नाटकों के साथ-साथ उपन्यासों में ऐसी बहुत-सी वास्तविकताएं आई हैं जो हिंदी नवजागरण की ताकत और विडंबनाओं को समझने में मददगार हो सकती हैं।

सबसे महत्वपूर्ण है नए युग में काव्य से कथा की तरफ आकर्षण बढ़ना और इसके जरिए जीवन के यथार्थों को पहचानने का जोखिम उठाना। संभव है कि 19वीं सदी में हिंदी उपन्यास का परिपक्व शिल्प उस तरह न उभरा हो, जिस तरह उस युग में बांग्ला, मलयालम, गुजराती आदि भाषाओं ने पा लिया था। फिर भी हिंदी उपन्यास में जीवन की एक न एक समस्या को उठाना शुरू हो चुका था। साहित्य और जीवन के बीच रिश्ता बनने लगा था। जो सीमाएं थीं वे हिंदी क्षेत्र की अविकसित मध्यवर्गीय दृष्टि की सीमाएं थीं। यही वजह है कि तिलस्मी-ऐयारी उपन्यास ही नहीं, धार्मिक विषयों पर भी उपन्यास लिखे गए।

भारतेंदु मंडल में जिन लेखकों को शामिल किया जाता है, उनमें से कोई भी लेखक उपन्यास विधा को साध नहीं सका था। भारतेंदु की पीड़ा थी, 'जैसे भाषा में अब कुछ नाटक बन गए हैं, अब उपन्यास नहीं बने हैं।' (पत्र)। इसे हिंदी समाज और नवजागरण के पिछड़ेपन के चिह्न के रूप में देखा जा सकता है। एक तरह से प्रेमचंद की कृतियों के पहले ऐसा कोई हिंदी उपन्यास नहीं लिखा गया जिसे गौरव के साथ याद किया जाए, हालांकि लाला श्रीनिवास दास के उपन्यास 'परीक्षा गुरु' (1882) को पहला उपन्यास माना जाता है।

'परीक्षा गुरु' में देशचिंता

लाला श्रीनिवास दास (1850-1907) दिल्ली में रहते थे और शहर के अमीर घरानों से उनके ताल्लुक थे। उनका 'परीक्षा गुरु' उपन्यास एक अमीर लाला घराने के नौजवान सेठ की ऐयाशी और उसके जीवन की उथल-पुथल पर केंद्रित है। उपन्यास के आरंभिक कथन में श्रीनिवास दास ने दावा किया है, 'अपनी भाषा में यह नई चाल की पुस्तक होगी।' उन्होंने यह भी खुलासा किया है, 'इस पुस्तक में दिल्ली के एक कल्पित (फर्जी) रईस का चित्र उतारा गया है और उसको जैसे का तैसा (अर्थात स्वाभाविक) दिखाने के लिए संस्कृत

अथवा फारसी-अरबी के कठिन-कठिन शब्दों की बनाई हुई भाषा के बदले दिल्ली के रहनेवालों की साधारण बोलचाल पर ज्यादा दृष्टि रखी गई है।' स्पष्ट हो सकता है कि नए युग में जातीय भाषा के आधुनिकीकरण में उपन्यास की भूमिका किस तरह बढ़ गई। उपर्युक्त उपन्यास के लेखन में श्रीनिवास दास ने जिन प्रभावों का जिक्र किया है, उनसे भी 19वीं सदी के हिंदी उपन्यास की बौद्धिक पृष्ठभूमि की सीमाओं का बोध होता है, 'मुझको महाभारतादि संस्कृत, गुलिस्तां बगैरे फारसी, स्पेक्टेटर, लार्ड बेकन, गोल्ड स्मिथ, विलियम कूपर आदि के पुराने लेखों और स्त्रीबोध आदि के वर्तमान रिसालों से बड़ी सहायता मिली है।' यह उपन्यास दुनिया भर के उद्धरणों और शिक्षाप्रद समझकर रखे गए कथा प्रसंगों से बोझिल है। उसमें 'स्त्री बोध' का स्तर भी सहनशील और त्याग की मूर्ति परंपरागत भारतीय नारी से भिन्न नहीं है।

उल्लेखनीय है कि 'परीक्षा गुरु' की शुरुआत बाजार से होती है, जो उसी युग के 'अंधेर नगरी' (भारतेंदु) नाटक में भी प्रमुखता से मौजूद है। कुछ नौजवान, जो आपस में दोस्त हैं, एक चतुर अंग्रेज व्यापारी ब्राइट की विदेशी वस्तुओं की दुकान पर हैं। अमीर लाला मदनमोहन अपने पिता के मरने के बाद उनकी संपत्ति का अकेला वारिस है। वह सजावट की एक बेशकीमती फ्रेंच चीज खरीदना चाहता है। अंग्रेज उसे तरह-तरह से प्रलोभन देता है। उसका मदनमोहन पर पहले से भारी कर्ज है। मदन मोहन के साथ उसका एक अत्यंत साधारण आर्थिक स्थिति का देशप्रेमी दोस्त ब्रजकिशोर है। वह मदन मोहन को समझाता है, 'बुद्धिमान अपनी जरूरी चीजों के सिवाय किसी पर मन नहीं दौड़ाते।' लेकिन लाला मदनमोहन के साथ उसके कुछ खुशामदी दोस्त भी हैं। वे तर्क देते हैं, 'दरिद्रियों की तरह धनवान भी अपनी रुचि के समान काम न कर सकें तो फिर धनी और दरिद्रियों में अंतर क्या रहा'। ब्रजकिशोर सादगी की तरफदारी करते हुए 'मुनासिब रीति से थोड़े खर्च में सब तरह का सुख' का विचार रखता है और ऐसी ही चीज स्वदेशी की दुकान से खरीदने का आग्रह करता है।

लाला मदनमोहन अपने लोभी खुशामदी दोस्तों के चक्कर में अनाप-शनाप खर्च करके दिवालिया हुए जा रहे थे और उन पर भारी कर्ज चढ़ा हुआ था।

ब्रजकिशोर की चिंता है, 'कारीगरी की निरर्थक चीजों के बदले हिंदुस्तानी अपनी दौलत वृथा खोए देते हैं।' इस तरह उपन्यास की केंद्रीय समस्या वस्तुतः हिंदुस्तान की दौलत का विदेश जाना है, 'ड्रेन ऑफ वेल्थ' है।

रामचंद्र शुक्ल का 'परीक्षा गुरु' (प्रथम प्रकाशन 1882, द्वितीय 1884) की तरफ सिर्फ इतना ध्यान था, "श्रीनिवास दास ने 'परीक्षा गुरु' नाम का एक शिक्षाप्रद उपन्यास भी लिखा। वे खड़ी बोली के बोलचाल के शब्द और मुहावरे अच्छे लाते थे।" (हिंदी साहित्य का इतिहास)। रामविलास शर्मा ने उन पर ज्यादा न लिखकर इतना ही कहा, 'इसमें लेखक को उसके नाटकों जैसी सफलता नहीं मिली। कथावस्तु एक अमीर के बिगड़ने और अपने एक सच्चे मित्र की सहायता से सुधरने को लेकर रची गई है। ऐसी ही कथा बालकृष्ण भट्ट के 'सौ अजान और एक सुजान' की है। निःसंदेह उपन्यास में इस ढर्रे का सूत्रपात करनेवाले श्रीनिवास दास थे। सेठों के जीवन से उनका निकट से परिचय था। इसलिए लाला मदनलाल और उनके चाटुकारों का चित्रण अच्छा हुआ है। ...श्रीनिवास दास का लक्ष्य एक अच्छी कथा गढ़ना उतना नहीं है जितना उसे उपदेशात्मक उद्धरणों से भर देना।' दरअसल इस उपन्यास में हिंदी क्षेत्र के अमीर वर्गों के विडंबनापूर्ण सामाजिक यथार्थों और देशोन्नति में उनकी जीरो भूमिका की ओर रामविलास शर्मा की दृष्टि नहीं गई। 19वीं सदी की हिंदी कृतियों की भाषा और शिल्प की ख़ूबियां बताकर हम हिंदी नवजागरण को समझ नहीं सकते।

श्रीनिवास दास ने लाला मदनमोहन के अमीरी ठाठ का चित्र खींचा है, 'मकान का बैठक अंग्रेजी चाल का बनाया गया है। उसमें बहुमूल्य शीशे के बरतन के अलावा तरह-तरह का उम्दा से उम्दा सामान मिसल से लगा हुआ है। सहन आदि में चीनी की ईंटों का सुशोभित फर्श कश्मीर के गलीचों को मात करता है। तबेले में अच्छी से अच्छी विलायती गाड़ियें और अरबी, केप, बेलर आदि की उम्दा-उम्दा जोड़ियें अथवा जीनसवारी के घोड़े बहुतायत से मौजूद हैं। साहब लोगों की चिट्ठियां नित्य आती-जाती रहती हैं। उनमें से खबरें अथवा आर्टि कलों को कोई देखे न देखे, परंतु सौदागरों के इश्तेहार जरूर देखे जाते हैं। नई फैशन की चीजें अवश्य मंगाई जाती हैं। मित्रों का जुलूसा सदैव बना रहता है।'

लाला मदनमोहन तीस साल का नौजवान है। उसके पिता मेहनती और प्रतिष्ठित व्यापारी थे, लेकिन वह खुद बिगड़ा रईस है। उसने हिंदी, फारसी और अंग्रेजी भाषाएं सीख ली थीं, लेकिन वह विद्याबुद्धि न पा सका था। ऐसे ही व्यक्तियों के बारे में श्रीनिवास दास ने लिखा, 'हिंदुस्तानियों को आजकल हर बात में अंग्रेजों की नकल करने का चस्का पड़ ही रहा है, ...उनके सद्‌गुणों की नकल क्यों नहीं करते?'

'परीक्षा गुरु' में हिंदुस्तान के व्यापारिक-औद्योगिक क्षय और सामाजिक एकता टूटने की ओर संकेत है तो देशोन्नति की चिंता भी है। ब्रजकिशोर आधुनिकीकरण का समर्थन करते हुए, भाप और बिजली के यंत्रों के व्यवहार का रास्ता दिखाते हैं और आलस्य छोड़ने को कहते हैं, 'हिंदुस्थान की भूमि में ईश्वर की कृपा से उन्नति करने के लायक सब सामान बहुतायत से मौजूद हैं। केवल नदियों के पानी ही से बहुत तरह की कलें (मशीनें) चल सकती हैं। परंतु हाथ हिलाये बिना ग्रास अपने आप मुख में नहीं जाता। नई-नई युक्तियों के बिना काम नहीं चलता, पर इन बातों से मेरा यह मतलब हरगिज नहीं है कि पुरानी, पुरानी सब बातें बुरी और नई, नई सब बातें एकदम अच्छी समझ ली जायं।'

ब्रजकिशोर आलस्य के त्याग, मशीनों के प्रयोग, विवेक से अच्छाई-बुराई की समझ, शिक्षा अर्जन, अज्ञानता से मुक्ति, नौकरी की जगह लाभदायक व्यापार आदि को देशोन्नति के लिए जरूरी मानते हैं। वे उदाहरण देते हैं, 'अभी पूरे दस वर्ष नहीं हुए जिसमें फ्रांस वालों ने सच्ची सावधानी के कारण ऐसी उन्नति कर ली कि वे आज सब सुधरी हुई बलायतों सै आगै दिखाई देते हैं।' यह देशचिंता ब्रजकिशोर के देशप्रेम का चिह्न है। हालांकि उपन्यास में उसकी देशचिंता पर आलस्य, शरीर के भौतिक सुख, खुशामदियों पर भरोसा, धार्मिक अंधविश्वास, दुनिया के आधुनिक विकास से अज्ञानता, नाच-गान जैसे मनोरंजन और फिजूलखर्ची की प्रवृत्तियां भारी दिखती हैं जो उस युग के संपन्न हिंदी लोगों का सामान्य मामला था। इसके अलावा, 'लोभ से धर्म का कुछ विचार न रहता है', अर्थात धार्मिक पतन भी हो रहा था। 'परीक्षा गुरु' रईस कायस्थ खानदान के एक बिगड़े नौजवान की कथा है,

लेकिन यह 19वीं सदी के भारतीय व्यापार-उद्योग के सामने उपस्थित बौद्धिक गत्यावरोध के बिंब भी उपस्थित करता है।

अंग्रेजी शिक्षा का कोई खास फायदा नहीं हो रहा है, यह 'परीक्षा गुरु' में दिखाया गया है। औपनिवेशिक स्थितियों में, 'इस विद्वत्ता से सिवाय नौकरी के और कोई ठिकाना न था।' श्रीनिवास दास कहते हैं, 'ये शिक्षा अपनी देशभाषा में होती अथवा काम की पुस्तकों का अपनी भाषा में अनुवाद हो गया होता तो (अंग्रेजी सीखने में लगने वाला) कितना समय व्यर्थ नष्ट होने से बचता।' उल्लेखनीय है कि लाला मदनमोहन के अंग्रेजों से अच्छे संबंध हैं और ऐसे ही रसूखदार लेकिन निकम्मे आदमी को म्यूनिसिपैलिटी का मेंबर बनाने की योजना बन रही होती है। यह औपनिवेशिक लोकतंत्र के ढकोसले का चिह्न है। 'परीक्षा गुरु' में एक खास उद्धरण के जरिए उस युग के शिक्षित सुधारवादियों के अवसरवाद पर व्यंग्य है, 'जो राजसभा हमसे मानपूर्वक मेल करेगी तो हम सदा ताबेदार बने रहेंगे, परंतु हमारे साथ अन्याय और अपमान से बरताव होगा तो हमारी वफादारी पर सर्वथा विश्वास न करना।' शिक्षित उदारवादियों की यही मांग थी कि हमें सत्ता में हिस्सा दो तो हम अपना मुंह बंद रखेंगे। मानो उनका कहना था, अंग्रेज सत्ताधारियों का कर्तव्य है कि वे सच्ची योग्यता की कद्र करें।

'परीक्षा गुरु' में पत्रकारिता की बुरी हालत पर चर्चा है, 'हिंदुस्तान में विद्या का, सर्वसाधारण की अनुमति जान्नें का, देशान्तर के वृत्तांत जान्नें का और देशोन्नति के लिए देशहितकारी बातों पर चर्चा करने का व्यसन अभी बहुत कम है। बलायत की आबादी हिंदुस्तान की आबादी से बहुत ही थोड़ी है, तथापि वहां अखबारों की इतनी बृद्धि है कि बहुत से अखबारों की डेढ़-डेढ़, दो-दो लाख कापियां निकलती हैं। वहां के स्त्री, पुरुष, बूढ़े, बालक, गरीब, अमीर सब अपने देश का वृत्तांत जान्ते हैं और उस पर वाद-विवाद करते हैं। किसी अखबार में कोई बात नई छपती है तो तत्काल उसकी चर्चा सब देश में फैल जाती है और देशान्तर को तार दौड़ जाते हैं। परन्तु हिंदुस्तान में ये बात कहां? यहां बहुत से अखबारों की पूरी दो-दो सौ कापियां भी नहीं निकलतीं।' लाला श्रीनिवास दास को हिंदी पाठकों के अभाव का राष्ट्रीय दुख है जो पुनरुत्थानवादी शोक से भिन्न चीज है।

उपन्यास में एक पंडित पुरुषोत्तम दास हैं जो ज्योतिषाचार्य हैं। वे जो अलक्षित है, उसे भी दिखा सकते हैं। श्रीनिवास दास इन चीजों पर प्रश्न करते हैं और पाखंड उजागर करते हैं, 'ज्योतिष ग्रहों को उलटपुलट नहीं सकते, अच्छे-बुरे फल को बदल नहीं सकते।' मदनमोहन को ज्योतिष पर भरोसा है। शराब के सेवन को भी मुद्दा बनाया गया है। उपन्यास में अफवाह, निंदा और झूठे प्रचार के दोष बताए गए हैं, 'अफवाह वह भयंकर वस्तु है जिस्से बहुत से निर्दोष दूषित बन जाते हैं। बहुत से लोगों के जी में रंज पड़ जाते हैं। बहुत लोगों के घर बिगड़ जाते हैं। ...भलेमानसों की झूठी निंदा अफवाह की जहरीली पवन में मिलकर उनके सुयश को धुंधला करती है। ...कोई दुष्ट वैर और जलन में दूसरों की निंदा करते हैं।' यह साधारण सामाजिक बीमारी नहीं है। इसी तरह खुशामद और चाटुकारिता के उदाहरण हैं। दरअसल निंदा और चाटुकारिता एक ही सिक्के के दो पहलू हैं।

मदन मोहन बेवकूफियों और बुराइयों की तरफ ज्यादा आकर्षित थे और मनमानी करते थे। उन्हें पतिव्रता पत्नी की जगह वेश्याओं की संगत पसंद थी। ब्रजकिशोर उन्हें समझाते हैं कि स्वेच्छाचार और स्वतंत्रता में फर्क है। बुद्धि द्वारा ही दोनों के फर्क का बोध होता है। मदन मोहन ब्रजकिशोर की नेक सलाह नहीं सुनते। अंततः झगड़ा होता है और दोनों मित्र एक-दूसरे से अलग हो जाते हैं। मदनमोहन बुद्धिभ्रष्ट हो जाने के कारण ऐब, ऐयाशी, फिजूलखर्ची करते जाते हैं। अंततः भारी कर्ज में धँस कर दिवालिया घोषित होते हैं। उन पर लेनदार चढ़ बैठते हैं। सम्मन की और नीलामी की तलवारें लटक जाती हैं।

लाला श्रीनिवास दास की चिंता है कि अंग्रेजों के आधुनिक युग में अमीरों के बीच कलह है, बुरी आदतें हैं और व्यापार-उद्योग से उदासीनता है। वे नए युग की मांग से बेखबर हैं। दिल्ली के हिंदी परिवेश की खराब दशा का चित्र खींचते हुए लेखक फिजूलखर्ची पर प्रश्न करता है, 'इस खर्च से देश का कुछ भला हुआ? तुम्हारी संतान का कुछ भला हुआ? यदि इस फिजूलखर्ची के बदले लड़के के पढ़ाने-लिखाने में यह रुपया लगाया जाता अथवा किसी देशहितकारी काम में खर्च होता तो निस्संदेह बड़ाई की बात थी।' हरिकिशोर जैसे चालाक खुशामदियों से भिन्न ब्रजकिशोर खरी बातें बोलता था और सच्चा मित्र था।

इसलिए लाला मदनमोहन को ब्रजकिशोर नहीं सुहाया। ब्रजकिशोर उपन्यास में सादगी और समझदारी के साथ जीनेवाले एक सच्चे देशहितैषी के रूप में आता है। वह स्वार्थी नहीं है, उसे नाम कमाने का लोभ नहीं है। वह एक दायित्वबोध-संपन्न स्वाभिमानी नागरिक है।

'परीक्षा गुरु' में भारत के व्यापारी-उद्यमी वर्ग, एक तरह से देशी पूंजीवादी वर्ग के वैचारिक खोखलेपन का अनावरण है, 'धनवान ऐसे थे जो केवल हाकिमों की प्रसन्नता के लिए उनकी पसंद के कामों में अपनी अरुचि होने पर भी जी खोलकर रुपया दे देते थे, परन्तु देशोन्नति और उदारता के नाम फूटी कौड़ी नहीं खर्ची जाती थी। वे केवल धनियों से मेल रखने में अपनी प्रतिष्ठा समझते थे। परन्तु स्वदेशियों के हानि-लाभ का उन्हें कुछ विचार न था।' यह दिल्ली की खोखली दशा थी, आज से बहुत भिन्न नहीं! श्रीनिवास दास यह भी कहते हैं, 'हिंदुस्थानियों का सुधरना केवल दिखाने के लिए है।' उनका हिंदुस्थानियों से आशय हिंदी क्षेत्र के लोगों से है। 'परीक्षा गुरु' में व्यापारियों-उद्यमियों का उपर्युक्त चित्र हिंदी क्षेत्र के खोखले और मूर्खता-भरे पूंजीवाद का अनावरण है।

हिंदी क्षेत्र के अमीर व्यापारियों-उद्यमियों का बल हिंदी नवजागरण को नहीं मिल सका, जबकि बंबई प्रेसिडेंसी के मराठी और गुजराती नवजागरण के पीछे व्यापारियों और उद्यमियों की काफी ताकत थी। उन्होंने जिस तरह शिक्षा संस्थान खोले थे, सामाजिक सुधार संगठनों और पत्रकारिता को खड़ा किया था, देशोन्नति के दूसरे कई काम किए थे और लोगों के मन को बड़ा बनाने में वे तत्पर रहते थे, उस तरह के दृश्यों से हिंदी क्षेत्र 19वीं सदी में पूरी तरह वंचित था।

'परीक्षा गुरु' उपन्यास का महत्व यह है कि इसने हिंदी क्षेत्र के पूंजीवाद के खोखलेपन को उजागर किया। इस काम में इसने किसी भी अन्य कृति से बड़ी भूमिका निभाई।

'परीक्षा गुरु' में एक और महत्वपूर्ण कथन है, 'हिंदुस्तान के सत्यानाश की जड़ प्रारंभ से यही फूट है। इसी के कारण कौरव-पांडवों का घोर युद्ध हुआ। इसी के कारण नंद वंश की जड़ उखड़ी। पृथ्वीराज और जयचंद की फूट से हिंदुस्तान में मुसल्मानों का राज आया और मुसल्मानों का राज भी अंत

में इसी फूट के कारण गया। सौ-सवा सौ बरस से लेकर अब तक हिंदुस्तान में कुछ ऐसे अप्रबंध, फूट और स्वेच्छाचार की हवा चली कि बहुधा लोग आपस में कट मरे...। इसलिए मैं आपस में फूट को अच्छा नहीं समझता।' यह बात विवेकवान ब्रजकिशोर लाला मदनमोहन के एक खुशामदी दोस्त चुन्नीलाल से कहता है।

कथाकार ने सामाजिक यथार्थों का चित्र उपस्थित करते हुए भी हृदय परिवर्तन की युक्ति का सहारा लिया है, ताकि उपन्यास ट्रैजडी-प्रधान न हो जाए।

ब्रजकिशोर वकालत करते थे। लाला मदनमोहन को आफत से मुक्त करने की कोशिश शुरू हो गई। सभी खुशामदी मित्रों ने उनका साथ छोड़ दिया था। पुराना झगड़ा भूलकर कुशल वकील ब्रजकिशोर ने उनका मुकदमा निःस्वार्थ भाव से अपने हाथ में लिया। लाला मदनमोहन पर लाखों का कर्ज था और इसी तरह पावने भी थे। मदनमोहन के मकान में अब सुस्ती थी, पहले-सी चहल-पहल न थी। वे निराश और उदास थे। वे समझ गए थे कि उनकी खुशामद में लगे व्यक्ति अपने स्वार्थवश उनसे प्रीत रखते थे। इस वजह से उन्हें अदूरदर्शिता, फिजूलखर्ची, अप्रबंध और सुखपरायणता आदि अपने दोष दिखाई नहीं पड़ते थे। इसका आखिरी नतीजा यह हुआ कि उनको हवालात में जाना पड़ा। अदालत में उनकी पत्नी मिलने आती है। वह परंपरागत त्यागमयी भारतीय स्त्री की तरह अपने साथ हुआ सारा दुर्व्यवहार भुला देती है। उपन्यास का अंत सुखमय है।

ब्रजकिशोर मदनमोहन को आफतों से छुटकारा दिला देते हैं। लाला मदन मोहन सुधरने का संकल्प लेते हैं। निष्कर्ष निकलता है कि विपत्ति ही सबसे बड़ी परीक्षक है। वही परीक्षा गुरु है। उपन्यास का लक्ष्य तुलसीदास की इस पंक्ति को चरितार्थ करता है, 'धीरज धर्म्म मित्र अरु नारी। आपतिकाल परखिये चारी।' सच्चे प्रेम की पहचान भी विपत्ति के समय ही होती है।

19वीं सदी में हिंदी उपन्यास के विविध रूप

प्रेमचंद ने अनुमान व्यक्त किया था, देवकीनंदन खत्री ने 'चंद्रकांता' और 'चंद्रकांता संतति' का बीजांकुर 'तिलिस्म होशरुबा' से लिया होगा। (कुछ विचार)।

उपर्युक्त उपन्यास पराक्रम, चमत्कार, कौतूहल और रहस्यभेदी चतुराइयों से भरे हुए हैं। हालांकि ऐसी दूर की कौड़ी भी लाई गई है कि 1857 की पराजय के बाद पैदा हुई निराशा के दौर में देवकीनंदन खत्री के उपन्यास बुद्धि और शौर्य के मिश्रण का संदेश देते हैं। सवाल है, उस दौर में कौन निराश था, जनता की राष्ट्रीय समझ कितनी विकसित थी?

हिंदी में जिस विदेशी उपन्यास 'लंदन मिस्ट्रीज' (जार्ज रेनल्ड्स 1844) का अनुवाद हुआ, उससे भी इस क्षेत्र की रुचि का बोध होता है। इसकी कथा महानगर के अपराधों और हिंसा पर आधारित है और उसका जीवन से कोई संबंध नहीं है। देवकीनंदन खत्री (1861-1913) ने इसी से प्रभावित होकर छह खंडों में 'चंद्रकांता संतति' लिखी थी। इस उपन्यास में मध्यवर्ग की जगह राजे-रजवाड़ों का जीवन है। इसमें रहस्य से भरे ऐसे दुस्साहसिक कार्यों का वर्णन है जिनका जीवन से कोई संबंध नहीं है। उपन्यास में राजप्रासादों और जंगलों के निजी तौर पर देखे विवरण हैं, काल्पनिक एक्शन और युद्ध हैं। जहां-तहां अंग्रेजी राज की कुछ घटनाओं का जिक्र है, जैसे —'दो सौ वर्षों पहले जो बातें असंभव थीं, आजकल विज्ञान के सहारे वे सब संभव हो रही हैं। रेल, तार, बिजली आदि के कार्यों को पहले कौन मान सकता था।' (चंद्रकांता संतति)। देवकीनंदन खत्री विज्ञान की महत्ता स्वीकार करते हुए भी अपने उपन्यास में विज्ञान-विरोधी औपनिवेशिक कथा-जाल बुनते हैं, क्योंकि उनका लक्ष्य अंग्रेजों के विकास और भारतीयों के सुधार आंदोलनों की नब्ज को पकड़ना न होकर महज हल्का मनोविनोद करते हुए 'होनहार मंडली का प्रिय पात्र' बनना था। व्यावसायिक लोकप्रियतावाद के अलावा इसमें सनातन हिंदू आदर्शों का महिमामंडन इसकी एक अन्य बड़ी सीमा है। इस उपन्यास का कथावितान और उद्देश्य वस्तुतः भारतेंदु युग की हलचलों से बिल्कुल कटा हुआ है।

देवकीनंदन खत्री ने अपने पहले के तिलस्मी-ऐयारी उपन्यास 'चंद्रकांता' (1887) की ज्यादा बिक्री से उत्साह का अनुभव किया था, 'यह बात बहुत से सज्जनों पर प्रकट है कि चंद्रकांता पढ़ने के लिए बहुत पुरुष नागरी की

वर्णमाला सीखते हैं और जिनको कभी हिंदी सीखनी न थी, उन लोगों ने भी इसके लिए हिंदी सीखी।' (वही)। देवकीनंदन खत्री के इस दावे को लोगों ने सच मान लिया। उन्होंने निःसंदेह फारसीपन और संस्कृत तत्समता की दीवारें तोड़ीं। उनके उपन्यासों को पढ़ने के लिए कोश टटोलना नहीं पड़ता, लेकिन चेतना और संवेदना के स्तर पर उन्होंने उस युग में बौद्धिक रूप से अविकसित एलीट वर्गों की रुचियों को तृप्त किया। आखिरकार कौन-से 'पुरुष' नागरी वर्णमाला सीखते हैं? वे लोग ही जो सत्ता की भाषा होने की वजह से उर्दू-फारसी की तरफ झुके हुए थे। यदि 'परीक्षा गुरु' कई मुद्दों पर सोचने के लिए विवश करता है, तो देवकीनंदन खत्री के उपन्यास पाठकों को 'सोच' की तरफ फटकने भी नहीं देते। 'चंद्रकांता' और 'चंद्रकांता संतति' का लोक-संस्कृति, हिंदी की साहित्यिक परंपरा और उस युग के सामाजिक-राजनीतिक यथार्थों से कोई संबंध नहीं है। हालांकि कुछ ऐसे लेखकों ने इसे जरूर बढ़ा-चढ़ा कर देखा है जो भारतेंदु के महत्व को कम आंकते रहे हैं।

19वीं सदी में हिंदी में कई कच्चे-अधपके उपन्यास लिखे गए। वे पत्रिकाओं में भी धारावाहिक छपते थे और पाठकों को आकर्षित करते थे। 'परीक्षा गुरु' से पहले श्रद्धराम फिल्लौरी के सामाजिक उपन्यास 'भाग्यवती' का जिक्र आता है जिसमें स्त्रियों की शिक्षा का प्रसंग है, हालांकि यह मुख्यतः धर्मोपदेश की पुस्तक है। उपर्युक्त दोनों के अलावा बालकृष्ण भट्ट के मुख्यतः दो उपन्यास 'नूतन ब्रह्मचारी' (1886), 'सौ अजान एक सुजान' (1892) सामाजिक उपन्यास हैं। राधाकृष्ण दास के उपन्यास 'निस्सहाय हिंदू' (1899) के शीर्षक से विषयवस्तु स्पष्ट है। 'धूर्त रसिकलाल', 'हिंदू गृहस्थ', 'आदर्श दंपति', 'बिगड़े का सुधार' और 'आदर्श हिंदू' (लज्जाराम मेहता, 1863-1931) उपन्यासों का भी उल्लेख किया जाता है जो परंपरागत धार्मिक-सामाजिक ढांचे में लिखे गए हैं।

ठाकुर जगमोहन सिंह (1857) की कृति 'श्यामा स्वप्न' को हिंदी के आरंभिक उपन्यासों में उसकी फंतासी-प्रधान भाषा की वजह से खास स्थान दिया गया है। इसमें एक प्रेमी-हृदय के स्वप्न का कल्पनाशील भाषा में अनंत प्रवाह है जो किसी सामाजिक यथार्थ को उजागर करता नजर नहीं आता।

इसकी भाषा संस्कृतनिष्ठ है। किशोरीलाल गोस्वामी (1865-1932) इस अर्थ में खास कहे जा सकते हैं कि 'उपन्यास' के नाम से उन्होंने एक मासिक पत्रिका/पुस्तक निकाली। उन्होंने ऐतिहासिक परिवेश में कई उपन्यास रचे जो इतिहास से शुरुआती खिलवाड़ थे —उनमें यथार्थ नहीं था। इसी तरह गोपालराम गहमरी (1866-1946) ने जासूसी उपन्यास की परंपरा स्थापित की। उन्होंने बड़ी संख्या में जासूसी उपन्यास लिखे। देवकीनंदन खत्री, किशोरीलाल गोस्वामी और गोपालराम गहमरी ने जीवन से संपर्कवाले साहित्यिक उपन्यासों की जगह उपन्यासों की जो व्यावसायिक छवि निर्मित की, उसे वस्तुतः प्रेमचंद ही तोड़ने में समर्थ हुए।

प्रेमचंद ने शायद ऐसे ही उपन्यासकारों को ध्यान में रखकर लिखा होगा, 'साहित्यकार का काम केवल पाठकों का मन बहलना नहीं है। यह तो भाटों और मदारियों, विदूषकों और मसखरों का काम है। साहित्यकार का पद इससे कहीं ऊंचा है।' (कुछ विचार)। 19वीं सदी के हिंदी उपन्यासकारों के पश्चिमी प्रेरणादायकों से प्रेमचंद के आदर्श भिन्न थे। वे विक्टर ह्यूगो, टॉलस्टॉय और चार्ल्स डिकेंस को याद करते हैं। वे मानते हैं कि उपन्यासकार को अपनी सामग्री आले पर रखी हुई पुस्तकों से नहीं, उन मनुष्यों के जीवन से लेनी चाहिए जो उसे नित्य चारों तरफ मिलते हैं। लगता है, यह हिंदी के पूर्ववर्ती तिलस्मी, ऐयारी और जासूसी उपन्यासों पर उनकी टिप्पणी है, (ऐसे) 'लेखकों के चरित्र में अधिकांश चरित्र ऐसे हैं जिन्हें जगत गति नहीं व्यापती।' (वही)। हिंदी में सुगठित साहित्यिक उपन्यासों का आगमन इतनी देर से क्यों हुआ, यह विचारणीय है।

उपन्यास लिखे जाएं और उनमें सुधार या परिवर्तन की विचारधाराओं से प्रेरणा लेने की जगह कूपमंडूकता का महिमामंडन हो तो यही कहा जाएगा कि यह पुरानी जड़ रीतियों के प्रचार के उद्देश्य से नई विधा का उपयोग है। ऐसा आगे भी कई मामलों में होता रहा। अंबिकादत्त व्यास (1848-1900) को भारतेंदु मंडल का कवि और लेखक माना जाता है। उन्होंने एक फंतासीपरक उपन्यास लिखा था 'आश्चर्य वृत्तांत' (1898)। इसमें प्राचीन भारत की गौरवगाथा है, प्राचीन शिल्प की महिमा का वर्णन है और बांग्ला सुधारकों के

संगठन ब्रह्म समाज पर व्यंग्य है। उपन्यास में भारतमाता के समानांतर भारत के स्वरूप का धार्मिक वर्णन इस प्रकार है, 'चलो, तुम्हें भारत की मूर्ति का दर्शन करावें। ...महाराज यह तो चार भुजा, पीतांबर, मणिमय मुकुट और बनमाला से शोभित नारायण की मूर्ति है। (इसे) भारतवर्ष की (मूर्ति) आप कैसे कहते हैं? ...भैया इसके स्मरण से जैसे इसके अवलोकन से नारायण का स्मरण होता है, वैसे ही इसके देखने से पूर्व (पहले के) भारत का भी स्मरण होता है। ...देखो, ये चारों भुजा प्रत्यक्ष दिखलाती हैं कि यहां चार वेदों का राज्य था, चार वर्ण और चार आश्रमों की उन्नति थी और अर्थ, धर्म, काम, मोक्ष चारों इसके करतल में थे।' यह भारत के प्राचीन स्वर्ण काल की धारणा से प्रेरित छवि है।

'आश्चर्य वृत्तांत' उपन्यास में अंबिकादत्त व्यास भारत की एक दूसरी छवि दिखाते हैं जो वस्त्रहीन महादेव शिव की है, 'देखो, जिस भारत के किसी समय सोने के सिंहासन थे, वह आज मसान की धूल में पड़ा है। जिस भारत को हीरे-पन्ने से अवसर नहीं मिलता था, वह आज राख लपेटे है। ...कैसे आश्चर्य की बात है कि आप भारतवर्षीय लोग इस दुर्दशा के समय में भी लंबी तान के सोते हैं। तनातनी में दिन बिताते हैं और अंग्रेज लोग भारत के भूगर्भ को छाने डालते हैं।' अंबिकादत्त व्यास शिव के संदर्भ में यह कल्पना भी करते हैं, 'जिस भारत के ललाट पर केसर का टीका था, उसी के ललाट में अग्नि की ज्वाला भभकती है।' यह हिंदू बिंबों के साथ पुनरुत्थानवादी खिलवाड़ है, जिसके एक छोर पर अतीत का दंभ है तो दूसरे छोर पर वर्तमान अंग्रेजी राज के संदर्भ में शोक। उस युग के पुनरुत्थानवाद को 21वीं सदी के पुनरुत्थानवाद से भिन्न जमीन का समझना चाहिए क्योंकि उसके साथ धार्मिकता जरूर है, सामान्यतः सांप्रदायिकता नहीं है। अंग्रेजों के 'सभ्यता के मिशन' पर आने के दावे के बीच यदि कोई जाति (नेशन) अपने अतीत के गौरव को बढ़ा-चढ़ाकर दिखाती है तो यह स्वाभाविक है। वस्तुतः उसकी ऐतिहासिक सीमाओं को समझने की जरूरत है।

एक और उपन्यासकार भुवनेश्वर मिश्र (1867-1934) का उल्लेख किया जा सकता है। उनके दो प्रमुख उपन्यास 'बलवंत भूमिहार' और 'घराऊ घटना' हैं।

दोनों उपन्यासों में धार्मिक-सामंती जीवन के यथार्थ हैं। इनमें यथार्थ हैं और कई जगहों पर हू-ब-हू यथार्थ हैं जो कई बार स्थितियों की आलोचना की जगह उनका महिमामंडन करते हैं। उदाहरण-स्वरूप 'घराऊ घटना' में परंपरागत हिंदू जीवन की रीतियों और रूढ़ियों की व्यापक उपस्थिति है, हालांकि स्त्री शिक्षा का समर्थन है, 'मैं स्त्री शिक्षा आदि से प्रेम रखता हूँ। ...स्त्री शिक्षा कब पूरे तौर से होगी?' 'परीक्षा गुरु' के उच्चवर्ग की जगह 'घराऊ घटना' में मध्यवर्गीय परिवार का जीवन है जो धार्मिक संस्कारों से बोझिल है। इसमें आभूषण-प्रेम दिखाया गया है, लेकिन प्रेमचंद के 'गबन' की तरह यह समस्या-रूप नहीं ले पाता। उपन्यास में कहीं कुरीतियों या अंधविश्वासों का विरोध नहीं है।

'बलवंत भूमिहार' उपन्यास के बारे में बताया गया है कि इसके तीखे यथार्थों के कारण मुजफ्फरपुर जिले के जमींदारों ने इसकी सभी प्रतियां खरीदकर गंगा में फेंक दी थीं। इसमें जमींदार वर्ग का अंतर्विरोध है, जमींदारों की पारस्परिक शत्रुता का चित्र खींचते हुए उनका एक्सपोजर है। जमींदार अपने दरबार में असामी किसानों पर मनमाने ढंग से जुर्माना करते हैं। ये उन्हें बर्बर ढंग से मारते-पीटते हैं, 'हिंदुस्तान में बाज जमींदारों का जुल्म ऐसा ही होता है और गरीब असामी उन जालिमों के हाथ ऐसे ही मारे जाते हैं।' हालत यह थी कि कोई जमींदार किसी प्रतिद्वंद्वी जमींदार से उसके जीवन काल में यदि बदला नहीं ले पाता था तो उसके मरने पर उसकी संतान से बदला लिया जाता था, 'मेरे पिता ने अपराध किया और उसके लिए मुझे ऐसा दंड दिया जाय यह अन्याय है या नहीं।' देवकीनंदन खत्री के समय का यह उपन्यास जाति-आधारित होकर भी एक अन्य साहित्यिक दिशा की ओर संकेत करता है।

यदि देखा जाए, 19वीं सदी के हिंदी उपन्यासों में नवजागरण की उत्साहवर्धक छवियां नहीं मिलतीं और न ही उनमें औपनिवेशिक शिल्प की सामान्य परिपक्वता दिखाई देती है। इन मामलों में लाला श्रीनिवासदास का उपन्यास 'परीक्षा गुरु' थोड़ा भिन्न है। इसे गौरव के साथ याद किया जाता है। हालांकि इसमें हिंदी समाज की निराशाजनक तस्वीर है, ब्रजकिशोर के मध्यवर्गीय स्फुलिंग के बावजूद।

प्रेमचंद ने अपने 'सेवासदन' उपन्यास में नवजागरणकालीन समाज सुधार की शक्तियों और विडंबनाओं को पहचाना था। (देखें —प्रेमचंद : साम्राज्य से राष्ट्र)। उन्होंने नवजागरण के गुणों के आधार पर ही कहा था, 'जिस उपन्यास को समाप्त करने के बाद पाठक अपने अंदर उत्कर्ष का अनुभव करे, उसके सद्भाव जाग उठें, वही सफल उपन्यास है।' उस युग की हलचलों के बीच से व्यक्ति बुरे से अच्छा बन रहे थे और अपने भीतर उत्कर्ष का अनुभव कर रहे थे। प्रेमचंद ने आगे कहा है, 'जिसके भाव गहरे हैं, प्रखर हैं —जो जीवन में बद्दू बनकर नहीं बल्कि सवार बनकर चलता है, जो उद्योग करता है और विफल होता है, उठने की कोशिश करता है और गिरता है, जो वास्तविक जीवन की गहराइयों में डूबा है, जिसने ऊंच-नीच देखे हैं, संपत्ति और विपत्ति का सामना किया है, जिसकी (जिंदगी) मखमली गद्दों पर ही नहीं गुजरती, वही लेखक उपन्यास रच सकता है, जिसमें प्रकाश, जीवन और आनंद प्रदान करने की सामर्थ्य होगी।' नवजागरणकालीन व्यक्तियों में ये गुण थे। खुद प्रेमचंद ऐसे गुणों से संपन्न थे।

खड़ी बोली आंदोलन और अयोध्या प्रसाद खत्री

19वीं सदी के अंतिम दो दशकों में हिंदी कविता के लिए खड़ी बोली आंदोलन चला था। हिंदी कविता ही नहीं, राष्ट्रीय अस्मिता के दृष्टिकोण से भी इसका महत्व है। उस समय गद्य खड़ी बोली में लिखे जाने के बावजूद कविता आमतौर पर ब्रजभाषा में लिखी जाती थी। अयोध्या प्रसाद खत्री (1858-1905) ने इस मुद्दे पर खड़ी बोली आंदोलन का अलख जगाया। काव्य की दुनिया में खड़ी बोली को स्थापित करने और हिंदी के आधुनिक उत्थान का जुनून उन पर सवार था। उस जमाने में अपने लक्ष्य के लिए इस हद तक पागल और बहुविध सक्रिय बहुत कम बुद्धिजीवी थे। अपनी दूरदर्शिता से उन्होंने हिंदी के एक सर्वमान्य धर्मनिरपेक्ष रूप की परिकल्पना की जो 'हिंदुस्तानी' कहकर पुकारी गई। निस्संदेह यह अनंत काल के लिए हिंदी में बची रह जानेवाली एक बड़ी भावना है।

आज हिंदी कविता विकसित हो गई है। इसमें खड़ी बोली के अनगिनत रंग, रूप और तेवर हैं। एक समय ब्रजभाषा में कविता रचने का ऐसा नशा था कि कविता को खड़ी बोली की तरफ खिसकाना कठिन काम था। यह पुराना मोह ही न था। आधुनिक युग में ब्रजभाषा में काव्य लेखन पर जोर वस्तुतः किसी बिंदु पर हिंदी को लेकर एक तंग नजरिए का सूचक भी था। इसलिए कविता को ब्रजभाषा से खड़ी बोली की जमीन पर लाने की कोशिशें महज शैली परिवर्तन के लिए नहीं थीं। यह सौंदर्य और मूल्य के एक पूरे संसार को बदलने की लड़ाई थी।

हिंदी खड़ी बोली के सामने समस्याएं

अयोध्या प्रसाद खत्री को भारतेंदु की आलोचना में इसलिए उतरना पड़ा कि ग्रियर्सन उनकी पुस्तक 'खड़ी बोली का पद्य' (1887) के संदर्भ में भारतेंदु का उदाहरण देकर अयोध्या प्रसाद के खड़ी बोली आंदोलन का विरोध कर रहे थे, 'मेरा यह दृढ़ मत है कि खड़ी बोली में कविता लिखने की तमाम कोशिशें पूर्णतः विफल होंगी। इस संबंध में बनारस में बाबू हरिश्चंद्र के विचारों से सहमत हूँ।' भारत के संदर्भ में अंग्रेजों की रुचि सदा उसे प्राचीनता की तरफ धकेलने में थी। उन्हें प्रभेद और अंधविश्वासों से भरा भारत ज्यादा दिलचस्प और आकर्षक लगता था, क्योंकि उन्हें 'सभ्यता' के अपने मिशन का तर्क इन्हीं जगहों से मिलता था। उन्हें हिंदी का राष्ट्रीय आधुनिक विकास नजर नहीं आता था। वे वस्तुतः इसे आघात पहुँचाना चाहते थे। ग्रियर्सन अंग्रेजों की औपनिवेशिक समझ को प्रतिबिंबित कर रहे थे, यह देखकर अयोध्या प्रसाद ने कहा, 'यदि अंग्रेजों की रुचि इस ओर होती तो ग्रियर्सन साहब अवश्य खड़ी बोली पद्य के अनुयायी होते, पर वे इसके विरोधी हैं।' (अयोध्या प्रसाद खत्री स्मारक ग्रंथ, संपादक—शिवपूजन सहाय, नलिन विलोचन शर्मा)।

फ्रेडरिक पिन्काट का रुख ग्रियर्सन से भिन्न था। पिन्काट अयोध्या प्रसाद खत्री ही नहीं, 19वीं सदी की सभी नई साहित्यिक हलचलों को बड़ी उत्सुकता और आशा से देखते थे। ग्रियर्सन और पिन्काट के विचारों को देखकर हिंदी के बारे में पश्चिम की दो भिन्न दृष्टियों का परिचय मिलता है।

यह दिलचस्प है कि ग्रियर्सन ने ही खड़ी बोली में कविता लिखने का विरोध नहीं किया, 'जपो निरंतर एक जबान, हिंदी-हिंदू-हिंदुस्तान' कहनेवाले प्रताप नारायण मिश्र (1856-1895) ने भी विरोध किया। उस समय भय दिखाया जा रहा था कि खड़ी बोली अपनाने से कविता की मनोहरिता चली जाएगी, पद-लालित्य खो जाएगा और हिंदी कविता की परंपरा से ब्रजभाषा काव्य को निकाल दिया जाएगा। एक चिंता यह भी थी कि खड़ी बोली हिंदी में उर्दू घुस जाएगी। राधाचरण गोस्वामी (1856-1925) इसी मत के थे। हिंदी क्षेत्र में ज्यादातर शिक्षित व्यक्ति 'कंसरवेटिव' थे। अयोध्या प्रसाद खत्री का संघर्ष इसलिए महत्वपूर्ण है कि उन्हें उपनिवेशकों और संरक्षणवादियों—दोनों से टकराना पड़ा।

कहा जा सकता है कि पर्याप्त हिचक से भारतेंदु ने खड़ी बोली में कविता लिखने की जो फुटकर कोशिशें की थीं, इस मामले को अयोध्या प्रसाद ने एक व्यापक आंदोलन का रूप दे दिया था। एक तरह से घोषित रूप में यह हिंदी का पहला साहित्यिक आंदोलन था। नतीजतन कविता में ब्रजभाषा आगे चल न सकी। यह संभव नहीं था, क्योंकि कविता को भी गद्य की तरह एक विस्तृत सार्वजनिक क्षेत्र की जरूरत थी।

खड़ी बोली आंदोलन, अर्थात खड़ी बोली में कविता लिखने के आंदोलन का मंच था 'हिंदुस्तान' पत्र। यह साहित्यिक विवाद नवंबर 1887 से अप्रैल 1888 तक चला था। प्रतापनारायण मिश्र हिंदी की एकस्रोतपरकता का बखान करते हैं, 'ब्रजभाषा और हिंदी दो भिन्न-भिन्न भाषा हैं —नहीं भाई! भिन्न कहां हैं? दोनों की जननी संस्कृत है, दोनों का देश आर्य देश है।' (वही)। संस्कृत को आधुनिक हिंदी की जननी कहना हिंदी के ऐतिहासिक विकास और हिंदी क्षेत्र की लोकभाषाओं की अवहेलना है। इसी तरह 'आर्य देश' की काल्पनिक धारणा में संकीर्ण पुनरुत्थानवाद की गूंज है।

हिंदी के विकास को हिंदी समाज के राष्ट्रीय विकास से जोड़कर न देखने की वजह से हिंदी को कभी ब्रज, कभी उर्दू और कभी हिंदी परिवार की अन्य भाषाओं से लड़ा कर देखने की कोशिश हुई है। हाल के कई उत्तर-औपनिवेशिक मूल्यांकनों में नागरी लिपि में हिंदी को बनियों, ब्राह्मणों और कायस्थों की भाषा कहा गया है, जबकि हम भारतेंदु हरिश्चंद्र (अगरवाल), प्रतापनारायण मिश्र (ब्राह्मण) और अयोध्या प्रसाद खत्री (कायस्थ) को कई बार भिन्न वैचारिक कोणों पर खड़ा पाते हैं। इसका अर्थ है कि उस युग का हिंदी भाषा को लेकर बन रहा माहौल जातिवाद से ऊपर था। इस माहौल में वैचारिक टकराहटें थीं, निश्चय ही एक साझी समझ भी उभर रही थी।

अयोध्या प्रसाद खत्री की एक देन है, उन्होंने जोरदार शब्दों में भाषा को जाति (कास्ट) और मजहब से अलग किया, क्योंकि इसके बिना हिंदी क्षेत्र के लिए एक सर्वमान्य भाषा-रूप का गठन मुश्किल था। उन्होंने 'खड़ी बोली का पद्य' में लिखा, 'थोड़ा ही सोचने से यह बात खुल जाएगी कि कुल, जाति या महजब का बहुत कम असर भाषा पर पहुंच सकता है।' (वही)।

वह मानते थे कि भाषा पर सबसे ज्यादा समाज का असर पड़ता है, फिर शिक्षा का। उसी दौर में बालकृष्ण भट्ट भी कह रहे थे कि भाषा का जाति और मजहब से संबंध नहीं है, 'आज जो भाषा बोलेंगे, वह किसी न किसी सांचे में ढली होगी। लोग कहेंगे इसका ढलना अधिकतर कुल और जाति से संबंध रखता है, अर्थात एक ब्राह्मण का लड़का कभी संभव नहीं कि नित्य की बोलचाल में 'खाकसार को क्या हुक्म होता है' इत्यादि के ढंग की फारसी मिली हुई उर्दू बोले। यह भी संभव नहीं कि कोई मुसलमान चाहे वह संस्कृत का बड़ा विद्वान क्यों न हो, काशी के पंडितों की भाषा बोले, पर थोड़ा ही सोचने से बात खुल जाएगी कि कुल, जाति या मजहब का बहुत कम असर भाषा पर पहुंच सकता है। देश के मुसलमानों की ही भाषा लीजिए। लखनऊ के एक मुसलमान की भाषा पर ध्यान दीजिए। देखिए, कैसी लच्छेदार शीन-काफ से जुड़ी हुई फसही उर्दू बोलता है, तब ढाका या मुर्शिदाबाद के बंगाली मुसलमान को लीजिए। सुनते ही आप कह उठेंगे कि यह तो न फारसी है, न उर्दू, बल्कि शुद्ध बांग्ला है। जैसे लोगों में कोई रहेगा, वैसा ही उसकी भाषा बदलकर हो जाएगी।' (ग्रामीण भाषा, 1885)।

अयोध्या प्रसाद खत्री के ब्रजभाषा-विरोध का अर्थ हिंदी को स्थानीय जड़ों से विच्छिन्न करना नहीं है। यह हम उनके इस कथन से जान सकते हैं, 'जो (लोक भाषा) लोगों के घर के भीतर बोली जाती है, उसकी सहज गति या प्रवाह होने के कारण उसमें एक विचित्र लालित्य, माधुर्य या कोमलता आ जाती है और जिसमें अब तक हजारों-लाखों अति पुष्ट अर्थ के द्योतक हिंदी शब्द भरे हैं और जो (वे) दुर्भाग्य से मनुष्यों की सभा-मंडली से निकालकर अलग फेंक दिए गए हैं —इस अन्याय का कारण क्या है? कारण केवल यही जान पड़ता है कि हम लोगों के बीच बिना बोलाए ही एक पाढ़ना आ घुसा है।' (अयोध्या प्रसाद खत्री स्मारक ग्रंथ)। यहाँ 'पाढ़ना' का आशय किताबीपन से है। समझना मुश्किल नहीं है कि सीमित उद्देश्य से दी जा रही नई शिक्षा के भाषा पर पड़े बुरे असर को यहाँ रेखांकित किया जा रहा है। शहरी शिक्षित वर्ग की भाषा में एक तरह की रईसी, लालित्यहीनता और कृत्रिमता आ जाती है। ऐसी भाषा अक्सर जड़विहीन होती है।

हिंदी के निर्माण में कायस्थों की भूमिका पर कई बार चर्चा हुई है। आश्चर्यजनक लग सकता है कि अयोध्या प्रसाद खत्री ने घर की बोली के लालित्य और मधुरता की प्रशंसा करते हुए कायस्थों के रईसी मिजाज की कटु आलोचना की, 'कायस्थ महाशय ...दूसरे लोगों से कुछ और ही चीज बोलते हैं और विचित्र भद्दे फारसी शब्द मिला उर्दू बूकते हैं।' (वही)। एक तरफ मुंशी स्टाइल की हिंदी का समर्थन और दूसरी तरफ कायस्थ महाशय द्वारा केवल उर्दू बूकने की आलोचना, यह विरोधाभास लग सकता है। आखिरकार अयोध्या प्रसाद खत्री कैसी हिंदी चाहते थे? वह निश्चय ही भारतेंदु की परंपरा में सरल हिंदी की कल्पना कर रहे थे, जिसमें घर की बोली का लालित्य और मधुरता हो तो उर्दू की रवानी भी हो। वे भाषा पर समाज और शिक्षा का संतुलित असर चाहते थे, ताकि लालित्य बचा रहे और गंवईपन छंटे। वह एक नई हिंदी की कल्पना कर रहे थे, निश्चय ही ऐसे समय में, जब इसे कुछ विद्वान इकहरे ढंग से अपनी-अपनी तरफ खींच रहे थे और इसके स्वरूप को लेकर एक दुविधा थी।

हिंदी की विविधता

अयोध्या प्रसाद खत्री ने कविता की भाषा के संबंध में प्रतिगामी सोच रखनेवालों को झिड़कते हुए कहा था, 'जब तक यह गंवारी हमारे सभ्य साहित्य का पल्ला न छोड़ेगी, तब तक इसकी उन्नति नहीं होगी।' वे 'खड़ी बोलीवाला' कहकर काफी कौतुक से देखते जाते थे। ये 'ग्रामीण' की जगह 'नागर' होने का अहसास कराते थे। आम घरों में तब नगरीय भाषा बोलने पर लोग चिढ़ जाया करते थे, 'का पक्की झटत हो!' निश्चय ही अयोध्या प्रसाद 19वीं सदी के उन लेखकों में थे जो कुम्हार की तरह हिंदी को पका रहे थे। वे कहना नहीं भूलते, 'हिंदुस्तानी स्टाइल लिखनेवालों को ठेठ हिंदी के शब्दों पर भी ध्यान देना चाहिए।' जाहिर है कि वे भाषा के मोर्चे पर लोकजीवन और नगरीय रईसी के बीच सामंजस्य के पक्ष में थे। वे दरअसल न गंवईपन में धँसे और न फारसी मिली उर्दू की तरफ ढुलके। वे ऐसी हिंदी की धारणा लेकर चल रहे थे,

जिसे हिंदू और मुसलमान दोनों अपना सकें। यह हिंदी के धर्मनिरपेक्षीकरण के साथ जनतंत्रीकरण की मुहिम थी।

हिंदी क्षेत्र की जटिलता, विशालता और विविधता की मांग थी कि हिंदी इकहरी नहीं, सामासिक भाषा बने, 'फारसी-अरबी के शब्द कुछ न कुछ हिंदी में अवश्य आएंगे। अंग्रेजी राज्य होने से, अंग्रेजी भाषा की शिक्षा पाने से, अंग्रेजी की निर्मित वस्तुओं का इस देश में प्रचार होने से अंग्रेजी शब्द भी हिंदी में अवश्य आएंगे। मुसलमानों के आने से फारसी-अरबी और अंग्रेजों के आने से अंग्रेजी शब्द हिंदुस्तान की कुल भाषाओं में आए हैं।' (वही)। 21वीं सदी में धार्मिक कट्टरता बढ़ने के साथ हिंदी से अंग्रेजी शब्द तो बिल्कुल नहीं निकाले जाते, लेकिन नव-पुनरुत्थानवादियों द्वारा 'इंतजार', 'किताब', 'सिर्फ' जैसे शब्दों को बाहर निकालकर इनकी जगह 'प्रतीक्षा', 'पुस्तक', 'केवल' जैसे शब्दों का प्रचलन बढ़ाने को कहा जाने लगा!

अयोध्या प्रसाद खत्री भाषिक शुद्धतावाद के विरोधी थे। वे हिंदी को चारों तरफ की चीजों से समृद्ध बनाना चाहते थे। इससे कुछ लोगों को भय लगता था कि हिंदी अपनी पहचान खो देगी, किंतु दूसरी भाषाओं के सहज शब्दों को अपनाने के लिए सदा तैयार रहना किसी भाषा की जीवंतता और गतिशीलता का चिह्न है। निश्चय ही इसके साथ ठेठ हिंदी में जड़ें रखने का संकल्प भी होना चाहिए। लोक जीवन की अंतर्धाराओं से जुड़ने की आकांक्षा भी होनी चाहिए। अयोध्या प्रसाद खत्री कहते हैं, 'अप्रचलित फारसी शब्दों के स्थान पर संस्कृत शब्दों को बिठालने में कोई पाप नहीं। हां, ऐसे शब्दों को जो बिल्कुल बोलचाल में मिल गए हों।' (वही)। अंततः उनकी कोशिश भाषा पर समाज के पड़ रहे मिले-जुले प्रभावों में सामंजस्य लाने की थी।

हिंदी खड़ी बोली के जो पांच रूप अयोध्या प्रसाद ने देखे, ये रूप वस्तुतः उनके जमाने के वैचारिक आग्रहों से सामने आए थे। ये महज भाषा-रूप नहीं, विचार भी थे। ये रूप हैं : (1) तद्भव और देशज शब्दोंवाली ठेठ हिंदी, (2) कठिन संस्कृत शब्दोंवाली पंडित जी की हिंदी, (3) बीच की मुंशी जी की हिंदी, (4) कठिन फारसी-उर्दू शब्दोंवाली मौलवी साहब की हिंदी और (5) अंग्रेजी-मिश्रित यूरेशियन हिंदी। स्थानीय जड़ोंवाली हिंदी से लेकर हिंग्लिश

तक के भाषा रूप उस जमाने के परिदृश्य में थे। उस समय हिंदी को रोमन लिपि में लिखने की वकालत करने वाले व्यक्ति भी थे। आज विज्ञापनों की हिंदी में रोमन लिपि चलाई जा रही है, जो बौद्धिक उपनिवेशवाद का चिह्न है।

अयोध्या प्रसाद खत्री चाहते थे कि लोग एक तरफ ब्रजभाषा और अन्य ग्रामीण भाषाओं का मोह छोड़ दें। दूसरी तरफ, फारसी भाषा-लिपि का मोह छोड़ दें और तीसरी तरफ रोमन लिपि न अपनाएं। इस तरह हिंदुस्तानी क्षेत्र में एक ऐसी समन्वित, धर्मनिरपेक्ष और सर्वमान्य भाषा उभर आए, जिसका संबंध विविधतामय जनजीवन के आधुनिक उत्थान से हो। यह हिंदी की राष्ट्रीय अस्मिता के निर्माण की बेचैनी थी, जो 19वीं सदी में व्यापक आकार ले रही थी। उस दौर में औपनिवेशिक कूटनीति सिर्फ भाषा के विभाजन पर उतारू नहीं थी, राष्ट्रीय अस्मिता के विभाजन पर भी उतारू थी। इसलिए पंडित जी की कृत्रिम हिंदी और मौलवी जी की कृत्रिम उर्दू चल रही थी। काफी लोग 'कच्ची' या ग्रामीण बोली में ठहरे हुए थे और विकास के लिए तैयार नहीं थे।

अयोध्या प्रसाद खत्री ने यूरेशियन हिंदी में कविता का उदाहरण दिया है, 'डार्कनेस छाया हुआ है हिंद में चारों तरफ/नाम की भी है कहीं बाकी न लाइट नाउएडेज' (वही)। आज टीवी समाचार, रेडियो एफएम और नई पीढ़ी की बातचीत में हिंदी का कुछ ऐसा ही हिंग्लिश रूप देखने को मिलता है। इधर हिंदी के अहिंदीकरण का शौक बढ़ा है। दरअसल अंग्रेजी का बुरा मिश्रण इधर सभी भारतीय भाषाओं में हुआ है।

ऐसा नहीं है कि अयोध्या प्रसाद खत्री 'मुंशी जी की हिंदी' का या यूरोपियन विद्वानों द्वारा दिए गए नाम 'हिंदुस्तानी' का आंख मूंद कर समर्थन करते हैं। वे साफ कहते हैं, 'ठेठ हिंदी के शब्दों पर ध्यान देना चाहिए।' इस तरह वे जन-चित्त से जुड़े एक उदारवादी भाषा-विमर्शकार के रूप में सामने आते हैं। उनका अपने समय की प्रायः सभी भाषिक प्रवृत्तियों के प्रति रुख आलोचनात्मक के साथ-साथ निर्माणात्मक है।

सही है कि अयोध्या प्रसाद खत्री भाषाविद् न थे। वे सोचते थे, 'सूर, तुलसी, बिहारी आदि ने जिसमें कविता की है, वहाँ तो 'भाखा' है, हिंदी नहीं।'

उनके सामने हिंदी की परंपरा का प्रश्न उतना महत्वपूर्ण न था, जितना हिंदी के भविष्य का। आखिरकार हिंदी नामध्वनि 19वीं सदी में ही लोकप्रिय हुई थी। अयोध्या प्रसाद खत्री को इस बात का अहसास था कि उनके आंदोलन का हिंदी संसार पर असर पड़ा है। इससे श्रीधर पाठक और महावीर प्रसाद द्विवेदी की हिंदी सुधरी है। महावीर प्रसाद द्विवेदी ने 'सरस्वती' में आने के तुरंत बाद यह स्वीकार किया, 'अब तक हिंदी का पद्य ब्रजभाषा में था। अब बोलचाल की भाषा में भी कविता होने लगी है। इस विषय की ओर पहले-पहल बाबू अयोध्या प्रसाद का ध्यान गया।'

खड़ी बोली में कविता : आंदोलन के आयाम

भारतीय भाषाओं में हिंदी का एक प्रमुख स्थान है। फिर भी कई दूसरी भाषाओं की तुलना में खड़ी बोली हिंदी में कविता लेखन काफी देर से जोर पकड़ सका। इससे भी समझ में आ सकता है कि हिंदुस्तानी क्षेत्र अतीत से कितना आक्रांत रहा है।

19वीं सदी में हिंदी खड़ी बोली में कई धारदार कविताएं लिखी गईं, जो अज्ञात रह गईं। ऐसे कई कवि थे, जो ऐतिहासिक जगह न बना पाए हों, पर वे जोखिम उठाकर राष्ट्रीय जागरण की आवाज बुलंद कर रहे थे। वे उपनिवेशवाद को बौद्धिक चोट दे रहे थे। अयोध्या प्रसाद 'मुंशी स्टाइल' के उदाहरण स्वरूप अनजाने ही ऐसी कविताएं सामने लाते हैं, जिनमें राष्ट्रीय जागरण की झलकें हैं। इन पर एक नजर दौड़ा लेनी चाहिए। राम मोहन लाल पूछते हैं, 'ऐ हिंद की जमीन? होगी तो जरूर यह स्वाधीन।' 1887 में छपी किताब 'खड़ी बोली का पद्य' से ये पंक्तियां हैं। यह लगभग वह समय है, जब ह्यूम की अगुआई में राष्ट्रीय कांग्रेस (1885) की स्थापना हो चुकी थी। कविता राजनीति से आगे थी। निश्चय ही यह प्रश्न भी था कि ब्रज और उर्दू के विद्वानों तक सीमित कर दी गई कविता एक नई चेतना लेकर सर्वसाधारण तक कैसे पहुंचे। पंडित स्टाइल की हिंदी से एक उदाहरण है, 'आर्य्यावर्त! तू क्यों करती है दिन-रात विलाप/कौन से क्रूर हृदय ने यह किया है संताप।' मुंशी स्टाइल में 'हिंद' है

और 'पंडित स्टाइल' में 'आर्य्यावर्त' है! यह सिर्फ शैली का फर्क नहीं है। यह नवजागरण की अंतर्धाराओं का भी फर्क है।

अयोध्या प्रसाद खत्री खड़ी बोली आंदोलन को एक अन्य संदर्भ से भी जोड़ते हैं —आलोचना से। 20वीं सदी का आरंभ होते-होते हिंदी के परिदृश्य में काफी बदलाव आ चुका था। 1902 में अयोध्या प्रसाद आलोचना की जरूरत पर टिप्पणी करते हैं, 'इस समय हिंदी में एक ऐसा पत्र अत्यावश्यक है, जिसमें हिंदी संबंधी सब विषयों की समालोचना रहा करे। हमारे जानते खड़ी बोली आंदोलन इसी का एक अंग है। हिंदी का इतिहास भी इसी का अंग हो सकता है।' (वही)। 19वीं सदी के राष्ट्रीय जागरण की एक बड़ी देन यह है कि इसने भारतीय दृष्टियों को आलोचनात्मक बनाया। इसने मानव जीवन में आलोचनात्मक विवेक की जरूरत बढ़ा दी। इसी वजह से औपनिवेशिक-सामंती व्यवस्था के विरोध के साथ-साथ खड़ी बोली आंदोलन और साहित्येतिहास संभव हुए।

आरंभ में अयोध्या प्रसाद खत्री को कुछ उपहास और निराशा का सामना करना पड़ा था। अंततः स्थितियों में परिवर्तन आया। खड़ी बोली आंदोलन के एक समर्थक भुवनेश्वर मिश्र ने उनके संबंध में लिखा है, 'पहले बाबू अयोध्या प्रसाद किले के नीचे खड़े थे और शत्रु उन पर किले के ऊपर से हमला करते थे। अब बाबू साहब लकड़ियों और घास के सहारे किले के टीले पर चढ़ गए हैं।' (वही)। नई राजनीतिक हवा उनके पक्ष में थी। इसका यह अर्थ नहीं है कि एक समय हिंदी संसार में संरक्षणवादी तत्वों ने कुछ जोर नहीं लगाया। वे सक्रिय थे, पर अंततः उनकी एक न चली।

अयोध्या प्रसाद इसलिए भी याद किए जाने चाहिए कि वे खड़ी बोली आंदोलन में बिना थके सबको जोड़ते और सम्मिलित करते चलते थे। वे मुजफ्फरपुर के थे और जहां भी हिंदी साइनबोर्ड अशुद्ध देखते, उसे शुद्ध करने की प्रार्थना करते। वे रोमन लिपि में हिंदी लिखने का विरोध करते। उनमें एक बेचैनी थी। वे मिलनेवाले लेखकों से जरूर पूछते थे, 'कहिए, कुछ नई लिटररी न्यूज है क्या?' वे खड़ी बोली में रचना करनेवालों को तरह-तरह से उत्साह देते थे।

भारतेंदु को शिवप्रसाद सितारेहिंद मिले तो अयोध्या प्रसाद खत्री को श्याम सुंदर दास। एक बार अयोध्या प्रसाद ने एडवर्ड सप्तम के दिल्ली दरबार (1902) में हिंदी के प्रचार-प्रसार के लिए एक शिष्टमंडल भेजने के लिए काशी की 'नागरी प्रचारिणी सभा' को राजी किया। श्याम सुंदर दास वहाँ सबका सहयोग लेकर पहुंचे, पर 'हिंदी की दुहाई पहुंचाने के स्थान पर उन्होंने दरबार-दर्शन किया और पीछे क्रमशः 'सरस्वती' के कई अंकों में संस्मरण लिखते रहे।' (वही)। हिंदीवालों में सत्ता-सम्मोहन नया मामला नहीं है और न अपने उद्देश्य से भटकने के उदाहरण की कमी है। इस परिवेश में अनोखा ही कहा जाएगा, कुछ लोगों में संकल्प बचा हुआ था और उनकी मुखरता अटूट थी।

निःसंदेह अयोध्या प्रसाद खत्री भारतेंदु और महावीर प्रसार द्विवेदी को जोड़नेवाली एक महत्वपूर्ण कड़ी कहे जाएंगे।

नवजागरण में किसान और आदिवासी प्रश्न

नवजागरण दुनिया में हर जगह मध्यवर्गीय आंदोलन रहा है। उसकी दृष्टियां वैश्विक रही हैं, जबकि कृषक और आदिवासी विद्रोह स्थानीय असंतोष की उपज रहे हैं। इनका राष्ट्रीय उभार संभव नहीं हो सका। एक तरह से शहर ही नवजागरण के केंद्र थे, क्योंकि शहरों में आधुनिक शिक्षा केंद्र खुले। प्रेस खुले। पत्र-पत्रिकाएं यहीं से निकलीं। सभी सुधार आंदोलन शहर-केंद्रित थे। ब्रह्म समाज कलकत्ता में स्थापित हुआ, आर्य समाज और कई अन्य सुधारवादी संगठन बंबई में स्थापित हुए। शहरों में ही बुद्धिवाद का प्रचार था, बहसें थीं और तर्क का तूफान था। इसलिए आम धारणा यही है कि जहां भी नवजागरण आया, शहरों में आया। गांव और वन उससे बेखबर थे या पूरी परिघटना से कटे हुए थे।

नवजागरण आमतौर पर एक सामंतवाद-विरोधी आंदोलन है, लेकिन दुनिया में यह कहीं भी सामंतवाद से जर्जरित कृषक वर्गों की मुक्ति को छू न सका। शहरों में नवजागरण से जुड़े भद्र लोग कीमती वस्त्र पहनते थे, कई बार आभूषणों से सुशोभित रहते थे और अच्छा खाते-पीते थे। कृषक और आदिवासी अधनंगे थे, अभाव और भुखमरी के किनारे जीवन बसर करते थे। कृषकों के पास चेतना की कोई किरण न थी। आदिवासियों के पास जरूर कुछ मजबूत प्राचीन विश्वास थे। वे अपने विश्वासों पर चोट बर्दाश्त नहीं कर पाते थे। भारत में जब नवजागरण आया, 95 प्रतिशत लोग ऐसे ही थे।

ब्रिटिश शासन में बंगाल के रंगपुर जिले (अभी बांग्लादेश) में पहला महत्वपूर्ण कृषक विद्रोह (1783) हुआ था। उसका दमन उतनी ही कठोरता से हुआ था। लगान न दे पानेवाले कृषकों को पेड़ों से बांधकर पीटा गया था

और कई की मूंछें नोंच ली गई थीं। कुछ छिटपुट विद्रोहों के बाद संथाल विद्रोह (1855), पाबना (बांग्लादेश) का किसान आंदोलन (1873) और चंपारन का किसान आंदोलन (1917) घटित हुआ। ये सभी संघर्ष अंग्रेजों-जमींदारों के विरुद्ध थे। 1857 के प्रथम स्वाधीनता संग्राम में 'वर्दीधारी किसान' थे। 1858 में नील विद्रोह हुआ और 1899 में बिरसा मुंडा ने आदिवासी विद्रोह का नेतृत्व किया। खासकर 19वीं सदी के कृषक-आदिवासी संघर्षों के संबंध में एक तथ्य यह है कि ये सभी संघर्ष स्थानीय और हिंसक थे। यह भी उल्लेखनीय है कि नील विद्रोह को छोड़कर कृषक जब भी लड़े, मध्यवर्गीय बुद्धिजीवी दर्शक थे। 1917 के चंपारन आंदोलन और 1919-1921 के प्रथम असहयोग आंदोलन में पहली बार मध्यवर्ग और कृषकों का आपसी संपर्क बना। हालांकि यह एक कटु यथार्थ है कि कृषक अहिंसात्मक तरीके से राष्ट्रीय स्तर पर कभी संगठित न हो सके और कृषक आंदोलन को राष्ट्रीय चरित्र देने का प्रयत्न कभी नहीं हुआ। कहा जा सकता है कि कृषकों के संघर्ष कभी भी भारत की मुख्य धारा के आंदोलन न बन सके।

नवजागरण में कृषकों के लिए चिंता

फिर भी नवजागरण के दौर में कृषक बौद्धिक एजेंडे पर थे। राजा राममोहन राय (1872-1933) ने चिंता व्यक्त की थी, 'कृषकों की दशा में कोई सुधार नहीं हुआ है,' जबकि भूस्वामियों की स्थिति 'अधिक सुधरी है' और 'मैंने निर्धन वर्ग को बहुधा केवल चावल और नमक पर निर्वाह करते देखा है।' (बांग्ला नवजागरण, सुशोभन सरकार)। यह भी एक यथार्थ है कि राजा राममोहन राय ने नील की खेती कराने वाले अंग्रेज व्यापारियों का समर्थन किया था। भारत में 1832 में 'रिफार्म एक्ट' और 1833 में 'चार्टर एक्ट' लागू हुआ था। इनके आधार पर मुक्त व्यापार की नीति को प्रोत्साहन मिला। भारत के संदर्भ में मुक्त व्यापार का अर्थ था, कृषकों से सस्ते से सस्ते में कच्चा माल खरीदना और बाजार में महंगे से महंगे दाम में उत्पादित उपभोक्ता माल बेचना। मुक्त व्यापार से भारत के कृषक पामाल हुए। इसे 21वीं सदी के दूसरे-तीसरे दशक की कृषक-दशा का पुराना औपनिवेशिक अध्याय कहा जा सकता है।

बंगाल के बुद्धिवादी सुधारकों की तुलना में महाराष्ट्र के दलित सुधारक ज्योतिबा फुले ने कृषकों की बुरी स्थिति पर ज्यादा गहरी चिंता व्यक्त की। उन्होंने अपनी पुस्तक 'किसान का कोड़ा' (1883) में किसानों के बुरे हाल पर अंग्रेजी राज की कठोर आलोचना की। यह किताब शूद्र किसानों पर केंद्रित होते हुए भी उनके दलित चिंतन का विस्तार है। शूद्र किसान कहने से फुले का आशय था—कुनबी (कुर्मी), माली और गड़ेरिये। फुले ने कृषकों की दशा का वर्णन किया है, 'बदन में लंगोटी। दौड़ते हैं हल के पीछे। एक कमली के अलावा सोने को दूसरा कुछ नहीं। छाछ-कनियों से भरते हैं जो पेट।' उन्होंने साहूकारों की चालाकी का ब्योरा दिया है, 'सरकारी कानून के कारण तुम्हें खेत गिरवी रखकर हम कर्ज नहीं दे सकते। इसलिए तुम यदि अपने खेत हमारे नाम कर दो तो हम तुम्हें दे दें। कर्ज चुका देने पर हम फिर तुम्हें तुम्हारे नाम करके खेत लौटा देंगे। इस तरह वे कसमें खाकर बोलते हैं। पर इन धार्मिक-अहिंसक साहूकारों से ये अनपढ़ भोले किसान अपने खेत शायद ही वापस ले पाते हैं।' उपर्युक्त पुस्तक का फुले के जीवन काल में प्रकाशन नहीं हो पाया था।

फुले किसानों पर अत्याचार के लिए ब्राह्मणों और साहूकारों के अलावा अंग्रेजों को भी दोषी ठहराते हैं। वे 'किसान का कोड़ा' में कहते हैं, 'हमारी रहमदिल (अंग्रेज) सरकार को चाहिए कि वह सभी किसानों को शिक्षा देने के साथ ही यूरोपियन किसानों के समान यंत्रों से खेती करने के ज्ञान होने तक सभी गोरों और मुलसमानों पर रोक लगा दे कि वे भारतीय गाय, बैल, बछड़े न काटें। वे इनकी जगह भेड़-बकरी मारकर खाएं। वर्ना यहाँ के किसानों को खेती के लिए पर्याप्त मात्रा में पशु नहीं मिल सकेंगे। फिर गोबर, खाद आदि की भी कमी हो जाएगी। इससे किसान और सरकार दोनों को लाभ नहीं मिलेगा।' वे यह मांग भी करते हैं, 'किसानों को ऋण मुक्त किया जाए।' उनके ये विचार नवजागरण के दौर में प्रकाशित न हो पाए, लेकिन इनमें किसानों के लिए उपनिवेशवाद से कुछ ज्यादा ही आशा दिखाई पड़ती है।

ज्योतिबा फुले को किसानों की सामाजिक स्थिति की चिंता है—बाल विवाह, गृह कलह, अशिक्षा, परित्यक्ता की समस्याओं को उन्होंने विषय बनाया है। वे यह भी कहते हैं, 'पत्नी पसंद न आने पर लड़के दूसरा विवाह

कर लेते हैं या किसी दूसरी स्त्री को रख लेते हैं। वे अपराधी हैं, यह कह पाने में मुश्किल में हूँ।'

भारतेंदु हरिश्चंद्र ने 'कविवचनसुधा' (मार्च 1874) में लिखा, 'कपड़ा बनाने वाले, सूत निकालने वाले, खेती करने वाले वो सब भीख मांगते हैं। खेती करने वालों की दशा यह है कि लंगोटी लगाकर हाथ में तुंबा ले भीख मांगते हैं और वे जो निरुद्यम हैं, उनको तो अन्न की भ्रांति है।' भारतेंदु के युग में कृषकों को लेकर बौद्धिक चिंता थी, पर बुद्धिजीवी यथार्थतः कुछ भी करने में अक्षम थे।

'कविवचनसुधा' के 1871 के एक अंक में भारतेंदु ने 'टैक्स' शीर्षक से एक लेख लिखा था, 'इसका परिणाम कहीं अच्छा सुनने में नहीं आया। सब स्थान पर केवल हाय-हाय के और कुछ नहीं है और निस्संदेह इसके पीछे सैकड़ों मनुष्य के प्राण गए...।' इसका अभिप्राय है कृषकों की आत्महत्या!

भारतेंदु ने अपनी टिप्पणी 'जातीय संगीत' में लिखा है, 'मैंने यह सोचा है कि जातीय संगीत की छोटी-छोटी पुस्तकें बनें और वे सारे देश, गांव-गांव में साधारण लोगों में प्रचार की जाएं। यह सब लोग जानते हैं कि जो बात साधारण लोगों में फैलेगी, उसी का प्रचार सार्वदेशिक होगा। यह भी विदित है कि जितना शीघ्र ग्राम गीत फैलते हैं, और जितना काव्य को संगीत द्वारा सुनकर चित्त पर प्रभाव होता है, उतना साधारण शिक्षा से नहीं होता।' यह सही है कि भारतेंदु मंडल का कोई व्यक्ति न राष्ट्रीय अंतर्वस्तु के साथ गांव-गांव पहुंचनेवाले गीत रच सका, न उनके साहित्य का साधारण लागों के बीच प्रचार हो पाया। भारतेंदु अच्छे विचारों के प्रचार में संगीत के महत्व को समझ गए थे। लेकिन हिंदी क्षेत्र में काव्य और संगीत का वह नाता कभी नहीं बन पाया, जैसे बांग्ला में रवींद्र संगीत बना। उल्टे, बंबइया फिल्मी गाने जरूर छा गए।

भारतेंदु भले कुछ कर नहीं पा रहे थे, पर वे सोच जरूर रहे थे। उनका कृषक से जातीय नाता था। उन्होंने साधारण लोगों तक पहुंचने के लिए जिस जनभाषा की ओर संकेत दिया, उससे पता चलता है कि वे लोकसंस्कृति और लोक भाषाओं से जुड़कर हिंदी की देशी जड़ों को मजबूत करना चाहते थे। साथ ही ,उन्होंने ग्राम गीत के लिए जो विषय उठाए उनसे भी उनकी

नवजागरणकालीन सोच की बहुआयामिता का बोध होता है। उनके चुने हुए विषय उन्हीं के शब्दों में इस प्रकार हैं –'बाल विवाह से अमंगल', 'जन्मपत्री की अशास्त्रता', 'फूट और वैर से हानि', 'बहुजातित्व के दोष', 'जन्मभूमि से स्नेह', 'आलस्य की निंदा', 'व्यापार की उन्नति', 'अदालत में रुपया व्यय करके नाश होना', 'हिंदुस्तान की वस्तु हिंदुस्तानियों को व्यवहार करना' आदि। वे चाहते थे कि इन विषयों पर उपन्यास, नाटक आदि लिखे जाएं।

भारतेंदु ने स्वदेशी की आवाज 19वीं सदी में उठाई थी, ताकि भारत के कृषकों की तरक्की हो। उनके नवजागरण की परियोजना का एक हिस्सा है भारत की आत्मनिर्भरता, देश की औद्योगिक-व्यापारिक प्रगति। आत्मनिर्भरता नवजागरण का एक प्रधान मूल्य है। हिंदी क्षेत्र उपर्युक्त सभी मामलों में उदासीन रहे हैं, लेकिन भारतेंदु में एक बेचैनी थी।

हिंदी नवजागरण के दिनों में कुछ लेखकों के भीतर एक गुस्सा यह था कि पश्चिमी सभ्यता की तारीफ करते हुए भारत की सारी चीजों को पाखंड कहा जा रहा था। 13 फरवरी, 1879 को दुर्गाशंकर मिश्र (1860-1910) ने कलकत्ते से 'सार सुधा निधि' का प्रकाशन शुरू किया था। उन्होंने इस मामले को उठाया, 'विद्या तो अंग्रेजी ही है, हम लोगों का क्या है? कुछ भी नहीं है और जो कुछ है भी सो केवल पाखंड मात्र है।' यह भ्रम दूर करना था। इसलिए कहा गया, 'सार सुधा निधि का प्रथम प्रयोजन है प्राचीन और नवीन मतों का विचारपूर्वक मीमांसा' नवजागरण का यह बुनियादी तत्व है। निश्चय ही यहां 'विचारपूर्वक' से 'विवेकपूर्वक' का आशय ग्रहण करना चाहिए।

आर्थिक दुरवस्था का चित्र खींचते हुए वैज्ञानिक कृषि का विचार भी सामने आया, 'क्या कारण है कि अंग्रेजाधिकृत भारत खंड दिन पर दिन दरिद्र होता जा रहा है? ...भारत एक कृषि प्रधान देश है ...। विचार करके देखने से स्पष्ट दिखाई देता है... मालगुजारी सिर पर चढ़ा ही रहता है तिस पर महाजनों का भी देना है। ...यदि एक फसल भी न हो तो दुर्भिक्ष है। कृषकों का कहीं ठिकाना नहीं रहता है।...बरक्कत उठने का कारण तो केवल भूमि की निर्बलता है। ...जमींदार लोग तो यह भी नहीं जानते कि गेहूं का पेड़ कितना बड़ा होता है और तीसी कब बोयी जाती है। ...वे तो मालगुजारी को

मुख्य पैदावार समझते हैं ...केवल मालगुजारी की उन्नति में लगे रहते हैं। ...इस दशा में वैज्ञानिक चिंता कहां हो सकती है। जबकि वैज्ञानिक कृषि की अब विशेष आवश्यकता है। परंतु सिवाय गवर्नमेंट के इसका कोई उपाय नहीं कर सकता है। ...खाद और सार-संग्रह में गवर्नमेंट को अर्थ सहायता करनी चाहिए।' (सारसुधानिधि, 14 अक्टूबर 1880)। जाहिर है कृषक जिनसे दुख पा रहे हैं उन्हीं से आशा रखने के अलावा उनके पास कोई विकल्प नहीं था।

अंग्रेजी राज में किसानों का बुरा हाल था। उनके लड़के कम उम्र में गांव से शहर जाकर मोटिहा-मजदूरी का काम करना शुरू कर चुके थे। 'सार सुधा निधि' ने 31 मार्च 1879 के अंक में चिंता व्यक्त की, 'कलों में लड़के काम करते हैं, इससे उनके प्राणों का संशय है।' 17 नवंबर, 1879 को एक टिप्पणी छपी 'भारतवर्ष की दुरवस्था'। इसमें किसानों की गरीबी पर चिंता है, 'जिधर देखो दुःख ही दुःख दिखाई देता है। पहले तो इधर तीन-चार बरसों से चारों ओर दुर्भिक्ष फैला हुआ है। अधिकांश प्रजा को पेट भर भोजन नहीं मिलता, तिस पर गवर्नमेंट का कोप यह है कि चाहे जियो या मरो, लगान-टैक्स देना ही होयगा। इधर अबकी बरस कुछ फसल अच्छी जान पड़ती है, परंतु ईश्वर क्या करेगा, जब फसल तैयार हुई तो अब ऐसी खबर फैली है कि कोई काटने वाला ही नहीं है। जिधर देखो ज्वर की धूम मची है।' कृषकों के लिए घर से सैकड़ों मील तक इलाज का इंतजाम न था।

'हिंदी प्रदीप' के 1878 के अंक में है, 'सिवा भीख मांगने या मेहनत-मजदूरी के प्रजा के लिए कोई उद्यम न बच रहा। जो पढ़े-लिखे हैं उन पर बड़ी कृपा की गई, दफ्तर की पिसौनी मिली। धरती का बंदोबस्त नित-नित का होता जाता है जिसे जमींदार और खेतिहर किसी तरह नहीं दे सकते। हिंदुस्तानी जरा भी किसी बात में उभरे उनके दबाने की फिक्र की गई...।' 'हिंदी प्रदीप' में कृषकों की दशा पर कुछ न कुछ छपता था। यह पत्र देशप्रेम का सच्चा अर्थ बताता था। भूख से बेहाल देश के कृषकों और निर्धन वर्गों पर टैक्स के भार के बारे में यह पत्र 1889 में कहता है:

टिक्कस किनसे जबरन लेते। जो बहुधा पेटागिन मरते।
किन पर है संकट बहु भारी। जो जीते कर खेती बारी।।

'हिंदी प्रदीप' ने 1892 में राष्ट्रीय कांग्रेस के देशप्रेम पर चिंता व्यक्त की, 'कांग्रेस इत्यादि के द्वारा केवल गवर्नमेण्ट से अपने दुःखों को दूर करने की प्रार्थना को जो पैट्रियाटिज्म का सार समझे हुए हो, यह तुम्हारी निपट भूल है। तुम्हारी बहुत-सी आभ्यांतरिक आधि और भीतरी पीड़ा गवर्नमेण्ट समझी नहीं सकती, समझे भी तो विदेशी गवर्नमेण्ट को क्या पड़ी है कि केवल तुम्हारे फाइदे के लिए अपनी बड़ी हानि बरदाश्त करे। ...गवर्नमेण्ट की आशा छोड़ जब तक अपने आप तुम सब कुछ करने पर सन्नद्ध न होगे, तब तक छूछे देशानुराग से कुछ नहीं होना है।' उस जमाने के देशप्रेम के सुधारवादी खोखलेपन को कृषक और निर्धन वर्गों की बुरी दशा के संदर्भ में समझने की जरूरत है। देश की हालत पर 1889 में 'हिंदी प्रदीप' ने एक सियापा प्रकाशित किया जिसकी शैली राजनीतिक अभिव्यक्ति के लिए पिछले कुछ दशकों में ज्यादा लोकप्रिय हुई है:

हे हे टिक्कस हाय हाय। कहां से देवै हाय हाय।
आमद कुछ नहिं हाय हाय। खरच बढ़ा है हाय हाय।
अमले फैले हाय हाय। चढ़ी कड़ाही हाय हाय।
नीयत बिगड़ी हाय हाय। गायब पगड़ी हाय हाय।
मरो पेटागिन हाय हाय। पर दे बहु टिक्कस हाय हाय।...
धन्य अंगरेजी हाय हाय। आमद पर है हाय हाय।

आमतौर पर औपनिवेशिक आधुनिकता से प्रेरित सुधारवादियों की नजर किसानों पर नहीं थी। महावीर प्रसाद द्विवेदी ने 'सरस्वती' में सवाल खड़ा किया, 'हर साल जो यह कांग्रेस होती है, उसने आज तक किसानों पर अपनी कितनी भक्ति प्रकट की है? उसके लिए हुए प्रस्तावों में कितने प्रस्ताव ऐसे हैं, जिनसे किसानों को लाभ पहुंचने की संभावना है? अथवा इन प्रांतिक सभाओं ने ही इन बेचारों के लिए क्या किया है? कांग्रेस के जो प्रतिनिधि इस समय विलायत की हवा खा रहे हैं, वे इन लोगों की कौन-सी शिकायतें सुनाने के इरादे से वहाँ गए हैं?' (देश की बात, 1914)। इससे पहले उन्होंने 'संपत्तिशास्त्र' (1909) में औपनिवेशिक शासन में किसान की दुर्दशा पर लिखा था, 'कर्ज की मात्रा बढ़ती जाती है और एक दिन घर-द्वार, बैल-बधिया नीलाम हो जाते हैं।

खेती ही प्रधान व्यवसाय ठहरी। उसकी यह दशा होने से लोगों को भीख मांगने की नौबत आती है। ...यदि किसी साल पानी न बरसा तो भयंकर दुर्भिक्ष पड़ता है और लाखों आदमी मृत्यु के मुँह में चले जाते हैं। बंबई और मद्रास में हर साल हजारों काश्तकारों की जमीन नीलाम होती है। बताइए, इन लोगों के बाल-बच्चों की क्या दशा होती होगी?'

कृषकों को लेकर चिंता की एक सतत नवजागरणकालीन परंपरा है। उस दौर में बुद्धिजीवी आवाज ही उठा सकते थे। वे अंग्रेजी राज में कृषकों के दमन को लेकर चिंतित थे और उनके असंतोषों से परिचित थे। गौर करने की बात है, महावीर प्रसाद द्विवेदी की नजर हिंदी क्षेत्रों पर ही नहीं, बंबई और मद्रास प्रांतों पर भी है। राष्ट्रीय परिप्रेक्ष्य की व्यापकता हिंदी संस्कृति का एक प्रमुख तत्व है।

महावीर प्रसाद द्विवेदी अंग्रेजों की लगान-वसूली को एक बड़ा अत्याचार कहते हुए 'संपत्तिशास्त्र' में खुलकर जनता की मांग रखते हैं, 'प्रजा के हित चिंतकों की राय है कि इस देश की जमीन प्रजा की है। न राजा की है, न जमींदरों की। जो जमीन जिस काश्तकार के कब्जे में चली जाती है, उसे उसकी मौरूसी जायदाद समझना चाहिए।' इसका अर्थ है, 'जमीन जोतने वाले की।' द्विवेदी जी का हिंदी पट्टी के किसानों पर एक लेख है 'किसानों का संगठन'। एक साहित्यिक पत्रिका के संपादक के इतने सारे आयाम नवजागरणकालीन चेतना की व्यापकता के नतीजे हैं।

स्त्री के बारे में जिस तरह यह कहने की परंपरा है कि 'जिस घर में स्त्री की पूजा होती है उस घर में देवता बसते हैं,' उसी तरह किसानों को गौरव देने के लिए बार-बार कहा जाता रहा है, 'भारत किसानों का देश है'!

'इंदु' के जुलाई 1914 के अंक में उस युग के एक महत्वपूर्ण पत्रकार रुद्रदत्त शर्मा (1854-1919) का एक लेख है 'हमारे गरीब मजदूर समाज की श्रेणियां'। इसमें नवजागरण के वर्गीय आधार की समीक्षा है, 'तीस वर्षों के भीतर जो राष्ट्रीय शिक्षा-संबंधी व सामाजिक प्रश्नों पर आंदोलन हुआ है उससे विशेषकर मध्यम श्रेणी के पुरुषों को ही लाभ हुआ है। उनसे हमारे कृषक समाज और मजदूरों के उत्थान में कुछ भी सहायता नहीं मिली।

...कांग्रेस ने एक प्रस्ताव पेश किया है कि भारत के शासन-कार्य में भारतीयों को ही अधिक भाग व स्थान दिया जाए। अधिक भाग दिए जाने से अधिक नौकरी किनको मिलेगी? मजदूर अथवा कृषकों को कभी नहीं। ...कांग्रेस का दूसरा प्रस्ताव लेजिस्लेटिव कौंसिल को बढ़ाने के वास्ते था। हमको यह देखना चाहिए कि कुछ राजा-महाराजा, जमींदार-बैंकर, वकील-साहूकारों के सदस्य बन जाने से ही उन लाखों, जो कठिन परिश्रम कर एक बार आधा पेट रूखा-सूखा खा जैसे-तैसे जीवन धारण कर सकते हैं, क्या इससे उनकी लगान कम हो जावेगी – मजदूरी की दर बढ़ जावेगी, सुंदर-साफ पानी मिलेगा व दुर्भिक्ष-महामारी, बेगार, पटवारी, तहसीलदार व पुलिस के सिपाही का भय जाता रहेगा? क्या गांव में पाठशाला और पुस्तकालय स्थापित हो जावेंगे? कदापि नहीं।' 20वीं सदी में देश के कृषक और श्रमजीवी वर्गों में अचानक जागरण नहीं आ गया। इस वर्ग को लेकर नवजागरण के भीतर शुरू से आलोड़न था। भारत में नवजागरण जिन मामलों से बिल्कुल तटस्थ नहीं रह सकता था, उनमें एक किसान भी है।

चंपारन में किसानों का सत्याग्रह (1917) अंग्रेज जमींदारों की तीनकठिया पद्धति और उनकी शोषण व्यवस्था के विरुद्ध था। 1907 में कृषकों के हिंसक हो जाने के कारण सरकार अधिक कठोर हो गई थी। गांधी के नेतृत्व में 1917 का चंपारन सत्याग्रह खुद उनका पहला आंदोलन था। यह अहिंसक तरीके से चला और सफल हुआ। किसानों की नील उगाने की बाध्यता समाप्त हो गई। इस आंदोलन में एक साधारण कृषक राजकुमार शुक्ल ने बड़ी भूमिका निभाई थी और शहरी जनता का सहयोग मिला था।

अवध का किसान आंदोलन (1920-22) उल्लेखनीय है, जो प्रथम असहयोग आंदोलन से जुड़ गया था। यह आंदोलन मुख्यतः प्रतापगढ़, रायबरेली, फैजाबाद, सुल्तानपुर के इलाकों में चला था और ब्रिटिश राज के दमनकर्ता ताल्लुकेदारों के विरुद्ध था। इसमें बाबा रामचंद्र ने विशेष रूप से योगदान किया जो लंबे समय तक कृषकों के बीच राष्ट्रीय जागरण का काम कर रहे थे। हालांकि खुद अवध क्षेत्र के लोग अब इस आंदोलन और इसमें दी गई कुर्बानियों को भूल चुके हैं, पर यह हिंदी क्षेत्र में कृषक आक्रोश और

संघर्ष का एक अविस्मरणीय अध्याय है। कृषकों के संगठित संघर्ष के लिए 'अवध किसान सभा' (1919) गठित की गई थी जिसके प्रमुख नेता बाबा रामचंद्र (1864-1950) थे।

जवाहरलाल नेहरू ने आत्मकथा में अवध के किसान आंदोलन का उल्लेख किया है। यह एक स्वतःस्फूर्त आंदोलन था या निश्चित कार्यक्रम के साथ एक संगठित आंदोलन, इस पर काफी बहस हुई है। इसे राष्ट्रीय स्वाधीनता आंदोलन के बरअक्स देखते हुए यह खुलासा करने की भी कोशिश हुई है कि इसमें ब्रिटिश राज की तुलना में ऊंची जाति के जमींदारों के खिलाफ आक्रोश ज्यादा था। जाहिर है, इस दृष्टि पर 'सबाल्टर्न इतिहास' की उस एकरेखीय पद्धति का प्रभाव है, जो किसी घटना की बहुरेखीय प्रेरणाओं की खोज न करके उसे 'राष्ट्र' के बरअक्स हमेशा एक स्वतंत्र घटना के रूप में देखती है।

अवध के किसान आंदोलन के प्रमुख नेता बाबा रामचंद्र (मूल नाम श्रीधर बलवंत) फिजी से 1904 में भारत आए थे। वे साधु बन गए थे और गांव-गांव घूमकर 'रामचरितमानस' की कथा सुनाते हुए जमींदारों के शोषण के खिलाफ जनजागरण में लगे हुए थे। उनका राष्ट्रवादी नेतृत्व से मोहभंग हुआ, पर उनके निशाने पर पूरी तरह उपनिवेशक-जमींदार गठबंधन था। कृषक जमींदारों और महाजनों से ही नहीं, औपनिवेशिक दमन तंत्र से भी पीड़ित थे।

उस दौर की एक विलक्षण घटना यह है कि कृषक आंदोलन ने हिंदू-मुसलमान का विभाजन मिटा दिया था और 'जय सियाराम' का अभिवादन सिपाहियों-लठैतों के आ धमकने और सावधान हो जाने का आम संकेत था। अवध क्षेत्र से चला 'जय सियाराम' हिंदी क्षेत्र में आम अभिवादन बन गया। यह 'सीता-राम' की अविभाज्यता, स्त्री के सम्मान और आम सौहार्द का चिह्न था। 20वीं सदी के आखिरी दो दशकों से 'जय सियाराम' को हटा कर 'जय श्रीराम' को लाए जाने को सामाजिक विभाजन और 'युद्धं देहि' का पतनशील राजनीतिक निर्माण कहा जा सकता है।

2020-21 का पंजाब, हरियाणा और दिल्ली में शुरू हुआ कृषक आंदोलन एक नई और अधिक व्यापक पृष्ठभूमि में अवध के कृषक आंदोलन की याद दिला सकता है और समय चक्र को बदल सकता है।

कृषकों के आंदोलन—चाहे वह चंपारन का हो, अवध का हो, चौरी चौरा का हो या बारदोली का—भारत के उत्तर-उपनिवेशवादी आत्मबोध में सहायक थे। उसी तरह 21वीं सदी के कृषक आंदोलन भी भारतीय आत्म-साक्षात्कार के लिए स्पेस बना सकते हैं।

उपनिवेशवाद हो या वैश्वीकरण, किसान को हमेशा हाशिये पर रहना होता है। उसकी आवाज बार-बार दबा दी जाती है। वह अपना एक इतिहास खो चुका होता है और दूसरे इतिहास में स्त्री और दलित की ही तरह शरणार्थी होता है। यह एक विडंबना है कि इधर किसान की आवाज खोई हुई है। जो अन्नदाता रहा है, उस पर कर्ज का बोझ है और वह फिर भिखारी बना हुआ है।

कृषक-मुक्ति का साहित्यिक स्वप्न

दुनिया में नवजागरण के विस्तार में उत्थानशील औद्योगिक-व्यापारिक विकास की एक बड़ी भूमिका है। अंग्रेज व्यापार बढ़ाकर ही दुनिया में सबसे आगे थे। इसलिए महावीर प्रसाद द्विवेदी (1864-1938) ने लिखा,'नौकरी करके कभी कोई अमीर नहीं हुआ। अमीर होने के लिए बैपार चाहिए। ...हम लोग बैपार करना नहीं जानते, यह अफसोस की बात है। ...व्यापार बनियों ही के लिए नहीं है—सभी के लिए है।' (1903)। रामचंद्र शुक्ल ने भी अपने अंग्रेजी में लिखे लेख 'भारत को क्या करना है' (1907) में जोर देकर कहा, 'हमें अनेक औद्योगिक और बौद्धिक केंद्रों की आवश्यकता है।' यह नवजागरण का असर था।

भारतीय समाज का एक तबका अंग्रेजी राज में नौकरी के पीछे दौड़ रहा था। इसे आधुनिक सभ्यता का चिह्न ही नहीं, वर्ग-आरोहण का मामला भी समझा जा रहा था। महावीर प्रसाद द्विवेदी ऊंचे वेतन की सरकारी नौकरी छोड़कर कम वेतन पर 'सरस्वती' का संपादक बनकर आए थे। उस जमाने में पत्रकारिता देशसेवा का एक रूप थी। देश को स्वदेशी उद्योगपतियों और व्यापारियों की जरूरत थी। हिंदी पट्टी के पुराने नगर वाराणसी, पटना, प्रयाग, लखनऊ, अयोध्या, आगरा, उज्जैन, अजमेर, जयपुर, गया आदि औद्योगिक-व्यापारिक केंद्र नहीं बन पाए थे। सूरत, बंबई और कलकत्ता की तरह इन

शहरों में व्यवसाय की उन्नति नहीं हो पाई थी, आधुनिकीकरण सीमित था। हिंदी पट्टी के एक खास हिस्से राजस्थान से कुछ परिवार कलकत्ता और बंबई जाकर व्यापार करने लगे थे, पर यह अधिकतर विदेशी माल का व्यापार था। इस तरह के व्यापार में पश्चिमोत्तर और संयुक्त प्रांत के लोगों की उल्लेखनीय हिस्सेदारी नहीं थी। महावीर प्रसाद द्विवेदी ने आह्वान किया, 'व्यापार करो'!

एक तरफ व्यापार की वृद्धि चाहना और दूसरी तरफ कृषकों का उत्थान, यह नट-सा संतुलन रखते हुए रस्सी पर चलने जैसा काम है। देश के पूंजीपति वर्ग और किसान दोनों का उपनिवेशवाद से सम्मिलित अंतर्विरोध था। साम्राज्यवादी स्थितियां पूंजीवाद या व्यापारियों के हित में नहीं थीं तो किसानों के भी हित में नहीं थीं। रामचंद्र शुक्ल (1884-1941) ने महावीर प्रसाद द्विवेदी से अलग लाइन चुनते हुए पश्चिमी देशों में शुरू हो चुके समाजवादी आंदोलनों को देखकर व्यापारिक श्रेणियों की आलोचना की, 'पश्चिम के राष्ट्र अपने को जिससे मुक्त करने की चेष्टा कर रहे हैं, उसी पूंजीवाद की ओर यह एक बढ़ता कदम है। यह पूंजी बटोरने और समाज में व्यक्तिवादी जीवन मूल्यों के क्षुद्र अमेरिकी मानदंड स्थापित करने का प्रयास भर है।' (असहयोग और अव्यापारिक श्रेणियां, चिंतामणि-4)। महात्मा गांधी का असहयोग आंदोलन चल रहा था। इसलिए व्यापारिक श्रेणियों की आलोचना असहयोग आंदोलन की आलोचना की तरफ बढ़ गई, क्योंकि असहयोग आंदोलन में स्वदेशी व्यापारी थे। इस आंदोलन से स्वदेशी व्यापारिक श्रेणियों को प्रोत्साहन मिल रहा था। रामचंद्र शुक्ल का विश्वास असहयोग आंदोलन से अधिक बंगाल और पंजाब के क्रांतिकारियों पर था, जिनका वर्गाधार भिन्न था। वे सभी किसानों के बेटे थे। जलियांवाला बाग की घटना हो चुकी थी। आचार्य शुक्ल लिखते हैं, 'पंजाब में ढाए गए क्रूर नृशंस अत्याचार और इस जुर्म के कर्णधारों का बिना दंड पाए मुक्त घूमना प्रत्येक राष्ट्रभक्त भारतीय के हृदय को गहरे क्रोध से भर देता है।' (वही)। तब तक जलियांवाला बाग कांड का बदला नहीं लिया गया था।

रामचंद्र शुक्ल की धारणा थी, 'ईस्ट इंडिया कंपनी के रूप में घृणित व्यापारोन्माद ने भारत में कदम रखा और समाज में द्विस्तरीय विभाजन

(किसान और वणिक) के आधार पर जो सामंजस्य इतने दिनों से चल रहा था, उसे अस्त-व्यस्त कर दिया। ...भूमि से कृषक श्रेणियों के संबंध का स्थायित्व लुप्त हो गया। वे उत्तरोत्तर कंगाल होते गए।' आचार्य शुक्ल को अपने समय का भारतीय समाज दो श्रेणियों में बंटा दिखा—व्यापारिक और अव्यापारिक। अव्यापारिक श्रेणी में मुख्यतः किसान और शहरी श्रमजीवी आए। हिंदी क्षेत्र में व्यापारिक श्रेणियों ने नवजागरण में भूमिका निभाई थी। उन्होंने हिंदी संस्थाओं का निर्माण किया था और स्त्री शिक्षा का समर्थन किया था। उनकी राष्ट्रीय स्वाधीनता आंदोलन में रुचि थी। एक हद के बाद बुद्धिवाद में कम रुचि थी और पश्चिम की नकल की प्रवृत्ति ज्यादा थी।

आचार्य शुक्ल पूंजीवादी व्यापारिक श्रेणियों से असंतुष्ट थे। उनके दृष्टि पथ में किसान थे। वे कहते हैं, 'जमींदार शब्द से हम प्रायः बड़े भूमिपति का अर्थ लेते हैं और उन छोटे काश्तकारों के विषय में कभी नहीं सोचते जो अपनी कुलीनता के प्रति जागरूक होते हुए भी अपनी-अपनी न्यून आय में बड़ी कठिनाई से अपना जीवन निर्वाह कर पा रहे हैं।' (वही)। उन्हें यह भी लग रहा था कि व्यापारिक श्रेणियों की तुलना में किसानों या जमीन से जुड़ी 'श्रेणियों' में तुलनात्मक रूप से स्वार्थपरता कम है, 'ये कहीं दूसरों का अधिक ध्यान रखते हैं।' दूसरी तरफ, पूंजीपति वर्ग 'ग्रामीण क्षेत्रों में जो कुछ सुंदर है उसका पूर्ण तिरोभाव' कर देते हैं। उन्हें शहर के पूंजीपति और महाजन वर्ग किसानों को गिराने के प्रयास में लगे दिखे, 'इन चीजों का वास्तविक उद्देश्य संपूर्ण ग्रामीण जनसंख्या को अधिक कमजोर और दीन किसानों में इस प्रकार बदल देना है कि उनमें से किसी के पास सामाजिक गौरव और प्रतिष्ठा का कोई अवसर शेष न रह जाए। शहरी व्यावसायिक भद्रजन ही एकमात्र भद्रलोक बने रहें।' (वही)। 'गोदान' का खन्ना कैसा था? लक्षित किया जा सकता है कि हिंदी नवजागरण में एक टकराहट व्यावसायिक आधारवाली सोच और किसानी आधारवाली सोच के बीच थी।

यह निष्कर्ष निकालना गलत होगा कि किसानी आधारवाली सोच पुनरुत्थानवादी है। यह जरूर है कि यह सोच धार्मिकता और जाति व्यवस्था के संस्कारों से मुक्त नहीं हुई है। खुद रामचंद्र शुक्ल में ये संस्कार थे और वे

इनसे जूझ भी रहे थे। इसमें कुछ भी आश्चर्यजनक नहीं है कि हिंदी क्षेत्र पुरानी रीतियों से मुक्त न था। इन बुरे संस्कारों को त्यागना आज भी मुश्किल है।

2020-21 के किसान आंदोलन में, जिसका सभी विपक्षी राजनीतिक ताकतों ने समर्थन किया, खाप पंचायत और सिख धार्मिक भावनाएं भी शामिल रही हैं। इसी तरह यदि नवजागरण काल में उपनिवेशवाद-विरोधी संघर्ष या कृषक आंदोलनों में उत्पीड़ितों की धार्मिक भावनाएं प्रेरणा का काम करती रही हों तो आपत्ति क्या है?

इन दो मुद्दों पर विचार किया जाना चाहिए —(एक) नवजागरणकालीन लेखक-बुद्धिजीवी पुराने संस्कारों का अतिक्रमण करके बुद्धिवाद के सारतत्व से अपने को जोड़ रहे थे या नहीं। (दो) उनकी धार्मिकता उत्पीड़क की धार्मिकता थी या उत्पीड़ित की। दुनिया के कई जन-आंदोलनों में उत्पीड़ितों की धार्मिकता की भूमिका रही है। इसलिए परंपरागत धार्मिक-सांस्कृतिक बिंबों का उपनिवेशवाद-विरोधी संघर्ष में जातीय हथियार बनना स्वाभाविक है, खासकर जब उपनिवेशक किसी सभ्यता को पिछड़ी कहकर उसका उपहास कर रहे हों और धार्मिक फूट डाल रहे हों। देखना यह चाहिए कि ऐसे लेखक-बुद्धिजीवी की धार्मिकता और जाति चेतना में स्पेस है या नहीं, सहिष्णुता है या नहीं और सुधारों की ओर प्रवृत्ति है या नहीं।

रामचंद्र शुक्ल हिंदू थे या हिंदुत्ववादी थे? उनमें कैसी धार्मिक संवेदनशीलता थी? हिंदी पट्टी में किसान संघर्ष से जुड़े बाबा रामचंद्र, सहजानंद सरस्वती आदि भी धार्मिक भाव वाले व्यक्ति थे। कहना न होगा कि मैथिलीशरण गुप्त, महावीर प्रसाद द्विवेदी, प्रसाद, निराला जैसे लेखक भी किसानी आधारवाले नवजागरण से जुड़े थे। वे सभी लेखक व्यापारिक श्रेणियों की विचारधारा धन-संग्रह या पूंजीवाद के खिलाफ थे। वे सभी अपने को हिंदू समझते थे, पर हिंदुत्ववादी न थे, न जातिवादी थे। उनमें अंतर्विरोध जरूर थे, पर इनके बीच से वे विकसित हो रहे थे।

रामचंद्र शुक्ल ने सिर्फ 'हिंदू हित' की बात न सोचकर 'लोकमंगल' को परिप्रेक्ष्य बनाया। उन्होंने 'विश्व प्रपंच' की भूमिका में लिखा है, 'ईश्वर साकार है कि निराकार, लंबी दाढ़ी वाला है कि चार हाथों वाला, अरबी बोलता है

कि संस्कृत, मूर्ति पूजनेवालों से दोस्ती रखता है कि आसमान की ओर हाथ उठानेवालों से, इन बातों पर विवाद करनेवाले अब केवल उपहास के पात्र होंगे। इसी प्रकार सृष्टि के जिन रहस्यों को विज्ञान खोल चुका है, उनके संबंध में जो प्राचीन पौराणिक कथाएं और कल्पनाएं हैं, वे अब ढाल-तलवार का काम नहीं दे सकती हैं।' किसान आधार से जुड़ा नवजागरण व्यक्तित्व ही इतने रचनात्मक आवेग से ऐसी बात कह सकता है। नवजागरण के संदर्भ में आर्थिक पहलुओं को उजागर करनेवाले ग्रंथ 'संपत्तिशास्त्र' का जो महत्व है, वही महत्व बुद्धिवाद का प्रचार करनेवाले हैकेल के ग्रंथ 'विश्वप्रपंच' के अनुवाद का और इस पुस्तक में लिखी आचार्य शुक्ल की भूमिका का है।

रामचंद्र शुक्ल ने अपने अंग्रेजी में लिखे एक लेख में बताया है —'भारत को क्या करना है?' (1907)। इस लेख का अंत इन पंक्तियों से होता है, 'मेरे देशवासियो! सुधार में साथ दो, उस खास सुधार में जो तुम्हारी जातीय खोज है। इस पर अपनी पकड़ ढीली न करो, अन्यथा यह हमेशा के लिए छूट जाएगी और दुर्भाग्य तुम्हें दबोच लेगा।' अंततः क्या हुआ?

नवजागरण काल के सभी व्यक्तित्वों को उनकी वैचारिक समग्रता में, विकास में न देखकर और अंतर्विरोधों के बीच से उनकी उपलब्धियों को न पहचानकर जब सिर्फ उनकी धार्मिकता और जाति के नमूने इकट्ठे किए जाएंगे तो यह नवउपनिवेशवाद–नवकट्टरवाद के हाथों में खेलना कहा जाएगा। समुद्र किनारे सिर्फ सीप-घोंघे चुनने से क्या होगा, लहरों को देखिए!

रामचंद्र शुक्ल उदारवादी और पुनरुत्थानवादी —उन दोनों अंतर्धाराओं की आलोचना करते हैं, जो राष्ट्रीय आंदोलन में शामिल थीं। वे अंतर्धाराएं गांधी के नेतृत्व में चले असहयोग आंदोलन में भी थीं। आचार्य शुक्ल आधुनिकता-विवेक और परंपरा-विवेक दोनों चाहते हैं। इसलिए नए युग के आंदोलनों के संबंध में कहते हैं, 'हमें इस आंदोलन में ऐसे व्यक्ति मिल जाएंगे जो यूरोप के किसी नवीनतम उन्माद को मानव प्रगति का चरम बिंदु समझकर स्वीकार कर लेते हैं और उस प्रत्येक वस्तु का सफाया कर देना चाहते हैं, जो अतीत में उपलब्ध हुई है। साथ ही साथ ऐसे व्यक्ति भी इसमें सम्मिलित हैं, जो प्राचीन भारत के स्वप्न चिंतन में निरत हैं एवं पुरातन अवशेषों की प्रत्येक वस्तु

के पुनरुत्थान का विचार कर रहे हैं। इस आंदोलन में ऐसे व्यक्ति भी हैं, जो अपनी जन्मभूमि, देश के प्रति भक्ति के आधुनिक बोध से ओतप्रोत हैं। साथ ही साथ ऐसे व्यक्ति भी हैं, जो जाति, धर्म या मत के आधार पर एकता के विचारों को दृढ़ता से पकड़े बैठे हैं।' (असहयोग और अव्यापारिक श्रेणियां)। भारतीय स्वाधीनता संग्राम के मोड़ पर कितनी तरह की विचारधाराएं साथ-साथ चल रही थीं, उपर्युक्त उद्धरण में देखा जा सकता है। ये विचारधाराएं अलग-अलग जनाधारों से आकर राष्ट्रवाद की भिन्न-भिन्न तरह की मानसिकताओं का निर्माण कर रही थीं। (विस्तृत अध्ययन के लिए देखें लेखक की पुस्तक 'उपनिवेशवाद और हिंदी आलोचना')।

दरअसल भारत में उपनिवेशवाद की महाचुनौती इस तरह प्रबल थी कि नवजागरण की परियोजनाओं में असंख्य मकड़े घुस गए, हालांकि सुधारवाद और राष्ट्रवाद के बीच 'इंटरैक्शन' था। धीरे-धीरे 'यूरोप के किसी नवीनतम उन्माद को मानव प्रगति का चरमबिंदु' मानने और 'प्राचीन भारत के स्वप्न चिंतन में निरत' रहने की प्रवृत्तियां कमजोर हो रही थीं। रामचंद्र शुक्ल का मूलतः अंग्रेजी में लिखा हुआ लेख 'असहयोग और अव्यापारिक श्रेणियां' पहले असहयोग आंदोलन के बाद का है। किसानों द्वारा चौरीचौरा थाना फूंकने के बाद असहयोग आंदोलन वापस ले लिया गया था। काफी लोगों में इसे लेकर गांधी से असंतोष पैदा हुआ था। हालांकि यह भी देखने की जरूरत है कि उपर्युक्त आंदोलन ने पहली बार कृषकों सहित आम लोगों तक राष्ट्रीय जागरण का प्रसार किया। गांधी देश के सबसे बड़े राष्ट्रीय नेता के रूप में उभरे। इस आंदोलन में किसान भी शामिल हुए, उनमें नई आकांक्षाएं पैदा हुईं। यह राष्ट्रीय सत्याग्रह था। इसमें सभी प्रांतों के लोग थे। किसानों के अलावा स्त्रियां थीं, दलित भी थे।

गांधी सुधारवाद और राष्ट्रीय जागरण के बीच पुल बना रहे थे। रामचंद्र शुक्ल का गांधी के प्रति दृष्टिकोण आलोचनात्मक सराहना का है, 'गांधीजी यूरोपीय आंदोलनकारियों के सारे युक्ति-कौशलों में प्रशिक्षित होकर दक्षिण अफ्रीका से आए हैं। आंदोलनकारी के रूप में वे अतुलनीय हैं। भारत को उनके जैसे व्यक्तियों की आवश्यकता थी। ...गांधी जी उन बिंदुओं को अच्छी

तरह जानते हैं जिन्हें स्पर्श किया जाए तो वे तीव्रतम उत्तेजना पैदा कर सकते हैं। उनके अर्ध-धार्मिक और अर्ध-राजनीतिक प्रवचनों ने करोड़ों लोगों के हृदयों को झकझोर दिया।' (वही)। रामचंद्र शुक्ल का गांधी को 'अर्ध-धार्मिक' और 'अर्ध-राजनीतिक' कहने का अभिप्राय है कि वे न रूढ़िवादियों की तरह के धार्मिक हैं और न औपनिवेशिक उदारवादियों की तरह के राजनीतिक हैं।

धर्म ने भारत का पीछा कभी नहीं छोड़ा। फिर भी 1857 की 'गाय की चर्बी' और गांधी के 'रामराज्य' का संबंध क्रमशः उत्पीड़ित धार्मिकताओं के राष्ट्रीय आक्रोश और सदियों से लोगों के मन में दबे उच्च सपनों से है, भेदभाव से नहीं। यह कम बड़ी बात नहीं है कि भारतीय राष्ट्रवाद जब सर्वाधिक बुद्धिदीप्त था, इसने कबीर से लेकर एक धर्मनिरपेक्ष प्रतीक लिया—'चरखा'! भारतीय जनमानस प्रतीक-प्रेमी है। 'राम राज्य' के समानांतर चरखे ने एक समय पूरे राष्ट्र को जोड़ा। इस तरह के धर्मनिरपेक्ष प्रतीक गढ़ने की ऐतिहासिक शक्ति को क्या हो गया है? अब पेंडोरा के बक्से से नए-नए धार्मिक, जातिवादी और क्षेत्रीयतावादी प्रतीक निकलकर प्रेत नृत्य कर रहे हैं।

प्रेमचंद, छायावाद और कृषक

प्रेमचंद (1880-1936) के 'सोजेवतन' (1908) में एक कहानी है —'यही मेरा वतन है'। इस कहानी में अमेरिका में सारी जिंदगी रहने के बाद एक हिंदुस्तानी अपनी मातृभूमि लौटता है। वह इस देश की मिट्टी का स्पर्श पाकर राष्ट्रीय स्फूर्ति से भर जाता है। वह जब अपने गांव जाता है, गांव को पहचान नहीं पाता। लोग चिंताग्रस्त और दुर्बल हो गए थे। बच्चे कांतिहीन हो गए थे। गांव का शहरीकरण हो रहा था, चौपाल की जगह टीका लगाने की चौकी और डाकखाना खुल गया था। कोल्हू की जगह सन लपेटनेवाली मशीन आ गई थी। अतिथि सत्कार की परंपरा उठ गई थी। धर्मशाला मदिरा, द्यूत और दुराचार का अड्डा थी। थाना के निकट, 'फटे-पुराने कपड़े पहने, दुर्भिक्षग्रस्त पुरुष, जिस पर अभी चाबुकों की बौछार हुई थी, पड़ा सिसक रहा था।' यह थी भारत में औपनिवेशिक आधुनिकीकरण की तस्वीर। अमेरिका से आया नब्बे साल का हिंदुस्तानी अमेरिका नहीं लौटता। वह गंगा के किनारे एक

कुटी बनाकर रहने लगता है–यही उसका वतन है! क्या अब अमेरिका में बसा भारतीय कमाने-धमाने के बाद स्वेच्छया भारत आकर कभी रह पाएगा और अपनी दौलत और बुद्धि से इस देश की जनता को फायदा पहुंचाना चाहेगा?

प्रेमचंद हिंदी के पहले लेखक हैं, जिन्होंने किसान को साहित्य के केंद्र में स्थापित किया। किसान को आवाज मिली। प्रेमचंद का साहित्य नवजागरण और स्वाधीनता आंदोलन को जोड़ता है और समाज की एक बड़ी छवि उपस्थित करता है जो यथार्थपरक है। प्रेमचंद का संपूर्ण साहित्य नवजागरण और स्वाधीनता आंदोलन की वैचारिक संधिरेखा पर रचा गया था।

किसान अपने ही देश और इतिहास में हमेशा शरणार्थी रहा है। इस स्थिति को प्रेमचंद ने समझा था। उन्होंने अपने लेखन के द्वारा स्त्रियों की दशा के साथ-साथ किसानों की आर्थिक बदहाली और सामाजिक पिछड़ेपन को व्यापक पैमाने पर अनावृत किया है। वे कहते हैं, 'आज भारत के किसान तबाह क्यों हैं? इसलिए कि जब से अंग्रेजी शासन शुरू हुआ, यानी आज से डेढ़ सौ वर्ष पहले से विदेशी हुकूमत ने सदैव किसानों के हितों की उपेक्षा की।' (किसानों का कर्जा, 1933)। वे पूंजीवादी व्यवस्था में किसानों के भविष्य के बारे में संकेत देते हैं, 'पूंजीपतियों के हाथों में किसानों और मजदूरों की किस्मत रहेगी और सरकार ऊपरी मन से नियंत्रण का स्वांग भरकर कोई उपकार नहीं कर सकती। ...इस व्यवसाय युग की यही महिमा है। यहां व्यक्ति का कोई मूल्य नहीं है। यहां जो कुछ है, धन है और मशीन है। वही देहातों की तबाही, वही घरेलू व्यवसायों का सर्वनाश।' (शक्कर सम्मेलन, 1933)। अंग्रेजी राज से वैश्वीकरण तक किसानों के आत्मसम्मान, सामाजिक प्रगति और आर्थिक संरक्षण के मुद्दे बार-बार दबाए जाते रहे हैं। वह आज विकास के हाशिये पर है और बाजार में बेगाना।

बीसवीं सदी में शहरी बुराइयां तेजी से गांवों में घुसनी शुरू हुईं। इनसे किसानों का जीवन अधिक विडंबनापूर्ण हो गया। वे शहर की अच्छी चीजें और अच्छे मूल्य न पा सके। ऊपर से गांव की अच्छी चीजें और उदात्त परंपराएं भी खोने लगीं। प्रेमचंद ने किसानों में मानवीय गुणों की कमी नहीं देखी थी, 'यह समझना कि किसान निरा मूर्ख है, उसके साथ अन्याय करना है।

वह परोपकारी है, त्यागी है, परिश्रमी है, किफायती है, दूरदर्शी है, हिम्मत का पूरा है, नीयत का साफ है, दिल का दयालु है, बात का सच्चा है, धर्मात्मा है, नशा नहीं करता और क्या चाहिए। कितने साक्षर हैं जिनमें ये गुण पाए जाएं? हमारा तजरबा है कि साक्षर होकर आदमी काइयां, बदनीयत, कानूनी और आलसी हो जाता है।' (निरक्षरता की दुहाई, 1934)। यही वजह है कि सामान्यतः उच्च शिक्षा नवजागरण में कोई क्रांतिकारी भूमिका नहीं निभा पाई। पढ़े-लिखे डिग्रीधारी व्यक्ति परोपकारी कम और कांइयां ज्यादा होने लगे। (विस्तृत अध्ययन के लिए देखें लेखक की पुस्तक 'प्रेमचंद : साम्राज्य से राष्ट्र')।

नवजागरण के अग्रदूत पुरानी सामंती व्यवस्था मिटाना चाहते थे, पर मानवीय-नैतिक गुणों को खोना नहीं चाहते थे। प्रेमचंद ने दमनकर्ता जमींदार और उत्पीड़ित किसान वर्गों का फर्क स्पष्टता से दिखाया है। वे कृषकों की मुक्ति का स्वप्न देखते थे। उनकी सहानुभूति छोटे जमींदारों से थी, क्योंकि अंग्रेजी राज में छोटे जमींदार भी बुरे हाल में थे।

प्रेमचंद और जयशंकर प्रसाद के जमाने में क्या यथार्थवादी और क्या छायावादी—सभी लेखक धर्म और धन को संशय की निगाह से देखते थे। नवजागरण संशय का युग था। विश्वास और संशय के बीच सकारात्मक टकराहट थी। प्रसाद (1882-1937) के उपन्यास 'कंकाल' (1929) में विजय एक बुद्धिवादी विद्रोही है। वह नवजागरण का प्रतिनिधि है। उसकी मौत वैसे ही होती है जैसे 'गोदान' के किसान होरी की होती है। दोनों असहाय थे। 'कंकाल' में विजय कहता है, 'स्वतंत्रता और हिंदू धर्म दोनों विरुद्धवाची शब्द हैं। ...मैंने कालेज में एक संशोधन समाज स्थापित किया है, जिसका उद्देश्य है—जिन बातों में बुद्धिवाद का उपयोग न हो सके, उनका खंडन करना, तदनुकूल आचरण करना। देख रही हो कि मैं छुआछूत का विचार नहीं करता। प्रकट रूप में होटलों तक में खाता हूँ। इसी प्रकार इन प्राचीन कुसंस्कारों का नाश करना मैं अपना कर्तव्य समझता हूँ, क्योंकि ये ही रूढ़ियां आगे चलकर धर्म का रूप धारण कर लेती हैं।' ये पंक्तियां जयशंकर प्रसाद की हैं, जिन्होंने 'कामायनी' में श्रद्धा का आदर्शवादी चरित्र रखा था। उनके छायावादी कृतित्व में समग्रतः बुद्धिवाद और आदर्शवाद के बीच सामंजस्य है। यह भी सच्चाई है

कि हिंदी क्षेत्र में 'संशोधन समाज' जैसे बुद्धिवादी संगठनों की स्थापना एक साहित्यिक कल्पना तक सीमित रह गई। निर्बुद्धिपरक संगठन कुकुरमुत्ते की तरह फार्म बनाकर उगाए गए।

जयशंकर प्रसाद अपने एक अन्य उपन्यास 'तितली' में कहते हैं, 'मनुष्य मनुष्य के दुख-सुख का सौदा करने लग जाता है और उसका मापदंड बन जाता है रुपया।' रिनेसां के दौर के भौतिकवाद, उपयोगितावाद और पैसों को सब कुछ समझने की प्रवृत्तियों के विरोध में था स्वच्छंदतावाद। उपर्युक्त उपन्यास के केंद्र में कृषि जीवन है। प्रसाद में निश्चय ही पुनरुत्थान के तत्व थे, पर वे मनुष्य द्वारा मनुष्य के संहार के पक्ष में नहीं थे। उनके छायावाद में पुनरुत्थान का प्रमुख तत्व है –अतीत का राष्ट्रीय गौरव। प्रसाद के साहित्य में नवजागरण एक घायल मनोरथ है, एक वेदना है। 'कंकाल' की स्त्रियां तारा, घंटी, गाला हों या 'तितली' का किसान मधुबन हो या 'स्कंदगुप्त' नाटक के स्कंदगुप्त और देवसेना हों, ये सभी आत्मवेदना से भरे चरित्र हैं, मानो किसी टूटे भारतीय स्वप्न के शिलालेख।

हिंदी में छायावाद नगरबोध से जुड़ा था, पर कृषक जीवन से उसका गहरा संबंध रहा है। एक दूसरी महत्वपूर्ण बात है, नवजागरण और 'रोमांटिसिज्म' के बीच दुनिया के हर देश में संबंध रहा है। जिस देश या प्रांत में रोमांटिसिज्म की प्रवृत्तियों का उदय हुआ, वहां पहले नवजागरण आ चुका था, क्योंकि सामाजिक गतिशीलता पैदा हुए बिना 'मैं' या वैयक्तिकता का जन्म संभव न था। स्वच्छंदतावाद वैयक्तिक अनुभूतियों और सृजनात्मक कल्पना का वाहक है। गौर करने की चीज है कि 'मैं' या वैयक्तिकता के बोध के बावजूद छायावादी प्रवृत्ति के व्यक्तियों में इतिहासबोध मिलता है, समाज-चेतना भी होती है। छायावाद में प्रकृति के अलावा कृषकों के जीवन के प्रति एक स्वाभाविक आकर्षण रहा है। औपनिवेशिक परिवेश में जन्मे छायावाद में राष्ट्रीय जागरण के स्वर के साथ अंतरराष्ट्रीयतावाद भी स्वाभाविक रूप से मौजूद था। वह एक मामले में पश्चिम से पृथक होता था और 'राष्ट्र' से जुड़ता था। दूसरे मामले में वह पश्चिम से अपृथक होता था और 'विश्वबोध' से जुड़ता था। कहना चाहिए, छायावाद में नवजागरण की 'कांटीन्यूटी' थी।

वह द्विवेदी युग से पृथक होकर भी उस युग से विद्रोह नहीं है, बल्कि उसका स्वच्छंद भावभूमि पर विकास है।

छायावाद ने 'मैं' को महत्वपूर्ण बना दिया। फिर भी निराला 'बादल राग' में कृषकों की आर्त्त पुकार सुनते हैं, 'जीर्ण बाहु है जीर्ण शरीर/तुझे बुलाता कृषक अधीर/ऐ विप्लव के वीर!/चूस लिया है उसका सार/हाड़ मात्र ही है आधार/ऐ जीवन के पारावार!' वे एक अन्य कविता में लिखते हैं—'आज अमीरों की हवेली/किसानों की होगी पाठशाला/धोबी पासी चमार तेली/खोलेंगे अंधेरे का ताला/एक पाठ पढ़ेंगे/टाट बिछाओ।' वह एक पाठ समावेशी राष्ट्रवाद है जो साम्राज्यवाद और सामंतवाद-विरोधी चेतना से बना है। वह जमाना ऐसा नहीं था कि सामंतवाद के एक हिस्से से टकराहट हो और बाकी की उपेक्षा हो।

निराला 'तुलसीदास', 'राम की शक्ति पूजा' आदि लिखते हुए भी न सिर्फ सेकुलर मानस के कवि थे, बल्कि वे सामंतवाद का पूरेपन में विरोध कर रहे थे और नवजागरण की परियोजना को विस्तार दे रहे थे। उन्होंने अपने एक लेख 'किसान और उनका साहित्य' में लिखा है, 'जब तक किसानों और मजदूरों का उत्थान न होगा, तब तक सुख और शांति का केवल स्वप्न देखना है। ...कहीं-कहीं ग्राम संगठन और किसानों के सुधार का काम जारी किया गया है। ...जिस तरह गांवों में किसानों की शिक्षा-दीक्षा जरूरी है, उसी तरह ...उनके योग्य साहित्य का निर्माण आवश्यक है।' (सुधा, 1934)। नए युग में किसानों पर डिजिटल अस्त्र से सांस्कृतिक हमला हो चुका है।

नवजागरण और आदिवासी

आदिवासी लोगों की परंपरागत भूमि पर बाहरी लोगों की घुसपैठ, उस पर कब्जा और आदिवासियों को अपने शहरी समाज के नियम-कायदों से बांधने की कोशिशें ही कई आदिवासी विद्रोहों के मूल में रही हैं। उनके विद्रोह आत्मरक्षात्मक रहे हैं। उनका सिलसिला मानभूमि (1768-1832) से शुरू हुआ। इसके बाद पहाड़िया विद्रोह (1778-85), भील विद्रोह (खानदेश, 1818-48), हो विद्रोह (सिंहभूमि, 1820-32), खोंड़ विद्रोह (ओडिसा, 1846, 1855),

खासी विद्रोह (मेघालय, 1829-32), कोलि विद्रोह (गुजरात 1824-48), कोल विद्रोह (छोटा नागपुर, 1831-32), सिधो-कानू का संथाल विद्रोह (1855-56), बिरसा मुंडा के नेतृत्व में मुंडा विद्रोह (छोटा नागपुर, 1899-1900), भील विद्रोह (राजस्थान, 1913), जतरा-ताना भगत का ओराउँ विद्रोह (छोटा नागपुर, 1914-15), रानी गइडियुलि के नेतृत्व में कुकी विद्रोह (मणिपुर, 1917-19) आदि तक सिलसिले का विस्तार है। ये सभी विद्रोह अंग्रेजी राज में कुचले गए।

आजादी के बाद आदिवासियों की सुनी जानेवाली आवाज का एक बड़ा उदाहरण उड़ीसा की वेदांता की 50,000 करोड़ रुपये के अल्युमुनियम शोधन की परियोजना है, जो रद्द हुई। तेलंगाना में यूरेनियम खनन परियोजना पर सवाल उठे। इस तरह आदिवासियों का जल, जंगल और जमीन बचाने का संघर्ष कई आधुनिक धारणाओं के खिलाफ चलता रहा है और कई बार उसे सुना भी गया है।

जाहिर है, नवजागरण की सांस्कृतिक सुधार की धारणा प्रचलित और आदिवासियों के विद्रोह में संबंध बैठाना कठिन है। उनके जागरण को पश्चिम राज की तरफ आकर्षण और उससे संघर्ष, इस 'दोहरे चित्त' की रोशनी में देखना उचित है। इसमें संदेह नहीं कि अंग्रेज उन्हें समझने में असमर्थ रहे हैं। उन्हें विकसित आधुनिक वर्गों के शोषण का शिकार होना पड़ा है। खनिज पाने की होड़, भूमि हड़पनेवालों, पेड़ काटनेवालों और साहूकारों ने उनके जीवन के लिए नई-नई समस्याएं पैदा कीं। प्रशासन और न्यायालय के अभाव में उनके प्रति बड़े पैमाने पर अन्याय हुए।

भारत के स्वाधीन होने के बाद भी राष्ट्र और आदिवासियों का संबंध एक समस्या रहा है। जवाहरलाल नेहरू ने 1958 में कहा था, 'समस्या है जनजातीय जीवन के सामंजस्य में व्यवधान डाले बिना उन्हें भारतीय समाज का सदस्य बनाना और उन्हें एक अभिन्न हिस्से के रूप में जोड़ना। ...हम अपने ढंग से जिएं, इसका स्वागत है। लेकिन अपना जीवन दूसरों पर क्यों थोपें। मैं बिल्कुल आश्वस्त नहीं हूँ कि जीने का कौन-सा रास्ता बेहतर है। जनजातियों का या हमारा अपना? कुछ मामलों में निश्चिंत हूँ कि उनका रास्ता बेहतर है।

इसलिए हमारी ओर से घोर अशिष्टता होगी कि हम उनके विरुद्ध श्रेष्ठता का भाव प्रदर्शित करें। उन्हें कहें कि उन्हें कैसा आचरण करना चाहिए या उन्हें क्या करना चाहिए।' (जवाहरलाल नेहरू, ट्राइब्स एंड ट्राइबल पॉलिसी : ए सेंटेनियल ट्रिब्यूट)।

इसमें संदेह नहीं कि पूंजीवादी विकास की छाया आदिवासियों के जीवन पर पड़ी है। फिर भी विभिन्न रास्तों से उनके सभ्यतागत आत्मसातीकरण के विरुद्ध उनकी क्रांतिकारी संरक्षणशीलता में ह्रास आया है, ऐसा नहीं कहा जा सकता। उन्हें जहां अपने विश्वासों और अधिकारों पर आघात महसूस नहीं होता है, वहां वे विकास का अंग बनते हैं और जहां भिन्न स्थिति है, वहां वे अपने प्राकृतिक-संवैधानिक अधिकारों के लिए संघर्ष करते हैं।

आदिवासी विद्रोहों में संथाल, मुंडा और ओराउं विद्रोह ज्यादा चर्चित रहे हैं। खासकर बिरसा मुंडा (1875-1900) के संदर्भ में जनजातीय आंदोलन का अध्ययन करनेवाले कुमार सुरेश सिंह ने लिखा है, 'स्वातन्त्र्योत्तर बिरसा वृत्तांतों में बिरसा और उनके आंदोलन का संबंध पुनर्जागरण और स्वातन्त्र्य आंदोलन से जोड़ा गया है। उनमें अहिंसा और राष्ट्रीयता के तत्व ढूंढ़ निकालने के प्रयत्न किए गए हैं। इन वृत्तांतों में कहा गया है कि यद्यपि आंदोलन छोटा नागपुर के एक छोटे-से पहाड़ी क्षेत्र में एक मुंडा के नेतृत्व में हुआ, पर उसमें मुख्यतः धार्मिक सुधार और सामाजिक शुद्धीकरण की भावना ही परिलक्षित हुई है, जैसी कि 19वीं सदी के सामाजिक-धार्मिक आंदोलनों में देखी जाती है। उन आंदोलनों से राजनीतिक जागरूकता और राष्ट्रीयता के विकास को बल मिला है।' (बिरसा मुंडा और उनका आंदोलन)।

जनजातीय आंदोलनों का औपनिवेशिक और राष्ट्रीय–दोनों दृष्टियों से अध्ययन किया गया है। साथ ही एक दृष्टि खुद उनके अपने विविध अनुभवों के भीतर से व्यक्त होती है। जनजातीय अध्ययनों में सामंजस्य और तनावपूर्ण ध्रुवीकरण दोनों चीजें मिलती हैं।

बिरसा मुंडा अपने जनजातीय समुदाय में 'आबा' (पिता) के रूप में विख्यात हुए और देवता की तरह पूजे जाने लगे। वह एक जुझारू मुंडा नौजवान थे, अंग्रेजी राज के आगे न झुकनेवाले योद्धा। उन्होंने चाईबासा में

ईसाई मिशन द्वारा चलाए गए उच्च प्राथमिक विद्यालय में शिक्षा ली थी। शिक्षा के दौरान ईसाई धर्म-प्रचारकों द्वारा मुंडाओं की पुरानी धार्मिक व्यवस्था की आलोचना से उन्हें दुख होता था। लेकिन उनके भीतर ईसाइयों का धार्मिक असर भी पैठ रहा था। बिरसा का ईसाइयों से संबंध आलोचनात्मक लगाव का था। उनकी कुछ चीजें अच्छी लगती थीं, कुछ बुरी। इस प्रकार बिरसा में एक आलोचनात्मक सोच पैदा हो रही थी। वे अंधविश्वास से बाहर निकल रहे थे। बोंगा (प्रेतात्मा) पूजा के समय बकरे की बलि से उन्हें नफरत हो गई। उन्हें आदिवासियों के सामाजिक जीवन में सुधार के लिए खुद को एक चमत्कारी व्यक्तित्व के रूप में उपस्थित करना जरूरी लगा। वे कहने लगे कि उन्हें दुनिया की सभी शक्तियां प्राप्त हैं। इससे उनका विभिन्न जनजातियों पर प्रभाव बढ़ने लगा और यह जनजातीय एकता में सहायक हुआ। धार्मिक उद्देश्य से बिरसा के पास आती भीड़ एक राजनीतिक आंदोलन की शक्ल में बदल गई।

बिरसा से संबंधित निम्नलिखित प्रार्थना और संदेश में धार्मिक सुधार की प्रतिध्वनियां हैं —'भगवान ने मुझे भेजा है, ताकि मैं तुम्हें सही रास्ता बताऊं। ओ पहाड़ो, गहरे पानी की दुष्टात्माओ!/तुम लोग हम लोगों से कोई बलिदान न पा सकोगी/दरअसल तुमने पृथ्वी और स्वर्ग की सृष्टि नहीं की है/इसलिए ओ दुष्टात्माओ! हमसे दूर रहो/ओ पिता और मां!/केवल तुम्हारी ही अनुकंपा और सहायता से और सिर्फ तुम्हारी ही दवाओं से/हम अपने रोगों से छुटकारा पाएंगे/...यह दुनिया उलट-पुटल गई है/शैतान को बांधो/...ओ पिता! ओ बिरसा!/जैसा कि तुम्हारे धर्म में कहा गया है/मेरे जीवन, मेरे शरीर, मेरे मन और हृदय को/आसमान की दूरस्थ सीमाओं और दुनिया के विस्तार तक पहुंच जाने दो/...बिरसा का आदेश है/हंड़िया और शराब न पियो/इससे हमारी जमीन छिन जाती है/...ओ भक्त मुंडाओ! तुम सब विश्व धर्म सीखो/ओ पृथ्वी और स्वर्ग के सर्जनहार, पिता और माता/...हम छह दिनों तक अपनी जीविका के बारे में सोचेंगे/हफ्ते में एक दिन विश्राम करेंगे।' प्रार्थना के इस अंश में बिरसा की ईश्वर के प्रति आस्था के साथ-साथ हिंसा, मद्यपान, प्रेतात्मा में विश्वास और आलस्य का विरोध साफ दिखता है। इसमें धार्मिक-सामाजिक सुधार के चिह्न हैं।

बिरसा मुंडा जमींदारों और अंग्रेजों के विरोध में भी मुखर थे, 'जमींदार (राजा) जमीनें हड़प रहे हैं, पर जमीन पर जिनका वास्तविक अधिकार है, वे ही उस जमीन को पाएंगे। ...हम इस क्षेत्र से रोमनों, जर्मनों, अंग्रेजों, राजाओं और जमींदारों, शैतानों और दुष्टात्माओं को नष्ट-भ्रष्ट कर देंगे। जमीन को फिर पवित्र बनाने के लिए हम सफेद बकरे (गोरे अंग्रेज) का बलिदान करेंगे। ...ओ बिरसा! छोटे-छोटे बच्चे भी (गोरे सिपाहियों के बूटों तले) रौंद दिए गए। उनको क्रूरता से बूटों की नोकों से ठोकरें दी गईं/...मुझे दुख है कि खून की होली खेली गई/ ...धरती के आबा कहते हैं/ओ, तुम सब ध्यान से सुनो/ समूची धरती पर आग और पानी की बाढ़ आएगी/...नए-नए कपड़े पहन हम सब चलकर चलें/धरती के पिता हमें सब कष्टों से त्राण देंगे/...देश असहाय और बेसहारा हो गया/आओ, हम झट से धनुष, तीर और कुल्हाड़ी उठा लें/आज जिंदगी से मौत कहीं अच्छी है/हम जमींदारों, साहूकारों और दुकानदारों (दिकू) को छोड़ेंगे नहीं/ वे हमारी जमीन हड़पे बैठे हैं/ ...हम अपनी जमीन से गोरों को भगा देंगे/...ओ गोरे आदमियो! भागो, तुरंत भागो! तुम्हारा घर पश्चिम में है, तुम चले ही जाओ/अपनी जहरीली हवा को लिए/अपने देश भाग जाओ/...हम सभी भाई-बहन एक साथ रहेंगे/...हमारे हाथों में हथियार चमचमाते हैं/ओ बिरसा, हम एक पंक्ति में खड़े हैं/हम मस्त होकर नाच रहे हैं/बिरसा ढोल पर थाप दे रहे हैं/गोरा सैनिक गोली-चलाने के लिए बिगुल बजाता है/गोरे सैनिक पहाड़ी की ओर देखते हैं/उनके कारतूस खत्म हो जाते हैं/बिरसा ढोल पर थाप दिए जा रहे हैं।' (वही)। बिरसा की प्रार्थनाओं और संदेश पर आधारित उपर्युक्त लोक काव्य में पुराजातीय चेतना झांकती है जो ईसाई असर में आकर भी मिटी नहीं थी। वह साम्राज्यवाद के विरोध में थी। इसमें मुंडा विद्रोह की आत्मा खुलकर बोलती है। उपर्युक्त आदिवासी विमर्श साम्राज्यवाद-सामंतवाद विरोधी है और स्थानीय स्थितियों में सांस्कृतिक सुधारों के आह्वान से भरा है।

भारतीय जीवन से आदिवासियों के व्यापक संबंध का अर्थ उनके द्वारा अपनी स्थानीय अस्मिता का त्याग नहीं है बल्कि इसके साथ शिक्षक, वकील, राजनीतिज्ञ, व्यापारी, डाक्टर, क्लर्क, कंप्यूटर इंजीनियर, कारपोरेट कार्मिक, देशप्रेमी, मित्र-सहचर जैसी नई अस्मिताओं का निर्माण है।

आदिवासियों की बौद्धिक क्षमता और आदिवासी क्षेत्रों की उत्पादन क्षमता का इस्तेमाल कैसे हो, इस पर मतभेद रहे हैं। यह एक संवेदनशील मामला रहा है। एक दृष्टि यह है कि अस्मिता और प्रगति में अंतर्विरोध नहीं है। यह भी समझने की जरूरत महसूस हो सकती है कि आदिवासियों के विश्वासों और 'बाहर' के दमन से पैदा हुई गांठों को खोलना सिर्फ 'आर्थिक सुधार' से संभव नहीं है। इसके लिए एक संवेदनशील मानवीय नीति की जरूरत है। निश्चय ही राष्ट्र में उनकी हिस्सेदारी को मानवीय तरीके से पुनर्गठित करके ही कोई सार्थक नतीजा संभव है।

बाजार व्यवस्था और संचार क्रांति के बाद ऐसा नहीं लगता कि आदिवासी जीवन पहले जैसा ही बना रहेगा। 19वीं सदी से ही स्थितियां बदल रही हैं और वह बदलाव जारी है। यदि कुछ बिंदुओं पर पिछड़ेपन से बाहर निकलने की जद्दोजहद है तो कुछ बिंदुओं पर असहमति और संघर्ष स्वाभाविक हैं। मराठी के एक चर्चित आदिवासी लेखक गोविंद गारे ने लिखा है, 'आदिवासियों की पुरानी संस्कृति नष्ट हो जाएगी, इसके लिए हायतौबा मचाने का कोई अर्थ नहीं है। संसार की बड़ी-बड़ी पुरानी संस्कृतियों का यही हश्र हुआ है। किसी भी आदिवासी जाति-जमाती इतिहास को देखें, तो यही बात दृष्टिगोचर होती है। सारे संपर्कों से अलिप्त मानी गई, जैसे माडिया-गोंड, मुरिया-गोंड जमात तक थोड़ी ही सही, कालांतर में परिवर्तित होती दिखाई देती है। कृषि के लिए प्रयोग में लाए जानेवाले औजारों में, नहर के पानी से सिंचाई होनेवाली खेती तथा बरसात के पानी से होनेवाली फसल के प्रकारों में, वेशभूषा में, धार्मिक रीतिरिवाजों में, देवी-देवताओं में, विवाह विधियों में आदिवासी जमातें बदलती चली आ रही हैं। इतना ही नहीं, अपने संपर्क में आनेवाले आदिवासी-इतर जीवन से वह अधिक एकरूप होती भी दिखाई देती है।' (हिस्सेदारी के प्रश्न-प्रतिप्रश्न, संपादक : उमाशंकर चौधरी)। गोविंद गारे ने आदिवासी और नक्सलवाद को एक समझने की धारणा का खंडन किया, पर यह स्पष्ट नहीं किया कि विकास के बाहर फेंक दिए गए आदिवासियों को कहां जाना है।

19वीं सदी से ही आदिवासी ईसाई बनाए जाने लगे थे। वे 20वीं सदी में अंग्रेजी शिक्षा के संपर्क में आए। उन्होंने ईसाई धर्म अपनाने के बावजूद

अपने रीतिरिवाज और संस्कृति को अक्षुण्ण रखा। 21वीं सदी में परिवर्तन की आंधी ज्यादा तेज है। शिक्षा, रोजगार, व्यापार तथा संचार क्रांति के क्षेत्र में आदिवासियों का इस आंधी से बचना असंभव है। अब बहुत कुछ उजड़ने और बदलने जा रहा है और नई राहें खुल रही हैं। फिर भी जनजातियों में स्वभावतः एक भू-सांस्कृतिक आत्मसजगता है। ऐसे लक्षण भी हैं जिनसे ज्ञात होता है कि राष्ट्र और विश्व में नई स्थितियों का सामना करने के लिए वे सामंजस्य की राह निकाल रहे हैं। हर स्थिति में उनके नवजागरणकालीन संघर्ष उन्हें प्रेरणा देते रह सकते हैं।

कहना न होगा कि भारत मानव जातियों का एक विराट संग्रहालय है। ऐसे युग में संस्कृतियों का संवाद ही शांति, प्रगति और न्याय का रास्ता है! कहना न होगा कि जन-संस्कृतियों के राजनीतिक आत्मसातीकरण की प्रवृत्ति आत्मघात की ओर ले जाएगी। दूसरी तरफ, यह रूढ़ियों से मुक्त होकर सोचने का समय है। यदि कोई समुदाय अपनी पहचान रखता है तो यह गलत नहीं है, लेकिन कट्टर समुदायवाद विनाशकारी है। दरअसल देशहित में एकरूपता नहीं, बहुलता को लेकर न्याय तक पहुँचना होगा।

खंड-3

- हिंदी नवजागरण और महावीर प्रसाद द्विवेदी
- द्विवेदी युग : बुद्धिवाद की राष्ट्रीय दिशाएं

हिंदी नवजागरण और महावीर प्रसाद द्विवेदी

महावीर प्रसाद द्विवेदी (1864-1938) ने सिर्फ हिंदी भाषा के परिष्कार का काम नहीं किया, बल्कि उन्होंने भारतेंदु युग के राष्ट्रीय जागरण, सामाजिक सुधार और कृषक अधिकार की चेतना को भी एक विस्तृत फलक दिया। उनकी एक अन्य भूमिका है, उन्होंने छायावाद के लिए स्थितियां तैयार कीं। भारतेंदु युग और छायावाद के बीच की साहित्यिक घटनाओं को द्विवेदी युग की साहित्यिक हलचलों के नाम से जाना जाता है। यह नवजागरण के चरम उत्कर्ष का समय था।

महावीर प्रसाद द्विवेदी भारतेंदु युग और छायावाद के बीच सेतु के रूप में भी नजर आते हैं। वे 1903-1920 के बीच अपने समय की सबसे महत्वपूर्ण पत्रिका 'सरस्वती' के संपादक थे। इसमें अपनी काफी रचनाएं उन्होंने छद्म नाम से छापी थीं। उन्होंने कई बड़े कवियों और लेखकों की हिंदी सुधारने का काम किया था। रामविलास शर्मा ने लिखा है, 'सरस्वती सबसे पहले ज्ञान की पत्रिका थी, वह हिंदी नवजागरण का मुखपत्र थी और हिंदी भाषी जनता की सर्वमान्य जातीय पत्रिका थी।' (महावीर प्रसाद द्विवेदी और हिंदी नवजागरण)। उन्होंने यहां तक कहा, 'कथा-साहित्य में द्विवेदी युग की मुख्य देन प्रेमचंद हैं।' (वही)। काव्य में द्विवेदी युग की देन मैथिलीशरण गुप्त को माना जाता है। द्विवेदी युग की साहित्यिक हलचलों और वैचारिक संघर्ष को एक बड़े फलक पर देखते हुए भारतेंदु युग को हिंदी नवजागरण का पूर्व काल और द्विवेदी युग को इसका उत्तर काल कहा जा सकता है।

महावीर प्रसाद द्विवेदी ने कहा है, 'ज्ञानराशि के संचित कोश ही का नाम साहित्य है।' साहित्य की इस परिभाषा से उसके अर्थ की व्यापकता का बोध

होता है कि यह कविता, कहानी, नाटक आदि तक सीमित मामला नहीं है। कहा जा सकता है कि साहित्य ज्ञान का ही एक विशिष्ट प्रकार है। यदि कबीर की 'संतो आई ज्ञान की आंधी रे', निराला की 'करने को ज्ञानोद्धत प्रहार/ तोड़ने को विषम वज्रद्वार' (तुलसीदास), मुक्तिबोध की 'ज्ञानात्मक संवेदना' और वैश्वीकरण युग की 'नालेज सोसाइटी' की धारणाओं को परस्पर जोड़ कर देखा जाए तो महावीर प्रसाद द्विवेदी की साहित्य की परिभाषा के व्यापक तात्पर्य का बोध हो सकता है और साहित्य की अर्थवत्ता का भी। भारतीय नवजागरण कुल मिलाकर सामंतवाद और साम्राज्यवाद के वज्रद्वार पर ज्ञान का प्रहार ही तो था। नवजागरण के हर दौर में ज्ञान का कोई न कोई विशिष्ट रूप उभरा है, जिसका वाहक साहित्य रहा है।

महावीर प्रसाद द्विवेदी को हिंदी नवजागरण की परंपरा में रखकर इसलिए देखा जाता है कि उन्होंने ज्ञान की महत्ता का प्रतिपादन किया। उन्होंने यह कहा, 'साहित्य ने अनुदार भावों को जड़ से उखाड़ फेंका है।' साहित्य जहां है, वहां कट्टरवाद नहीं होगा। यह द्विवेदी जी थे जिन्होंने कहा था, 'साहित्य में जो शक्ति छिपी रहती है वह तोप, तलवार और बम के गोलों में भी नहीं पाई जाती।' (साहित्य की महत्ता)। वे मानते थे कि साहित्य से दूर रहने वाले 'असभ्य एवं अपूर्ण सभ्य' हैं और साहित्यिक भावों का अधःपतन मनुष्य के अपने 'मानसिक जीवन की हत्या' है।

क्या हिंदी नाम की कोई भाषा ही नहीं है?

आमतौर पर नवजागरणकालीन हिंदी लेखक हिंदी को एक प्रवाहपूर्ण मिश्रित भाषा के रूप में विकसित करना चाहते थे। उनमें संस्कृत-स्रोत के बाहर के शब्दों को हिंदी से चुन-चुनकर बाहर निकालने की प्रवृत्ति नहीं थी। महावीर प्रसाद द्विवेदी ने 'देश व्यापक भाषा' का सवाल उठाया। साथ में यह भी कहा, 'उर्दू में संस्कृत, फारसी, अरबी और तुर्की के जो शब्द बिगड़े हुए रूप में प्रचलित हैं, उन्हें अशुद्ध ठहराने की शक्ति किसी में नहीं। ठीक यही बात हिंदी भाषा में व्यवहृत विदेशी शब्दों के लिए कही जा सकती है।' (उर्दू और आजाद)। उनमें हिंदी को लेकर कठमुल्लापन नहीं था। वे साहित्यिक 'इंटरैक्शन' पर जोर देते

हुए कहते हैं, 'बोलचाल की हिंदी की कविता उर्दू के विशेष प्रकार के छंदों में अधिक खुलती है।' (रसज्ञ रंजन)। उन्होंने स्पष्ट कहा कि संस्कृत को माता कहो या मातामही, उससे 'हिंदी भिन्न भाषा है और भिन्न होने के कारण वह उन भाषाओं से अपनी निज की कुछ विशेषता रखती है।' (कानपुर साहित्य सम्मेलन में भाषण)। वे हिंदी के तत्समीकरण के अभियान में शामिल नहीं थे। वे अरबी-फारसी के शब्दों को भी अपना समझते थे, 'अरबी-फारसी के जो शब्द प्रचलित हैं, उन्हें हिंदी के ही शब्द समझता हूँ। मेरे लेख इस बात के प्रमाण हैं। पहले लोग निंदा करते थे। कहते थे यह हिंदी को बिगाड़ रहा है।' (एक पत्र, 15 फरवरी, 1918)।

महावीर प्रसाद द्विवेदी में यदि हिंदी को लेकर मतांधता होती, वे नहीं कहते, 'जो भाषा सौ वर्ष पहले थी वह अब नहीं है, जो अब है वह आगे नहीं रहेगी।' हिंदी के कई शेड्स हैं। वह इकहरी भाषा नहीं है। इसके अलावा, वह परिवर्तनशील है। महावीर प्रसाद द्विवेदी ने भाषा की शृंखलाबद्धता के साथ अनस्थिरता पर भी विस्तृत बहस की थी।

हिंदी लोग एक तो अदालत अधिक जाते थे। दूसरे, वे पढ़ने-समझने में कमजोर होते थे। उनकी शान इसमें समझी जाती थी कि वे कितने कितने दीवानी-फौजदारी मामले लड़ रहे हैं। अदालत में उनकी अपनी भाषा में कामकाज नहीं होता था। 19वीं सदी में अदालत में हिंदी के प्रवेश पर कई मांगपत्र दिए गए थे। लेकिन मेक्डोनल द्वारा 1900 में नागरी लिपि में अर्जी-दावे की छूट के बावजूद, अदालत में हिंदी का सम्मान नहीं बढ़ सका था। फारसी ही चल रही थी। उर्दू को ही सर्वसाधारण की भाषा कहा जा रहा था, हिंदी को नहीं।

पश्चिमोत्तर प्रांत के लेफ्टिनेंट गवर्नर मेक्डोनल ने हिंदी क्षेत्र की जनता का दबाव काफी बढ़ जाने पर 18 अप्रैल, 1900 को ऐतिहासिक निर्णय लेकर अदालतों में नागरी लिपि के व्यवहार की छूट दी। हिंदी की मांग हिंदुओं और मुसलमानों की अंतर-सांप्रदायिक एकता की संभावना को नष्ट करने के लिए नहीं थी। हिंदी लंबे समय से एक अवहेलित वास्तविकता थी, जिसे अंततः स्वीकार करना पड़ा। यह अलग बात है कि नागरी की मांग स्वीकार करने

का समय (1900) औपनिवेशिक क्रीड़ा का समय भी था। उस समय अंग्रेजी अखबारों में मेक्डोनल पर अभियोग लगा कि कुछ महीनों पहले कानपुर में प्लेग के दौरान हिंदुओं और मुसलमानों में पैदा हुई एकजुटता को तोड़ने के उद्देश्य से यह निर्णय हड़बड़ी में लिया गया। नागरी लिपि को स्वीकृति न मिलने से धर्मनिरपेक्षता की परियोजना पूरी हो जाती, यदि कुछ बुद्धिजीवियों को ऐसा भ्रम है तो यह चिंताजनक है।

एक बार कौंसिल में जब इस मुद्दे पर बहस चली तो उर्दू के एक समर्थक ने अकड़ कर कहा, 'हिंदी कोई भाषा नहीं।' महावीर प्रसाद द्विवेदी ने 1913 में बड़े दर्द से पूछा, 'क्या हिंदी नाम की कोई भाषा ही नहीं?' उन्होंने इस शीर्षक से लिखी टिप्पणी में कहा, 'हम अपनी भाषा की उन्नति अवश्य करना चाहते हैं। इससे उर्दू के पक्षपातियों की कोई हानि नहीं। वे अपनी भाषा की उन्नति करें, हम अपनी।' हिंदी के अस्तित्व के लिए संघर्ष हिंदीभाषियों की जिंदगी का अविच्छिन्न हिस्सा है। अब इसे कोई सांप्रदायिक रंग देना चाहे तो यह राष्ट्रीय आत्मघात है।

द्विवेदी जी ने 'सरस्वती' (अप्रैल, 1917) में टिप्पणी की, 'सुभीते के लिए अपनी उर्दू के पास बेचारी हिंदी को भी बैठ जाने दीजिए। उर्दू अपने अधिकार पर आनंद से आरूढ़ रहे। हिंदी को केवल इतनी अनुमति दे दी जाए कि कोई भूला-भटका उसके पास पहुंचे तो वह उसकी सहायता कर सके।' महावीर प्रसाद द्विवेदी को हिंदी क्षेत्र के शिक्षित लोगों से बड़ी शिकायत थी, क्योंकि वे हिंदी की उन्नति की तरफ ध्यान नहीं देते थे। द्विवेदी जी ने हिंदी समाज की दशा देखकर बड़ी तकलीफ से लिखा, 'विवेक, दूरदर्शिता, हिताहित-विचार की शक्ति शिक्षितों में ही अधिक होनी चाहिए और शिक्षित मनुष्य ही संगठन की महिमा अधिक समझ सकते हैं। परंतु दैवदुर्विपाक से यहां के अनेक सुशिक्षित भी स्वार्थ और धर्मांधता के शिकार हैं।' (1924)। आज के दृष्टिकोण से भी यह एक महत्वपूर्ण कथन है। हम देख सकते हैं कि द्विवेदी युग में यह संभव हुआ कि धीरे-धीरे शिक्षित लोग बड़ी संख्या में हिंदी में रुचि लेने लगे। खुद प्रेमचंद ने उर्दू के अलावा हिंदी में भी लिखना शुरू कर दिया।

बुद्धिजीवियों का एक दल मानता रहा है कि हिंदी 19वीं सदी की सांप्रदायिक निर्मिति है। यह भी कहता रहा है कि इसका संबंध ब्राह्मण-वणिक,

हिंदू धर्म और वर्चस्व की भाषा से है। ऐसे बुद्धिजीवी ज्यादातर अंग्रेजी दां हैं। इस दल में हिंदी के कुछ एलीट लेखक भी शामिल हैं। वे हिंदी को हिंदी क्षेत्र के लोगों की लोकभाषाओं में जड़ें रखनेवाली स्वाभाविक रूप से विकसित जातीय भाषा के रूप में नहीं देखते। हिंदी को जब उसकी लोकभाषाओं, धर्मनिरपेक्ष सांस्कृतिक विरासत और समृद्ध विविधता के संदर्भ में देखने की जगह प्राचीन भारतीय संस्कृति की वाहिका या हिंदू आबादी को एकताबद्ध करने वाली भाषा के रूप में देखा जाता है तो यह एक महान जातीय भाषा और उसकी विकासशील संस्कृति को खारिज करना है। यह भारत की एक प्रमुख राष्ट्रीय भाषा का तिरस्कार है।

हिंदी को पिछड़े लोगों की भाषा कहनेवाले कम नहीं हैं। वैश्वीकरण के जमाने में वे आज भी बड़ी संख्या में हैं। दरअसल किसी तरह की विघटनकारी या आत्मविध्वंसक टिप्पणियां करने की जगह जरूरत है कि नवजागरण काल में हिंदी के लिए किए गए संघर्ष को सही परिप्रेक्ष्य में देखा जाए, भारतेंदु और द्विवेदी युग के नवजागरणकालीन लेखकों के संघर्ष को समझा जाए तथा गिलक्राइस्ट, जॉन चेंबरलेन, गार्सां-द तांसी, ग्रियर्सन, क्रिस्टोफर किंग जैसे औपनिवेशिक दिमागवाले विद्वानों की टिप्पणियों को दुहराया न जाए।

नवजागरण काल में बौद्धिक उदारवाद के साथ राष्ट्रीय भाषाओं की उन्नति का प्रश्न जुड़ा था। उस जमाने के सभी के सभी बुद्धिजीवी या मॉडरेट लोग अंग्रेजी-भक्त नहीं थे। हर प्रांत में समाज सुधार के साथ अपनी जातीय भाषा की बहुमुखी उन्नति के प्रयास चल रहे थे। यह बौद्धिक अन-उपनिवेशन (इंटलैक्चुअल डी-कोलोनाइजेशन) का एक रूप था। हिंदी के संदर्भ में व्यर्थ ही उर्दू से एक रस्साकशी चली आ रही थी। इसलिए हिंदी के भाषिक परिष्कार के साथ उसकी राष्ट्रीय-सामाजिक प्रतिष्ठा का सवाल उस दौर में महत्वपूर्ण था। महावीर प्रसाद द्विवेदी के भाषा-संबंधी विचारों से हिंदी के बारे में उनकी समावेशी सोच और दूरदर्शिता का बोध होता है। वे कहते थे, 'अंग्रेजी भाषा सीखने की आवश्यकता है जरूर। तथापि इससे मातृभाषा में शिक्षा प्राप्त करने की महत्ता कम नहीं हो जाती।'

महावीर प्रसाद द्विवेदी को हिंदी के स्वरूप निर्धारण और विकास के सामने जो चुनौतियां नजर आती थीं, वे रामविलास शर्मा के अनुसार निम्नलिखित हैं—अंग्रेजी से अंतर्विरोध, फारसी से अंतर्विरोध, उर्दू से अंतर्विरोध, ब्रजभाषा से अंतर्विरोध, संस्कृत से अंतर्विरोध और बांग्ला से अंतर्विरोध। मुख्य बात है, द्विवेदी जी ने जिनसे अंतर्विरोध देखा, उनसे शक्ति भी ग्रहण की। वे यह भी मानते थे, 'गद्य और पद्य की भाषा अलग-अलग नहीं होनी चाहिए।' रामविलास शर्मा के शब्दों में, 'वह समकालीन हिंदी की प्रयोग-विविधता की जगह एकरूपता लाना चाहते थे, ताकि उसके स्वरूप में देशगत स्थिरता आए।' उन्होंने हिंदी को मानक रूप देने तथा सुधार में एक बड़ी भूमिका निभाई।

अतीत से बुद्धिपरक रिश्ता

भारत के नवजागरण-चिंतन में कई बार राष्ट्रीय जागरण की पहचान पुनरुत्थानवाद के रूप में होती है और बुद्धिवाद की पहचान पश्चिमी सभ्यता और अंग्रेजी राज की प्रगतिशील भूमिका के समर्थन के रूप में की जाती है। महावीर प्रसाद द्विवेदी और उनके युग के अधिकांश लेखकों की खूबी यह है कि वे राष्ट्रीय जागरण और बुद्धिवाद दोनों को जोड़कर देखने की दृष्टि लेकर चल रहे थे। संभव है कि कोई लेखक किसी एक तरफ और कोई लेखक किसी दूसरी तरफ ज्यादा झुका हो। दरअसल द्विवेदी युग के हिंदी नवजागरण को महज हिंदी भाषा का उत्थान समझना भूल है, जिस तरह उसे छायावाद के विपरीत पक्ष के रूप में देखना गलत है। देखा जा सकता है कि महावीर प्रसाद द्विवेदी ने हिंदी नवजागरण को न भाषा सुधार और हिंदी गौरव की प्रतिष्ठा तक सीमित रहने दिया और न रूढ़ नैतिक मर्यादावाद या विक्टोरियाई आदर्शवाद तक।

रामविलास शर्मा ने महावीर प्रसाद द्विवेदी के संबंध में कई जड़ धारणाओं का खंडन करके उनके जातीय-सामाजिक महत्व को रेखांकित किया है। प्राचीन भारतीय संस्कृति के प्रति उनके झुकाव की व्याख्या करते हुए उन्होंने कहा, 'द्विवेदी जी का दृष्टिकोण प्राचीन संस्कृति के प्रति नकारात्मक नहीं है।

वे उसके पुनर्मूल्यांकन, बुद्धिसंगत ज्ञान के पक्ष में हैं। वे जानते थे कि प्राचीन संस्कृति पर गर्व राष्ट्रीय आत्मसम्मान का अभिन्न अंग है और स्वाधीनता आंदोलन के लिए आत्मसम्मान की यह भावना अत्यंत मूल्यवान है।' (महावीर प्रसाद द्विवेदी और हिंदी नवजागरण)। वे आगे लिखते हैं, 'समाज और इतिहास की अन्य समस्याओं पर विचार करते हुए द्विवेदी जी ने आधुनिक बुद्धिवादी दृष्टिकोण अपनाया था, वैसे ही वेदों के पठन-पाठन पर जोर देते हुए अपनी चेतना को रूढ़ियों से मुक्त रखने का आग्रह किया था। 'हम कौन थे, क्या हो गए' —यह स्वर द्विवेदी जी के लेखन में सर्वत्र गूंजता है।' (वही)। द्विवेदी युग में इस स्वर का संबंध राष्ट्रीय आत्मपहचान के संघर्ष से है।

भारतीय अतीत की रूढ़िवाद से मुक्त पुनर्व्याख्या और राष्ट्रीय बुद्धिवाद के विकास को द्विवेदीयुगीन नवजागरण की दो मुख्य प्रवृत्तियों के रूप में देखा जा सकता है। पहले का संबंध भारतीय परंपराओं के बुद्धिसंगत ज्ञान से है। दूसरे का संबंध अनौपनिवेशिक बौद्धिकता से अलग बुद्धिवाद की नई राह की खोज से है। उस युग में धार्मिक कट्टरवाद और बौद्धिक उपनिवेशवाद दोनों पूरी ताकत से मौजूद थे। इनसे टकराए बिना हिंदी नवजागरण अपना आकार नहीं पा सकता था।

महावीर प्रसाद द्विवेदी वेदों की महत्ता पूरी तरह स्वीकार करते हैं, लेकिन इनके ईश्वर द्वारा रचे जाने की धारणा का खंडन बौद्धिक साहस से करते हैं, 'जो कोई वेदों के ईश्वर-प्रणीत होने की शंका करता है, उसे वे (रूढ़िवादी) घोर पापी और अधर्मी समझते हैं। इसे हम बखूबी जानते हैं। तिस पर भी जो हम सर्वसाधारण के विश्वास के विरुद्ध लिख रहे हैं, उसका कारण है—सत्ये नास्ति भयं क्वचित (सत्य कहने से कभी न डरना)। वेदाध्ययन से नहीं, वेदपाठ से मालूम होता है कि वैदिक ऋषि ही वेद-प्रणेता हैं। ...कोई इंद्र से कह रहा है, आप हमारे शत्रुओं का संहार कीजिए। कोई सविता से प्रार्थना कर रहा है कि हमारी बुद्धि बढ़ाइए। कोई बहुत सी गाएं मांग रहा है, कोई बहुत से पुत्र। ...ये सब बातें वेद के ईश्वर-प्रणीत न होने की सूचक हैं। ईश्वर के लिए गाय, भैंस, पुत्र, कलत्र, दूध, दही, मांगने की कोई जरूरत नहीं। यह ऋग्वेद की बात हुई।' (वेद)। इस तरह तर्क के उस युग में गलत धारणा का

खंडन करने से लेखक नहीं हिचकते थे, भले उस गलत धारणा को व्यापक जन-समर्थन मिला हुआ हो।

संस्कृत का विद्वान और हिंदू रीति-रिवाज का व्यक्ति होने के बावजूद महावीर प्रसाद द्विवेदी धार्मिक पाखंड और कट्टरता के आलोचक थे। उन्होंने यह सवाल उठाया कि जब खुद लोपामुद्रा, घोषा जैसी स्त्रियां भी वेद की रचयिता थीं तो स्त्री वेद क्यों नहीं पढ़ सकती? उन्होंने मुसलमानों के वेद पढ़ने का समर्थन किया और एक टिप्पणी लिखी –'एक मुसलमान विद्वान का संस्कृत प्रेम'। इसमें उन्होंने अल्बरूनी के 11वीं सदी के संस्कृत अध्ययन का जिक्र किया। वे वेदों को विद्या और सभ्यता का सार बतलाते हुए लोकायत की प्राचीन बुद्धिवादी परंपरा का भी सम्मान करते हैं।

1901 में द्विवेदी जी का 'सरस्वती' में एक लेख —'निरीश्वरवाद' छपा था और 1921 में 'श्रीहर्ष का कलियुग'। दोनों में उन्होंने विलुप्त की गई तर्क पद्धति और बुद्धिवाद की भारतीय परंपरा का गौरव के साथ उल्लेख किया है। वस्तुतः वे कर्मकांड की जगह सदाचरण को धर्म का सारतत्व मानते थे। इस प्रकार, उन्होंने अतीत से आलोचनात्मक संवाद किया, उसका अंध-समर्थन नहीं किया जो हिंदी समाज में एक नई परंपरा थी।

धार्मिक पाखंड की आलोचना करते हुए महावीर प्रसाद द्विवेदी ने लिखा है, 'हे जगदीश! प्रतिदिन प्रातःकाल हाथ को कपड़े में छिपा कर, अनेक प्रकार के मंत्र-जप करने के मिष, जो लोग दूसरों को पीड़ा पहुंचाने का चिंतन करते हैं उनको हमारा दूर से ही नमस्कार। ...काले से भी काले कर्म करके जो लोग ललाट पर चंदन लीपते हैं वे धार्मिक माने जाते हैं।' उनका कहना है, 'ईश्वर सर्वव्यापी है। उसका सच्चा ध्यान काफी है।' धार्मिक सुधार के संदर्भ में कबीर से शुरू कर भारतेंदु और प्रेमचंद तक जो कतार बनती है, उसमें महावीर प्रसाद द्विवेदी सहज ही बैठाए जा सकते हैं।

उस युग में रूढ़िवादी कहते थे कि शकुंतला कम पढ़ी-लिखी थी, इसलिए उसने दुष्यंत को कटु वचन कहे। दरअसल नाटक में जो संस्कृत नहीं बोलते और प्राकृत बोलते हैं उन्हें द्विवेदी जी अशिक्षित मानने के लिए तैयार नहीं थे। उन्होंने तर्क दिया, 'रामायण में बंदर संस्कृत बोल सकते थे तो क्या वे बंदर

पढ़े-लिखे थे? पंडितों ने 'गाथा सप्तशती' प्राकृत में लिखी तो क्या वे अनपढ़ और गंवार थे?' 1916 में एक प्रसिद्ध मराठी पत्रकार बालशास्त्री जांभेकर ने बनारस हिंदू विश्वविद्यालय के नाम में 'हिंदू' की जगह 'हिंदी' रखने का प्रस्ताव रखा तो द्विवेदी जी ने उसका समर्थन किया था। वे बुद्धिवादी भारत के स्वप्नद्रष्टा थे। उनका संपूर्ण काम इस बात का खंडन करता है कि उनके हिंदी नवजागरण का संबंध हिंदू पुनरुत्थानवाद से है।

राष्ट्रीय जागरण पुनरुत्थानवाद तब बनता है जब उसका संबंध बुद्धिवाद से टूट जाता है। इसी तरह बुद्धिवाद पश्चिम से अति-मिश्रण या पश्चिम से 'आइडेंटिफिकेशन' का शिकार तब होता है, जब उसका संबंध राष्ट्रीय चेतना से टूट जाता है।

उपनिवेशवाद के राजनीतिक अर्थशास्त्र की आलोचना

महावीर प्रसाद द्विवेदी लिबरल सोच से जुड़े होने के बावजूद आर्थिक संदर्भ में 'ड्रेन ऑफ वेल्थ' की आलोचना करते हैं और औपनिवेशिक सोच के कई अन्य बिंदुओं पर भी प्रहार करते हैं। वे सामाजिक स्तर पर धार्मिक रूढ़ियों और साहित्यिक स्तर पर रीतिवाद तथा शृंगारिकता से संघर्ष करते हैं, तो राजनीतिक स्तर पर भारतीय जनता की बुरी आर्थिक दशा पर सवाल उठाते हैं।

द्विवेदी युग की एक खास स्थिति यह है कि राजनीतिक मंचों पर सामाजिक सुधारों पर चर्चा और सुधारवादी मंचों पर राजनीतिक चर्चा रोक दी गई थी। महावीर प्रसाद द्विवेदी की मानसिक बुनावट को इस जटिल ऐतिहासिक स्थिति के परिप्रेक्ष्य में समझना जरूरी लग सकता है।

साधारणतः द्विवेदी जी द्वारा संपादित 'सरस्वती' को देशोन्नति का पत्र माना जाता है, देशमुक्ति का नहीं। वे लक्ष्मीबाई के प्रति पूरी सहानुभूति दिखाते हुए भी 1857 के प्रति वस्तुतः आलोचनात्मक रुख रखते हैं। 'सरस्वती' में अंग्रेजी गवर्नरों और वायसरायों की तस्वीरें छपती थीं। वे एक तरफ कहते हैं, 'अंग्रेजी राज में रहते हुए देशोद्धार की संभावनाएं सर्वाधिक हैं।' दूसरी तरफ, अपनी एक कविता में उसकी आलोचना करते हैं, 'धड़ाधड़ धार रुपयों की

बही है/विलायत ओर सीधी जा रही है/...मरें असगर, बिसेसर, काली/भरे घर ग्रांट, ग्राहम, राली।' उन्होंने अंग्रेजों की व्यापार नीति, नस्लभेद, युद्धों में भारी खर्च की कटु आलोचना की। इन विषयों पर 'सरस्वती' में लेख छापे। दक्षिण अफ्रीका में भारतीय मजदूरों की दुर्दशा पर टिप्पणी लिखी—'मिस्टर गांधी का आत्मगौरव और स्वदेशाभिमान'। उन्होंने अपने पत्र में निर्भीकतापूर्वक गणेश शंकर विद्यार्थी की टिप्पणियां छापीं। 1917 की रूसी क्रांति के समर्थन में लेख छापा। इस तरह के रुझान से उनके विस्तृत बौद्धिक सरोकारों का बोध हो सकता है। बाल गंगाधर तिलक की मृत्यु पर उनकी सराहना करने से वह नहीं चूके। हमें उस जमाने की दुविधा और समावेशिकता की प्रवृत्तियों को समझने की जरूरत है।

इसमें संदेह नहीं कि महावीर प्रसाद द्विवेदी की राजनीतिक चिंताओं का संबंध मुख्यतः उनसे है जो 'मॉडरेट', 'लिबरल' या 'नरम दल' के थे। पर वह साहित्यकार क्या यदि किसी एक जगह अपना वैचारिक आत्मसमर्पण कर दे। उन्होंने 1914 की 'सरस्वती' में 'देश की बात' शीर्षक से एक लेख लिखा, 'हर साल जो यह कांग्रेस होती है, उसने किसानों के प्रति कितनी भक्ति प्रदर्शित की है?' उन्होंने औपनिवेशिक राजनीतिक अर्थशास्त्र की आलोचना करते हुए 'संपत्तिशास्त्र' (1908) में लिखा, 'पाश्चात्य संपत्तिशास्त्र के कितने ही ऐसे नियम हैं जिनका अनुसरण करने से पश्चिमी देशों को तो फायदा है, पर हिंदुस्तान की हानि है।' यह अंग्रेजों की आर्थिक नीति की आलोचना है।

1916 में भारत पर 425 करोड़ रुपयों का विदेशी कर्ज था। लगभग सौ साल बाद मार्च 2020 में भारत पर, रिजर्व बैंक ऑफ इंडिया के अनुसार, 55,850 करोड़ अमेरिकी डॉलर का कर्ज है। द्विवेदी जी उद्योगीकरण के समर्थक थे, पर उनकी निगाह में हमेशा औपनिवेशिक राजनीतिक अर्थव्यवस्था की जगह राष्ट्रीय राजनीतिक अर्थव्यवस्था थी। वे 'विकास' और 'किसान' को विपरीत ध्रुवों पर रख कर नहीं देखते थे। आज यह जैसे एक हाथ से दो कबूतर पकड़ना हो! द्विवेदी जी ने अपने लेख 'किसानों का संगठन' में लिखा है, 'इस देश की जमीन प्रजा की है, न राजा-न-जमींदार की।' यह एक क्रांतिकारी विचार है।

महावीर प्रसाद द्विवेदी अवध क्षेत्र के थे। वे कृषकों की दुर्दशा और असंतोष से सीधे परिचित थे। उन्होंने 'सरस्वती' में एक किसान की हैसियत से लिखा, 'इस असंतोष के जनक हैं अवध के ताल्लुकेदार या जमींदार महाशय जो अपने काश्तकारों का उत्पीड़न करते हैं और जो उनकी जीविका के एकमात्र साधन जमीन से यथेष्ट लाभ नहीं उठाने देते।...ये ताल्लुकेदार भी ऐसे-वैसे नहीं, ये बड़े राजभक्त हैं। ...आधे अवध के मालिक ये ही हैं और एक करोड़ के लगभग सरकार को मालगुजारी देते हैं।...गदर में ताल्लुकेदार सरकार के राजभक्त बने रहे थे। उन्होंने उसकी मदद की थी।' द्विवेदी जी उपनिवेशक-जमींदार गठबंधन के संदर्भ में स्पष्ट कर देते हैं कि अंग्रेज इन जमींदारों को खुश और संतुष्ट रखना चाहते हैं। वे वजह बताते हैं, 'ताल्लुकेदार यदि संतुष्ट रहेंगे तो अपने लठियलों की मदद से रिआया को भी शांत रखेंगे। सरकार को चिंतित न होना पड़ेगा।' (वही)। उन्होंने अकाल, सूखा, बाढ़ आदि के समय कृषकों की असहायता और उनकी मनमानी बेदखली की समस्या उठाई है। साथ ही शिकायत की है कि कौंसिल में किसानों के चुने हुए प्रतिनिधि ही कृषकों के सवाल पर चुप रह जाते हैं। एक साहित्यकार होते हुए भी गहरी सामाजिक चिंता नवजागरण के दौर के लेखकों की एक बड़ी छवि निर्मित करती है।

नवजागरण काल की एक बड़ी खूबी सामाजिक संगठनों का बनना है। महावीर प्रसाद द्विवेदी कहते हैं, 'संगठन व्यवस्था की महिमा का विशेष ज्ञान यद्यपि हमें पश्चिमी देशों ही की बदौलत हुआ है...।' वे यह चर्चा अपने लेख 'किसानों का संगठन' में करते हैं तथा इसकी जरूरत बताते हैं। भारत के किसान वस्तुतः आज भी बिखरे हुए हैं। उपर्युक्त लेख में रूस के उन किसानों की शक्ति का उल्लेख किया गया है, जिन्होंने जारशाही मिटा दी। द्विवेदी जी उसके विपरीत भारतीय संदर्भ में अपनी चिंता व्यक्त करते हैं, 'संगठन की महिमा जानकर भी हम भारतवासी दुर्भाग्य तथा अन्य कई कारणों से भी फूट का शिकार हो रहे हैं। हिंदू मुसलमानों से फूटकर अलग रहना चाहते हैं, मुसलमान हिंदुओं से। ...यहां तो एक धर्मावलंबी भी आपस में लड़ते-झगड़ते और एक-दूसरे का सिर फोड़ते हैं। सिया-सुन्नी की नहीं पटती, ब्राह्मण-अब्राह्मण की नहीं पटती, शाक्त-शैव की नहीं पटती। इस पारस्परिक संघर्ष और

फूट से अपनी ही नहीं, सारे देश और सारे समाज की हानि हो रही है। उधर हमारी इस मूर्खता और दुर्बलता की बदौलत चैन की बंशी और ही लोग बजा रहे हैं। इसका कारण हमारी अविद्या, हमारा अज्ञान, हमारी अदूरदर्शिता और हमारा अविवेक है।' नवजागरण इन्हीं कमियों को दूर करने का आंदोलन था।

भारत के शिक्षित लोग आधुनिक जीवन-शैली, ज्ञान-विज्ञान और तकनीक में जितने भी आगे बढ़ जाएं और वे राजनीतिक नेतृत्व में भी हों, लेकिन आमतौर पर सामंती तत्व उनका पीछा नहीं छोड़ते। इसलिए कई बड़े जन-आंदोलन विफल हुए, भटक गए या बिखर गए। वे अंततः संकीर्णता, स्वेच्छाचारिता या स्वार्थपरता की भेंट चढ़ गए।

लिबरल और सुधारवादी बुद्धिजीवी किसानों के बारे में नहीं सोचते थे। इस मामले में महावीर प्रसाद द्विवेदी अग्रसोची थे। यह भी उल्लेखनीय है कि वे सिर्फ हिंदी क्षेत्र के किसानों के बारे में नहीं सोचते थे, 'बंबई और मद्रास प्रांत में हर साल हजारों काश्तकारों की जमीन नीलाम होती है। बताइए, इन लोगों के बाल-बच्चों की क्या दशा होती होगी?' द्विवेदी जी सिर्फ अवध क्षेत्र में बंधे नहीं थे और सिर्फ लोकल नहीं थे, नेशनल थे। यह महत्वपूर्ण है कि कृषक को कहां से देखा जाता है। एक तरह से, सबाल्टर्न सोच राष्ट्रीय जागरण की दृष्टि का विपर्यय है। द्विवेदी जी की सोच में नगरीय बुद्धिवाद से देशज बुद्धिवाद की भिन्नता स्पष्ट लक्षित की जा सकती है। उनके उदारवादी राष्ट्रीय चिंतन में किसानों के लिए एक बड़ी जगह है, जहां कई बिंदुओं पर अंग्रेजी राज की आलोचना मौजूद है।

अंध-राष्ट्रवाद की आलोचना

विश्वचेतना और राष्ट्रवाद को लेकर एक बहस खासकर प्रथम विश्वयुद्ध के दौर में शुरू हो गई थी। रवींद्रनाथ की एक पुस्तक 'नेशनलिज्म' 1917 में प्रकाशित हुई थी। इसमें अंध-राष्ट्रवाद के खतरे के बारे में आगाह किया गया था। महावीर प्रसाद द्विवेदी स्वदेश-प्रेम और राष्ट्रीयता का विरोध अंध-राष्ट्रवाद के संदर्भ में करते हैं, 'स्वदेश-प्रेम (पैट्रियाटिज्म) धूर्त्तों का सबसे भयंकर ढोंग है।

यह एक विद्वान का कथन है और कहा भी गया है बड़े सोच-विचार एवं अनुभव के पश्चात। सचमुच स्वदेश-प्रेम मनुष्य के लिए गौरव की वस्तु नहीं वरन लज्जा की बात है। जब तक संसार में इसका एक अणुमात्र भी शेष रहेगा, तब तक शायद संसार में शांति न हो सकेगी। संसार में आजकल जो हाहाकार सुनाई दे रहा है, उसका मूल कारण है यही स्वदेश-प्रेम। अतएव जब तक मनुष्य अपनी राष्ट्रीयता का संपूर्ण विस्मरण नहीं कर देता, तब तक न संसार के ही कल्याण की आशा है और न किसी देश-विशेष का ही सच्चा उत्थान हो सकता है। स्वदेश-प्रेम से मनुष्य के हृदय में एक मिथ्या अहंकार का उदय होता है।' (द्विरेफ के छद्म नाम से 'सरस्वती' में 1924 में प्रकाशित)। निश्चय ही इस कथन को ब्रिटिश-उपनिवेशवाद के खिलाफ चल रहे राष्ट्रीय आंदोलनों में सक्रिय देशप्रेम और राष्ट्रीय विचारधाराओं से जोड़कर देखना उचित नहीं है। यह उस अंध-राष्ट्रवाद पर टिप्पणी है जिसका जनक यूरोप था। यह एक खास अंतरराष्ट्रीय स्थिति पर टिप्पणी है। महावीर प्रसाद द्विवेदी देशप्रेम को बुरा मानते तो मैथिलीशरण की 'भारत भारती' (1912) की सराहना नहीं करते।

देशप्रेम के दो रूप हैं —(1) देश की परंपराओं और जनता से प्रेम और (2) देशप्रेम की शक्ल में अंध-राष्ट्रवादी अहंकार। एक मानवीय देशप्रेम है और दूसरा धर्मांधता, जातिवाद या अंध-राष्ट्रीयता से भरा अमानवीय देशप्रेम।

यूरोप विज्ञान और आधुनिक सभ्यता का विकास करके भी अंततः अंध-राष्ट्रवाद के दरवाजे पर आ खड़ा हुआ था। इसलिए महावीर प्रसाद द्विवेदी स्पष्ट कर देते हैं, 'यह विषाक्त स्वदेश-प्रेम योरप की उपज है।' (वही)। इसका संबंध उपनिवेशवाद से स्थापित करते हुए वे कहते हैं, 'पाश्चात्य देशों के अधिकांश लोगों में यह भाव समाया हुआ है कि श्वेतांगों का काले रंगवालों पर राज करने का सहज और स्वाभाविक स्वत्व प्राप्त है। एशियाइयों और अफ्रीकावासियों पर इनके द्वारा कैसे ही भयंकर अत्याचार होते रहें, किंतु योरप-अमेरिका में किसी के कान पर जूं नहीं रेंगती। ...यदि एशिया या अफ्रीका में कोई खान निकल आती है, तो तुरंत पाश्चात्य राष्ट्रों

के मुंह में पानी आने लगता है। ...कवि सम्राट रवींद्रनाथ ठाकुर ने इस बात को अपनी अनोखी सूझ से एक ही शब्द में समझा दिया है। उन्होंने लीग ऑफ नेशंस को मस्त हाथियों के समाज से उपमा दी है।' (वही)। महावीर प्रसाद द्विवेदी अंध-राष्ट्रवाद के नतीजों के रूप में युद्ध और राष्ट्रीय टकराहटों की ही बात नहीं उठाते, यह भी कहते हैं, 'राष्ट्रीयता के कारण स्वयं वैज्ञानिक सभ्यता की प्रगति बंद हो रही है।' (वही)। अंध-राष्ट्रवाद कूपमंडूकता को बढ़ावा देता है, जिसके कारण विज्ञान सामाजिक शक्ति नहीं बन पाता।

अंतरराष्ट्रीयतावादी विश्व-चेतना का पक्ष ग्रहण करते हुए महावीर प्रसाद द्विवेदी कहते हैं, 'उसका कोई अवयव सर्वथा पृथक नहीं हो सकता। यदि वह अकेला छोड़ दिया जाएगा तो कुछ दिनों में सड़ जाएगा तथा दूसरे अंगों में भी दुर्गंध फैलने का कारण होगा। ...यदि किसी देश का दिवाला निकल जाता है तो दूसरे देशों का बाजार भी मंदा पड़ जाता है। ...हमें देश और देशों के बीच में अनावश्यक बाधा डालनेवाली सभी प्रथाएं दूर कर देना चाहिए। यदि किसी देश में एशियाइयों और अफ्रीकावासियों के विरुद्ध प्रवेश-निषेध के जो कानून बनाए गए हैं, वे तो वर्तमान सभ्यता पर सबसे बड़ा कलंक हैं। यदि संसार को अपनी सभ्यता और संस्कृति की रक्षा करनी है तो वह इन प्रश्नों को बहुत दिनों तक नहीं टाल सकता।' (वही)। हाल में पश्चिमी देशों में जो नए आप्रवास-कानून बने हैं, उनके संदर्भ में उपर्युक्त टिप्पणी के महत्व को समझा जा सकता है।

महावीर प्रसाद द्विवेदी निष्कर्ष देते हैं, 'राष्ट्र के परे भी कोई वस्तु है। राष्ट्रों का अस्तित्व उसी वस्तु के लिए है और वह वस्तु है मानव-जातीयता। संसार के पुनर्निर्माण की नवीन समस्याओं पर हमें अंतरराष्ट्रीयतावाद की दृष्टि से ही विचार करना होगा। ...तभी हम सार्वजनिक भ्रातृभाव स्थापित कर सकेंगे और 'वसुधैव कुटुंबकम्' का आदर्श कार्य में परिणत हो सकेगा।' द्विवेदी जी इस विचार भूमि पर वस्तुतः छायावाद के विश्वमानवता के द्वार पर आ खड़े होते हैं। इसका राष्ट्रीय जागरण से अंतर्विरोध न था।

स्त्री प्रश्न पर महावीर प्रसाद द्विवेदी

भारतीय इतिहास में दबा दी गई दो मुख्य आवाजें हैं —दलित और स्त्री। महावीर प्रसाद द्विवेदी ने 1914 की 'सरस्वती' में हीरा डोम की कविता 'अछूत की कैफियत' छापी। इसमें दलित की व्यथा और चेतना है। महाराष्ट्र दलित चेतना की दृष्टि से आगे बढ़ा हुआ था। बंगाल में स्त्री मुक्ति का आंदोलन विशेष रूप से जोर पर था। दोनों का असर हिंदी क्षेत्र पर पड़ा था, पर ज्यादा मुखरता नहीं थी। क्योंकि यह क्षेत्र सबसे ज्यादा पिछड़ा बनाकर रखा गया था और भारी औपनिवेशिक दमन का शिकार था।

हिंदी समाज में स्त्री-स्वाधीनता की कल्पना कठिन है। वह इतनी पारिवारिक जिम्मेदारियों से लाद दी जाती है और जाति-बिरादरी के कठोर दायरे से बँधी होती है कि धीरे-धीरे उसकी स्वाधीनता की आकांक्षा ही मर जाती है। काफी समझदार और उदार माने जाने वाले लोग भी सामान्यतः स्त्री-स्वाधीनता के प्रश्न को औपचारिक शिक्षा से आगे बढ़ने नहीं देते। महावीर प्रसाद द्विवेदी ने 1903 की 'सरस्वती' में दो गुजराती स्त्रियों के बी.ए. पास करने पर प्रसन्न होकर लिखा, 'बंग और महाराष्ट्र देश में स्त्री शिक्षा का प्रसार और प्रांतों की अपेक्षा बहुत अधिक है। बंग देश में स्त्रियां कविता करती हैं, उपन्यास लिखती हैं, कॉलेजों में शिक्षा देती हैं और समाचार-पत्रों में अच्छे लेख प्रकाशित करती हैं।' द्विवेदी जी का हिंदी स्त्रियों के लिए तर्क है, 'स्त्रियों के लिए गाना-बजाना जानना निंदनीय नहीं है, किंतु गृहस्थाश्रमी मनुष्य के लिए एक विशेष प्रकार के सुख की सामग्री है।' (1903)। यह नहीं हो सकता था कि वे घर से बाहर किसी संगीत समारोह में गाएं। एक खास दौर में हिंदी नाटक और सिनेमावालों को अभिनेत्रियां नहीं मिल पाती थीं, पुरुष ही स्त्री का अभिनय करते थे। बात यह थी कि स्त्रियों के लिए शिक्षा पर जोर था, लेकिन उस शिक्षा के जीवन में उपयोग पर प्रतिबंध था। समाज में कामकाजी महिलाओं की तादाद बढ़ने के बावजूद अधिकांश घरों की यही विडंबना है।

महावीर प्रसाद द्विवेदी स्त्री-शिक्षा के विरोधी कूपमंडूकों से लड़ने में फँसे रह जाते हैं, 'अनर्थ, दुराचार और पापाचार के कारण और होते हैं। ...अतएव स्त्रियों को अवश्य पढ़ाना चाहिए। जो लोग यह कहते हैं कि पुराने जमाने में यहां स्त्रियां न पढ़ती थीं अथवा उन्हें पढ़ने की मुमानियत थी, वे या तो इतिहास से अभिज्ञता (परिचय) नहीं रखते या जानबूझकर लोगों को धोखा देते हैं।' (सरस्वती, 1914)।

मैथिलीशरण गुप्त को 'भारत-भारती' में दुख था, 'होती रही गार्गी और मैत्रेयी जहां/हैं अविद्या-मूर्ति-सी कुल नारियां होती वहां।' महावीर प्रसाद द्विवेदी के ही स्वर में उन्होंने कहा, 'क्या कर नहीं सकतीं भला यदि शिक्षिता हों नारियां?' उनका वैष्णव मन यह कहने से भी नहीं हिचकता, 'हमने स्वयं पशु-वृत्ति का साधन बना डाला उन्हें/संतान जनने मात्र को वसनान्न दे पाला उन्हें।' हम देख सकते हैं कि 'भारत जननी' और 'भारत दुर्दशा' से लेकर 'भारत भारती' तक राष्ट्रीय जागरण में जो उभार आता गया, उसमें अंततः स्त्री-प्रश्न अधिक व्यापक रूप से सामने आ गया। यह भी लक्षित कर सकते हैं कि पुनरुत्थानवादी टोन के बावजूद मैथिलीशरण का हिंदू मन राष्ट्रीय संस्कृति की ओर बढ़ रहा था —उसमें कृषक और दलित के साथ-साथ स्त्री के बारे में गैर-परंपरावादी सोच आकार ले रही थी। नतीजतन आगे चलकर उर्मिला और यशोधरा जैसे गूंगे स्त्री-चरित्रों को मुखर होने का मौका मिला।

द्विवेदी जी ने लिखा, 'स्त्रियों को अवश्य पढ़ाना चाहिए।' उन्होंने सवाल उठाया, 'चलिए स्त्रियों को अनपढ़ रखने की पुरानी रीति को तोड़ दें। स्त्रियों का किया हुआ अनर्थ यदि उन्हें पढ़ाने-लिखाने का परिणाम है तो पुरुषों का अनर्थ किसका प्रमाण है?'

इसमें संदेह नहीं कि महावीर प्रसाद द्विवेदी के स्त्री के प्रति उदार दृष्टि कोण की कुछ सीमाएं हैं। एक भाषण में उन्होंने पूछा, 'स्त्री पति से कहने लगे–सुनिए जनाब, मेरे और आपके अधिकार बराबर हैं। मैं भी स्वाधीन, आप भी स्वाधीन। एक दिन मैं चूल्हा-चौका करूं, एक दिन आप मेरी सेवा करें। अथवा यदि वह यह कह बैठे कि मुझे संतान उत्पन्न करने से इंकार है,

तो बताइए ऐसी स्वाधीनता का क्या नतीजा होगा?' (सरस्वती, 1913)। द्विवेदी जी स्त्रीवादियों की तरह नहीं सोच सकते थे।

गांधी ने स्वाधीनता संग्राम से स्त्रियों को जोड़ा। इससे उन्हें राजनीतिक हिस्सेदारी की स्वाधीनता मिली। सोचने की बात है कि पश्चिमी समाज में भी स्त्री बहुत स्वतंत्र न थी। बीसवीं सदी में जाकर उसे मताधिकार मिल पाया था। वहां स्त्री को धीरे-धीरे पुरुष की बराबरी हासिल हो गई। लेकिन हिंदी क्षेत्र में स्त्री-पुरुष की बराबरी, उसका वास्तविक सबलीकरण अब भी एक स्वप्न है।

हिंदी क्षेत्र के नवजागरण पर संरक्षणवाद का जबर्दस्त दबाव था। हमें इस दबाव को दृष्टि में रखकर ही सुधारवादियों के काम को समझना होगा। उस जमाने में किसी सवर्ण का दलित के बगल में बैठ जाना एक सांस्कृतिक विस्फोट होता था। कहा गया है कि 'सरस्वती' का जवाब देने के लिए 'इंदु' (1907-16) का प्रकाशन शुरू हुआ। इसके एक अंक में किन्हीं सावल जी नागर का एक लेख छपा है जिसमें वे कहते हैं, 'आधुनिक शिक्षा क्रम में दूसरा दोष यह है कि हर एक जाति, हर एक समुदाय की कन्याओं को एक ही तरह की शिक्षा दी जाती है। निर्धन व धनी, ब्राह्मण या वैश्य, सुनार या हलवाई, लोहार या कुम्हार, क्षत्रिय या चमार –इन सब कन्याओं को एक स्थान पर समान शिक्षा दी जाती है।' (कला-5, किरण-3)। पहला दोष था 'अंग्रेजी लौंडियों की ट्रू कॉपी' बनना। देखा जा सकता है, हिंदी समाज रूढ़िवाद से किस हद तक आक्रांत था।

काव्य की अवधारणा : नवजागरण और छायावाद के बीच पुल

महावीर प्रसाद द्विवेदी ने 'कवि कर्तव्य' (1901) निबंध में बताया है कि कवियों को किस तरह लिखना चाहिए। वे नवीनता के पक्षधर थे, 'प्रचलित परिपाटी का क्रम भंग होता देख प्राचीनता के पक्षपाती बिगड़ खड़े होते हैं...। परंतु यदि इस प्रकार की टीकाओं से लोग डरते, तो संसार से नवीनता का लोप हो जाता।' वे कविता लेखन के संबंध में कहते हैं, 'कवि को ऐसी भाषा लिखनी चाहिए जिसे सब कोई सहज में समझ लें और अर्थ को हृदयंगम कर सकें।' मैथिलीशरण गुप्त ने ऐसी ही कविताएं लिखी थीं।

हालांकि उस आंदोलित समय में भी अलंकारपूर्ण भाषा में रीतिवाद और श्रृंगारिकता की प्रेरणा से कविताएं लिखी जा रही थीं।

वे यह भी कहते हैं, 'कविता लिखते समय कवि के सामने एक ऊंचा उद्देश्य होना चाहिए। केवल कविता ही के लिए कविता करना एक तमाशा है।' उनका मनोरंजन से आशय 'आनंददायक' और उपदेशात्मक से आशय 'सुधारवाद' है। द्विवेदी जी ने रीतिवाद और श्रृंगारिकता के विरुद्ध भारतेंदु युगीन संघर्ष को विस्तार दिया, 'कविता का विषय मनोरंजक और उपदेशजनक होना चाहिए। यमुना किनारे केलि-कौतूहल का अद्‌भुत वर्णन बहुत हो चुका।' (कवि कर्तव्य, 1901)। वे कहते थे कविता में एक प्रकार की भावुकता, एक प्रकार की सात्विकता और एक प्रकार का भोलापन चाहिए। उन्होंने छायावाद की आलोचना करते हुए भी सुकवि किंकर के नाम से लिखा था, 'कवि का सबसे बड़ा गुण नई-नई बातों का सूझना है। इसके लिए इमेजिनेशन की बड़ी जरूरत है।' उन्होंने भले लिखा हो, 'छायावाद से क्या मतलब है समझ में नहीं आता', पर उपर्युक्त कथनों से स्पष्ट है कि वे कविता में भावुकता, कल्पना और नई सूझ का महत्व समझते थे। यही तो स्वच्छदतावाद है। उनके सामने 'छायावाद' शब्द अस्पष्ट रहा होगा, रवींद्रनाथ अस्पष्ट नहीं थे। वे मानते हैं, 'कवि में तीव्र कल्पना शक्ति होती है', किंतु चाहते हैं कि सिर्फ संप्रेषण को सहज बनाने के उद्देश्य से उसका उपयोग हो। उनकी नजर में कविता का मुख्य काम शिक्षा देना है।

द्विवेदी जी ने कालिदास के काव्य सौंदर्य को महत्व दिया, हालांकि उसे नैतिकता और नीतिशास्त्र के भीतर रखकर देखा। इसकी वजह यह है कि वे क्लासिकल आदर्शों और नियमों से संचालित जीवन विधि के समर्थक थे। वे प्राचीन संस्कृत साहित्य की मुख्य खूबियों —सादगी, कलात्मक संतुलन, रचना की स्पष्टता, उच्च आदर्शों द्वारा नियंत्रित मानव भावना और चेतना की पूर्णता के समर्थक थे। वे कविता के लिए 'भावुकता' और 'भोलेपन' के अलावा 'सात्विकता' को जरूरी मानते थे। नवजागरण काल में हर देश में प्राचीन क्लासिकल आदर्शों को महत्व मिला था।

यह सही है कि महावीर प्रसाद द्विवेदी ने छायावादी कविताएं पसंद नहीं कीं। उन्होंने 'सरस्वती' में निराला की कविता 'जुही की कली' (1916) छापने से मना कर दिया। इस पर निराला ने आक्रोश व्यक्त किया था। इसे नवजागरणकालीन द्विवेदीयुगीन चेतना और छायावाद की टकराहट के रूप में देखा गया है। ध्यान में रखने की जरूरत है कि द्विवेदी जी की काव्य-संबंधी धारणाएं मुख्यतः क्लासिकल संस्कृत काव्य और काव्यशास्त्र पर आधारित थीं, हालांकि उन्हें उर्दू कविता की साफगोई पसंद थी। उन्हें उर्दू कवि हाली का 'मुसद्दस' पसंद था। इसी तरह उन्होंने मैथिलीशरण गुप्त की 'भारत भारती' की तारीफ की थी। यह काव्य ग्रंथ भारत के गौरवशाली अतीत, शोकपूर्ण वर्तमान और आशाजनक भविष्य- कल्पना पर आधारित है। 1914 में द्विवेजी जी ने इस पर लिखा, 'यह सोते हुओं को जगाने वाला है, ...निरुद्यमियों को उद्योगशील बनाने वाला है, आत्मविस्मृतों को पूर्व-स्मृति दिलाने वाला है...। यह स्वदेश पर प्रेम उत्पन्न कर सकता है। ...इसमें वह संजीवनी शक्ति है जिसकी प्राप्ति हिंदी के और किसी काव्य से नहीं हो सकती।' इससे उस युग की चेतना का बोध होता है।

1920 के आसपास छायावाद का विरोध शिखर पर था। श्याम सुंदर दास ने लिखा है, 'छायावाद की ओर नवयुवकों का झुकाव है और वे जहां कुछ गुनगुनाने लगे कि चट दो-चार पद जोड़कर कवि बनने का साहस कर बैठते हैं। उनकी कविताओं का अर्थ समझना कुछ सहज नहीं है।' महावीर प्रसाद द्विवेदी छद्मनाम 'श्रीयुत सुकवि किंकर' से श्याम सुंदर दास का समर्थन करते हैं। वे 'आजकल के हिंदी कवि और कविता' में अपनी चिढ़ इन शब्दों में व्यक्त करते हैं, 'गूढ़ार्थ विहारी या छायावादी कवियों की कहीं यह धारणा तो नहीं कि हमारी कविता में कविलभ्य गुण तो हैं ही नहीं, लाओ ऊपरी आडंबरों ही से पाठकों को अपनी ओर आकृष्ट करें।' हालांकि इस लेख में उन्होंने रवींद्रनाथ को 'मिस्टिक कवि' के रूप में गौरव देते हुए अपना क्षोभ भी व्यक्त किया, 'छायावाद से लोगों का क्या मतलब है, कुछ समझ में नहीं आता।' ऐसे ही विचारों के कारण द्विवेदी युग और छायावाद एक-दूसरे के विरोधी जान पड़े। छायावाद को द्विवेदी युग से विद्रोह के रूप में देखा गया, जबकि नवजागरण और छायावाद के बीच संबंध के कई उदाहरण हैं।

‘क्लासिसिज्म और ‘रोमांटिसिज्म’ को एक-दूसरे के विरोधी के रूप में देखा जाता है, लेकिन भारतीय संदर्भ में नवजागरण और छायावाद को हमेशा विरोधी ध्रुव पर देखना सही दृष्टिकोण नहीं है। इसके अलावा, नवजागरण की तरह ही रोमांटिसिज्म का प्राचीन क्लासिकल साहित्य से एक दूरी के बावजूद कुछ बिंदुओं पर संबंध था।

नवजागरण काल को स्वातंत्र्यबोध के साथ-साथ कलाओं और सौंदर्यबोध के उत्थान की दृष्टि से महत्वपूर्ण माना जाता है। हिंदी क्षेत्र में कविता और कलाओं का अंतस्संबंध नहीं बन सका और विकसित नहीं हो पाया। हम केरल के राजा रविवर्मा (1848-1906) की संस्कृत महाकाव्यों पर आधारित चित्रकला में ऐसे उत्कर्ष देखते हैं। उनकी बनाई देवमूर्तियों के बिंब अब तक लोगों के मन में बसे हुए हैं। उनके चित्रों में स्वच्छंदतावादी सौंदर्यबोध के तत्व हैं।

हिंदी में महादेवी वर्मा की ‘यामा’ और आगे चलकर अज्ञेय के कविता संग्रह ‘सुनहले शैवाल’ में कविताएं और चित्रकला एक साथ हैं। लेकिन भारत के बड़े चित्रकारों ने आमतौर पर स्वतंत्र ढंग से चित्र बनाए, अपनी कला को कविता से जोड़ने का प्रयास नहीं किया, जैसा रवि वर्मा ने किया था। इस अंतस्संबंध को विकसित करने की जरूरत महावीर प्रसाद द्विवेदी बताते हैं, ‘चित्रकला और कविता का घनिष्ठ संबंध है। ...पाश्चात्य देशों ने अपने-अपने देश के विख्यात कवियों के काव्यों के सचित्र संस्करण निकाले हैं।’ वे निश्चय ही यह कथन कालिदास के काव्य के संदर्भ में उपस्थित करते हैं, लेकिन कविता और कलाओं के अंतस्संबंध की जरूरत वर्तमान युग की कविताओं के संदर्भ में भी है, खासकर जब मल्टीमीडिया का जमाना है।

20वीं सदी के पहले दशक से कविता पर गंभीर चर्चा शुरू हो गई थी। महावीर प्रसाद द्विवेदी की कविता पर लिखी टिप्पणियां ‘रसज्ञ रंजन’ में संकलित हैं। वे कविता पर कुछ ऐसी बातें कहते हैं जिनमें नवजागरण के दिनों में लिखी जा रही कविता की प्रवृत्तियों का संकेत मिलता है, ‘संसार में जो बात जैसी दिख पड़े कवि को वैसा ही वर्णन करना चाहिए। उसके लिए किसी तरह की रोक या पाबंदी का होना अच्छा नहीं। ...जो भाव आप ही आप पैदा होते हैं उन्हें जब वह निडर होकर अपनी कविता में प्रकट करता है

तभी उसका असर लोगों पर पूरा-पूरा पड़ता है। बनावट से कविता बिगड़ जाती है। ...खुशामद के जमाने में कविता की बुरी हालत होती है। ...कविता और पद्य में वही भेद है जो अंग्रेजी की 'पोयट्री' और 'वर्स' में है। ...गद्य और पद्य दोनों में कविता हो सकती है। ...कवि का सबसे बड़ा गुण नई-नई बातों का सूझना है। उसके लिए कल्पना की बड़ी जरूरत है। जिसमें जितनी ही अधिक यह शक्ति होगी वह उतनी ही अधिक अच्छी कविता लिख सकेगा। ...जिस कवि में प्राकृतिक दृश्य और प्रकृति के कौशल देखने और समझने का जितना ही अधिक ज्ञान होता है, वह उतना ही बड़ा कवि भी होता है।... मनुष्य अपने जीवन में अनेक प्रकार के सुख, दुख आदि का अनुभव करता है। ...जो सुकवि हैं उन्हें एक-एक शब्द की योग्यता ज्ञात रहती है। ...अच्छी कविता की सबसे बड़ी परीक्षा यह है कि उसे सुनते ही लोग बोल उठें कि सच कहा।' यह सही है कि द्विवेदी जी कविता के लिए लाक्षणिक भाषा को उपयुक्त नहीं मानते और सादगीपूर्ण संप्रेषण पर बल देते हैं। इसके बावजूद, जब वे निर्भयता, कल्पनाशीलता, प्रकृति प्रेम की जरूरत बताते हैं तथा शब्द-प्रयोग में सतर्कता, यथार्थपरकता आदि काव्यात्मक गुणों की चर्चा करते हैं, तो वस्तुतः वे हिंदी में नए ढंग की कविता विशेषकर रोमांटिसिज्म की राह बनाते भी दिखते हैं।

द्विवेदी जी 1920 में एक निबंध लिखते हैं, 'कविता का भविष्य'। उस समय 'छायावाद' शब्द लोकप्रिय हो रहा था। द्विवेदी जी छायावाद का समर्थन नहीं करते। लेकिन उपर्युक्त निबंध में कविता के जिन भावी गुणों का उल्लेख करते हैं, वे इस प्रकार है—'कहते हैं कि कल्पना ही कवि का कार्य क्षेत्र है सत्य नहीं, सौंदर्य है ज्ञान नहीं, हृदय है मस्तिष्क नहीं, भाव है विवेक नहीं। भावों की यह प्रधानता सिर्फ काव्य में ही नहीं मानी जाती, किंतु सभी ललित कलाओं में भावों का प्राधान्य माना जाता है। भावों के आविष्करण को कला कहते हैं।' कविता में वे कल्पना, सौंदर्य, हृदय और भावों को महत्व देते हैं, पर बुद्धि, ज्ञान और विवेक को भी जरूरी बताते हैं। वे हृदय और बुद्धि में सामंजस्य की बात कहते हैं। क्या यह रोमांटिसिज्म का विरोध है?

वह तर्क और विश्वास, 'मस्तिष्क' और 'हृदय' के बीच सामंजस्य का युग था। रोमांटिसिज्म से प्रभावित काव्य में अनुभूति की प्रधानता थी, लेकिन उसका बुद्धि से वैर न था। द्विवेदी जी इस पर जोर देते हैं, 'हृदय के साथ मस्तिष्क की पुष्टि होने पर भावों की उत्तम अभिव्यक्ति होती है।' छायावाद की उपनिषद् मानी जानेवाली 'कामायनी' में श्रद्धा और इड़ा, हृदय और मस्तिष्क, मानवता और वैज्ञानिक-औद्योगिक प्रगति में सामंजस्य है। महावीर प्रसाद द्विवेदी अंततः छायावाद का विरोधी होने की जगह नवजागरण और छायावाद के बीच पुल बनाते नजर आते हैं, 'भविष्य में कवि का लक्ष्य इधर ही होगा। ...अब वह क्षुद्रों की भी महत्ता देखेगा। (लघुता की ओर दृष्टिपात-प्रसाद) और तभी जगत का रहस्य सभी को विदित होगा। जगत का रहस्य क्या है, इस पर एक ने कहा है कि असाधारणता में वह रहस्य नहीं है। जो साधारण है वही रहस्यमय है, वही अनंत सौंदर्य से युक्त है। इसी सौंदर्य को स्पष्ट कर देना भविष्य के कवियों का काम होगा' (वही)। द्विवेदी जी यहां अपने क्लासिकल फ्रेम को तोड़कर बाहर आते हैं।

नवजागरण काल में सभ्यतागत विकास और 'ज्ञान की आंधी' एक सार्वभौम घटना है। इस युग में ज्ञान, शिक्षा और आनंद के नए-नए साधन आ रहे थे। नवजागरण से पहले ज्ञान, शिक्षा और आनंद के लिए काव्य का बड़ा महत्व था। उसका जीवन पर व्यापक असर होता था, उसकी एक बड़ी भूमिका थी, जो अब सीमित होती जा रही थी। इसका अहसास महावीर प्रसाद द्विवेदी और रामचंद्र शुक्ल दोनों ने किया था। यह दृष्टिकोण छा रहा था कि विज्ञान अब धर्म और कविता को मिटा देगा, हालांकि ऐसा कुछ हुआ नहीं। महावीर प्रसाद द्विवेदी उस प्रचार से प्रभावित थे। उन्होंने 1907 में लिखा, 'जब तक ज्ञान वृद्धि नहीं होती—जब तक सभ्यता का जमाना नहीं आता—तभी तक कविता की उन्नति होती है।' (वही)। हालांकि आगे चलकर द्विवेदी जी यह भी कहते हैं, 'विज्ञान के विकास से कला का ह्रास नहीं, प्रत्युत वृद्धि होती है।' इसी विचार को रामचंद्र शुक्ल आगे चलकर अधिक स्पष्ट करते हैं, 'ज्यों-ज्यों सभ्यता बढ़ती जाएगी, त्यों-त्यों एक ओर तो काव्य की आवश्यकता बढ़ती जाएगी, दूसरी ओर कवि कर्म कठिन होता जाएगा।'

(सभ्यता का आचरण और कविता)। नवजागरण एक नई सभ्यता ले आया था। यह भौतिकवादी सभ्यता किसी बिंदु पर मनुष्य को 'मशीन' और 'वस्तु' में बदलने लगी थी। इसलिए अधिक सकारात्मक होते हुए, अगले दशक में रामचंद्र शुक्ल ने स्पष्ट किया कि कविता की आवश्यकता बढ़ती जाएगी और कवि कर्म कठिन होता जाएगा।

हिंदी नवजागरण इसलिए भी विशिष्ट है कि इस काल में जो उपेक्षित, वंचित और दबाए गए तबके थे, उनकी तरफ साहित्यकारों का ध्यान आकर्षित हुआ। रवींद्रनाथ ने रामायण में उपेक्षित की गई उर्मिला पर एक लेख लिखा था। महावीर प्रसाद द्विवेदी ने उस लेख से प्रभावित होकर 'कवियों में उर्मिला विषयक उदासीनता' लेख लिखा, 'तुलसीदास जी ने उर्मिला पर अन्याय किया है। आपने इस विषय में आदि कवि का ही अनुसरण किया है।' द्विवेदी जी की यह शिकायत दूर की मैथिलीशरण गुप्त ने मुख्यतः उर्मिला पर केंद्रित 'साकेत' महाकाव्य की रचना करके। इसमें उन्होंने कैकेयी के चरित्र को भी चमकाने का प्रयास किया।

उपन्यास : मर्यादावाद से प्रस्थान

उपन्यास विधा के बारे में महावीर प्रसाद द्विवेदी की धारणा में परिवर्तन आ गया। उनका क्लासिक मन अंततः नवीनता के लिए जगह बना लेता है। इससे उस संक्रमण काल का अंतर्द्वंद्व उजागर होता है। द्विवेदी जी पहले मानते थे कि उपन्यास समाज में बुराइयों और अनैतिकता का प्रचार करते हैं। उन्होंने 'उपन्यास-रहस्य' (1922) शीर्षक अपने निबंध में लिखा था, 'जिसे इस बात की रत्ती भर भी परवाह नहीं कि उसकी पुस्तक के पाठ से पाठक का चरित्र बिगड़ेगा या बनेगा, वह भी उपन्यास लिख-लिखकर नाम नहीं तो दाम उपार्जन करने की फिक्र में है।' उस समय प्रेमचंद का हिंदी के क्षितिज पर उदय हो चुका था। उनके उपन्यास 'सेवासदन' (1918) और 'प्रेमाश्रम' (1922) आ गए थे। देखिए, द्विवेदी जी इन उपन्यासों को कैसे याद करते हैं, 'हिंदी के सौभाग्य से इन प्रांतों में एक ऐसे भी उपन्यास-लेखक प्रकाश में आ रहे हैं जिनके उपन्यास, सुनते हैं, उन्हीं की उपज हैं। सुनते हैं इसलिए क्योंकि

हमको उनकी उपज का स्वतः कुछ भी ज्ञान नहीं। उनके जिन दो उपन्यासों की आलोचनाओं और विज्ञापनों की धूम कुछ समय से है, वे हमारे देखने में नहीं आए। उनका एक उपन्यास प्रकाशित हुए कुछ समय हुआ। दूसरा अभी हाल में निकला है। उसका नाम 'सेवाश्रम' या कुछ इसी तरह का है।' द्विवेदी जी ने 'सेवासदन' और 'प्रेमाश्रम' को अपनी अनभिज्ञता में जोड़कर 'सेवाश्रम' बना दिया! वे स्पष्ट रूप से कह देते हैं, 'हम इस विषय के ज्ञाता नहीं।'

इसके बावजूद, महावीर प्रसाद द्विवेदी ने उपन्यास की जो अवधारणा दी वह महत्वपूर्ण है, 'उपन्यास जातीय जीवन का मुकुर होना चाहिए। उसकी सहायता से सामान्य नीति, राजनीति, सामाजिक समस्याएं, शिक्षा, कृषि, वाणिज्य, धर्म्म-कर्म्म, विज्ञान आदि सभी विषयों के दृश्य दिखाए जा सकते हैं। उपन्यासों के द्वारा जितनी सरलता से शिक्षा दी जा सकती है, उतनी सरलता से और किसी तरह नहीं दी जा सकती। काव्यों और नाटकों की भी पहुंच जहां नहीं, वहां भी उपन्यास बेधड़क पहुंच सकते हैं। ...लोगों को कहानी पढ़ने का जितना चाव होता है, उतना और किसी विषय की पुस्तकें पढ़ने का नहीं होता।' (वही)। द्विवेदी जी गद्य के महत्व से परिचित थे। उन्हें कथा की शक्ति का भी अहसास हो गया था। वे इसी तरह अपनी कई पुरानी मर्यादावादी धारणाओं से बाहर निकले हैं, क्योंकि उन्होंने नए युग की चीजों के लिए अपना द्वार अंततः खोल दिया था।

द्विवेदी जी ने अनुवाद के महत्व को पहचानते हुए जॉन स्टुअर्ट मिल, हर्बर्ट स्पेंसर आदि कई लेखकों की कृतियों का अनुवाद हिंदी में किया था।

हिंदी के पहले समाचार-पत्र 'उदंत मार्त्तंड', भारतेंदु के नाटक 'भारत दुर्दशा' आदि से लेकर महावीर प्रसाद द्विवेदी की 'सरस्वती' और मैथिलीशरण गुप्त की 'भारती भारती', प्रेमचंद के 'सेवासदन', 'कर्मभूमि', 'रंगभूमि' आदि तक का काल हिंदी नवजागरण का समय है। यह संक्रमण का समय है, जब मूल्यों और रीतियों में उथल-पुथल मची हुई थी। अतीत के दबाव आ-जा रहे थे। दुनिया की हर भाषा के साहित्य में नवजागरण और इसके फलस्वरूप आई सामाजिक गतिशीलता का एक बड़ा साहित्यिक नतीजा रोमांटिसिज्म का आलोक है। नवजागरणकालीन सामाजिक गतिशीलता ने ही मनुष्य में

'मैं' और 'वैयक्तिकता' की प्रतिष्ठा की। स्त्री के आत्मसम्मान के मुद्दे पर नवजागरण और छायावाद में संबंध है। नवजागरण ने विज्ञान के पक्ष में प्रकृति से द्वंद्व की बात की थी, छायावाद ने प्रकृति से मुख्यतः रागात्मक संबंध स्थापित किया। छायावाद में श्रद्धा (भावना-मूल्य) की महत्ता है, लेकिन इड़ा (बुद्धि/वैज्ञानिक-औद्योगिक प्रगति) की भी स्वीकृति है। नवजागरण में राष्ट्रीय जागरण की प्रधानता है, छायावाद में विश्व से मानवता की प्रतिष्ठा के बावजूद औपनिवेशिक स्थितियों में राष्ट्रीय जागरण की चिंता बनी हुई है। छायावाद महावीर प्रसाद द्विवेदी के सामने की घटना है, जिससे वे अपने को पूरी तरह जोड़ नहीं सके।

हिंदी में छायावाद को द्विवेदीयुगीन इतिवृत्तात्मकता या स्थूलता के विरुद्ध प्रतिक्रिया माना जाता रहा है या द्विवेदी युग को छायावाद के संदर्भ में खलनायक समझा जाता है। ये धारणाएं पूरी तरह गलत हैं। छायावाद नवजागरण का ही नतीजा है, उसका अगला चरण है। दोनों के बीच फर्क है तो अंतस्संबंध भी है।

तो मैं 'सरस्वती' का संपादक हूँ!

क्या आज कोई साहित्यकार इतने स्वाभिमान से कह सकता है, 'आप बी.ए. पास हैं, जज हैं, उच्च अधिकारी हैं तो मैं सरस्वती का संपादक हूँ!' महावीर प्रसाद द्विवेदी में एक समावेशी राष्ट्रीय विजन, मानवीय मूल्य-चेतना और आलोचना के साहस के साथ साहित्यिक स्वाभिमान भी था। वे न लोभी थे और न अवसरवादी। उन्होंने अपने 70 वें जन्मदिन पर नागरी प्रचारिणी सभा के अपने अभिनंदन समारोह में मिली समूची राशि वहां के सफाई कर्मचारी और चपरासी को दे दी। वे ज्ञान-विज्ञान की पुस्तकें लिखना चाहते थे, पर 'संपत्तिशास्त्र' छोड़कर किसी विषय पर पुस्तक न लिख सके। उन्होंने फुट कर लेख ज्यादा लिखे। उनका ज्यादा समय हिंदी में ज्ञानराशि बढ़ाने में बीता। ज्ञान दंभ और दूरियां भी पैदा करता है और इन दोनों से मुक्त कर एक उदार संवेदनशील मन भी बनाता है। नवजागरण का लक्ष्य ज्ञान की शक्ति का लोकमंगल के लिए उपयोग था।

नवजागरणकालीन उदारवादी बुद्धिजीवी एक नए भारत का स्वप्न देख रहे थे। वे नया भारत बनाने में योगदान दे रहे थे। बुद्धिवाद और राष्ट्रीय जागरण, 'रैशनल' और 'नेशनल' के बीच जिस युग में व्यापक संबंध स्थापित हो रहा था, उस युग के एक बड़े सांस्कृतिक नायक थे 'सरस्वती' के संपादक महावीर प्रसाद द्विवेदी। उनका युग नवजागरण की नई करवट का साक्षी है।

द्विवेदी युग : बुद्धिवाद की राष्ट्रीय दिशाएं

द्विवेदी युग का संबंध आमतौर पर 'सरस्वती' पत्रिका में महावीर प्रसाद द्विवेदी के संपादन काल (1903-20) से माना जाता है। हिंदी को व्यवस्थित करने, ज्ञान की संस्कृति के प्रसार और लेखकों के एक बड़े संसार के निर्माण में उनकी अद्वितीय भूमिका थी।

इस कालखंड के अयोध्या सिंह उपाध्याय 'हरिऔध' (1865-1947), बालमुकुंद गुप्त (1865-1907), रामावतार शर्मा (1877-1929) का भी हिंदी नवजागरण में विविध तरह से महत्वपूर्ण योगदान है। हरिऔध उत्तर प्रदेश के थे, उनकी प्रमुख कृति 'प्रियप्रवास' (1914) है। बालमुकुंद गुप्त हरियाणा के थे। उन्होंने मुख्यतः पत्रकारिता-संसार में एक लंबी यात्रा की। वे कवि भी थे, लेकिन अंग्रेजी राज के खिलाफ 'भारतमित्र' में छपे 'शिवशंभू के चिट्ठे' (1902) और द्विवेदी जी से नोंक-झोंक के लिए ज्यादा जाने जाते हैं। रामावतार शर्मा बिहार के थे और संस्कृत के विद्वान थे। उन्होंने 'परमार्थ दर्शनम्' (1911-13) लिखकर विज्ञान के पक्ष में धार्मिक अंधविश्वासों के विरुद्ध वैचारिक संघर्ष में एक बड़ी भूमिका निभाई थी। काशी के पंडितों द्वारा नव-चार्वाक पंथी कहकर उनकी आलोचना की गई थी। उपर्युक्त तीनों साहित्यिक व्यक्तित्व महावीर प्रसाद द्विवेदी के काल में अपने-अपने ढंग से नई प्रवृत्तियों की सूचना देते हैं और बुद्धिवादी आंदोलन में हिस्सा लेते हैं। इनके अलावा इस काल की हिंदी स्त्री लेखिकाएं भी ध्यान आकर्षित करती हैं।

मिथक का आधुनिकीकरण

हरिऔध ने भाषा के सवाल पर 'ठेठ हिंदी का ठाठ' लिखा। उनके 'प्रियप्रवास' को खड़ी बोली का पहला महाकाव्य कहकर गौरव दिया जाता है, जबकि आधुनिक युग महाकाव्य की विदाई का दौर है। इस कृति का वास्तविक महत्व नवजागरणकालीन आदर्शों की रोशनी में कृष्ण-कथा के बौद्धिक पुनराख्यान के कारण है। हरिऔध ने कृष्ण से जुड़े चमत्कारपूर्ण प्रसंगों की अतार्किकता को कबूल नहीं किया। इसकी जगह उन प्रसंगों का उन्होंने बुद्धिसम्मत आधार रखा। वह समय बुद्धिवादी जागरण, समाज सुधार और मानवता की सेवा का था। मैथिलीशरण गुप्त 'भारत भारती' (1912) में कह चुके थे, 'प्राचीन हों कि नवीन छोड़ रूढ़ियां जो बुरी/बनकर विवेकी तुम दिखाओ हंस जैसी चातुरी।' सांस्कृतिक संक्रमण के उस युग में यह बुद्धिवाद का आह्वान है, भले कई पुरानी चीजें बची रह गईं। 'प्रियप्रवास' में कृष्ण को लौकिक और बुद्धिसम्मत भूमि पर देखा गया है जो इस काव्य कृति की एक प्रमुख खूबी है।

कृष्ण गोवर्द्धन पहाड़ को उसी तरह आदर देते हैं जिस तरह गांव के नजदीक के वन को। हिंदू गोवर्द्धन-पूजा करते रहे हैं। इस कृति में कृष्ण ने वनों और पहाड़ों के प्रति प्रेम प्रदर्शित करते हुए स्वर्गलोक के इंद्र को चुनौती दी। इसमें पर्यावरणीय संरक्षण का भी संदेश है। इंद्र की अतिवृष्टि से ब्रजवासी बेहाल थे। कृष्ण द्वारा अंगुली पर गोवर्द्धन पर्वत उठाने के प्रसंग को हरिऔध किस तरह 'रैशनलाइज' करते हैं तथा 'अतार्किकता' से विद्रोह व्यक्त करते हैं, यह निम्नलिखित पंक्तियों में देखा जा सकता है :

प्रति दरी प्रति पर्वत कंदरा
निवसते जिनमें ब्रज लोग थे
बहु सुरक्षित थी ब्रज देव के
परम यत्न सुचारु प्रबंध से
सकल लोग लगे कहने उसे
रख लिया उंगली पर धनश्याम ने।

कृष्ण द्वारा अंगुली पर गोवर्द्धन पहाड़ उठाने की अविश्वसनीय कथा को हरिऔध एक मोड़ देते हैं। वे इसे कृष्ण द्वारा ब्रजवासियों को उच्च पर्वत

की कंदराओं में सुरक्षित ले जाने और राहत कार्यों के सुचारु प्रबंध से जोड़ देते हैं। निश्चय ही वे आधुनिक स्थितियों में कृष्ण की महत्ता को स्वीकार्य बनाने के लिए यह करते हैं। पौराणिक कथा में कृष्ण अग्निकांड में गायों के फँस जाने पर आग पी जाते हैं, जबकि 'प्रियप्रवास' में वे गायों को आग से युक्तिपूर्वक बाहर निकालते हैं। भागवत पुराण में ऐसे चमत्कारपूर्ण कथा-प्रसंग रचने का उद्देश्य वैदिक देवताओं –इंद्र तथा अग्नि के आगे कृष्ण की महत्ता को बढ़ा-चढ़ाकर दिखाना था। वह आस्था का पुराणीकरण था। नवजागरण के दौर में हरिऔध बुद्धि को विषय बनाते हैं। साथ ही कृष्ण को युद्ध और श्रृंगार की भूमि से उठाकर प्रेम और मानवता की सेवा की जमीन पर ला खड़ा करते हैं। कृष्ण इस कृति में कंस का वध करते हुए राजनीतिक मुक्तिदाता के रूप में दिखते हैं।

हरिऔध 'प्रियप्रवास' में राष्ट्रीय संकट को पहचानते हैं। वे कृष्ण तथा राधा दोनों के मिथकीय चरित्र को एक खास उद्देश्य से बौद्धिक भूमि पर रखते हैं। वह उद्देश्य है :

विपत्ति में रक्षण सब भूत का
सहाय होना असहाय जीव का
उबारना संकट से स्वजाति को
मनुष्य का सर्व प्रधान धर्म है।

कहना न होगा कि उपर्युक्त पंक्तियों में 'स्वजाति' का संदर्भ जाति (कास्ट) न होकर 'राष्ट्र' है। इनमें मनुष्य धर्म की बात है। कृष्ण के चले जाने पर राधा 'नवधा भक्ति' और 'विरह' की तरफ न जाकर स्वजाति की सेवा में लगती है। वह देशप्रेम में डूब जाती है। हरिऔध उसके प्रेम और सौंदर्यबोध का उदात्तीकरण करते हैं, जिस तरह मिथक का बुद्धिवादीकरण करते हैं। राधा 'स्त्री जाति-रत्नोपमा' बन जाती है। यह उस दौर के सुधार आंदोलन और स्त्री चेतना का असर है कि राधा कृष्ण के प्रेम में जितनी गहराई से डूबी हुई थी, उतनी ही गहराई से वह अपने को देशसेवा में लगाती है, दीन-दुखियों के कष्टों को दूर करना चाहती है और विश्व-मानवता का स्वप्न देखती है। वह देशों पर विजय की जगह, मानव हृदयों पर विजय का संदेश देती है।

मेरे जी में हृदय-विजयी विश्व प्रेम जागा
मैंने देखा परम प्रभु को स्वीय प्राणेश ही में।

हरिऔध ने नवजागरण को सूर्योदय के रूप में देखा था –'कमलिनी कुल वल्लभ की प्रभा'। हमारे देश में नवजागरण मानव-सेवा और बुद्धिवादी-सुधारवादी प्रवृत्तियों के साथ आया। यह युग अतीत के धार्मिक मिथकों को देखने की दृष्टि में परिवर्तन ला रहा था। इसके अलावा, हरिऔध के समय में राष्ट्रवाद के साथ-साथ विश्व मानवता की भावना भी प्रबल थी, क्योंकि संकुचित राष्ट्रवाद से एतराज था।

बालमुकुंद गुप्त का साम्राज्यवाद-विरोध

नवजागरण का वह काल, खासकर हिंदी क्षेत्र में भाषा के दृष्टिकोण से अन्य प्रांतों से ज्यादा जटिल था। बालमुकुंद गुप्त की कई रचनाएं नागरी लिपि में उर्दू का आभास देती हैं। वे जब प्रतापनारायण मिश्र की जीवनी लिखते हैं तो वह हिंदी होती है, पर जब मुहम्मद हुसैन आजाद की जीवनी लिखते हैं तो वह उर्दू हो जाती है। वे आजाद की तारीफ करते हैं। उन्हें उर्दू, फारसी, संस्कृत और अंग्रेजी भाषाओं का अच्छा ज्ञान था। उन्होंने उर्दू पत्र 'अखबारे चुनार' (1886) से पत्रकारिता शुरू की थी। इसके बाद 'कोहेनूर' (1889), 'हिंदोस्थान' (1889) तथा 'हिंदी बंगवासी' (1892) से होते हुए अंत में वे 'भारतमित्र' (1899-1907) के संपादक बने। हिंदी पत्रकारिता को उन्होंने उग्र-राष्ट्रवादी स्वर से जोड़ा। उनका हिंदी के बारे में दृष्टिकोण उस समय की हिंदी-उर्दू रस्साकशी से प्रभावित था। फलस्वरूप संस्कृतनिष्ठता की ओर उन्मुख था।

महावीर प्रसाद द्विवेदी और बालमुकुंद गुप्त के बीच भाषा के प्रश्न पर विवाद हुआ। बालमुकुंद गुप्त ने 'भाषा की अनस्थिरता' के सवाल पर महावीर प्रसाद द्विवेदी पर कटुता की अति तक जाकर प्रहार किए, "द्विवेदी जी को 'को' की बीमारी है। (उनका वाक्य है—) 'बहुत से वाक्यों को न समझ सकें'। सीधी बात है –'बहुत से वाक्य न समझ सकें'। 'को' इसमें फालतू है। ...अजी महाराज! हिंदी के सुधार को खड़े हो गए। पहले कुछ दिन लिखने का ढंग तो सीख लेते। ...जो बात दो वाक्यों में मनुष्य समझ जाता है,

उसे द्विवेदी जी कम से कम तीस वाक्यों में समझाए बिना नहीं रह सकते। ...वह चाहते हैं कि ...(लोग) छींकें, खाँसें, चाहे खायें, चाहे पीयें, रोये या हँसें, व्याकरण का ध्यान रखें। ...हरिश्चंद्र की भूलों को ठीक करके द्विवेदी जी अपने उदाहरणरूपी अस्त्र से राजा शिवप्रसाद की इसलाह करते हैं।" एक चीज यह है कि द्विवेदी जी राजा शिवप्रसाद की सराहना करते हैं और बालमुकुंद गुप्त भारतेंदु के पक्ष में खड़े होते हैं।

द्विवेदी जी कहते हैं—'उनकी सदोषता जाती रहती।' बालमुकुंद गुप्त कहते हैं, 'उनका दोष जाता रहता'। बालमुकुंद गुप्त यह भी बताते हैं कि 'गरीब' अरबी का शब्द है, फारसी में इसका अर्थ विचित्र के साथ-साथ मुसाफिर भी हुआ। हिंदी में दीन को गरीब कहते हैं।" बालमुकुंद गुप्त द्विवेदी जी की 'अनस्थिरता' को गलत बताकर उसकी जगह 'अस्थिरता' को सही कह रहे थे। उन्होंने 1906 में 'भारतमित्र' में आत्मा राम के नाम से 10 लेख उनके खिलाफ लिखे और हरेक में घूम-फिर कर यह पूछा, 'कहिए अनस्थिरता की क्या दशा है? वह व्याकरण से सिद्ध हुई कि नहीं?'

बालमुकुंद गुप्त की सबसे बड़ी आपत्ति थी द्विवेदी जी द्वारा उर्दू और हिंदी के तत्सम शब्दों को मिलाकर समास बनाने पर। बालमुकुंद गुप्त और रामचंद्र शुक्ल दोनों ने द्विवेदी जी के संस्कृतनिष्ठ समास- 'ज्ञानलव दुर्विदग्ध' की आलोचना की। महावीर प्रसाद द्विवेदी ने भारतेंदु तथा कुछ अन्य लेखकों के लेखन से गलतियां निकालीं तो बालमुकुंद गुप्त खुद द्विवेदी जी की गलतियों के खिलाफ खड़े हो गए। इस लड़ाई से हिंदी को व्याकरणसम्मत बनाने और वर्तनी की एकरूपता को गति मिली। द्विवेदी जी ने बालमुकुंद गुप्त के निधन के बाद उनकी प्रशंसा में लिखा था, 'अच्छी हिंदी बस एक व्यक्ति लिखता था—बालमुकुंद गुप्त!

1900-20 का समय भाषा और राजनीति दोनों दृष्टिकोणों से एक आंदोलित समय था। यह उस युग की जीवंतता का चिह्न है कि हिंदी के स्वरूप को लेकर तीखी बहस थी। इन बहसों के बीच से औपनिवेशिक और सांप्रदायिक रुझानों से न सिर्फ हिंदी, बल्कि राष्ट्रवाद की धारणा भी मुक्त हो रही थी, भले पूरी तरह मुक्त नहीं हो पाई हो। इस मामले को हिंदू राष्ट्रवाद

की कैटेगरी में फेंकने की जगह जटिल राजनीतिक स्थितियों में संक्रमण के एक अनिवार्य दौर के रूप में देखने की जरूरत है।

बालमुकुंद गुप्त जिस राष्ट्रवाद से प्रेरित थे, वह हिंदू झुकावों वाला था। उन्हें हिंदू और मुसलमान को अपनी दो आंखें बताने वाले सैयद अहमद खां से यह तकलीफ थी कि इन्होंने 1887 में राष्ट्रीय कांग्रेस पर आरोपों की बौछार की और हिंदुओं को कोसना शुरू कर दिया। बालमुकुंद गुप्त ने सर सैयद की आलोचना में एक कविता लिखी, जब इन्होंने अलीगढ़ कालेज में ट्रस्टियों के कानून को लेकर झगड़ा किया था। सर सैयद अपना पद अपने पुत्र को दिलाना चाहत्ते थे। बालमुकुंद गुप्त अपनी कविता 'सर सैयद का बुढ़ापा' में उनके प्रति कटूक्तियां व्यक्त करके ही नहीं रह जाते। वे यह भी कहते हैं, 'हे धनियो! क्या दीन जनों की नहिं सुनते हो हाहाकार?/ जिसका मरे पड़ोसी भूखा उसके भोजन को धिक्कार!' वे ईश्वर से शिकायत करते हैं, 'हमने माना गोरा रंग आजकल तुमको प्यारा है/ पर हे श्याम! सुना है काला भी तो रंग तुम्हारा है।' उनके इस जनबोध पर भी नजर पड़नी चाहिए, 'तुम जो अच्छे वस्त्राभूषण तन पर धारे हो/औरों को दुख देते नित प्रति अपने सुख के मारे हो।' वे सुधारवादियों की शान-शौकत की आलोचना करते हुए कृषकों के पास खड़े होते हैं, 'जिस अवसर पर अमीर सारे तहखाने सजवाते हैं/ छोटे-बड़े लाट साहब शिमले में चैन उड़ाते हैं/उस अवसर में मरखप कर दुखिया अनाज उपजाते हैं/हाय विधाता उसको भी सुख से नहिं खाने पाते हैं।' यह कविता 1890 के 'हिंदोस्तान' में छपी थी। इस कविता में निशाने पर मुखर रूप से सभी धनिक हैं, सिर्फ सैयद अहमद खां नहीं। बालमुकुंद गुप्त 'कौंसिल में नॉमिनेशन' के लिए लालायित उदारवादियों पर जमकर व्यंग्य करते हैं। व्यंग्य-विनोद बालमुकुंद गुप्त की भाषा की एक मुख्य विशेषता है।

1907 में बालमुकुंद गुप्त ने एक कविता लिखी 'पंजाब में लायल्टी'। वे इसमें सभी की खबर लेते हैं, 'लायल हैं सब सिख अरोड़े खत्री भी सब लायल हैं/मेढ़ रहतिये बनिये धुनिये लायल्टी के कायल हैं/धर्म समाजी पक्के लायल, लायल हैं अखबारे आम/लायल लाला हंसराज हैं लायल लाला रोशनलाल/...

खान बहादुर राय बहादुर कितने ही सरदार नवाब/सब मिल-जुलकर लूट रहे हैं, लायल्टी का खूब सबाब।' वे हिंदुओं, सिखों और आर्य समाजियों सभी की खबर लेते हैं। वे हिंदू धर्म के राजनीतिक तमाशे की भी जमकर आलोचना करते हैं, 'सब हिंदू सब हिंदू भाई, सब हिंदू सब हिंदू/जूता हिंदू छाता हिंदू साबुन दियासलाई/मुर्गी हिंदू चर्बी हिंदू यवना म्लेच्छ कसाई/हिंदू सोडावाटर जिंजर हिंदू बीयर ह्विस्की/सब कुछ हिंदू सब कुछ हिंदू बात कहूँ किस किसकी।' (जोगीड़ा)। इससे उनके व्यंग्यात्मक प्रहार के विस्तार का बोध हो सकता है। बालमुकुंद गुप्त औपनिवेशिक उदारवाद की आलोचना जितने उग्र ढंग से करते हैं, उस जमाने में कोई दूसरा नहीं कर रहा था।

उदारवाद के दौर में अंग्रेजी राज के प्रति बढ़ता जन-असंतोष बालमुकुंद गुप्त के लेखन में व्यक्त हुआ है। उन्होंने निडर होकर ब्रिटेन के कंसरवेटिव शासकों के उपनिवेशवाद की आलोचना की, निश्चय ही देश के औपनिवेशिक उदारवादियों को भी नहीं छोड़ा। वे 'शिवशंभू के चिट्ठे' में लार्ड कर्जन को कहते हैं, 'एक सौ साल में अंग्रेजी राज्य और अंग्रेजी प्रताप की तो इतनी उन्नति हो, पर उसी प्रतापी बृटिश राज्य के अधीन रहकर भारत अपनी रही-सही हैसियत भी खो दे! इस अपार उन्नति के समय में आप जैसे शासक के जी में भारतवासियों को आगे बढ़ाने की जगह पीछे धकेलने की इच्छा उत्पन्न हो! ...जिस जाति से पुरानी कोई जाति इस धराधाम पर मौजूद नहीं, जो हजार साल से अधिक की घोर पराधीनता सहकर भी लुप्त नहीं हुई, बल्कि जीती है, जिसकी पुरानी सभ्यता और विधि की आलोचना करके विद्वान और बुद्धिमान लोग आज भी मुग्ध होते हैं, जिसने सदियों से इस पृथ्वी पर अखंड शासन करके सभ्यता और मनुष्यत्व का प्रचार किया, वह जाति क्या पीछे हटाने और धूल में मिला देने के योग्य है?' (पीछे मत फेंकिये, 1905)। उस खास युग के प्रस्फुटित हो रहे राष्ट्रवाद में हजार साल पहले का स्वर्ण युग, संसार में किसी जाति से किसी बात में पीछे नहीं रहने का अतीत-दंभ, अंग्रेजी राज से क्षीण होती जा रही आशा और उपनिवेशवाद से विक्षोभ –ये कुछ तत्व भी मौजूद थे।

हिंदू-मुसलमान का भेद मिट नहीं पा रहा था। 1906 में मुस्लिम लीग की स्थापना के बाद यह प्रभेद बढ़ने लगा था। यदि किसी देश के एक धर्म में सुधारों को पूर्णतः रोक कर कट्टरवाद बढ़ रहा हो, तो दूसरे धर्म में स्वाभाविक रूप से उदारवाद सीमित होगा और कूपमंडूकता से लड़कर सुधारों की तरफ बढ़ना लगातार मुश्किल होता जाएगा। 19वीं सदी में हिंदू धार्मिक सुधारों के कारण समाज में गतिशीलता पैदा हुई थी, लेकिन राह में अभी काफी रोड़े थे।

कुछ स्त्री रचनाकार

1907 की 'सरस्वती' में 'बंग महिला' के नाम से राजेंद्र बाला घोष की कहानी 'दुलाईवाली' छपी थी। इससे बोध होता है कि बंधनों के बीच भी स्त्री में कला-साधना और स्वतंत्रता की कामना मौजूद थी। 1907 में ही कलकत्ता की एक पत्रिका 'कमला' में पुष्प कुमारी का एक लेख छपा 'कुरीति प्रकाश'। इसमें उन्होंने लिखा है, 'अब उन शास्त्र अविहित और देशनिंदित कुरीतियों का वर्णन किया जाता है जिनसे गृहिणियों में स्पष्ट रूप से चरित्र की दरिद्रता प्रतीत होती है। आशा है, भारत भगिनी गण इस पर ध्यान देंगी और उनके प्रियतमगण उन्हें समझाने में कटिबद्ध होंगे।' स्त्रियों के दिमाग में अंधविश्वास ज्यादा मजबूती से मौजूद रहते हैं। वे कुरीतियों को ज्यादा ढोती हैं। लेख में दीठ लगने, मनौती, ब्रह्मबाबा की चौरी, पीर का दरगाह, ओझाई, भूत-प्रेत, दुर्गति, जिन, शाकिनी-डाकिनी, कुलदेव जैसे अंधविश्वासों का पर्दाफाश है। यह उस जमाने के संदर्भ में बड़ी बात है। 'मतवाला' (1925) में किशोरी देवी का 'बिहार में पर्दा प्रथा' पर एक लेख है। श्रीकृष्ण संदेश (1929) में विमला देवी 'रमा' का विधवा पुनर्विवाह पर लेख है।

हिंदी में स्त्री कवियों का एक महत्वपूर्ण संग्रह है 'स्त्री-कवि-कौमुदी'। यह प्रयाग से 1931 में छपा था। इसमें संकलित अधिकांश स्त्री कवि ऊंचे घराने की हैं, घर के भीतर रहकर कविता लिखनेवाली। आश्यचर्यजनक नहीं है कि इनका पहला आक्रमण उन धार्मिक पाखंडों पर है, जो स्त्री को यातनाप्रद जिंदगी देते हैं। 1871 में जन्मी बुंदेलखंड की जुगलप्रिया महंतों-साधुओं के

बारे में कहती हैं, 'ऊपर से उज्ज्वल रंग दीखत हिय कपट हिंसक लखिए री।' ये सब नवजागरण काल में धार्मिक सुधार की उठी आवाजों के नतीजे हैं।

1870 में जन्मी राजरानी देवी का सवाल है, 'हो रहा क्यों भीष्म अत्याचार है, इस तुम्हारे फूल से मृदु गात पर?' राज देवी (जन्म 1892) की कविताएं 'मर्यादा' आदि में प्रकाशित होती थीं। उनमें देश चिंता है, 'गुणहीन भारत हो गया, धनहीन भारत हो गया —बहु दीन भारत हो गया, सब भांति आरत हो गया।' एक उम्मीद भी है, 'होइ है भारत फेर सुखारी।' ये सभी कविताएं बीसवीं सदी के दूसरे-तीसरे दशक की हैं। इस समय तक हिंदी क्षेत्र के स्त्री जीवन में सामाजिक गतिशीलता बहुत कम थी। स्वाधीनता आंदोलन में कुछ स्त्रियों की भागीदारी के बावजूद ज्यादातर स्त्रियों का खुद से घर की देहरी लांघना कठिन था। ऐसी स्थितियों में भी उनकी स्वतंत्रता की छटपटाहट एक न एक रूप में आकार ले रही थी। सुभद्रा कुमारी चौहान लक्ष्मीबाई के संदर्भ में कहती हैं 'हमको जीवित करने आई बन स्वतंत्रता नारी की।' देश की स्वतंत्रता के भीतर स्त्री की स्वतंत्रता अभी सिर्फ कल्पना की चीज थी। लेकिन अब वे कल्पना कर रही थीं, बोल रही थीं।

1933 में चंद्रावती लखनपाल की एक पुस्तक आई 'स्त्रियों की स्थितियाँ'। वे इसमें कहती हैं, 'अनेक स्त्रियां मानो जेवरों के लिए जन्मती हैं ...जहां पुरुषों के आभूषणों में हम उनकी विजय के चिह्न पाते हैं, वहां स्त्रियों के आभूषणों में पुरुष के द्वारा स्त्री की पराजय के चिह्न स्पष्ट दिखाई पड़ते हैं। स्त्री जाति का इतिहास स्त्रियों की दासता का इतिहास है।' जेवर स्त्रियों की स्वतंत्रता का विकल्प है जो पुरुष समाज ने उन्हें दिया। इसलिए स्त्रियों की स्वतंत्रता जेवरों से मुक्ति से शुरू होती है। इसके अलावा, 'पर्दे का हटना स्त्री की गुलामी को दूर करने के लिए जरूरी है। ...कोई कुएँ में कूद पड़ने का डर दिखाकर, कोई जहर खाकर प्राण छोड़ने की धमकी देकर, कोई दिन-रात आंसुओं की झड़ी लगाकर पुरुष जाति से ऐसे-ऐसे अनर्थ करवा रही हैं, जिनसे समाज-वृक्ष की जड़ों को घुन खाता चला जा रहा है। ...हमारा समाज लाख कोशिश करने पर भी करवट नहीं ले रहा, अफीम खाए पड़ा है। इस दुरवस्था को दूर करने का एकमात्र उपाय है स्त्री समाज का चैतन्य हो जाना।' (वही)।

स्त्रियां धर्म, श्रृंगार, गृहकार्य और शिशुपालन की चौतरफा जिम्मेदारियों-बंधनों से आज भी जकड़ी हुई हैं। कुछ स्त्रियां प्राचीन दासता से उत्तर-आधुनिक दासता में छलांग लगा चुकी हैं। बहुत-सी स्त्रियां दोनों दासताओं की चक्की में पिसती हैं। स्त्री का जागरण एक धीमा मामला रहा है। हिंदी क्षेत्र में स्त्री स्वतंत्रता की आवाज सबसे प्रभावशाली ढंग से मुखर करनेवाली महादेवी वर्मा ने 'श्रृंखला की कड़ियाँ' में पूछा है, 'यह जाति सो रही है या मृतक हो चुकी है।' (1931)। इस दौर में विश्व के दूसरे देशों की स्त्रियों की मुखरता और प्रगति की तस्वीरें आ चुकी थीं।

महादेवी वर्मा कहती हैं, 'राष्ट्रीय आंदोलन में भाग लेनेवाली महिलाओं ने आधुनिकता को राष्ट्रीय जागृति के रूप में देखा और उसी जागृति की ओर अग्रसर होने में अपने सारे प्रयत्न लगा दिए। उस उथल-पुथल के युग ने जो किया, वह अभूतपूर्व होने के साथ उसकी शक्ति का भी प्रमाण था।' (श्रृंखला की कड़ियां)। हिंदी क्षेत्र में दलित की तरह स्त्री ने भी राष्ट्रीय स्वाधीनता आंदोलन के भीतर से अपने स्वत्व को पहचाना था, 'भारतीय स्त्री एक दिन विद्रोह कर ही उठी।' (वही)। महादेवी वर्मा की 'श्रृंखला की कड़ियाँ' स्त्रियों का 'गोदान' है। इसमें एक स्त्री कवि ने खुलकर अपनी पीड़ाओं, आकांक्षाओं और आशंकाओं को व्यक्त किया है।

20वीं सदी के शुरू के दशकों में शिक्षा एक नए समाज की बुनियाद बन रही थी, नए-नए स्कूल खुल रहे थे। लड़कियों में साहस आ रहा था। जाति भेदभाव कम हो रहा था। लोगों के मन की धार्मिक चट्टान पिघल रही थी। अंग्रेजों की गुलामी से स्त्री का असंतोष उसकी सामाजिक स्थिति में भी एक गुणात्मक परिवर्तन ला रहा था। मध्यवर्गीय स्त्री जो अपेक्षाकृत अधिक बंधनों में थी, मुखर होने लगी थी। उसका आत्मसंघर्ष तीव्र हो गया था। शिक्षा ने दलित स्त्रियों में भी आत्मसम्मान जगाया। छायावाद युग में स्त्री की गरिमा और स्वतंत्रता के लिए जो मुखर आवाजें हैं, उन्हें नवजागरणकालीन सुधारवाद की निरंतरता में देखने की जरूरत है।

अछूत की शिकायत

महावीर प्रसाद द्विवेदी ने सितंबर 1914 की 'सरस्वती' के अंक में हीरा डोम की कविता 'अछूत की शिकायत' छापी थी। यह कविता भोजपुरी में है। इसकी शुरुआत इस तरह होती है, 'हमनी के राति दिन दुखवा भोगत बानी/हमनी के सहेबे से मिनति सुनाइबि/हमनी के दुख भगवनाओ न देखताजे/हमनी के कबले कलेसवा उठाइबि।' हीरा डोम या उनकी दूसरी रचना के बारे में कोई जानकारी नहीं है। इस कविता में अपनी जीवन दशाओं को लेकर अंग्रेजों से शिकायत है। निराशा में ईसाई बनने की इच्छा भी पैदा होती है, लेकिन यह भी है कि अछूत बेधरम होकर अपना समाज छोड़ना नहीं चाहता। अछूत जमींदार ठाकुर के अत्याचारों के साथ-साथ शासकों द्वारा जबर्दस्ती बेगार कराने का जिक्र करते हैं। वे कुएं के नजदीक नहीं जा सकते। अछूतों की शिकायत राम, कृष्ण सरीखे अवतारों से भी है कि सारे देवता उनके दुखों से बेखबर कहां सोए हैं। उनका उद्धार नहीं हो पा रहा है। सबसे बढ़कर इस कविता में मानवीय स्वाभिमान का बयान है— न भीख मांगेंगे, न लाठी चलाएंगे, न व्यापार में बेईमानी करेंगे, न अशिक्षित बने रहकर गाय चराएंगे, न भाटों की तरह चाटुकारिता करेंगे और न मुकदमेबाजी में समय गंवाएंगे। अछूत पसीने के बल पर पैसा कमाएंगे और परिवार में मिलजुलकर जिएंगे। कहना न होगा कि यह कविता महावीर प्रसाद द्विवेदी के दिल को छू गई होगी, तभी इसे छापा होगा। द्विवेदी जी के लेखन में कहीं जाति-विद्वेष नहीं है, बल्कि विस्तृत मानवता की पक्षधरता है। उनका लेखन इसका प्रमाण है कि ब्राह्मण होते हुए भी वे ब्राह्मणवाद से मुक्त थे।

द्विवेदी युग में अछूतानंद 'हरिहर' हुए जिन्होंने आदि हिंदू आंदोलन शुरू करके दलितों में स्वाभिमान पैदा करने की कोशिश की। उन्होंने अपने विचारों को काव्य रूप देते हुए लिखा है, 'हैं सबसे हिंद के प्राचीन के हकदार हम/हा हा बनाया शूद्र हमको, थे कभी सरदार हम।' उन्होंने आर्य समाज के शुद्धि आंदोलन का विरोध किया था।

यह नवजागरण का असर है कि मैथिलीशरण गुप्त 'भारत भारती' (1912) में लिखते हैं –'शूद्रो उठो तुम भी कि भारत भूमि डूबी जा रही/है योगियों को भी अगम जो व्रत तुम्हारा है वही/...रक्खो न व्यर्थ घृणा निज वर्ण से या नाम से/मत नीच समझो आपको, ऊंचे बनो कुछ काम से।' यह देशोन्नति की भावना से उपजी वाणी है जो अभी विकासशील अवस्था में थी। उस काल में राष्ट्रवाद सामाजिक उद्धार के प्रतीक्षालय-सा था!

प्रेमचंद ने दलित जीवन पर पहली कहानी 'दोनों तरफ से' 1911 में लिखी थी। उनका साहित्यिक काल द्विवेदी युग और छायावाद युग में फैला है। उनकी 1913 की कहानी 'सिर्फ एक आवाज' में दलितों के प्रति सहानुभूति और मानवीय सद्व्यवहार की मांग है। पानी के अधिकार के लिए अंबेडकर के महाड आंदोलन (1927) के बाद प्रेमचंद की दलितों को लेकर लिखी कहानियों का सुर बदल गया। वे 'ठाकुर का कुआँ', 'मंत्र', 'सद्गति', 'पूस की रात', 'कफ़न' जैसी वर्ण व्यवस्था को चुनौती देती कहानियां लिखते हैं। 1929 के उपन्यास 'रंगभूमि' में सूरदास राष्ट्रीय तेज से भरा दलित है, वह प्रखर आदर्शवादी है। प्रेमचंद ने 1933 में 'हंस' के एक मुखपृष्ठ पर अंबेडकर की फोटो देकर नीचे टिप्पणी दी है, 'आपने अनेक कष्ट झेलकर तथा सतत प्रयत्नशील रहकर बाधाओं पर विजय प्राप्त की और अपनी विद्वत्त से यह प्रमाणित कर दिया कि तथाकथित अछूतों को भगवान किसी असामान्य तत्व से नहीं बनाता। आप विश्वविख्यात महापुरुषों में से एक हैं।' निश्चय ही प्रेमचंद द्वारा अंबेडकर के प्रति व्यक्त किए गए सम्मान का एक अर्थ है।

हिंदी क्षेत्र में दलित चेतना एक विलंबित परिघटना है। कहा जा सकता है कि साहित्यिक स्तर पर प्रेमचंद-निराला आदि के जरिए दलितों के पक्ष में जो आवाज उठी, वह हिंदी नवजागरण के एक दबे मामले का विलंबित उद्घाटन है।

इस दौर में गांधी का छुआछूत-विरोधी आंदोलन चल रहा था। राष्ट्रीय कांग्रेस के अहमदाबाद अधिवेशन (1921) की प्रस्ताव संख्या-2 में कहा गया था, 'यदि हिंदू हैं तो अस्पृश्यता दूर करने और दलित जातियों के लोगों की अवस्था सुधारने में मदद दें।' 1924 के बेलगाम अधिवेशन में कहा गया, 'यह कांग्रेस प्रांतीय कांग्रेस कमेटियों के हिंदू सदस्यों से अनुरोध करती है कि वे

कुएं, मंदिर, शिक्षा-सुविधाओं आदि मामलों में सब कुछ पता लगाकर दलित जातियों की जरूरियात को पूरा करने और उनकी दशा सुधारने की ओर ध्यान दें।' इस तथ्य की अवहेलना करने से काम नहीं चलेगा कि 1920-30 के दशकों के दलित आंदोलन और राष्ट्रीय स्वाधीनता आंदोलन में से प्रत्येक ही एक-दूसरे से बल प्राप्त कर रहा था। महाड आंदोलन में अंबेडकर ने गांधी की तस्वीर का उपयोग किया था। सामाजिक क्रांति राष्ट्रीय भावना के बिना तथा राष्ट्रीय भावना सामाजिक क्रांति के बिना हमेशा एक अधूरा मामला है।

छायावाद का दलित संदर्भ नवजागरण का ही विस्तार है। प्रसाद ने अपने अनोखे उपन्यास 'कंकाल' (1929) में 'छायावाद' और 'हाशिये के विमर्श' के बीच संबंध बनाया, यह अभूतपूर्व कहा जाएगा। इस कृति में स्त्रियों, खासकर दलित स्त्रियों की दुर्दशा और जिजीविषा के चित्र हैं। प्रसाद व्यंग्यपूर्वक कहते हैं, 'देखिए, धर्म के नाम पर हिंदू स्त्रियों, शूद्रों, पाप योनियों की क्या दुर्दशा हो रही है।' उपन्यास का एक चरित्र विजय कहता है, 'स्वतंत्रता और हिंदू धर्म दोनों विरुद्धवाची शब्द हैं।' एक ठहरे हुए धर्म के प्रति प्रसाद के रोमांटिसिज्म का विद्रोह इस रूप में व्यक्त होता है, 'मैंने कालेज में एक संशोधन समाज स्थापित किया है। उसका उद्देश्य है, जिन बातों में बुद्धिवाद का उपयोग न हो सके उसका खंडन करना और तदनुकूल आचरण करना। देख रही हो कि मैं छूतछात का कुछ विचार नहीं करता। प्रकट रूप में होटलों तक में खाता हूं। इसी प्रकार प्राचीन कुसंस्कारों का नाश करना मैं अपना कर्तव्य समझता हूं, क्योंकि ये ही रूढ़ियां आगे चलकर धर्म का रूप धारण कर लेती हैं। जो बातें कभी देश, पात्रानुसार प्रचलित हो गई थीं, वे सब मानवीय नहीं हिंदू समाज के पैरों की बेड़ियां हैं।' (कंकाल)। विजय ये बातें दलित विधवा घंटी से कहता है। छायावादी कवि प्रसाद के 'कंकाल' में नवजागरण की स्पष्ट ध्वनि है। निराला ने 'वर्तमान हिंदू समाज' (1930) शीर्षक लेख में कहा है, 'भारतवर्ष में अधिकारियों-उच्च वर्णवालों का उन्माद द्वापर से ही बढ़ रहा है। ...शूद्र शक्तियों से यथार्थ भारतीयता की किरणें फूटेंगी।' उन्होंने अपनी कई रचनाओं में दलितों की पीड़ाओं को बाहर से नहीं भीतर से देखकर व्यक्त किया था।

वे दलितों से अत्यधिक हिले-मिले रहते थे। वे उनके घर 'तेल की पकौड़ी' खाते थे। 'बिल्लेसुर बकरिहा' एक गरीब ब्राह्मण के 'डी-कास्ट' होने की कथा है। ब्राह्मण बकरी चराता है। निराला 'चतुरी चमार' और 'कुल्ली भाट' लिखते हैं।

कमजोर बुद्धिवाद-खंडित राष्ट्रवाद

भारतीय राष्ट्र पिछली दो सदियों से ही यथार्थ से अधिक एक साझा स्वप्न है। इधर 'भारतीयता', 'हाशिये के विमर्श' और 'अंध-राष्ट्रवाद' के बीच तनावपूर्ण रिश्ते दिखाई देते रहे हैं। कुछ बड़े सवाल उठे हैं, राष्ट्रवाद में किसान, स्त्री और दलित कहां खड़े हैं? हाशिये के लोगों का राष्ट्र कहां है? आज के राष्ट्र में उदार भारत की आत्मा कितनी बची हुई है? इन सवालों के बावजूद, इस देश की विभिन्न जातियों ने उपनिवेशवाद के समान आघातों के जवाब में अब तक जो सबसे प्रधान चीज अर्जित की है वह उनका अपना भारतीय राष्ट्र ही है। नवजागरण और स्वाधीनता आंदोलन के दौर में प्रादेशिकता, धर्मांधता और जातिवाद से ऊपर उठते हुए, औपनिवेशिक-सामंती ताकतों से लड़कर बड़ी मुश्किल से भारतीय राष्ट्र हासिल हुआ है, पर उतनी ही आसानी से यह अब कुछ को काल्पनिक, कुछ को बोझ और कुछ को अप्रासंगिक लगने लगा है।

भारतीय राष्ट्र जितना काल्पनिक लगता है, उसके खंड-खंड का इतिहास उससे अधिक काल्पनिक है, बल्कि विध्वंसकारी। दरअसल भारतीय जातियों के धार्मिक तनाव, क्षेत्रीय हठ, वर्चस्व और अन्य ढेर सारी विडंबनाओं के बीच से भारतीय राष्ट्र को अपने वजूद की एक बुनियादी जरूरत के रूप में पहचानना ऐतिहासिक घटना है। उस काल में सभी उदारवादी व्यक्तित्व अपना समावेशी चित्त बना रहे थे, हालांकि उस समय भी आज की तरह कट्टरवादी तत्व सक्रिय थे।

आज बेशक अशांत समुदाय और इलाके हैं और देश तनावों भरा है। यह भी सच है कि भारतीय राष्ट्र 'तनावों' और 'रूपांतरणों' के बीच से ही जन्मा है। इसकी विविधताओं, वर्चस्वों और तनावों को देखकर कुछ बुद्धिजीवियों को घबराहट होती है। वे भारतीय राष्ट्र को एकालापी टुकड़ों में बांटने लगते हैं और जनता की पीड़ाओं के बीच पुल नहीं बनाते। वे नहीं समझना चाहते

कि भारतीय समाज में सामुदायिक तनावों के इतिहास के साथ सुधार, वर्चस्व के रूपांतरण और मेल-मिलाप का भी एक उतना ही पुराना इतिहास है। यह महान इतिहास सत्ता ने नहीं, लोक ने रचा है।

यदि हमला तर्क, बुद्धिवाद और राष्ट्रीय परंपराओं पर हो, नवजागरण की गलत तस्वीर पेश की जा रही हो तो समझ जाना चाहिए कि यह हमला भारतीय राष्ट्र की जड़ों पर है। इसमें संदेह नहीं कि हर विभाजित राष्ट्रवाद देश की बुद्धिवादी परंपराओं से विच्छिन्नता का नतीजा है। यह जरूरी मामलों में स्वार्थवश राजनीतिक चुप्पियों का नतीजा है। यह आधुकिता के बुद्धिवाद से संबंध विच्छेद और जीवन शैली तक सीमित रह जाने का नतीजा है। एक कमजोर बुद्धिवाद से जो राष्ट्रवाद जन्मेगा, वह खंडित होगा। हर खंडित राष्ट्रवाद लोभ दिखाता है। वह झांसा देता है। वह सामाजिक, सांस्कृतिक और राजनीतिक स्वेच्छाचारिता का रास्ता चुनने के साथ नए उपनिवेशवाद या कारपोरेट जगत की शरण में रहता है। वह आम शांतिप्रिय लोगों की मुश्किलें बढ़ा देता है।

खासकर 21वीं सदी के सामाजिक तथ्यों की रोशनी में इस पर जरूर विचार करना चाहिए कि आखिरकार भारतीय राष्ट्रीयता में इतनी अशांत खाइयां क्यों पैदा हुईं और ये खाइयां किस तरह आधुनिकीकरण, धर्मनिरपेक्षता और लोकतंत्र के व्यापक दुरुपयोगों और भ्रष्टाचार के नतीजे हैं। आखिरकार उच्च मूल्य इतने हास्यास्पद कैसे हो गए और इन पर लोकविश्वास क्यों घटता गया?

21वीं सदी की एक बड़ी विडंबना धर्म के सारे उच्च मूल्यों को त्याग कर उसका एक सफल राजनीतिक हथियार बन जाना है, धर्म का आकर्षक शोर बन जाना है। दरअसल 19वीं-20वीं सदी का अधूरा नवजागरण लोगों के दिमाग को हजारों साल की कूपमंडूकता, भेदभाव और स्वार्थपरता से मुक्त न कर सका। व्यापक सांस्कृतिक सुधार न हो पाए। राष्ट्रवादी ही नहीं प्रगतिशील और वामपंथी ताकतें भी इस काम से उदासीन रह गईं। राजनीतिक नेता इन सुधारों में बड़े बाधक पहले भी थे, नए युग में भी थे। इसमें कोई संदेह नहीं कि जब तक सांस्कृतिक सुधार के प्रति उदासीनता बनी रहेगी और धर्मनिरपेक्षता तथा भ्रष्टाचार में संबंध रहेगा, तब तक धार्मिक फासीवाद का खतरा बना रहेगा।

धार्मिक फासीवाद धर्म के आधार पर विभाजन बढ़ाता है तो इसकी राजनीतिक प्रतिक्रिया में जाति, प्रांतीयता और बाहरी-भीतरी आदि के विभाजन भी तीव्र होने लगते हैं और यह एक अटूट चक्र बन जाता है।

धार्मिक फासीवाद भारत में विभिन्न वजहों से एक बड़ी समस्या के रूप में न सिर्फ उभरा है, बल्कि लगभग सौ सालों की लगातार कोशिश से अंततः उसने एक ठोस और अनुपेक्षणीय जमीन बना ली है। वह रचनात्मकता और महान मानवीय विरासत का ही शत्रु नहीं है, स्त्री स्वाधीनता, समावेशी राष्ट्रीय भावना और सारी आधुनिक उपलब्धियों का शत्रु है और इन उपलब्धियों में एक भारत का संविधान है। यह विडंबना उस दौर में ज्यादा बढ़ जाती है, जब लोभ विचारों पर नियंत्रण का एक शक्तिशाली हथियार बन जाता है। वह मनुष्य जीवन से सारा रोनांटिसिज्म मिटा देने में ही नहीं लोकतंत्र को विकृत करने में भी पर्याप्त सक्षम होता है। जब लोभ आदमी के विचारों पर हावी होने लगे तो समझ लेना चाहिए कि हमारी संस्कृति बूढ़ी हो रही है।

कहना न होगा कि देश के प्रति कर्त्तव्य से अपना-अपना राजनीतिक दल या संकीर्ण स्वार्थ ज्यादा महत्वपूर्ण होता गया। इसका नतीजा है कि देश लोकतंत्र से बहिष्कृत होकर अब धार्मिक, जातिवादी और अंध-जातीय डायनासोरों के जंगल में है। इन यथार्थों से कतराने की जगह टकराने की जरूरत है। एक बड़ी समस्या यह है कि देश में एलीट बुद्धिवादियों और आम लोगों का विभाजन हो गया है। इसका अर्थ है कि एलीट बुद्धिवादियों को अभी सचमुच शिक्षित और बुद्धिवादी होने का परिचय देना बाकी है। इसके लिए बड़ी प्रेरणाएं जरूरी हैं जो वस्तुतः बड़े दायित्वों का अहसास कराती हैं। मुख्य सवाल है कि हम अपनी प्रेरणाएं कहां से चुनते हैं।

दरअसल अब तक हम उपनिवेशवाद और सामंतवाद के जंगल से भारतीय राष्ट्र को उतना ही बाहर निकाल पाए, हमारे बुद्धिवाद और इसकी उच्च परंपराओं में जितनी ताकत थी। अर्थात –भारत फिलहाल राजनीतिक रूप से स्वतंत्र होते हुए भी एक अधजन्मा राष्ट्र है। इस देश में राष्ट्रीय भावना अभी अविकसित है। एक बड़ी समस्या यह है कि जिस बुद्धिवाद की ताकत

से हमें अपने अधजन्मे भारतीय राष्ट्र को एक पूरे भारतीय राष्ट्र में विकसित करना है, वह इस समय बहुराष्ट्रीय कंपनियों का बंधुआ मजदूर है। हमारे महान विशेषज्ञ और बुद्धिजीवी विवश क्रीतदास हैं। इसके अलावा, हमारा राष्ट्र राजनीतिक लुटेरों, निर्बुद्धिपरक धार्मिक ताकतों और हिंसक भीड़ों से घिरा है। यही वजह है कि नवजागरण की परियोजनाएं धर्म ही नहीं किसान, स्त्री, दलित, आदिवासियों और अन्य वंचितों के सवाल पर भी आगे नहीं बढ़ पा रही हैं। लोकतंत्र पनप नहीं पा रहा है और विज्ञान सामाजिक शक्ति नहीं बन पा रहा है।

नवजागरण काल में बुद्धिवाद और राष्ट्रवाद जब अविरुद्ध युग्म बने थे, भारत का इतिहास बदलने लगा था। लोगों का मन उदार होने लगा था। तर्क, ज्ञान और विज्ञान की प्रतिष्ठा बढ़ी थी। इतना ही नहीं, किसान, दलित, स्त्री और वंचित लोग राष्ट्र के क्षितिज पर उभरने लगे थे। वे राष्ट्रीय जागरण की प्रक्रिया में केंद्रीय सामाजिक प्रश्न बन गए थे। औपनिवेशिक दुश्चक्र के बावजूद भारतीय राष्ट्र की अवधारणा का बल पाकर देश की विभिन्न जातीयताएं ही नहीं उठ खड़ी हुईं थीं, गिरे-कुचले लोगों को भी अपने स्वत्व का बोध हुआ था। बुद्धिवाद और राष्ट्रवाद के अविरुद्ध युग्म ने इतिहास में जो शरणार्थी थे, उन्हें नायक बनाया। दलितों के आत्मसम्मान की लड़ाई के साथ स्त्रियों और किसानों के आंदोलन चले। श्रमिक आंदोलन हुए। हिंदी क्षेत्र में भी यह सब एक हद तक घटित हुआ। आज वैश्वीकरण और अंध-राष्ट्रवादी उभारों के दौर में इन सभी लोगों की सांसें फँसी हुई हैं।

यह भी उल्लेखनीय है कि भारतीय नवजागरण के सामाजिक तौर पर कच्चा होने की वजह से देश में विभिन्न तरह के वर्चस्व फिर उभर गए। इतना ही नहीं, अपने समाज के वर्चस्वों से जो टकरा रहे थे, वे सामंती, पूंजीवादी और कारपोरेट व्यवस्था द्वारा आत्मसात भी किए जाने लगे। इसलिए 21वीं सदी में पहुँच कर भी न कहीं राजनीतिक स्वेच्छाचारिता में कमी आ पाई और न धार्मिक, जातिवादी और लैंगिक उत्पीड़न में। सभ्यता के ऊंचे शिखर पर भी बर्बरता और भुक्खड़ता की वापसी हुई।

नवजागरण और विज्ञान

सैकड़ों साल पहले से, चाहे वह भारत में आर्यभट्ट, वराहमिहिर का युग हो या यूरोप में गैलेलियो-ब्रूनो का, सत्ताएं आमतौर पर वैज्ञानिक चेतना के विरुद्ध रही हैं। वे मिथकों को विज्ञान बताती रही हैं और कई बार हिंसक हो गई हैं। खासकर कठोर धार्मिक वातावरण विज्ञान को स्वतंत्र ढंग से पनपने नहीं देता। 21वीं सदी के दूसरे-तीसरे दशक में हद ही हो गई, जब धर्मांधता अपने उच्चतम शिखर पर है और संवेदनशीलता ही नहीं, वैज्ञानिक समझ भी निम्नतम स्तर पर आ गई है। 'धर्म को लेकर ढोंग बढ़ने पर बड़े अपराध भी ढके जाने लगते हैं, जैसे काले मेघ पर्वत को ढक लेते हैं।' (महाभारत, आदि पर्व) 2020-21 में कोरोना महामारी से लड़ने के लिए गोमूत्र पीने और गोबर की राख से नहाने को इलाज बताया गया। ऐसे कई अंधविश्वासों का प्रचार हुआ। पुष्पक विमान को एयरक्राफ्ट, गणेश जी के सिर को प्लास्टिक सर्जरी और ऐसे ही कई अन्य विश्वासों को खास उद्देश्य से विज्ञान बताया जाने लगा। किसी महामारी से लड़ने के लिए वैज्ञानिक मानस होना चाहिए जिसे संकीर्ण राजनीति ने ध्वस्त कर दिया और समाज को छोटी लड़ाइयों में उलझा दिया। कोरोना महामारी का सबक है आम जनमानस को वैज्ञानिक और मानवीय बनाओ।

विज्ञान की प्रगति हमेशा पहले की धारणाओं को तथ्यों के आधार पर अंशतः या पूर्णतः अस्वीकार करके हुई है। विज्ञान नए ज्ञान की ओर बढ़ने की राह है, उसकी कोई आखिरी मंजिल नहीं है। ज्ञान में जो असंगत चीजें हैं, उन्हें स्वीकार करना विज्ञान के विरुद्ध है। इसलिए नवजागरण काल में सबसे पहले 'अलौकिक' के अस्तित्व को अस्वीकार किया गया, क्योंकि यह एक 'निर्मित भ्रांति' है। अलौकिक यदि कोई अनुपलब्ध यथार्थ हो, कोई महान आनंद हो या कोई बड़ा स्वप्न, तो वह मौजूद रहता है लौकिक अनुभव के भीतर ही। वह पृथ्वी और बृहद सृष्टि से अलग संसार नहीं होता। हम देख सकते हैं कि नवजागरण काल में विज्ञान अलौकिक की जगह लौकिक की प्रतिष्ठा में सहायक हुआ। वह धार्मिक रूढ़ियों, अंधविश्वासों और चमत्कारों

से लड़ता रहा है, हालांकि समाज में विज्ञान की तुलना में रूढ़िवाद की ताकतें ज्यादा सक्रिय थीं। फिर भी विज्ञान के मामले में सक्रियता बढ़ गई थी। महावीर प्रसाद द्विवेदी की 'सरस्वती' के अंकों में विज्ञान की उपलब्धियों पर हमेशा लेख छपते थे।

विज्ञान की एक खूबी यह है कि यह बड़े से बड़े वैज्ञानिक पर प्रश्न उठा सकता है। विज्ञान में कट्टरता के लिए जगह नहीं है। हर वैज्ञानिक ही अपनी यात्रा यहां से शुरू कहता है कि वह सर्वज्ञ नहीं है। वह जिस चीज के बारे में अच्छी तरह नहीं जानता, उसके बारे में कहेगा, 'मुझे नहीं मालूम'। इसका अर्थ यह नहीं है कि जो नहीं मालूम है, उसे जानने की इच्छा न हो।

विज्ञान सवाल उठाने के अधिकार को मान्यता देता है, क्योंकि इससे ज्ञान बढ़ता है और विज्ञान की प्रगति होती है। लगभग 500 साल पहले लोग मानते थे कि ब्रह्मांड के केंद्र में पृथ्वी है। सूर्य सहित सभी ग्रह इसकी परिक्रमा करते हैं। कोपरनिकस ने इस धारणा पर सवाल खड़ा किया। कालांतर में ईसाई व्यवस्था के कठोर अवरोधों के बावजूद तथ्य न सिर्फ जगजाहिर हुआ, बल्कि आम लोगों की धारणा बदलती गई।

विज्ञान परंपरागत और वर्तमान ज्ञान का सावधानीपूर्वक विश्लेषण करने के लिए है। वह प्रश्न देता है, लोगों को नई परिकल्पना के मार्ग पर खड़ा करता है और प्रयोगशाला होता है। हमारा खुद का जीवन या पूरा देश एक प्रयोगशाला है। हम इसमें विज्ञान के मूल्य और महत्व को समझ सकते हैं। चाहें तो स्थापित कर सकते हैं। यह समझना जरूरी है कि विज्ञान को महत्व देने का अर्थ मानवता को महत्व देना है, क्योंकि मानवता के निर्माण में विज्ञान की अविस्मरणीय भूमिका है।

विज्ञान अंधविश्वास से लड़ता रहा है, लेकिन इस संबंध में यह भ्रम दूर कर लेना चाहिए कि एकमात्र इसने ही मानव जाति को बर्बरता से सभ्यता तक पहुंचाया। बुद्धिवादियों में यह अंधविश्वास और अहंकार रहा है कि सिर्फ विज्ञान से मानव विकास हुआ। निश्चय ही विज्ञान के साथ-साथ धर्म, कलाओं और साहित्य की भी मानव विकास में एक बड़ी भूमिका रही है। यह भारतीय नवजागरण से भी प्रमाणित है। निश्चय ही विज्ञान अकेले सभ्यता का निर्माता नहीं है।

वह धर्म की तरह कई बार बर्बरता का हथियार बना है। देखा जा सकता है कि हमारे युग में भी धार्मिक-राजनीतिक पाखंडों को महिमामंडित करने के लिए वैज्ञानिक और उच्च तकनीकी साधनों का भरपूर इस्तेमाल होता है।

एक अनोखा मामला यह है कि विज्ञान रिनेसां के दौर में स्वाधीन था, पर आज पराधीन है। विज्ञान आजाद हो जाए तो धर्म, अर्थव्यवस्था और राजनीति गुलाम नहीं रह जाएंगे! कहना न होगा कि विज्ञान की आजादी हर दौर में जरूरी रही है, लेकिन औपनिवेशिक दौर में वह जिस तरह अंग्रेजी राज का अनुचार बना हुआ था, उसी तरह आज वह बहुराष्ट्रीय कंपनियों की कैद में है।

विज्ञान का उपनिवेशीकरण

भौतिक लाभ के लिए विज्ञान और सत्ता के बीच किस तरह से संबंध स्थापित होता है, यह हम कुछ औपनिवेशिक उदाहरणों से समझ सकते हैं। भारत में अंग्रेज शुरू में आंधी-तूफान, प्राकृतिक विपदाओं और स्वास्थ्य संबंधी समस्याओं से भयंकर रूप से परेशान थे। इसलिए 1785 में कलकत्ता में फोर्ट विलियम में मौसम विज्ञान का केंद्र खुला। बाद में बंबई, त्रिवेंद्रम, शिमला जैसी जगहों में भी मौसम-संबंधी तथ्य संग्रह किए जाने लगे। ग्रामीण लोगों का काम तो घाघ कवि जैसों से चल जाता था। अंग्रेजों को समुद्री रास्ते से इंग्लैंड आना-जाना पड़ता था और उन्हें व्यापारिक लूट करनी थी। इसलिए खासकर 18वीं सदी में कर्नल पियार्स और 19वीं सदी की शुरुआत में जेम्स प्रिंसेप ने उनके लिए मौसम वैज्ञानिक सेवाएं मुहैया कराईं। कलकत्ता में प्रिंसेप के नाम पर गंगाघाट अभी भी है।

1835 में कलकत्ता मेडिकल कॉलेज खुला। लंबे समय तक हिंदीभाषी उसे मटिया कालेज बोलते रहे हैं। उसी समय मद्रास में भी आधुनिक चिकित्सा केंद्र खुला था। इन सबका लक्ष्य भारत में रहनेवाले अंग्रेज प्रशासकों, व्यापारियों और सैनिकों के स्वास्थ्य की देखभाल करना था। अंग्रेजों के कृपापात्र जमींदार भी लाभ उठाते थे। सत्ता और शिक्षा की तरह ही सत्ता और चिकित्सा का भी सदा से संबंध रहा है। इसमें संदेह नहीं कि अंग्रेज शुरू से विज्ञान का

उपयोग अपने साम्राज्य-विस्तार और सिर्फ अपने लाभ के लिए कर रहे थे। उस दौर में भौतिक और रसायनशास्त्र की तुलना में उनकी दिलचस्पी धातु, खनिज और वनस्पति शास्त्र में ज्यादा थी, क्योंकि उन्हें भारत का प्राकृतिक दोहन करना था।

उदाहरणस्वरूप हावड़ा में 1787 में बोटैनिकल गार्डेन स्थापित हुआ। इसको शुरू करने का उद्देश्य बर्मा वुड के लिए सैगौन का पेड़ लगाना था, ताकि समुद्री यातायात के लिए जहाज बन सकें। मिलिटरी विभाग के रॉबर्ट रीड ने मूलतः इसी उद्देश्य से यह जगह चुनी थी। आगे चलकर इसका उद्देश्य हो गया औपनिवेशिक उपयोग के लिए भारतीय वनस्पतियों का वैज्ञानिक अध्ययन। जाहिर है, विज्ञान के किस रूप का विकास करना है और किस रूप का नहीं करना है, इसकी प्राथमिकता औपनिवेशिक स्वार्थों की दृष्टि से तय की जा रही थी।

यहां दो-तीन और उल्लेख जरूरी हो सकते हैं। 1837 में आविष्कृत टेलीग्राफ (तार) का भारत में औपनिवेशिक उपयोग युद्ध और विद्रोह के समय सैनिक संपर्क के लिए शुरू किया गया। टेलीग्राफ ने घुड़सवारों की जगह ले ली। लार्ड डल्हौजी ने सबसे पहले कलकत्ता, बंबई और दिल्ली के बीच टेलीग्राफ की लाइन शुरू करने का निर्देश दिया था। विज्ञान और सत्ता के संबंध के शुरुआती रूप ऐसे ही रहे हैं, बाद में सारी चीजें एक हद तक भले जनसुलभ हो गई हों।

उपर्युक्त के अलावा, नृविज्ञान (एंथ्रोपोलॉजी)- संबंधी क्षेत्रकार्य भारत में आर्य-द्रविड़ जैसे नस्लीय भेदों को निर्मित करने के उद्देश्य से शुरू हुए थे। इसी तरह भाषावैज्ञानिक खोजें भारतीय जातीय विविधता को भिन्नतावाद के रूप में प्रदर्शित करने के उद्देश्य से शुरू की गई थीं। उपनिवेशवाद जहां-जहां गया, वहां-वहां उपर्युक्त दोनों अध्ययन-शाखाओं का जमकर नकारात्मक इस्तेमाल हुआ। भारत में ये 'फूट डालो और राज करो' में सहायक थीं। तुर्रा यह कि इन्हें विज्ञान कहा गया, अर्थात –'अकाट्य सत्य'! जबकि इन अध्ययनों में ओरियंटलिस्ट आत्मपरकता भरी रही है, दरअसल यह खेल ही ज्यादा चला।

विज्ञान का वही रूप अंतिम नहीं है जो सत्ता के लक्ष्यों के अनुरूप बनता है। बहुतों के जीवन में विज्ञान एक साधना है, मानव-उत्थान की प्रयोगशाला है। लेकिन वर्तमान युग में रिनेसां के आदर्शों से भटक कर विज्ञान का ज्यादा इस्तेमाल उपनिवेशवाद के तौर-तरीकों से सीखकर कूट उद्देश्यों से हो रहा है। यह हम खासकर सूचना-क्रांति, उपग्रह प्रक्षेपण और विकसित युद्ध तकनीक के क्षेत्र में देख सकते हैं। ऐसे विज्ञान के भीतर अ-विज्ञान का अंधकार भरा होता है। कहना न होगा कि विज्ञान पर बहुराष्ट्रीय बाजार और राजनीति का प्रभाव इधर बढ़ता जा रहा है।

एक महत्वपूर्ण सवाल है कि मंगल ग्रह पर जाने और तमाम तरह की महामारियों के वायरसों की समझ बढ़ाने तथा उनकी काट निकालने के कामों में क्या अधिक जरूरी था? नए युद्ध या उपभोक्ता सामान बनाने में जुटा विज्ञान कोरोना मामले में क्यों पिछड़ गया?

उल्लेखनीय है कि भारत में अति-विकसित टेक्नोलॉजी का इस्तेमाल अति-पिछड़े मानस द्वारा हो रहा है। इस समय वैज्ञानिक मानसिकता का चरम अभाव है जिससे मानवता संकट से घिरी हुई है। समस्या यह है कि बाजार और राजनीति पर नैतिकता का जरा नियंत्रण नहीं है। दोनों निरंकुश हैं। ये यथार्थ को अपने उद्देश्य के अनुरूप ढालने में कुशल हैं, करिश्माई हैं और साधारण लोगों को प्रलोभनों से सम्मोहित करने में सक्षम हैं। ऐसे में विज्ञान के स्वच्छंद होने की संभावना बहुत कम रह जाती है। दरअसल उसकी स्वायत्तता खो गई है। वह बंधुआ मजदूर से ज्यादा नहीं है, उसके उपयोग की हदें बांध दी गई हैं।

संस्कृतज्ञ रामावतार शर्मा की आधुनिक दृष्टि

रामावतार शर्मा संस्कृत के प्रतिष्ठित विद्वान थे। वे संस्कृत के गुण-गौरव का प्रचार करते थे, लेकिन उसके अध्ययन-अध्यापन में रूढ़िवादी दृष्टिकोण के विरोधी थे। वे संस्कृत को विज्ञान जननी कहते हुए लिखते हैं, 'खेद का विषय है कि देशव्यापी तथा विश्वमान्य संस्कृत भाषा में व्याकरण, अलंकार, वैद्यक, दर्शन, गणित आदि से संबद्ध जितना भी ज्ञान-विज्ञान उपलब्ध होता है,

उस अग्नि के समान जाज्वल्यमान ज्ञान-विज्ञान की हम उपेक्षा करते जा रहे हैं।' (रामावतार शर्मा : प्रतिनिधि संकलन, संपादक —नंदकिशोर नवल)। रामावतार शर्मा में अपने देश की विज्ञान संपदा को लेकर गौरवबोध था।

19वीं सदी से संस्कृत साहित्य में संरक्षणवादी तत्वों की प्रबलता के बावजूद आधुनिक चिंताओं और विचारों का उदय शुरू हो गया था। संस्कृत कालेज (1824) की स्थापना के काल में संस्कृत के पंडितों को अपना अच्छा भविष्य नजर आया था। लेकिन अंग्रेजी का प्रभुत्व बढ़ने के साथ उन्हें अपने अस्तित्व को लेकर चिंता शुरू हो गई, हालांकि अंग्रेजी राज से संस्कृत के पंडितों ने अपना अच्छा संपर्क रखा था। ईश्वरचंद्र विद्यासागर संस्कृत के ही पंडित थे जो सुधार आंदोलन के अग्रणी व्यक्तित्व थे।

राधा वल्लभ त्रिपाठी ने लिखा है, "पश्चिम से संपर्क का एक प्रभाव संस्कृत जगत पर यह हुआ कि पंडित नए ज्ञान-विज्ञान पर लेखनी चलाने में प्रवृत्त हुए। अंग्रेजी के व्याकरण लिखे जाने लगे। मधुसूदन तर्कालंकार का 'इंग्लैंडीय व्याकरण सारः' 1835 में प्रकाशित हुआ। संस्कृत में यूरोप का इतिहास लिखा गया। 'अंग्रेज चंद्रिका' (मद्रास, 1801) तथा 'इतिहास तमोमणिः' (मद्रास 1813) में विनायक भट्ट ने आधुनिक अर्थ में इतिहास रचना का उपक्रम किया।" (हिंदी साहित्य ज्ञानकोश)। संस्कृत में बेकन, बर्कले और लॉक के ग्रंथों का अनुवाद भी हुआ। अंग्रेज पादरी रोजारियो की रचना 'ब्राह्मण-रोमन कैथोलिक संवाद' महत्वपूर्ण मानी गई है। संस्कृत के पंडितों ने आत्मप्रतिष्ठा के संकट का भी अनुभव किया, "राजराज वर्मा ने 'गैर्वाणी विजय' नाम से एक नाटक लिखा था जिसमें अंग्रेजी और संस्कृत अपना विवाद ब्रह्मा के सामने रखती हैं। नारद अंग्रेजी भाषा की कमियां बताते हैं।" (वही)। इसके बावजूद, पंडितों ने अंग्रेजी की विजय यात्रा को महसूस कर लिया था। अधिकांश पंडित अंग्रेजी राज के समर्थन में थे और नई सभ्यता से आत्मीयता और विरोधिता दोनों का अनुभव कर रहे थे। संस्कृत पंडितों के अलावा भारतेंदु हरिश्चंद्र ने भी 'वेश्यास्तवराजः' 'अंग्रेजस्तवः' जैसी रचनाएं संस्कृत में लिखी थीं। 19वीं सदी में संस्कृत की कुछ पत्रिकाएं जब्त हुई थीं।

राधा वल्लभ त्रिपाठी ने लिखा है, "पारंपरिक भावबोध तथा पुरातन शैली की रचनाओं के साथ नए भावबोध और नई शैली की रचनाओं का प्रचुर मात्रा में आना एक घटना थी। ...अप्पाशास्त्री राशिवडेकर (1873-1913) ने पत्रकारिता के अतिरिक्त विविध विधाओं में विपुल लेखन संस्कृत में किया। ...काव्य के साथ-साथ उन्होंने अनेक कहानियों और निबंधों की रचना की। राजनीतिक संकट और स्वातंत्र्य संघर्ष के काल में जिस दीप्त गद्य की आवश्यकता थी, वह अप्पाशास्त्री ने संस्कृत को दिया। उनकी कविता 'पंजरबद्धः शुकः' का मैथिलीशरण गुप्त ने हिंदी में काव्यानुवाद किया था जो 'सरस्वती' (अगस्त 1911) में प्रकाशित हुआ था।" (वही)।

श्री अरविंद के संस्कृत काव्य 'भवानीभारती' में राष्ट्रीय चेतना की अभिव्यक्ति है। उनके अलावा नवजागरण काल के संस्कृत लेखकों में हरिदास सिद्धांत वागीश (1876-1961), रामावतार शर्मा (1877-1929), भट्ट मथुरानाथ शास्त्री, पंडिता क्षमाराव, वेंकट राघवन, वीरेंद्र कुमार भट्टाचार्य आदि के नाम उल्लेखीय हैं। देखा जा सकता है कि नवजागरण काल में संस्कृत साहित्य की आधुनिक परंपरा रही है। इस भाषा में भी कूपमंडूकता के विरोध के स्वर उठे हैं। इस ओर भी ध्यान जाना चाहिए कि संस्कृत के विद्वान प्रांतों की सीमाएं तोड़कर देश में सभी जगहों पर थे और विभिन्न जातीयताओं से जुड़े थे। वे विदेशों में भी थे।

रामावतार शर्मा संस्कृत में सीमाबद्ध न रहकर हिंदी के विकास में लगे हुए थे। वे बिहार जैसे पिछड़े प्रदेश में अंधविश्वासों का विरोध करते हुए वैज्ञानिक दृष्टिकोण का प्रचार कर रहे थे। वे कहते थे, 'शिक्षा के लिए वैदेशिक भाषा का उपयोग करना अस्वाभाविक है।' वे ज्ञान-विज्ञान का प्रचार चाहते थे और इसे धर्म का मुख्य अंग मानते थे। नवजागरण के संदर्भ में उनका यह गुण उन्हें अन्य संस्कृत बुद्धिजीवियों से विशिष्ट बना देता है। नवजागरण के मुख्य उद्देश्या में है ज्ञान-विज्ञान का प्रचार करना, जबकि अंग्रेज नहीं चाहते थे कि भारत में ज्ञान को डी-कोलोनाइज करने के प्रयत्न हों या विज्ञान की शिक्षा को प्रोत्साहन दिया जाए।

ज्ञान-विज्ञान के विकास में यूरोपीय रिनेसां की बड़ी भूमिका के संबंध में रामावतार शर्मा ने कहा, 'आज से पांच सौ वर्ष पहले नवीन पाश्चात्य जातियां यदि फिर से विज्ञान की उन्नति में न लगतीं तो संसार को माया समझने वाले पूर्वी लोगों के फेर में पड़कर ज्ञान-विज्ञान की बुरी दशा हो जाती।' (जगत में विज्ञान का विकास, प्रतिनिधि संकलन)। रामावतार शर्मा नवजागरणकालीन बुद्धिजीवियों की तरह राजनीतिक समस्याओं में नहीं उलझते और अंग्रेजी राज के विरोध में नहीं जाते। वे अपने को बुद्धिवाद के प्रचार, विज्ञान की चर्चा और दर्शन तक सीमित रखते हैं। वे अपने समय की धार्मिक-सामंती स्थितियों के संदर्भ में कहते हैं, 'आज भी ऐसे व्यक्ति नहीं, समाज के समाज पाए जाते हैं जिनके लिए वेद में ही सारा विज्ञान या सारे विज्ञान की जड़ वर्तमान है। हम लोगों का कर्तव्य है कि ऐसे लोगों या समाजों का खयाल न कर भूत-प्रेत, देव आदि के भरोसे न रहकर असली विज्ञान का ज्ञान प्राप्त करके आगे बढ़ने का यत्न करें। इस कार्य के लिए अभी भारत में विशेष प्रयत्न नहीं हो रहा है।' (वही)। हिंदी क्षेत्र में कूपमंडूकता का एक बड़ा रूप अंधविश्वासों का मकड़जाल रहा है। उस जमाने में इस मुद्दे पर सिर्फ विचार व्यक्त किए जाते थे, आंदोलन न था।

रामावतार शर्मा ज्ञान, कर्म और भक्ति –तीनों की जरूरत बताते हैं, 'ज्ञान से दार्शनिक उन्नति होती जाएगी। ज्ञान और कर्म के योग से वैज्ञानिक उन्नति होगी। भक्ति की रक्षा से संसार में उद्दंडता आदि की वृद्धि नहीं होगी।' (वही)। वे धार्मिक उद्दंडता या उन्माद को भक्ति नहीं कहते।

नवजागरण काल के हिंदी लेखक भाषा से संबंधित बहस में हिस्सा लेते थे। भारतेंदु की तरह रामावतार शर्मा ने भी अपने लेख 'हिंदी की उन्नति और प्रचार' में हिंदी की उन्नति से एक व्यापक अर्थ ग्रहण किया, 'पचीस-तीस साल पहले अंग्रेजी फीट-फाटवाले बाबू तथा संस्कृत के परंपरागत पंडित दोनों ही हिंदी भाषा की ओर संकुचित दृष्टि से देखते थे। लैटिन, ग्रीक आदि आकर भाषाओं के प्रेम में विह्वल यूरोपवाले भी अंग्रेजी, फरांसीसी, जर्मन, इटालियन आदि नवीन देश-भाषाओं पर पहले ऐसी ही कुदृष्टि रखते थे। पर विज्ञान के विकास के साथ जब पुरोहित और किरानी आदि से उतरकर कृषिबल,

शिल्पी, सौदागर आदि में विद्या पसरने लगी और शिक्षा का असली अर्थ तथा उपयोग लोग समझने लगे, तब समाज के नेताओं की बुद्धि सुधरी और समाज शिक्षा का मुख्य द्वार देश की प्रचलित भाषा ही हो सकती है, यह बात सबको झलकने लगी।' (वही)। इस तरह हिंदी की उन्नति का अर्थ है सामाजिक और बौद्धिक उन्नति –शिल्प, व्यापार और वैज्ञानिक दृष्टि का विकास। रामावतार चाहते थे, 'हमारे देश में भी विज्ञान का वैसा ही पूर्ण प्रचार हो जैसा जर्मनी, इंग्लैंड आदि अन्य देशों में हो रहा है।' (वही)। संस्कृत के एक पंडित में हिंदी से प्रेम के साथ-साथ विज्ञान को लेकर इतनी उत्सुकता और प्रतिबद्धता एक बड़ी बात है।

रामावतार शर्मा ने वैज्ञानिक दृष्टिकोण की वजह से 'शाश्वत धर्म प्रश्नोत्तरी' में सनातन धर्म को नए ढंग से परिभाषित किया। वे इसमें आध्यात्मिकता, स्त्री-स्वातंत्र्य, विदेश यात्रा, भूत-प्रेत, संन्यास आदि कई प्रश्नों पर विचार करते हैं। वे भविष्यवाणी करनेवाले पाखंडियों पर व्यंग्य करते हैं। धर्मशास्त्रों के अभिधार्थ की जगह 'संकेतों' को समझने पर जोर देते हैं। पुराणों के संदर्भ में उन्होंने लिखा है, 'उक्तियां तीन तरह की होती हैं —स्वाभावोक्ति, रूपकोक्ति ओर अतिशयोक्ति। वैज्ञानिक बातें स्वाभावोक्ति में लिखी जाती हैं, जैसे –अपने यहां के आयुर्वेद, गोल-विद्या आदि के थे। वैदिक संहिताओं की बातें बहुधा रूपकमयी हैं और पुराणों की प्रधान बातें अतिशयोक्तिमयी। ...जो व्यक्ति या जो देश इन कथाओं के अक्षरार्थ में पढ़ते हैं और इन अतिशयोक्तियों के मूलार्थ को नहीं सुन या समझ पाते, वे नष्ट हो जाते हैं।' (पुराण-तत्व, वही)। उन्हें लगता था कि बौद्धिक रूप से पिछड़े पंडित धर्मशास्त्रों को समझने में असमर्थ हैं। यूरोपीय देश की औपनिवेशिक बौद्धिकता भी धर्मशास्त्रों और अन्य संस्कृत ग्रंथों की ठीक व्याख्या नहीं करती थी।

'सभ्यता का विकास' निबंध में रामावतार शर्मा कहते हैं, 'धार्मिक हठ, विचार की परतंत्रता, अपने स्वार्थ के लिए ही दुनिया से संबंध रखना, बिना पैसा लिए किसी के काम न आना इत्यादि नवीन सभ्यता के लक्षण हैं। परस्पर स्वार्थ के धक्के में रात-दिन द्वेष-मोह, मामला-मुकदमा, चोरी-घूस आदि छोटे-बड़े बखेड़ों से लेकर वीभत्स युद्ध तक ऐसी ही सभ्यता में होते आए हैं।

अतएव कहना चाहिए कि इस अवस्था में ज्ञान-विज्ञान का सदुपयोग नहीं हो रहा है।' इसका अर्थ है कि सभ्यता के विकास का संबंध वैज्ञानिक दृष्टिकोण का जीवन में अधिक से अधिक उपयोग से है, जो नहीं हो रहा है। इसी वजह से धर्मांधता, बेईमानी और हिंसा बढ़ रही है।

आज दुनिया में विज्ञान का जितने बड़े पैमाने पर स्वार्थ-भरा इस्तेमाल हो रहा है, शायद मानव इतिहास में पहले कभी नहीं हुआ होगा। रोजाना उपभोग की चीजें तैयार करने का मामला हो या कृत्रिम मेधा (आर्टिफिशियल इंटेलिजेंस) बनाकर मानव-श्रम की कटौती का मामला, संहारक युद्ध उपकरण बनाकर सैन्य-शक्ति प्रदर्शन उद्देश्य हो, सूचना संसार पर कब्जे का मामला हो या पेटेंट कराने की होड़ हो और कुछ नहीं तो नई डिजिटल तकनीक से चोरी-डकैती, बेईमानी का ही इरादा हो —अब विज्ञान का बड़े पैमाने पर बुरे उद्देश्यों से ज्यादा उपयोग किया जा रहा है, अच्छे उद्देश्य से कम।

इस समय धर्म, पर्यावरण सजगता, अंधविश्वासों-कुरीतियों और सभ्यता के आम प्रश्नों पर विज्ञान को दरवाजे के बाहर रोक दिया जाता है क्योंकि वह स्वार्थों की रक्षा में सहायक नहीं होता। विज्ञान को बाजार की वस्तुओं के मामले में प्रोत्साहन देना और मानव चेतना की प्रगति के मामले में अवरुद्ध करना हमारे समय की एक बड़ी विडंबना है।

विज्ञान आंदोलनों का योगदान कहा जाएगा कि इनकी वजह से कई प्राकृतिक रहस्यों से पर्दा हट चुका है। अब आदमी सांप के काटने या किसी बीमारी पर झाड़-फूंक की जगह डाक्टर के पास जाना चाहता है। वह सूर्यग्रहण को राहु का ग्रास न मानकर एक प्राकृतिक लीला के रूप में देखता है। कई अपशकुनों और वर्जनाओं की अब परवाह नहीं की जाती। सेक्स के मामलों में पकड़े जाने के कारण बाबाओं से काफी मोहभंग हुआ है। चमत्कारों से पर्दा उठा है। फिर भी काफी लोगों में अब भी विभिन्न किस्म के अंधविश्वासों, जल्लीकट्टु जैसे हानिकारक धार्मिक खेल, तंत्र-मंत्र, ग्रह-शांति, ज्योतिष की भविष्यवाणियों पर भरोसा है। बाबाओं-महंतों का समाज पर अब भी काफी प्रभाव है।

विज्ञान और टेक्नोलॉजी सिर्फ इसलिए नहीं हैं कि इनके बल पर चालाकियां की जाएं या जीवन के सुखों और सुविधाओं को इकट्ठा किया जाए। यदि हम नवजागरण काल की चिंताओं को देखते हैं तो स्पष्ट हो जाता है कि ज्ञान-विज्ञान का मुख्य उद्देश्य जीवन की समस्याओं का भिन्न तरीके से, विकसित तरीके से समाधान निकालना रहा है।

नवजागरण की प्रधान शिक्षा है—मनुष्य बिना सोचे-समझे या बिना ठीक से जांचे-परखे किसी चीज को आंख मूंदकर न माने। लेकिन विज्ञान की शिक्षाओं पर समाज के वे प्रभुत्वशाली व्यक्ति क्यों चलें जिनके स्वार्थों और लोभों की राह में उसकी शिक्षाएं बाधक हैं। यह भी कैसे माना जाए कि वैज्ञानिक दृष्टिसंपन्न होने का दावा करनेवाले बुद्धिजीवी विज्ञान की शिक्षाओं पर चलते हैं, यदि वे सर्वज्ञ होने के अहंकार से भरे हैं, उनके शब्द तथा कर्म के बीच दूरी है और उनमें बौद्धिक सहृदयता नहीं है। दरअसल उनसे अधिक वैज्ञानिक हैं गांवों-शहरों के वे साधारण लोग जिनमें लोकज्ञान, 'कॉमन सेंस' और बौद्धिक सहृदयता अभी भी बड़े पैमाने पर मौजूद है।

खासकर युवा पीढ़ी से उम्मीद है, वह नवोन्मेषी होती है। आशा है, ये लोग नवजागरण के उल्टा घूम चुके पहिये को सीधा कर देश को पुनः बुद्धिपरकता, समावेशी राष्ट्रीय भावना, लोकतंत्र, मानवीय प्रगति और कला-साहित्य-संस्कृति की ओर उन्मुख करेंगे। इन सभी से एक साथ सरोकार के बिना मनुष्य एक दुःस्वप्न से दूसरे दुःस्वप्न में भटकता रहेगा।

❑❑